华东政法大学研究生系列规划教材

华东政法大学
教材建设和管理委员会

主　　任　郭为禄　叶　青
副 主 任　韩　强
部门委员　虞潇浩　杨忠孝　洪冬英
　　　　　　屈文生　陆宇峰
专家委员　王　迁　孙万怀　钱玉林
　　　　　　任　勇　余素青　杜素娟

社会治理概论

何明升 ◎ 主编

图书在版编目(CIP)数据

社会治理概论/何明升主编. —北京:北京大学出版社,2024.1
ISBN 978-7-301-34754-6

Ⅰ.①社… Ⅱ.①何… Ⅲ.①社会管理—中国—高等学校—教材 Ⅳ.①D63

中国国家版本馆 CIP 数据核字(2023)第 242949 号

书　　　名	社会治理概论 SHEHUI ZHILI GAILUN
著作责任者	何明升　主编
责任编辑	姚沁钰
标准书号	ISBN 978-7-301-34754-6
出版发行	北京大学出版社
地　　　址	北京市海淀区成府路 205 号　100871
网　　　址	http://www.pup.cn　新浪微博:@北京大学出版社
电子邮箱	zpup@pup.cn
电　　　话	邮购部 010-62752015　发行部 010-62750672　编辑部 021-62071998
印　刷　者	北京虎彩文化传播有限公司
经　销　者	新华书店
	730 毫米×980 毫米　16 开本　20.5 印张　357 千字 2024 年 1 月第 1 版　2025 年 3 月第 2 次印刷
定　　　价	68.00 元

未经许可,不得以任何方式复制或抄袭本书之部分或全部内容。
版权所有,侵权必究

举报电话: 010-62752024　电子邮箱: fd@pup.cn
图书如有印装质量问题,请与出版部联系,电话: 010-62756370

春华秋实结硕果 奋进征程启新篇

——华东政法大学研究生系列规划教材总序

中国特色社会主义进入新时代,在迈向建设社会主义现代化国家的新征程上,党和国家事业发展迫切需要培养造就大批德才兼备的高层次人才。习近平总书记强调,研究生教育在培养创新人才、提高创新能力、服务经济社会发展、推进国家治理体系和治理能力现代化方面具有重要作用。为全面贯彻落实全国教育大会、全国研究生教育会议精神,切实提升研究生教育支撑引领经济社会发展能力,加快新时代研究生教育改革发展势在必行。为此,亟需优化研究生课程体系,加强研究生教材建设,创新研究生教学方式,突出研究生的创新意识和创新能力培养,切实提升研究生人才培养质量。

春华秋实结硕果,华东政法大学喜迎七十华诞,经过70年的建设和发展,华政已由一所不足1000人的单一学科院校成长为一所以法学学科为主,兼有经济学、管理学、文学、工学等学科的办学特色鲜明的多科性的高水平地方大学,被誉为"法学教育的东方明珠"。华政研究生教育也已走过40年的非凡历程,回首过往,教授们在课堂上传播知识、分享见解,他们的讲义、讲稿都是浓缩的精神财富,弥足珍贵。教材是教师思想智慧和研究成果的结晶,是传播知识和传递价值的重要载体,是师生学习和交流的重要工具,在教学中具有教育引领和立德树人的重要作用。为贯彻落实上海市人民政府《关于本市统筹推进一流大学和一流学科建设实施意见》(沪府发〔2018〕7号)、上海市教育委员会《上海高等学校创新人才培养机制 发展一流研究生教育试行方案》(沪教委高〔2018〕75号)和我校"十三五"发展规划纲要,深入推进研究生教育质量保障体系建设和专业学位综合改革,提升我校研究生培养质量,我校于2019年开始实施地方高水平大学和一流研究生教育引领计划系列项目建设,包括对10个研究生教材建设项目进行资助,自此有序迈开我校研究生教材建设的步伐。

根据《教育部 国家发展改革委 财政部关于加快新时代研究生教育改革发展

的意见》(教研〔2020〕9号)、《上海市教育委员会 上海市发展和改革委员会 上海市财政局关于加快新时代上海市研究生教育高质量发展的实施意见》(沪教委高〔2021〕42号)等文件精神,我校紧密结合经济社会发展需要,根据学科和人才培养特色,规范研究生核心课程设置,开好学科基础课程、核心课程和前沿课程,制定交叉学科专门的课程体系,着力打造我校研究生精品示范课程。为更好地提供课程配套教材,提升课程教学质量,推动优质资源共享,我校组织开展了研究生系列规划教材建设工作,主要包含以下几个方面:

一是建设习近平法治思想专项研究生教材。为深入学习贯彻习近平法治思想,推进习近平法治思想"三进"工作,把习近平法治思想有效融入课程思政建设,立项资助习近平法治思想专项教材,要求充分体现习近平关于全面依法治国、建设法治强国等方面的新理念、新思想和新战略。**二是建设研究生专业基础课和专业核心课教材。**面向我校法学学科以及其他特色优势学科的研究生专业基础课和专业核心课,建设一批专业课教材,夯实学科基础。要求体现本学科专业优势和特色,在内容和体系上有明显特色和创新,及时吸纳最新科研和教研成果。**三是建设研究生交叉学科教材。**为加强我校交叉学科、新兴学科建设,激发学校创新活力,提升学科竞争力,建设一批高质量的法学与其他学科交叉教材,体现我校特色和优势,为国家法治建设作出新的贡献。**四是建设专业学位研究生实务教材。**为保证我校专业学位研究生复合型、应用型人才培养目标的实现,提高专业学位研究生课程教学的实效性,建设一批高质量的实务教材,编写的案例应以培养学生实践能力和职业技能为导向,要符合应用性、典型性、客观性、创新性要求。

我校研究生系列规划教材建设具有鲜明的特色和优势,我认为主要体现在以下几点:

第一,立德树人,坚持政治和学术标准统一。我校研究生教材建设立足为党育人、为国育才的使命,坚持立德树人,坚持思想政治教育和科学教育并重,要求政治标准和学术标准相统一。大力加强研究生课程思政建设,坚持习近平新时代中国特色社会主义思想和社会主义核心价值观进教材、进课堂、进头脑,把研究生课程教材质量作为学校学位点合格评估、学科发展水平、教师绩效考核和人才培养质量评价的重要内容和重要大事来谋划和落实,力求站位高、标准严、评审细、成效好。

第二,专家领衔,确保研究生教材质量有保障。我校研究生教材建设提倡组建团队集体编写,在此基础上进一步打造一支较为稳定的研究生课程教学团队。

学校立项资助的研究生教材主编基本上都是各个学科领域的优秀知名专家，具有丰富的经验，已编写出版过高质量的教材，且对本领域的重点和前沿问题发表有很高质量的研究成果。编写的研究生教材内容能够充分反映各学科的最新研究成果，在国内同类教材中具有鲜明的特色或具有先进性。学校组织校内外同行专家进行教材书稿评审验收，以严格的过程管理和成果验收机制，充分发挥专家的作用，确保研究生教材的质量有保障。

第三，百花齐放，建设研究生品牌教材体系。 围绕上海市地方高水平大学和一流研究生教育建设目标，学校通过立项资助鼓励广大教师积极开展教材研究，编写出版高水平高质量教材，建设并形成具有华政特色的研究生品牌教材体系。其中，既有各个法学学科领域的重点经典专题研究类教材，也有数字法治人工智能等前沿问题探讨类教材；既有适合学术学位研究生的理论型教材，也有针对专业学位研究生的实务型教材；既有向纵深拓展的专业学科教材，也有横向宏阔视野的交叉学科教材。充分呈现了华政研究生教材建设百花齐放的美好态势。

第四，国际视野，全面助力涉外法治人才培养。 华政始终坚持"开门办学、开放办学、创新办学"的发展理念，在科学研究、人才培养、社会服务、国际交流与合作、文化传承与创新等方面承担起社会主义政法院校应有的责任，历来注重涉外法治人才的培养。我校国际法系曹建明教授主编的《国际经济法概论》荣获司法部普通高校法学优秀教材一等奖，曹建明教授和贺小勇教授主编的《世界贸易组织》获得上海普通高校优秀教材二等奖，朱榄叶教授和贺小勇教授的专著《WTO争端解决机制研究》荣获司法部第三届全国法学教材与科研成果三等奖，何勤华教授主编的《外国法制史》获得司法部第二届法学教材与科研成果三等奖、上海市高校优秀教材一等奖，丁伟教授主编的《国际私法学》获得上海普通高校优秀教材三等奖，刘晓红教授和袁发强教授主编的《国际商事仲裁》以及王虎华教授主编的《国际公法学》荣获上海普通高校优秀教材二等奖，等等。2021年2月，根据教育部的通知要求，我校进一步加大法律硕士专业学位（涉外律师）研究生人才的培养力度。2021年4月，我校成立了最高人民法院国际合作局司法协助研究基地，致力于培养大批德法兼修的高素质涉外法治人才。2021年9月，我校受司法部律师工作局委托，承担法律硕士专业学位（涉外律师）研究生培养项目联合培养工作，学校也对此项目相关的研究生教材予以倾斜资助，全面助力高端涉外法治人才的培养。2022年，学校率先在全国成立了独立运行的二级学院——涉外法治学院，培养国际知识产权法律、国际组织人才。

研究生教育肩负着高层次人才培养和创新创造的重要使命，是国家发展、社会进步的重要基石，是应对全球人才竞争的基础布局。我校现在推出的研究生系列规划教材，紧密结合当前经济社会实际，体现了我校研究生导师的最新研究成果，反映了本学科领域发展的动态前沿，我们相信它们是符合广大研究生的学习需求的，也相信能收获研究生教材建设项目的预期成效。

今后，我校将坚持以习近平新时代中国特色社会主义思想为指导，全面贯彻党的教育方针，坚定走内涵式发展道路，以立德树人、服务需求、提高质量、追求卓越为主线，不断推出研究生精品课程和高质量品牌特色教材，为有效提升研究生人才培养质量，为实现中华民族伟大复兴的中国梦作出新的更大的贡献！

叶　青

2022 年 12 月

目　　录

第一编　导　　论

第一章　社会与社会治理 ……………………………………（3）
　　第一节　社会在哪里 ……………………………………（3）
　　第二节　从社会管理到社会治理 ………………………（10）
　　第三节　社会治理是什么 ………………………………（19）

第二章　社会治理的基本模式 ………………………………（28）
　　第一节　社会中心模式 …………………………………（28）
　　第二节　国家中心主义模式 ……………………………（36）
　　第三节　社会治理的混合模式 …………………………（45）

第三章　中国社会治理的历史沿革 …………………………（53）
　　第一节　中国社会治理的历史因缘 ……………………（53）
　　第二节　计划经济时期的社会治理 ……………………（63）
　　第三节　改革开放以来的社会治理 ……………………（70）

第二编　政府社会管理

第四章　再分配与社会保障体系 ……………………………（89）
　　第一节　政府职能 ………………………………………（89）
　　第二节　再分配体系 ……………………………………（97）

第三节　社会保障体系……………………………………………（105）

第五章　社会服务体系……………………………………………（118）
　　第一节　什么是社会服务……………………………………（118）
　　第二节　社会服务体系的内容与范围………………………（124）
　　第三节　社会服务管理体制…………………………………（132）

第六章　人口与人居环境治理……………………………………（140）
　　第一节　人口政策与计划生育………………………………（140）
　　第二节　人口二元结构………………………………………（151）
　　第三节　流动人口管理………………………………………（154）
　　第四节　人居环境治理………………………………………（162）

第七章　公共安全治理……………………………………………（174）
　　第一节　公共安全治理概述…………………………………（174）
　　第二节　公共安全治理的理论基础…………………………（185）
　　第三节　公共安全治理的基本方法…………………………（190）
　　第四节　总体国家安全观下的公共安全治理………………（199）

第三编　多元社会治理

第八章　社会组织治理……………………………………………（207）
　　第一节　社会组织概述………………………………………（207）
　　第二节　发展中的社会组织治理……………………………（216）
　　第三节　社会组织参与下的社会治理创新…………………（222）

第九章　社区治理…………………………………………………（232）
　　第一节　社区与社区治理……………………………………（232）
　　第二节　社区治理的变迁与重构……………………………（240）
　　第三节　城乡社区治理的新探索……………………………（247）

第十章　社会项目治理……………………………………………（255）
　　第一节　社会技术与社会项目治理…………………………（255）
　　第二节　公共项目的社会评价………………………………（261）

第三节　社会项目的组织和运营 …………………………………………（269）
　　第四节　案例：浙江省宁波市世行贷款厨余垃圾处理厂项目 ………（277）

第十一章　网络与智慧社会治理 ………………………………………（283）
　　第一节　什么是网络治理 …………………………………………………（283）
　　第二节　互联网应用治理 …………………………………………………（291）
　　第三节　网络信息内容治理 ………………………………………………（301）
　　第四节　高质量发展阶段的智慧社会及其治理架构 …………………（309）

后记 ……………………………………………………………………………（318）

第一编

导 论

第一章 社会与社会治理

社会治理是我国目前最具活力的学术领域和日常话语之一,但若问"社会治理是什么"却得不到一个确切的规范性回答。这个问题的背后是关于"社会"概念的不同看法甚至有无之争。本章以"社会"的不同用法为基础,对"社会治理"概念进行界定和解读。

第一节 社会在哪里

社会(society)是一个跨学科概念,可以上溯到18世纪的上流社会(high-society)、兄弟会(society of friends),还与14世纪的同伴或友谊(companionship)以及社团(association)等概念相关。同时,社会又是一个含义复杂、充满争论的不确定用语,可以根据其不同所指归纳出"大社会""小社会""聚社会"三种用法。

一、人类"大社会"

所谓人类"大社会",就是通常所说的人类社会,它体现着社会的最大边界,内含着社会与自然的关系、社会有机体的发展等丰富内容。

(一)社会与自然

将社会放在与自然的关系中来理解,是人类认识自身并形成社会概念的一种基本途径,其中蕴含着诸多人类从野蛮状态进入文明阶段的智慧成果,如古代中国的"天人合一观"、西方先哲对自然之本原的探寻等。经此过程,人站在了与自然相对的位置,人类社会也走出了与自然的混沌关系状态。

1. 社会的自然演化过程。自然是先于社会而存在的,社会是自然长期发展和演化到一定阶段的产物,因此"社会本质上是过程"[①]。人类起初生活在自然状态中,这种状态因群体涣散如沙而存在许多缺陷。兴盛于17—18世纪的社会契约理论将其看作社会形成的前置状态。霍布斯、洛克、卢梭都认为,为了克服

---

① 苏国勋、刘小枫主编:《社会理论的政治分化》,上海三联书店2005年版,第29页。

自然状态中各种不利于生存的阻力,人们必须联合起来,以形成足以克服阻力的合力,这样,人们就需要构建一个组织来更好地保护自己的权益,这个组织就是今天所说的"社会"。"一般社会是相对于自然而言的,人们为了共同生活通过各种各样社会关系联合、集合起来的群体、组织包括国家,被认为是人类特有的,所以社会和人类社会一般具有相同的含义。"①

2. 社会实践中的自然客体化。在社会形成过程中,人类通过聚合产生组织进而生发出主体意识,与此相伴随,自然逐渐地被客体化了。一方面,人类通过实践获取自己的生存和发展资料,使自然从一个思维客体转化为劳动对象,并且随着社会技术水平和开发能力的不断提升日益脱离自然约束;另一方面,人类智慧发展和社会实践活动大大地改变了自然的面貌,使自然成为人化的自然,进而形成了社会与自然的新型关系。由于社会的存续离不开物质生产活动,而推动社会发展的生产力又总是将自然作为客体和对象,因此自然就成为社会所固有的构成内容。

3. 社会和自然的统一性。马克思认为以往各种旧历史观的一个共同缺点,就是"把人对自然界的关系从历史中排除出去了,因而造成了自然界和历史之间的对立"②。他认为,"只有在社会中,自然界对人来说才是人与人联系的纽带,才是他为别人的存在和别人为他的存在,只有在社会中,自然界才是人自己的合乎人性的存在的基础,才是人的现实的生活要素。只有在社会中,人的自然的存在对他说来才是人的合乎人性的存在,并且自然界对他来说才成为人。因此,社会是人同自然界的完成了的本质的统一,是自然界的真正复活,是人的实现了的自然主义和自然界的实现了的人道主义"③。简言之,社会不同于自然但又离不开自然,它们共同构成了人类世界。

(二) 社会有机体

从"大社会"的角度看,社会应该是一个有机整体。这种社会有机体观既承续了有机体理论的学术渊源,也汲取了现代社会理论的研究成果。

1. 从有机体到社会有机体。社会有机体概念借鉴自生物学,指社会具有某些有机体特征。这种"有机体隐喻"由来已久。柏拉图认为,就像人体分为很多器官一样,城邦也由不同的人群构成。国家犹如万物之灵的生命有机体,个人是

---

① 乔耀章:《略论"社会主义"的三个分子式或不等式问题——兼论我国社会治理与社会主义的关系》,载《观察与思考》2015 年第 6 期。
② 《马克思恩格斯选集》(第一卷),人民出版社 2012 年版,第 173 页。
③ 《马克思恩格斯文集》(第一卷),人民出版社 2009 年版,第 187 页。

缩小了的国家,国家是放大了的个人,理想的国家应该是个统一的有机体。"当国家最像一个人的时候,它就是管理得最好的国家。"①亚里士多德的生命哲学将自然看作是"有生命和能思想的实体,处处是活的,处处被赋有灵魂和理性"②。社会学创始人孔德"把社会有机体分别分解成家庭、阶级或种族以及城市和社区。其中家庭是社会真正的要素或称之为细胞,阶级或种族是社会的组织,城市和社区是社会的器官"③。

2. 斯宾塞的社会超有机体观。许多理论大师对社会有机体理论做出了贡献,如拉马克、康德、黑格尔、达尔文、赫胥黎、孔德、马克思等。其中,斯宾塞是一位以社会有机体理论名扬天下的大师。他认为,社会像生物有机体一样,也是由"器官"和"系统"组成的。家庭制度、礼仪制度、政治制度、教会制度、职业制度和工业制度都是社会的器官,它们相对独立、各司其职、相互依存、分工合作,结合成有机整体。④ 在他看来,物竞天择、优胜劣汰、适者生存的生物学法则也可以解释社会超有机体的进化过程。"进步不是一种偶然,而是一种必然……人类曾经经历和仍在经历的各种改变,都起源于作为整个有机的天地万物之基础的一项规律。"⑤这样的进化法则既适用于自然界,也适用于人类社会,因此是永恒的普遍现象。"从低级的社会生活向高级发展时除了经历一连串细小的连续改变,也没有其他路可走。"⑥

二、领域"小社会"

所谓领域"小社会",是把社会看作人类社会(大社会)的一个具体领域。常见的划分方法有"国家与社会"二分、"政府—经济—社会"三分,以及政治、经济、文化、社会、生态"五位一体"。

(一)"国家与社会"二分

在"国家与社会"二分的视域中,社会是"国家概念之外的非政治领域,包括经济、文化等领域的安排、规则和制度等"⑦。国家与社会之间的关系,存在着旷

---

① 〔古希腊〕柏拉图:《理想国》,郭斌和、张竹明译,商务印书馆1986年版,第279页。
② 〔古希腊〕亚里士多德:《尼各马科伦理学》,苗力田译,中国社会科学出版社1999年版,第134页。
③ 〔美〕乔纳森·H.特纳:《社会学理论的结构》,吴曲辉等译,浙江人民出版社1987年版,第44—45页。
④ 吴春华主编:《西方政治思想史》(第四卷),天津人民出版社2005年版,第171页。
⑤ 〔英〕赫伯特·斯宾塞:《社会静力学》,张雄武译,商务印书馆1996年版,第25、29页。
⑥ 〔英〕赫伯特·斯宾塞:《社会学研究》,张红晖、胡江波译,华夏出版社2001年版,第363页。
⑦ 王建生:《西方国家与社会关系理论流变》,载《河南大学学报》(社会科学版)2010年第6期。

日持久的争论。

1. 作为管理对象的社会。历史上,许多理论家持有"国家中心"观点,把社会置于管理对象的位置,其中的代表人物有霍布斯、黑格尔等。霍布斯虽然将国家看作通过订立契约并让渡个人权利而建立的大众联合体,但认为既然人们通过契约把自己的全部权利交给了统治者,而且由于统治者不是缔结契约的一方,因此统治者的权力应该是无限的和不可限制的。① 这样一来,国家就拥有了保护与支配社会的角色与使命,同时也拥有了相对于社会的绝对优势。黑格尔认为,国家不仅代表公共利益,同时还能保证个人和其他社会组织的特殊利益。因此,国家不仅是中心,而且是个人乃至整个社会的本质与意义所在。国家本身是目的,个人和社会是为国家而存在的;个人的自由与权利,只有符合实现国家这一最高目的时才有意义。②

2. 以社会为中心的观点。另一些人持有与上述内容截然相反的观点,强调社会的先在性并对国家持消极态度,代表人物有洛克、托克维尔等。洛克认为,国家基于契约委托所产生的立法权与司法权要对社会负责;社会是先于国家而存在的,国家只有工具身份。③ 托克维尔系统论述了"社会中心论",认为没有社会制约的国家权力总是危险的。这是因为,由选举产生的国家专制主义对现代社会造成了威胁和冲击;在民主的名义下,社会沦为国家权力的支配之物。虽然积极而强大的政治机构是民主的自由和平等的必要条件,但必须防止权力垄断。为此,要"以社会制约权力",将政治权力分配给多元的社会部门,突出公民行动的民主意义,充分发挥"社会的独立之眼"抵抗国家专制的屏障作用。④

3. 国家与社会的关系模式。更一般的观点是国家具有两面性,既可能保护社会,也可能奴役社会。约翰·基恩归纳了国家与社会之间存在的五种关系模式⑤:一是霍布斯的安全国家模式(the Security State),即国家具有合法性的无限权力,强调对那些纷争不已、贪得无厌的个人之间暴力状态和自然状态的彻底否定,认为一切有助于增进国家统治的都是善良正义的。二是洛克的立宪国家模式(the Constitutional State),即"自然的"社会团结得到承认,国家被认为有

---

① 〔英〕霍布斯:《利维坦》,黎思复、黎廷弼译,商务印书馆1985年版,第33页。
② 庞金友:《近代西方国家与社会关系理论的逻辑与特点》,载《天津社会科学》2006年第6期。
③ 邓正来:《市民社会与国家——学理上的分野与两种架构》,载邓正来、〔英〕J. C. 亚历山大编:《国家与市民社会:一种社会理论的研究路径》,中央编译出版社1999年版,第93—95页。
④ 〔法〕托克维尔:《论美国的民主》(上卷),董果良译,商务印书馆1988年版,第67页;〔法〕托克维尔:《论美国的民主》(下卷),董果良译,商务印书馆1988年版,第841—850页。
⑤ 邓正来:《国家与社会:中国市民社会研究》,北京大学出版社2008年版,第235—253页。

维护和整修的双重功能,可以向绝对的、自然存续的国家主权观念提出挑战。三是潘恩的最小限度国家模式(the Mini-Mum State),即国家被视为一种必要的邪恶,而自然则是一种绝对的善良,合法的国家只不过是为了社会的公共利益而进行的权力委托。四是黑格尔的普遍国家模式(the Universal State),即将权力集中到君主形成政治国家,通过从社会中的分离产生非政治化的市民社会并且通过经济等方式加以体现。五是托克维尔的民主国家模式(the Democratic State),即无论是在国家领域还是在市民领域都必须强化防止权力垄断的机制,一个独立于国家之外的自组织的市民社会是民主不可或缺的条件。

(二)"政府—经济—社会"三分

"政府—市场—社会"是一个广为流行的三分框架,也有人将其称作"国家—市场—社会"或"政治—经济—社会"。它将人类社会(大社会)视为一个由政府、市场、社会(小社会)构成的功能协同系统。

1. 政府与"政府失灵"。政府亦称第一部门,是国家统治的承载体,也是国家管理的行为体。政府是公共物品和服务的主要提供者,由各种正式机关构成,各机关按一定的原则和程序分工负责,在总体上形成一个多部门整体。政府行为被认为是一只"看得见的手",对保持平衡、维护稳定起着巨大作用。

政府失灵又称政府失败或政府缺陷,指国家或政府不能如我们所期待的那样完成其使命。主要包括以下几种情况:① 由于不能完美地加总个体意见,政府决策可能被少数人的利益所引导;② 由于行为能力和其他客观因素的制约,政府干预活动达不到预期目标或者效率低下;③ 政府干预虽达到预期目标,但带来了较大的副作用;④ 某些外部性问题,致使政府无能为力。

2. 市场与"市场失灵"。市场亦称第二部门,狭义上指买卖双方进行商品交换的场所,广义上指为了买卖商品而与其他厂商和个人相联系的一群厂商和个人。市场是私人物品和服务的主要提供者,由各种正式的私人组织(企业)组成,以获取最大利润为目的,通过市场机制自主决策和交易。市场机制被认为是一只"看不见的手",可以有效率地进行资源合理配置。

市场失灵指市场无法有效地分配商品和劳务。具体表现为:① 因竞争失败或市场垄断造成效率损失,破坏了市场经济的动力机制;② 因不能有效提供公共产品,造成了社会矛盾的尖锐化;③ 因外部负效应,某一市场主体的生产和消费对其他主体造成了损害;④ 因信息不对称,造成资源配置效率下降;⑤ 因收入与财富分配不均,背离了市场机制应遵循的资本与效率原则;⑥ 因公共资源过度使用,出现了不可持续的状况;⑦ 因失业问题严重,影响到社会与经济稳定。

3. 社会与社会的失灵现象。社会是除国家(政府)、市场(经济)之外的其他领域,其中最重要的,是被称为第三部门的社会组织和被称为基层社会的社区。

第三部门介于国家和市场之间,处于第一部门或公共部门(public sector)、第二部门或私人部门(private sector)之外,既非政府单位又非民营企业,基本涵盖了除政府、市场、社区以外的所有余下组织,可以在一定程度上减弱市场失灵和政府失灵的负面影响。第三部门失灵也称"志愿失灵",指第三部门运作过程出现了较大问题,使得志愿活动无法正常进行下去。主要原因有:① 慈善不足,所需开支与所筹集到的资源之间存在巨大缺口;② 人为影响,捐助者及资源掌管人不征求多数人的意见,不必对公众负责或接受监督;③ 人才缺乏,不能提供有吸引力的工资待遇,很难吸引专业人员加盟;④ 规模不够,因分布不平衡或对象限制,不具备足够的动员能力,很难产生规模效应。

社区最主要的特点是非正式性,也有人称它为第四部门。由于社区被圈定在一定地理区域,又有一定数量的人口,因此居民之间有共同的意识和利益,也有较密切的社会交往。社区等社会组织失灵统称"社会失灵",指社会正义与社会自治力缺失。此时,社会个体往往表现出全体沉默与边缘化盲目,丧失其自我管理和自主自治能力。

(三)从"四位一体"到"五位一体"

在认识社会的过程中,"社会"概念被细分得越来越小、越来越具体。"国家与社会"二分框架是从"大社会"概念中抽离了"国家";"政府—市场—社会"三分框架又把至关重要的市场(经济)从社会中抽离出来,使社会收缩为主要由各类社会组织和基层社区组成的"其他领域"。一直以来,各种与时俱进的细分框架总是把"社会"作为可不断拆分的母体,使其成为一次次裂变后的"剩余"领域。

"四位一体"框架延续了这个趋势。2005年10月,时任中共中央总书记胡锦涛在省部级主要领导干部专题研讨班的讲话中提出了"四位一体"概念,指中国特色社会主义事业的总体布局,可细分为经济建设、政治建设、文化建设、社会建设。其中的社会建设包括:正确处理人民内部各阶层之间的利益关系,激发社会活力,促进社会公平和正义,维护社会安定团结,形成全体人民各尽其能、各得其所而又和谐相处的社会。

党的十八大将中国特色社会主义事业总体布局拓展为包括生态文明建设在内的"五位一体",十九大进一步规划了"五位一体"的路线图和任务书,二十大从经济、政治、文化、社会、生态文明五个方面全面制定了新时代的目标任务和战略部署。其中,社会建设的核心是增进民生福祉,提高人民生活品质。主要包括:① 完善分配制度;② 实施就业优先战略;③ 健全社会保障体系;④ 推进健康中国建设。①

三、技术"聚社会"

所谓技术"聚社会",是基于交互化技术平台和组织化社会技术聚合而成的社会群落。由于技术特性的不同,目前最常见的有两种类型,即以互联网为支撑的"聚社会"和以项目为中心的"聚社会"。

（一）以互联网为支撑的"聚社会"

信息网络技术是人类历史上又一次有划时代意义的创新,网络社会（network society）是继农业社会、工业社会之后的全新社会形态,其超文化、超地域、超民族等结构特征正在全球扩展,只要存在互联网都逃不脱"网络化逻辑"。在这个趋势下,作为日常用语的"网络"并非大且宏观的趋势和形态,而是越来越离不开的"上网",即网络生活。从这个意义上说,网络社会就是人类借互联网技术所架构的一种超越时空的新型交互关系。

卡斯特认为,互联网"彻底转变了人类生活的基本向度:时间和空间。地域性解体脱离了文化、历史、地理的意义,并重新整合进功能性的网络或意象拼贴之中,导致流动空间取代了地方空间。当过去、现在与未来都可以在同一则信息里被预先设定而彼此互动时,时间也在这个新沟通系统里被消除了"②。根据"托马斯定理",如果人们把一种情境定义为真实的,那么它们在结果上也就是真实的。③ 在网络超时空里,如果网络主体将某种情境作为真实来把握,那么这种情境在结果上就转化成了现实。不仅如此,随着网络生存方式的模式化,人类还会产生一种新的虚拟认同,从而将虚拟实践视为当代社会一种新型实践方式。从社会形态演化的角度看,由互联网所构建的超时空情境,是一种与现实世界全然不同的生活空间,其中的网民恰是基于网络这个交互化技术平台聚合而成的

---

① 详见习近平:《高举中国特色社会主义伟大旗帜 为全面建设社会主义现代化国家而团结奋斗——在中国共产党第二十次全国代表大会上的报告》,http://cpc.people.com.cn/n1/2022/1026/c64094-32551700.html,2023 年 10 月 28 日访问。

② 〔美〕曼纽尔·卡斯特:《网络社会的崛起》,夏铸九等译,社会科学文献出版社 2006 年版,第 465 页。

③ 宋林飞:《西方社会学理论》,南京大学出版社 1997 年版,第 268 页。

社会群落,并且展示出了一种全新的"聚社会"样态。

（二）以项目为中心的"聚社会"

1901年,亨德森提出社会技术(social technology)概念,认为社会技术是一个系统,它能够把人有目的且自觉地组织起来,其中每一个真实的、自然而然的社会组织都有适宜位置,所有因素协调发展,形成更大的力量,进而推动社会上关于健康、财富、美丽等需求的总量大幅度增长,比例配置更为优化。[1] 1966年,赫尔默的《社会技术》一书的出版标志着社会技术理论的系统性突破,他把社会技术看作解决社会实际问题的方法,是以社会科学为指导的方法论的运用。[2] 目前,社会技术"指那些旨在保障社会运行,稳定社会秩序,实现一定社会利益,促进社会发展,影响或调节一定社会关系和社会行为的技术"。"宏观上包括国家管治,调控与干预,诸如社会计划、社会制度及其创设、社会工程等;中观上包括组织管理;微观上包括个体心理调适与行为规范。"[3]

狭义的社会技术,是围绕着具体项目展开的,如开展三峡移民工程、组织北京奥运会等。早在1967年,芒福德就在《机器的神话》中把古埃及金字塔、中国万里长城等浩大工程称为"巨机器",而将这类对众多人员的控制之术称为"巨技术",并认为其核心要素就是对人群的控制和统治。[4] 钱学森认为,社会工程可以被称为"社会技术",它不只是用来研究科学,而是一门技术,是一门用来组织管理社会的技术。[5] 刘大椿也认为,对社会技术进行研究"为增强人文社会科学应答方式的可操作性提供了新思路"[6]。这些富有工程色彩的社会项目,自始至终贯穿于社会技术的组织化机制,以此为驱动形成了以项目为中心的社会群落,并且展示出另一种"聚社会"样态。

第二节 从社会管理到社会治理

从语义上说,社会管理是一个在中国语境下才能理解的概念,社会治理则具

---

[1] C. Henderson, The Scope of Social Technology, *The American Journal of Sociology*, 1901, 6(4):472-473.
[2] O. Helmer, *Social Technology*, Basic Books, 1966:4-8.
[3] 关锋、谢超:《社会技术:一种概念史的考察与梳理》,载《洛阳师范学院学报》2016年第6期。
[4] L. Mumford, *The Myth of the Machine: Technics and Human Development*, Harcour,1967:188-189.
[5] 钱学森等:《论系统工程》(新世纪版),上海交通大学出版社2007年版,第87—91页。
[6] 刘大椿:《科学技术哲学导论》(第2版),中国人民大学出版社2005年版,第441页。

有世界通约性。从发展角度看,"社会治理"一词是从"社会管理"转换而来的。因此,要说明社会治理是什么,不仅要从其前身概念社会管理讲起,而且要对人类相关思想和实践经验进行概括性梳理。

一、西方社会管理的早期思想与近代实践

在西方语境下,无论是"social administration""social regulation""social control"还是直译的"social management",都不能与中文的"社会管理"相符合。但细察深究起来,仍可挖掘出这些词汇所具有的丰富的社会管理思想。

(一)早期社会管理思想

根据张旅平和赵立玮的研究,西方社会管理的基本取向是自由与秩序的平衡,并且经历了一个从自发到自觉的过程。[①] 在古典世界,一方面是"集体性自由",另一方面是个人为共同体所吞没。不过,如贡斯当所言,当时人们觉得承认个体对共同体权威的完全服从与这种自由之间没有什么不容之处。一些著名思想家,如柏拉图、亚里士多德或西塞罗,都对雅典伯利克里时代平民大众的民主自由评价不高,因为他们依据经验和理论懂得,在缺少理性法治的情况下,这种平民自由往往会演变为"集体君主"专制,即多数人的暴政。因此,在管理上寻求均衡与和谐便成为他们的主要思想。

在(西)罗马帝国灭亡后,西方面临的主要任务是使桀骜不驯的"蛮族"实现教化或文明化,基督教成为凝聚西方社会的黏合剂并为人们提供了基本秩序和意义,以基督教为核心重建秩序成为社会管理的核心内容。在中世纪盛期,教会在获得某种"自由"之后逐渐演化为一种精神和权力秩序。不过,随着教会享有权力和利益的增多,这种秩序也越发固化和僵化,于是,悄然兴起的世俗自由因素不断与之发生冲突。它们先是表现为所谓的"封建自由",之后作为"特(许)权"(liberties)更多地体现在自由市、行会、乡村公社的相对自治之中。其实,西方近现代对自由与秩序问题的明显关注就是源于教廷(教会)与世俗权力之争。

(二)近代社会管理实践

英国和法国革命以后,西方开始建构现代化新秩序,并逐渐形成较成熟的社

---

① 张旅平、赵立玮:《自由与秩序:西方社会管理思想的演进》,载《社会学研究》2012年第3期。

会管理理论。田晓明认为,近代西方的社会管理主要经历了三个阶段①:

一是独立与起始阶段,以行政权与王权的分化为特点,即所谓的"从统治到管理",强调政治与行政的分立,以人权为标准摆脱王权或限制王权,建立以个人的自由、平等为目标的新的社会秩序。

二是规范与发展阶段,以改善社会管理方式、提高管理效率、增长社会财富为特点,即所谓的"科学管理",强调以理性为基础建构科学的社会管理框架,科学规范地进行社会管理,把提高行政效率作为社会管理的重要原则。

三是转型与完善阶段,以调整社会结构、实现社会公正、推进全面福利为特点,即所谓的"专业化、精英化、体系化、制度化"。人们对社会管理的目标认识日益全面,把社会公正作为社会管理的追求;对社会管理的主体认识日益全面,重视非政府组织、社会力量等社会主体的执行或参与;对社会管理的手段认识日益全面,重视运用行政、社会、市场、舆论等综合手段。

总的看来,近代西方社会管理思想和制度设计的基本原则是"个体主义"和"理性主义",而"民主"和"科学"则是其重要的结构性特征,这些要素对现代社会管理的形成和发展有深刻影响和巨大贡献。

二、中国社会管理的历史源流和当代诠释

中国古代儒、道、法所拥有的各自的社会管理理念,加上改革开放前的计划管理传统,组成了我国社会管理的思想遗产和制度资源。自 2011 年起,社会管理一词开始进入主流话语体系,学术界对该词进行了多种诠释。

(一)社会管理的两个源流

无论是思想观念还是管理实践,中国的社会管理都存在两个可追溯的源头,一是自春秋战国以来的传统家国文化,二是中华人民共和国成立以后效仿苏联的国家管理模式。

1. 社会管理的传统家国文化。春秋战国时期虽学派林立,但对后世影响最大的还是儒、道、法三家,其中蕴含着丰富的社会管理思想。李岩认为,儒家学派创始人孔子在《论语》中提出了以仁政礼治为核心的社会管理观。② 其中的"仁"

---

① 田晓明:《近代西方社会管理的历史变迁及启示——基于文化差异的视角》,载《苏州大学学报》(哲学社会科学版)2018 年第 6 期。

② 李岩:《略论先秦儒、道、法家的社会管理观》,载《吉林师范大学学报》(人文社会科学版)2006 年第 3 期。

是指人类之爱,即人与人之间的互相关心、互相爱护、相生相养、互相尊重。而"礼"是指理性社会秩序的重构。孔子一方面要求统治者以"仁"收拾民心,对"无道"社会的人们进行道德感召;另一方面强调"为国以礼",以"礼"来重构"有道"社会的统治秩序。这种仁礼双构的"小康""大同"世界,体现了孔子社会管理思想的基本精神。① 道家学派创始人老子在《道德经》中提出了无为而治的治国方略,体现了"道法自然""无为而无不为"的柔性管理特征,认为"最好的管理者,人们不知道有他;其次的统治者,人们亲近他,赞扬他;再次的统治者人们畏惧他;最次的统治者,人们哄骗他。只有作到无为而治才能出现'功成事遂'的最佳管理效果"②。法家的社会管理观以法治刑治管理为特征,强调赏罚的强化作用。如法家集大成者韩非反对贤能政治,主张"立法为教",认为"一个具有中等智能和管理能力的国君,只要他'抱法'、'明法'和'奉法',即遵循法律、彰明法律和奉行法律,不仅能达到国家和社会的治理,而且还能使国家强盛起来"③。

2. 社会管理的国家管理模式。中国社会一直具有总体性特征,分化和分工都不够精细,这与苏联的国家管理模式存在着极大的亲和力。于是,经过移植、消化并在与传统管理文化结合之后,改革开放前以计划体制为基础的国家管理模式就形成了。燕传林、周良生将当时的社会管理特征概括为:二元结构,政社合一。所谓二元结构,是指在计划经济体制下形成的城乡对立、城乡分割、城乡劳动力流动隔绝,以及城乡实行不同的户籍、婚姻、粮油、就业等政策制度。在城市,社会成员以单位归属为主,街居归属为辅,单位是城市社会的基本细胞,它们在提供各类公共服务的同时也在履行社会管理功能。农村实行"三级所有、队为基础"的政社合一管理体制,生产队既是最基本的生产单位,控制绝大部分农村生产资料,是农民经济上的依附主体,将农民固定在土地上;又是最基层的社会管理单位,通过户籍管理等制度,使农村人口不能向城市自由流动。总体来看,这种社会管理方式的最大优点是能够以行政手段进行资源配置和对人员实行半军事化管理,有利于集中力量办大事。不足之处是过度依赖行政权威,管理形式单一;将所有社会问题都推给党和政府管理,容易激化社会矛盾;社会组织发育不充分,缺乏活力。④

---

① 易永卿:《孔子社会管理思想的基本内涵及其影响》,载《益阳师专学报》1999年第1期。
② 李岩:《略论先秦儒、道、法家的社会管理观》,载《吉林师范大学学报》(人文社会科学版)2006年第3期。
③ 同上。
④ 燕传林、周良生:《我国社会管理的历史经验及启示》,载《党史文苑》2013年第8期。

(二) 对社会管理的当代诠释

2011年2月19日,时任中共中央总书记、国家主席胡锦涛在省部级主要领导干部社会管理及其创新专题研讨班上发表了题为《扎扎实实提高社会管理科学化水平》的讲话,①使得社会管理一词进入了主流话语体系,继而引发学术界的广泛讨论。较一致的看法是,社会管理是一个较复杂的概念,它与各国的政治体制、文化传统以及经济社会发展状况紧密相关,因而带有鲜明的国情特点。1991—2013年,众多中国学者对社会管理概念进行了当代诠释,但关于"什么是社会管理"的问题并未达成一致,呈现出不同学科、不同学者自我表述的状态,其中的主要观点如表1-1所示。

表1-1 社会管理概念主要观点的汇总

学者(时间)	概念表述	出处
童星 (1991)	广义:对整个社会系统的管理,包括经济管理、政治(行政)管理、思想管理和社会管理 狭义:对社会发展的管理	童星编:《社会管理学概论》,南京大学出版社1991年版,第21页
王思斌 (1992)	广义:对整个社会的管理,是为了避免社会问题和社会混乱而采取的行动,其机制是协调社会各组成部分之间的关系 狭义:对日常生活的管理和对其他狭义的社会活动的指导与控制,是与经济管理、政治管理和精神生活的管理相对应的管理	王思斌:《社会管理初论》,载《社会科学研究》1992年第6期
风笑天 (1999)	社会管理是一个把社会看作有机整体,通过运用计划、沟通、协调、控制、指导等手段,使社会系统协调有序、良性运行的过程	风笑天等编:《社会管理学概论》,华中科技大学出版社1999年版,第6页
吴志建 (2004)	社会管理是对社会活动、社会生活、社会组织的运行机制进行指导、规划、组织、调节和控制的总称	吴志建:《理论逻辑推导保险社会管理功能》,载《上海保险》2004年第11期
李军鹏 (2004)	对家庭、社会团体与社会自治所不能解决的社会事务的管理,这些社会事务涉及社会整体的公共利益,需要依靠国家权力与政府权威加以解决	李军鹏:《政府社会管理的国际经验研究》,载《中国行政管理》2004年第12期
李学举 (2005)	社会管理就是政府和社会组织为促进社会系统协调运转,对社会系统的组成部分、社会生活的不同领域以及社会发展的各个环节进行组织、协调、服务、监督和控制的过程	李学举:《加强社会建设和管理 推进社会管理体制创新》,载《中国民政》2005年第4期

---

① 胡锦涛:《扎扎实实提高社会管理科学化水平》,载《共产党员》2011年第5期。

（续表）

学者（时间）	概念表述	出处
李真 （2005）	通过制定社会政策和法规,依法管理和规范社会组织、社会事务,化解社会矛盾,维护社会公正、社会秩序和社会稳定	李真:《完善社会管理与构建和谐社会》,载《中共成都市委党校学报》2005年第5期
李程伟 （2005）	广义:政府及非政府公共组织对各类社会公共事务包括政治的、经济的、文化的和社会的所实施的管理活动 狭义:对社会公共事务中排除掉政治统治事务和经济管理事务的那部分事务的管理与治理	李程伟:《社会管理体制创新:公共管理学视角的解读》,载《中国行政管理》2005年第5期
姜平 （2006）	通过制定社会政策和法规,依法管理和规范社会组织、社会事务,协调社会矛盾,调节收入分配,保障社会公平,维护社会秩序和社会稳定	姜平:《构建社会主义和谐社会的核心内容——论推进中国社会管理体制创新》,载《云南行政学院学报》2006年第1期
郑杭生 （2006）	广义:整个社会的管理,即包括政治子系统、经济子系统、思想文化子系统和社会生活子系统在内的整个社会大系统的管理 狭义:与政治、经济、思想文化各子系统并列的社会生活子系统的管理	郑杭生:《社会学视野中的社会建设与社会管理》,载《中国人民大学学报》2006年第2期
陈振明 （2006）	政府通过制定专门的、系统的、规范的社会政策和法规,管理和规范社会组织,培育合理的现代社会结构,调整社会利益关系,回应社会诉求,化解社会矛盾,维护社会公正、社会秩序和社会稳定,孕育理性、宽容、和谐、文明的社会氛围,建立经济、社会和自然协调发展的社会环境	陈振明:《什么是政府的社会管理职能》,载《新华文摘》2006年第3期
俞可平 （2007）	规范和协调社会组织、社会事务和社会生活的活动	俞可平:《推进社会管理体制的改革创新》,载《学习时报》2007年4月23日
孙炳耀 （2007）	由政府及社会组织通过行政的和社会的机制,重点围绕各种社会问题,对人们的社会生活进行干预。其目标是维护社会生活秩序,解决社会问题,提高社会生活的效率,提高人民生活质量	孙炳耀:《社会管理与社会工作》,载《加强社会工作人才队伍建设问题专题研究班参考材料》(2007年)

（续表）

学者(时间)	概念表述	出处
何增科 （2008）	政府和民间组织运用多种资源和手段，对社会生活、社会事务、社会组织进行规范、协调、服务的过程，其目的是满足社会成员生存和发展的基本需求，解决社会问题，提高社会生活质量	何增科主编：《社会管理与社会体制》，中国社会出版社2008年版，第4页
陆学艺 （2008）	政府和社会组织通过行政、法律等各种形式对社会生活的各个领域、各个环节进行组织、指导、规划、服务、协调、控制、监督，以保证社会正常有序、安全地运行，实现社会和谐、全面进步的目标	陆学艺：《关于社会建设的理论和实践》，载《国家行政学院学报》2008年第2期
丁元竹 （2008）	在一定共同价值基础上，人们处理社会事务和提供社会公共服务的过程	丁元竹：《中国社会管理的理论建构》，载《学术月刊》2008年第2期
邓伟志 （2008）	政府和社会组织部门为促进社会系统的和谐运行与良性发展，对社会生活、社会结构、社会制度、社会事业和社会观念等各个环节进行组织、协调、服务、监督和控制的过程	邓伟志主编：《创新社会管理体制》，上海社会科学院出版社2008年版，第6页
李培林、 陈光金 （2010）	现代社会管理是一个以政府干预和协调为条件，以基层社区自治为基础，以非营利社会组织为中介，动员公众广泛参与的互动过程	李培林、陈光金：《中国当前社会建设的框架设计》，http://www.sociology2010.cass.cn/webpic/web/sociology/upload/2010/12/d20101227134711591.pdf，2020年12月27日访问
杨海蛟 （2011）	以维系社会秩序为目标，通过政府主导、多方参与，运用多种资源与手段，规范社会行为，协调社会关系，解决社会问题，化解社会矛盾，促进社会公正，应对社会风险，维护社会稳定，促进社会和谐的活动和过程	杨海蛟：《充分发挥中国社会管理的优势》，载《中国社会科学报》2011年3月3日第8版
纪晓岚 （2012）	由政府领导负责，社会、公众多方协同参与，综合运用各种资源和手段，以维护社会公平、公正，维持社会秩序，维系社会效率，满足社会成员生存和发展的基本需求为目的，对于社会生活、社会事务、社会组织、社会公共服务等进行处理、规范、协调和服务的过程	纪晓岚等：《关于社会管理理论若干问题探索》，载《甘肃理论学刊》2012年第1期

学者(时间)	概念表述	出处
汪大海 (2013)	政府和社会组织部门为促进社会系统的和谐运行与良性发展,对社会生活、社会结构、社会制度、社会事业和社会观念等各个环节进行组织、协调、服务、监督和控制的过程	汪大海主编:《社会管理》,中国人民大学出版社2013年版,第9—11页
唐均 (2013)	党委和政府以及其他社会主体运用法律、法规、政策、道德、价值等社会规范体系,直接或间接地对社会领域各方面、各环节进行服务、协调、组织、监控的过程和活动	唐均主编:《社会管理概论》,中国人民大学出版社2013年版,第6页

三、走向社会治理的合流

由于治理概念贯通了各不相融的管理思想,也因为全球化极大地拉近了不同国度的距离感,中西方都对治理理念表示认同并在社会治理方面形成了合流。

(一)"治理"概念的形成

"治理"(goverance)一词早已有之,曾被英语国家使用数百年,①其原意是控制、引导和操纵,可与"统治"交叉使用,并且与中文的"治(ruling)国理(managing)政"相通。17世纪后,西方开始讨论王权和议会权力平衡的问题,将"治理"与民众权力、市民社会关联起来。1989年,世界银行报告《撒哈拉以南:从危机到可持续发展》中出现的"治理危机"(crisis in governance)概念为"治理"赋予了现代含义。罗西瑙在《没有政府的治理》一书中将治理定义为一系列活动领域里的管理机制,它们虽未得到正式授权,却能有效发挥作用;与统治不同,治理指的是一种由共同的目标支持的活动,这些管理活动的主体未必是政府,也无须依靠国家的强制力量来实现。②

格里·斯托克归纳了治理理论的五个主要的观点:③① 治理意味着一系列来自政府但又不限于政府的社会公共机构和行为者。只要各种公共的和私人的机构行使的权力得到了公众的认可,就可能成为在各个不同层面上的权力中心。② 治理意味着在为社会和经济问题寻求解决方案的过程中存在着界限和责任

---

① 〔法〕辛西娅·休伊特·德·阿尔坎塔拉:《"治理"概念的运用与滥用》,载俞可平主编:《治理与善治》,社会科学文献出版社2000年版,第16页。
② 〔美〕詹姆斯·N.罗西瑙主编:《没有政府的治理》,张胜军等译,江西人民出版社2001年版,第5页。
③ 〔英〕格里·斯托克:《作为理论的治理:五个论点》,华夏风译,载《国际社会科学杂志》(中文版)1999年第1期。

方面的模糊性。国家正在把原先由它独自承担的责任转移给公民社会,即各种私人部门和公民自愿性团体,后者正在承担越来越多的原先由国家承担的责任。③ 治理明确肯定了在涉及集体行为的各个社会公共机构之间存在着权力依赖。致力于集体行动的组织必须依靠其他组织,各个组织必须交换资源、与共同的目标谈判,交换的结果不仅取决于各参与者的资源,还取决于游戏规则以及进行交换的环境。④ 治理意味着参与者最终将形成一个自主的网络。它在某个特定的领域中拥有发号施令的权威,与政府在特定的领域进行合作,分担政府的行政管理责任。⑤ 治理意味着办好事情的能力并不仅限于政府的权力,不限于政府的发号施令或运用权威,还存在着其他的管理方法和技术。

20世纪90年代,治理问题曾涉及全球。"它在许多语境中大行其道,以至成为一个可以指涉任何事物或毫无意义的'时髦词语'。"①在关于治理的各种定义中,全球治理委员会(CGG)的定义具有代表性和权威性,即"治理是各种公共的或私人的个人和机构管理其共同事务的诸多方式的总和。它是使相互冲突的或不同的利益得以调和并且采取联合行动的持续的过程。这既包括有权迫使人们服从的正式制度和规则,也包括各种人们同意或认为符合其利益的非正式的制度安排。它有四个特征:治理不是一整套规则,也不是一种活动,而是一个过程;治理过程的基础不是控制,而是协调;治理既涉及公共部门,也包括私人部门;治理不是一种正式的制度,而是持续的互动。"②

(二)从治理到社会治理的中西合流

治理概念的形成和发展既有理论上的渊源,也有现实中的土壤,这两个方面都呈现出某种中西合流的大趋势。从理论渊源看,"社会治理理论来源于社会系统整合的思想"③,它在总体上与我国传统文化的整体性哲学观相契合。从现实土壤看,在西方这样一个分化和分工相当精细的"非总体性"社会开始转向整合性思维并展开全球化过程的同时,中国这个分化和分工并不精细的社会正处于由"总体性社会"向"后总体性社会"转型过程之中。④ 这样,治理就成了一个具有中西合流意蕴的概念,并且在社会治理上具备了通约性。

---

① 〔英〕鲍勃·杰索普:《治理的兴起及其失败的风险:以经济发展为例的论述》,漆蕪译,载《国际社会科学杂志》(中文版)1999年第1期。
② The Commission on Global Governance, *Our Global Neighbourhood*: *The Report of the Commission on Global Governance*, Oxford University Press, 1995, p.23.
③ 冯钢:《转型社会及其治理问题》,社会科学文献出版社2010年版,第36页。
④ 孙立平:《"自由流动资源"与"自由活动空间"——论改革过程中国社会结构的变迁》,载《探索》1993年第1期。

党的十八届三中全会通过的《关于全面深化改革若干重大问题的决定》使用了"社会治理"一词,完成了中国主流话语从社会管理到社会治理的转换。这个转换的深层意义在于,它不仅使中国的学术概念和政治用语与国际接轨,而且将社会治理改革汇入了国际化潮流。与此同时,治理理论的适用性、本土化与国际化问题也成为学界重点关注的问题。在这方面,郑杭生提出了多个"中层"命题,如国家治理与社会治理的关系是探讨治理理论适用性的突破口;治理理论本土化存在国家责任、主体人格以及话语体系三个方面的难题;地方经验在问题提出、理论提升以及学术争鸣中具有特殊意义等。①

第三节 社会治理是什么

自"治理"一词传入中国后,人们就开始探讨与此相关的衍生概念,如全球治理、国家治理、政府治理、区域治理、社会治理等。其中,关于"社会治理是什么"的问题,尚未取得共识。

一、社会治理的概念

党的十八届三中全会后,"社会治理"一词频见报端,学术界也对该词进行了专业化思考和概念表述。在这方面,张康之、李培林、王浦劬、向德平、褚添有等学者进行了有意义的探讨。张康之较早地指出:"'社会治理'是一个较为宽泛的概念,它包括了人类管理社会的一切活动及其物化了的成果。"②李培林对该词有一个简单的表述:"社会治理就是要让人们过上好日子,好日子就是衣食丰足、幸福平安、和谐有序。"③王浦劬从运行意义上认为:"'社会治理'实际是指'治理社会'。或者换言之,所谓'社会治理',就是特定的治理主体对于社会实施的管理。"④向德平和苏海也指出:"社会治理旨在建立一种国家与社会、政府与非政府组织、公共机构与私人机构等多元主体协调互动的治理状态,是在科学规范的规章制度的指引下,强调各行为主体主动参与的社会发展过程。"⑤褚添有则认

---

① 郑杭生、邵占鹏:《治理理论的适用性、本土化与国际化》,载《社会学评论》2015 年第 2 期。
② 张康之:《社会治理的历史叙事》,北京大学出版社 2006 年版,第 1 页。
③ 李培林:《社会治理与社会体制改革》,载《行政管理改革》2014 年第 9 期。
④ 王浦劬:《国家治理、政府治理和社会治理的含义及其相互关系》,载《国家行政学院学报》2014 年第 3 期。
⑤ 向德平、苏海:《"社会治理"的理论内涵和实践路径》,载《新疆师范大学学报》(哲学社会科学版)2014 年第 6 期。

为:"社会治理是指政府和非政府的组织(如私营部门、第三部门、社区组织)乃至公民个人为促进社会系统的和谐运行和良性发展,实现社会的公平正义,满足公众的社会需求,而协同治理社会性公共事务,提供社会性公共物品和公共服务的活动及过程。"①在我们看来,社会治理是多元主体为达成特定社会领域的良性运行目标而进行的协同性制度安排及其合作方式。对这个概念的具体内涵,可以从以下五个方面进行把握:

(一)社会治理是针对特定社会领域的

由于"社会"一词有不同的用法,因此"社会治理"也就不能一概而论,而是针对某个社会概念所指称的特定领域。按照本书的划分,"社会"可以是人类"大社会",也可以是领域"小社会",还可以是技术"聚社会",它所对应的社会治理自然会不一样。

对应于人类"大社会",社会治理是一个很宏观的概念,指人类社会的整体性管理逻辑、制度安排和实践方式。在这个意义上,社会治理是涵盖国家治理、政府治理、市场治理、公司治理、基层治理、环境治理等诸多领域的上位概念,它可以表征人类发展不同阶段的统治类型,如封建统治、资本主义制度等,也可以表征一个国家或地区的治理特征,如政府管理体制、社区自治体制等。

对应于领域"小社会",社会治理是一个中观概念,指某个具体社会领域的管理逻辑、制度安排和实践方式。在这个意义上,社会治理与国家治理、政府治理,乃至市场治理、环境治理等是并列的,它可以是"国家与社会"二分中的社会管理和社会自治,也可以是"政府—市场—社会"三分中的政府管理职能和社会运作逻辑,还可以是"五位一体"框架中社会领域的管理逻辑、制度安排和实践方式。

对应于技术"聚社会",社会治理是一个很具体的概念,指的是针对那些因交互化技术平台或组织化社会技术而形成的具体社会群落的管理逻辑和实践方式,如目前常见的网络治理、项目治理等。

(二)社会治理的目标是特定社会领域的良性运行

就一般意义而言,无论社会治理、社会管理还是社会控制,都要把良性运行作为其预设目标。但站在社会治理的立场上,它追求的目标应具备自身特色,即体现出"治理"理念所强调的法治、自治、参与、协商、协同和民主等基本要素,具体而言就是通常所说的"善治"(good governance)目标。从运行的意义上说,善

---

① 褚添有:《社会治理机制:概念界说及其框架构想》,载《广西师范大学学报》(哲学社会科学版)2017年第2期。

治是社会治理的最佳状态,也是社会治理所追求的目标。

善治即良好的治理,是治理理论的重要内容,与中文的"善政"相通,其主要含义是好的政府和好的治理手段。20世纪90年代以来,善治是英文文献中使用频率最高的术语之一。按照法国学者玛丽-克劳德·斯莫茨的概括,善治包括四大要素:① 公民安全得到保障,法律得到尊重,特别是这一切都须通过法治来实现。② 公共机构正确且公正地管理公共开支,亦即进行有效的行政管理。③ 政治领导人对其行为向人民负责,亦即实行责任制。④ 信息灵通,便于全体公民了解情况,亦即具有政治透明性。①

(三) 社会治理是多元治理主体间的关系架构

虽然治理概念可引申出多主体、多中心、多元化等理念,但并不意味着简单的"去国家化""去中心化",而是围绕特定社会的主客体关系形成某种多元治理主体间的关系架构,即通常所说的社会治理格局。

在这种多主体关系架构中,治理不仅限于政府的社会管理职能,还包括其他主体以及社会自身的管理,是多元主体以多样化形式进行的社会秩序化过程。这意味着,政府独一无二的管理主体地位将受到挑战,私营部门、第三部门尤其是社会公众个人获得了参与治理的权利与机会,他们可以进入规则制定与政策执行的全过程。

这种治理架构的关键,不在于哪一个治理主体,而在于多元主体间的关系。各主体能够在相互作用中产生协同效应,因而比现行的科层体制具有更大优势,并将实现从国家本位到社会本位的根本性转型。一方面,政府要有一个恰如其分的定位,形成承认、保护和促进自主性社会的大环境;另一方面,社会公众、社会组织也要有一个相对完善的发展,达到能够自律、接受他律、勇于互律的高境界。

(四) 社会治理是以协同为特征的制度安排

规范意义上的社会治理,体现为一整套以协同为特征的制度安排,尤其是以法律为中心的文本,它是对各治理主体功能范围和相互作用关系的边界划分。

首先是社会治理的权力边界。它的核心是权力配置即国家统治、社会调节与社会自治三者的权力关系问题。除非出现了外部效应,或者有无法解决的难题,或者有违反法律规定等情况,否则这些权力之间应该彼此不僭越、不替代、不

---

① 〔法〕玛丽-克劳德·斯莫茨:《治理在国际关系中的正确运用》,肖孝毛译,载《国际社会科学杂志》(中文版)1999年第1期。

干预。其中，掌握公共权力的权威机关，要在权力边界明晰的前提下科学设计社会治理体系，强化有效回应社会、整合社会的能力。

其次是社会治理的权利边界。它的核心是如何体现主权在民的本质，重点是保障广大市民能够通过不同形式参与到社会治理中来，在社会治理实践中实实在在地感受和体验公民权利的存在。其中，各类社会组织的能力是确定横向边界的一个决定性因素，其行动能力的强弱、大小决定了边界的具体位置。

最后是社会治理的行动边界。它的核心是各治理主体的行动逻辑与约束，所有权力主体都必须在法律框架内活动，不能凌驾于法律之上。值得注意的是，作为社会自治的主体，社会组织的行动边界是一个复杂体系，法律法规、政策规范、行业规范以及组织章程都发挥着十分有效的约束作用。

（五）社会治理是特定社会领域的合作方式

社会治理不仅是理论观点和制度安排，还是一系列具体的践行方法，并且体现为特定社会领域的合作方式。通过不同的合作方式，各治理主体可以在主客体关系的管控上取得共识，进而解决"谁治理、如何治理、治理成效如何评价"等深层问题。由于治理概念具有政府放权、授权社会、社会自治的意涵，因此其践行过程应该以"合作"为基调，通过弱化政治权力，实现多元共治和自我治理。由于特定社会领域的差别，社会治理中的合作方式也会有所不同。但各种合作方式的基本特征还是存在的，具体包括：一是包括政府在内的多元主体共同参与社会事务管理的过程和形式；二是多元主体是平等的伙伴关系；三是既有公共权力的强制，也有引导、协商、沟通、参与。

值得注意的是，各种合作方式中的"社会"往往都具有主客两重性。作为治理主体的"社会"，无论企业、社会组织、家庭还是公民个人都要发挥各自的作用，并且与国家（政府）这个治理主体一起参与治理目标、效率评价、过程监管等具体事务。作为治理客体的"社会"，通常是治理所指的对象，比如教育、就业、收入、社会保障、医疗以及社会公共事务等。现实中，多元治理主体的权利关系是平等的，但实际治理绩效差别很大，占绝对优势地位的还是国家和政府，这在一定程度上放大了社会的客体属性。

二、对社会治理的多重理解

对社会治理的多重理解不仅是因为社会治理概念本身具有规范性问题，更重要的是"社会"一词的用法甚多。套用一句话：有100个社会就会有100个社会治理。从这个意义上说,对社会治理的理解本应是多重的。

(一)国家治理的制度安排

在"大社会"语境下,社会治理应该是最高层次的整体性管理逻辑、制度安排和实践方式,核心是关于国家治理的制度安排,基本内容则是国家(政府)与社会(社区、社会组织等)的关系。高秉雄、唐扬总结了主流理论对国家与社会关系的四种诠释,即国家中心、社会中心、国家与社会互构、多元主体共治,他们认为各种理论虽引入了不同的变量,但权力和利益仍旧是核心变量,权力关系背后必然是利益的驱动。在利益的专属排他性驱使下,一方对权力的垄断会导致权力关系失衡,国家与社会则呈现出"你强我弱"的"主导—支配"关系。在力量达至均衡之时,利益关系随之调整,各主体明确权力边界,规范约束权力,以维持均势。[1]

其实,当我们把社会治理理解为国家治理的制度安排时,最基本的关系范式还是"二元论"的,即政府主导模式和社会自治模式。政府主导模式的特点是政府对社会事务直接管理,形成一种主客体之间的管控关系。政府机构对于社区和社会组织而言是垂直的上级领导,社会各单元都在一个科层体制之中被组织化,政府与社会的合作关系具有自上而下的主从属性。社会自治模式的特点是依靠社会自组织能力建立区域性、行业性自治组织,而将政府排除在日常社会事务管理之外。这样一来,社会治理的事权大多被社区和各类社会组织掌握,而政府则要进行宏观计划、社会事务监管以及社会整体利益的协同,政府与社会的合作关系是以社会为中心展开的。

实际运行的国家制度,大多是某种混合治理形态,即政府的行政权力与社会的自组织能力相互配合、各有分工。通常是政府为社区和社会组织提供资金支持和专业指导,负责治理规划和公共建设,而社会则负责日常事务的管理工作。根据政府在社会治理中的实际定位尤其是社会力量的发育程度,混合治理可以呈现出多种形态,或更加接近政府主导模式或更加靠近社会自治模式抑或是某种中庸状态。但无论怎样,混合治理形态都可以在一定程度上融合前两种模式的优点,使其更加契合某个国家的传统文化和治理习惯。

(二)政府的社会管理职能

政府职能(government function),亦称行政职能(administrative function),是国家行政机关依法对国家和社会公共事务进行管理时应承担的职责和所具有的功

---

[1] 高秉雄、唐扬:《主流理论视野中的国家与社会关系》,载《社会科学动态》2017年第4期。

能。它回答政府在公共事务中"应该做什么和不应该做什么",规定了政府的作用及其限度。政府是国家的代表,因此当人类出现第一个国家的时候,就意味着政府职能的产生。17世纪以来,西方学者开始较系统地阐述政府职能并形成了众多理论学说,但大多沿着国家干预主义和自由主义两条线索展开。其中,国家干预主义强调发挥政府在社会中的积极作用,自由主义强调对政府管理权力的限制。"这两大理论之间的对峙,在一定程度上能够为政治统治者们把握国家与社会之间的平衡提供依据。"①

政府职能规定了国家行政活动的基本方向,通常包含经济调节、市场监管、社会管理、公共服务和环境保护等。其中的社会管理,是"政府通过制定专门的、系统的、规范的社会政策和法规,管理和规范社会组织,培育合理的现代社会结构,调整社会利益关系、回应社会诉求、化解社会矛盾,维护社会公正、社会秩序和社会稳定,孕育理性、宽容、和谐、文明的社会氛围,建设经济、社会和自然协调发展的社会环境"②。从实践上看,政府社会管理的具体领域各不相同,如美国政府社会管理的范围较窄,法国政府则施行更多的社会干预和管制政策,新加坡政府在社会管理中甚至奉行类似于"家长制"的政策。综合梳理可以发现,发达国家政府社会管理的主要领域有:社会公共安全、生态环境、就业、食品药品、人口、社会保障体系、社会组织、公共交通等。③

我国曾长期实行全能型政府职能模式,即政府通过指令性计划和行政手段进行全方位的社会管理。在党的十七届二中全会提出要深化行政管理体制改革后,政府的社会管理职能逐渐集中在调节社会分配和组织社会保障、保护生态环境和自然资源、促进社会化服务体系建立、提高人口质量和计划生育管理等方面。

(三)多元治理架构

社会治理常被理解为一种规范意义上的主体间关系,即多元主体依据相关制度构成的社会治理架构。这种多主体共治格局可以实现国家政治力量的平衡,特别重视私人和民间的力量,主张社会力量如志愿性团体、非政府组织、社区等积极参与社会事务的管理,同时强调多元主体应在法治及制度框架内合法运作,参与决策和构建共识。以此为基础,多元治理主体在协作的基础上实现功能

---

① 何炜:《西方政府职能理论的源流分析》,载《南京社会科学》1999年第7期。
② 陈振明、李德国、蔡晶晶:《政府社会管理职能的概念辨析——〈政府社会管理〉课题的研究报告之一》,载《东南学术》2005年第4期。
③ 同上。

互补,形成政府主导下的共治格局。如此一来,政府被重新定位为多元治理架构中的"长者",其职责不仅仅局限于行使权力,还要肩负起建立共同准则、把握治理方向的重任。

多元治理架构不仅是治理主体的多元,还包括治理机制的多元,包括对话、协商、竞争、合作及集体行动等。一个完整的多元治理架构由三个治理机制耦合而成:其一是自律机制,即社会治理过程中各社会主体的自主管理功能。在发达国家,行业自律组织、社会中介组织、社区乃至其他形形色色的社会组织都承担着数量可观的社会治理职能。其二是他律机制,即社会治理过程中政府功能的有效发挥。此处的"他律",是相对于社会"自律"而言的政府作用,这既是政府的应尽职责,也是事关社会公正、社会和谐的基本制度安排。其三是互律机制,是社会治理过程中各社会主体之间的相互监督和相互制约关系。它可以满足各类社会主体对平等性和包容性的诉求,形成一个理性协商、规范参与的治理场域。

(四)社会项目治理

所谓项目,一般指"为完成某一独特的产品或服务所做的一次性努力"[1],它是"一个被分配了一定资源的临时性组织,为了实现有益的变化而进行工作"[2]。特纳最早提出了项目治理概念,他认为这"是一种可以获得良好秩序的组织制度框架,通过这种制度框架,项目的利益相关者可以识别出威胁或机会中的共同利益"[3]。可见,项目治理针对的是"一次性努力"和"临时性组织",是基于项目运营过程进行的。其中的社会项目治理,主要指两方面的内容,一是公共项目的社会评价,二是社会项目的组织和运营。

公共项目的社会评价简称"社会评价",不同机构和组织对这一概念的解释存在差异。如亚洲开发银行将社会评价称为社会和贫困分析,并主要回答以下几个问题:项目涉及哪些群体?项目可能对他们有什么样的影响?他们对项目的感受是什么?要求是什么?他们的希望和诉求是什么?他们对项目所产生影响有哪些?社会评价就是要在项目的方案设计和实施中考虑这些希望和诉求,采取一系列方法和手段保证各相关群体在项目中的参与。目前,社会评价已趋

---

[1] 〔瑞典〕拉尔夫·穆勒:《项目治理》,邵婧婷译,电子工业出版社2011年版,第77、84页。
[2] 〔英〕Rodney Turner:《项目管理理论及其架构》,杨伟、杨玉武译,载《项目管理技术》2006年第10期。
[3] J. R. Turner, Anne Keegan, The Versatile Project-Based Organization: Governance and Operational Control, *European Management Journal*, 1999, 17(3): 296-309.

于成熟和规范,成为"一整套拥有完整方法、术语、假设、操作规范等的理论范式"①,得到了许多国家政府和组织机构的认可,世界银行及美洲国家银行甚至将其作为是否向会员国提供贷款的必要条件。

社会项目的组织和运营是指运用治理理念和治理架构对诸如公益项目、PPP(政府和社会资本合作)项目、BOT(建设—经营—转让)项目等有关社会项目进行的策划组织和运营管理。国内外学者对此进行了较多的研究,如马丁尼斯和史蒂芬运用项目治理理论对PPP项目风险进行的分析表明,好的项目治理可以促进项目风险的合理分担,保证项目的成功。②德里等人在分析印度BOT项目时发现,项目治理问题主要有两类:一类是政府与私人部门之间的问题;另一类是项目与社会利益相关者之间的问题。激励机制是有效的工具,尤其在解决政府与私人部门之间的治理问题时更为有效。③严玲等人构建了一个包括内部监控、外部市场监控和政府监控机制在内的项目治理模型,认为项目管理模式是项目治理系统的有机组成部分,其必然的战略导向是合作和双赢。④

(五)网络与数据治理

由于互联网已成为覆盖全球的人工神经系统,因此网络治理需要具备"世界禀赋"。但作为国家主权的构成要素,网络治理的具体形态还要取决于它在国家治理体系中的定位。网络治理的逻辑起点应该是对网络工具的理性选择,对网络治理的理解要立足于"网络化逻辑"并且与大数据、智慧社会相契合。

从微观形态上看,网络治理主要是网民个体对其虚拟行为的自我管理,表现为网民生活范式的生成、维持和不断完善,实质上是网民生活样态的范式化过程。因此,网络治理可以被理解为如何在网络空间确立网民生活范式及其行为规则,并以此为基础保持有序的虚拟实践状态。从宏观形态上看,"在线"是人们使用互联网工具的一种实践形式,网民通过这种形式来构建其数字化家园并在虚拟生活中实现自我再造,而"群""平台""朋友圈"都是网民合作的共同体,其成员之间的互动结构与行为规则是一种模式化了的网络合作关系。从历史形态上

---

① Rabel J. Burge, The Practice of Social Impact Assessment Background, *Impact Assessment and Project Appraisal*, 2003, 21(2):84-88.
② P. Martinus, O. Stephen, Good Project Governance for Proper Risk Allocation in Public-Private Partnerships in Indonesia, *International Journal of Project Management*, 2006, 24(7):622-634.
③ V. S. K. Delhi, A. Mahalingam, S. Palukuri, Governance Issues in BOT Based PPP Infrastructure Projects in India, *Built Environment Project and Asset Management*, 2012, 2(2):234-249.
④ 严玲、尹贻林、范道津:《公共项目治理理论概念模型的建立》,载《中国软科学》2004年第6期。

看,互联网在短短几十年间就颠覆了社会生活范式和人类合作模式,而网络治理则是自由与秩序的网络态平衡。

随着5G、人工智能和各种智慧工具的快速发展,我们正迎来智能互联网和智慧社会时代,生活世界和知识体系将再一次发生巨大变化,国家能力建设和网络强国战略也将进入新的历史阶段。目前,在如何看待智慧生活和数据秩序的问题上,有人欢呼着智慧社会的到来,也有人视大数据和智能互联网为"幽灵"。其实,数据秩序的生成是自在与自为的辩证统一,自在性源于智慧生活的自组织行为,其结果是不确定的;自为性源于社会的控制能力,人类意志要施加于新生活,政府也不能袖手旁观。二者在功能上互补,共同促成智慧生活和数据行为的有序化,从而使智慧社会既有混沌的一面也在掌控之中。

第二章 社会治理的基本模式

社会治理的基本模式,是国家治理体系中关于社会领域主客体关系的制度安排和实践逻辑,核心是社会治理过程中的主体地位问题,主要包括政府职能定位、政府与社会之间的关系、社会事务管理的多主体结构及其运行机制等。在两分框架下,社会治理的基本模式可分为社会中心模式、国家中心模式以及兼有二者特点的混合模式。

第一节 社会中心模式

国家与社会孰先孰后,一直存在激烈的争论。社会中心主义认为,社会先于国家而存在并且制约着国家,由此形成了社会治理实践中的社会中心模式。

一、理论观点和经验模式

社会中心主义可追溯到洛克、托克维尔等人的契约主义思想,其中又细分为若干流派,如多元主义、新多元主义、社团主义、工具主义,广义上也包括个人中心主义。①

(一)社会中心主义观点

在韦伯看来,"国家者,就是一个在某固定疆域内肯定了自身对武力之正当使用的垄断权利的人类共同体。就现代来说,特别的乃是只有在国家所允许的范围内,其他一切团体或个人,才有使用武力的权利。因此,国家乃是使用武力的'权利'的唯一来源。"②从这个意义上说,国家治理就是国家权力的运用,"是国家政权的所有者、管理者和利益相关者等多元行动者在一个国家的范围内对社会公共事务的合作管理,其目的是增进公共利益维护公共秩序"③。但是,国家是工具还是目的?使用国家权力是为"国家"自身还是为"社会"所需?不同的

---

① 马德普:《简析近代以来国家治理模式的变迁——兼论中国国家治理模式的变革》,载《行政科学论坛》2014年第5期。
② 〔德〕马克斯·韦伯:《学术与政治》,钱永祥等译,广西师范大学出版社2010年版,第197页。
③ 何增科:《理解国家治理及其现代化》,载《马克思主义与现实》2014年第1期。

回答代表着不同的治理模式,而社会中心主义则是两种代表性观点之一。

社会中心主义主张限制政府权力,尽可能发挥社会理性、社会组织和社会成员的自组织功能。当这种思想转化为国家治理的实践模式时,一般表现为自由放任政策,即尽可能放任个人在社会中自由运用自己的权利,承认市场机制的绝对支配地位并利用"看不见的手"来解决公共物品或准公共物品的生产,尊重各类社会组织、社团的利益和诉求。在此基础上,作为"守夜人"的政府仅需要履行保障安全等少数职能。

在社会中心主义者看来,实际掌控并运用各种政治资源的应是社会各利益集团,国家只能顺从他们的要求。在社会治理过程中,"国家需要持续地高度依赖社会行动者,以换取各种具体而广泛的从选举日的投票到日常的公共政策执行等各方面的支持。"①对此,诺德林格曾做过十分形象的描述,"如果允许用一夸张手法的话,那么源于社会中心论的民主政治传统肖像是这样的:其中,浓墨重彩描绘的是政务官员不断求助于社会精英,持续追求来自于投票者、压力集团、工会、企业和种族与地区团体的口袋支持,一直从社会的汪洋大海中搜寻可乘风挂帆之浪,而且入水前小心地查验着水温,在采取某一立场或另一立场之前仔细评估支持率的边际得失,然后几乎一成不变地去行动以获取那边际之得。"②这样,政府官员会严重依赖于社会支持,国家则成为各利益集团获取和调配利益的平台。

(二)以社会为中心的经验模式

社会中心模式是具有代表性的国家治理模式之一,其产生和确立与英美法等先发国家特有的政治传统有关。英国具有自发、自治、渐进的政治传统,"王在法下"的习惯法体现了自治传统,1832年和1867年的宪政改革则体现了渐进主义。美国是一个从地方自治成长起来的国家,其建国历程兼有自治和自发特征。在现代化进程中,由于地方社会力量非常强大,其作用远大于其他国家,从而奠定了社会中心主义的政治土壤。历史地看,"以'自然权利'和'社会契约'为核心的社会中心主义理论体系被认为是建立在英国—美国—法国经验基础之上的"③,是这些国家经验模式的升华。在现实中,以社会为中心的治理模式主要

---

① 〔美〕埃里克·A.诺德林格:《民主国家的自主性》,孙荣飞等译,凤凰出版传媒集团、江苏人民出版社2010年版,第37—38页。
② 同上书,第35页。
③ 杨光斌:《被掩蔽的经验 待建构的理论——社会中心主义的经验与理论检视》,载《社会科学研究》2011年第1期。

是先发国家所采用的社会治理方法,延续了自由资本主义时期的治国理念。

总结起来,社会中心模式的产生有其历史原因:第一,先行进入现代化进程的国家在知识、技术、管理、生产方式等方面,还没有更先进的经验可供借鉴,因而这些国家更加需要发挥个人的主动性和首创精神,以便在各种未知的领域有较多的探索和创新。反过来说,也正是因为有了这种自由创新的社会环境,才使得先发国家能够得到较快的发展。第二,先发国家在经济实力、综合国力等方面居于优势地位,不用过多地担心外部挑战给自己带来什么威胁,因而不太依赖以国家动员和组织社会资源来应对外部挑战的政治组织,也就是说,它不太依赖一个权力较大的政府。第三,一般来说,最先进入现代化进程的国家,大都经历过资产阶级革命,在国家政治结构中资产阶级占据主导地位,而社会中心模式最符合资产阶级的利益,最容易使少数最有能力的人发财致富,也最能够把财产(资本)的权力发挥到极致,所以也最容易得到资产阶级的支持。

社会中心模式的确立,不仅使资本主义获得了较快的发展,社会财富得到了较快的增加,使先发国家在与后发国家的竞争中处于优势地位,而且也使得职能很少的政府因没有太重的负担而能较为顺畅地运行。总体来看,社会中心模式虽有多种细分流派如有的偏重社团、有的偏重个体,但其共同的治理形态是:国家权力都受到较多的约束,政府权力都比较小,国家提供的公共物品也都比较少,国家在治理中不居于核心地位。[①]

二、"小政府大社会"形态

在社会中心模式下,政府职能是有限和弱化的,社区、行业成为社会治理最重要的组织载体。相对于政府权力受限,社会的权力很大,凡政府不及的事务都是"社会"的职责所在,从而形成所谓的"小政府大社会"治理形态。

(一)有限"小政府"

"小政府"是社会中心模式的重要特征,但迄今为止并没有一个公认的权威定义。当代意义上的小政府,指机构精简、职能有限、权力受限的政府,[②]它是一种政府、市场、社会各司其职并最大限度地发挥市场和社会功能的政府运行模

[①] 马德普:《简析近代以来国家治理模式的变迁——兼论中国国家治理模式的变革》,载《行政科学论坛》2014 年第 5 期。

[②] 王甲成:《"小政府":渊源、意义及其向度》,载《江南社会学院学报》2005 年第 2 期。

式。① 这里的"小",不仅仅是规模小,还有着更深刻的含义。② 近代以来,政府模式的演变始终是围绕着政府与市场、政府与社会关系的主轴展开的。从自由资本主义时期亚当·斯密的消极意义上的小政府模式,到第二次世界大战前后凯恩斯主义的大政府干预,再到20世纪70—80年代哈耶克、弗里德曼、布坎南等新自由主义有限小政府的复归,乃至20世纪90年代有效政府的提出,政府的作用经历了一系列自我扬弃。源自100多年前自由主义经济思想的小政府模式,也经历了一个扬弃的过程,并且其内涵也发生了变化。③ 根据赵佳琛的归纳,小政府治理形态具有以下特征:④

第一,职能有限。所谓职能有限,一方面是指其职能的相对分离,另一方面是指分权和权力下放,政府职能的收缩。即能由市场承担的,尽可能由市场去做;能由社会解决的,尽可能交给社会去办。政府只管那些市场、社会所解决不了的、为数不多却十分重要的事情,包括:① 保持社会的安定和维护由法律所规范的社会秩序,维护宏观经济稳定;② 尽可能减少政府对社会经济的纯行政干预,实行有限度的市场调节,最大限度地发挥市场和自由竞争的作用;③ 组织公共物品的供应,提供公共服务;④ 排除一切妨碍社会自治的行政因素,最大限度地发挥社会组织功能和自治作用。

第二,机构人员精干。西方国家都把精简机构、裁减人员作为行政机构改革的一个重要目标,政府部门一般只有20个左右或以下。随着机构的精简,人员也日益精干,公职人员数量占总人口的比例不断降低。

第三,廉价。依据政府经费预算占财政总预算的百分比,可以把政府划分为大、中、小三种规模,即大于40%的为大政府,30%—40%的为中政府,小于30%的为小政府。西方发达国家的政府经费,受到国会或相关机构的严格控制和监督,受到财政预算"硬约束"机制的制约。这样的"硬约束",避免了政府机构和人员的过度膨胀,也使小政府成为廉价政府。

第四,高效。小政府治理的一个重要目标就是提高政府机构的服务质量和办事效率,简化办事程序,减少办事环节,避免机构庞大、人员拥塞所造成的政府职能交叉,推诿扯皮。近年来流行的重塑政府理论,强调政府应该像企业家一样

---

① 赵佳琛:《关于"小政府"模式的几个问题》,载《天津社会科学》2000年第3期。
② 谢庆奎:《论政府发展的目标与途径》,载《新视野》2002年第4期。
③ 王甲成:《"小政府":渊源、意义及其向度》,载《江南社会学院学报》2005年第2期。
④ 赵佳琛:《关于"小政府"模式的几个问题》,载《天津社会科学》2000年第3期。

追求效率,注重产出,在政府运行过程中注入竞争机制,转变政府的驱动机制,完善政府的组织机制。

(二)自治"大社会"

"大社会"是与"小政府"相对应的概念,其理论基础是开放社会的自组织观点。按照亚当·斯密"最小的政府是最好的政府"之说,大社会能够通过专业分工机制,在每个人都追逐自身利益的过程中实现社会利益最大化。现代社会既有通过建构性关系模式确立的组织化社会秩序,也存在着自发性关系模式所形成的自组织社会秩序,这就是哈耶克所说的"大社会"。可见,大社会是一种多中心、自发形成的社会关系结构,"它们是许多人的行动的产物,而不是人之设计的结果。"[1]根据方宏伟、谭世贵的总结,[2]哈耶克在《法律、立法与自由》中论述了大社会的四个特点:① 是行动的而非设计的人类交往。在大社会的秩序格局下,每个主体就是一个实现自己目的的决策中心,而社会本身则没有独立的目的。因此,大社会没有明确的边界,只要主体的行动结果能满足他人,为他人所接受,就会被纳入秩序框架之中。② 是多元主体互动生成的自生自发秩序。通过从经验中学习,社会可以形构自己的秩序。这主要不是一个推理过程,而是一个遵循、传播、传递和发展那些因成功而胜出并盛行的惯例的过程。③ 是社会发展的内在逻辑。所谓社会发展,实质上是社会规则和结构进化的结果。当按照新规则行事可使交往更为方便,按照新行为方式行事的群体要比其他群体更兴盛时,新规则便取代旧规则,社会即在发展进化。④ 是政府职能定位与权力界分的尺度。政府管理要尊重社会自生自发秩序,不要企图改变社会运行逻辑。因此,政府的角色定位应该是社会的"维修队",其目的并不在于提供任何特定的服务项目或公民消费的产品,而在于确保提供产品和服务的社会机制得以正常运转。

大社会理念容纳了自亚当·斯密以来自由主义传统、社会契约思想以及哈耶克等人的当代社会观,成为通行于西方发达国家的治理理念。以这种理念为基础的社会中心模式,在美国、英国、法国等先发国家取得了成功。英国时任首相卡梅伦,更是把"大社会"概念当成了自己的竞选利器和执政纲领。撒切尔夫人辞职后,英国保守党输掉了三次大选,主要原因是意识形态上的故步自封和在

---

[1] 〔英〕弗里德利希·冯·哈耶克:《法律、立法与自由》(第一卷),邓正来等译,中国大百科全书出版社2000年版,第56页。

[2] 方宏伟、谭世贵:《论"大社会"视角下政府职能的生成逻辑与实践指向》,载《学海》2015年第3期。

具体政策上找不到时代的脉点。2005年,卡梅伦当选为保守党领袖后提出了建立"大社会"的计划:一是社区分权(community empowerment),希望创造出一种新的社会文化,即居民有充足的自由和权利去为自己所在的社区服务,而不总是依赖政府来解决他们面临的问题。二是社会行动(social action),鼓励人们投入他们的时间、经验及金钱,在社会中扮演更加积极的角色。卡梅伦认为,政府应该提倡和支持一种新的责任文化。三是公共服务公开(open public services),政府一方面修订与志愿及社区组织关系协议(COMPACT),强化对政府履行职责的问责机制;另一方面颁布《开放的公共服务白皮书》,提出改革公共服务的方案,以"多样选择""分权""多元化""公平""责任"为原则,建立"私人服务""社区公共服务""特定公共服务"三种类型的公共服务。2012年2月28日通过的《公共服务(社会价值)法案》,要求政府部门在公共服务采购过程中,必须同时评估目标机构的服务给服务对象所在的社区所带来的社会、经济与环境价值,也就是让那些社区组织、慈善机构和社会企业也能够赢得公共服务合同,有效利用公共资金,改善公共服务。[1]

三、美国的社会自治模式

在实行社会中心模式的国家中,美国是最具代表性的国家。美国社会治理的主要特征是社会自我治理,并逐渐形成了以社区自治为基础、以社会组织为主力、政府发挥保障监督作用的"三引擎"驱动机制。

(一)社区自治是基础

社区自治是美国社会生活的传统,它源于早期乡镇的公共精神并逐渐成长为现代社区治理的土壤。美国人通常会"在力所能及的有限范围内,试着去管理社会,使自己习惯于自由赖以实现的组织形式,而没有这种组织形式,自由只有靠革命来实现。他们体会到这种组织形式的好处,产生了遵守秩序的志趣,理解权力和谐的优点,并对他们的义务的性质和权利范围终于形成明确的和切合实际的概念"[2]。施雪华、孔凡义总结了美国社区自治的四个特征:[3]

第一,社区治理的民主化。美国采取社区代议民主制和社区直接民主制相混合的自治模式,居民既可以通过社区选举或政党选举来间接地影响社区的公

---

[1] 李小虎:《卡梅伦的"大社会"思想述评》,载《世界经济与政治论坛》2013年第5期。
[2] 〔法〕托克维尔:《论美国的民主》(上卷),董果良译,商务印书馆1988年版,第76页。
[3] 施雪华、孔凡义:《美国社区治理及其启示》,载《山西大学学报》(哲学社会科学版)2008年第4期。

共事务,也可以通过社区全民公决或者社区听证会来直接决定社区的公共政策。因此,社区是美国民主政治的重要方式,而社区会议和社区听证会是参与社区公共事务的固定渠道。市政府在进行某项涉及社区利益的政策变动时,首先要做的就是召开社区听证会,听取居民的意见。市议员兼任社区董事会非正式的不参加投票的成员,使社区利益和群众要求能够迅速地反映到市立法部门。董事会是通过选举产生的社区最高权力机构,向全体社区居民负责。除了通过社区代议制参与社区公共事务外,社区居民也可以建立独立的自治组织或者参加社团来表达自己的利益诉求,影响社区董事会以及地方政府的决策。

第二,社区治理的市场化。美国把市场机制引入社区治理,大大降低了以往官僚制治理效率低下、权力垄断的负面效应。相对于传统的官僚制政府治理,社区治理市场化是一种有益的进步。它可以充分发挥市场竞争的优势,改变以往官僚制治理的权力垄断,减少治理中的腐败行为。它改变了治理主客体之间的关系,把官民关系转化为生产者—消费者关系,公共管理也转变为公共服务。它打破了政府对公共服务和公共管理的垄断,扩大了公民的选择权。

第三,社区治理的组织化。社区非政府组织是社区实行居民自治和民主共管的主要载体,致力于表达居民的意愿和对社区居民开展服务。这些非政府组织提供多样化的服务,推动了社区服务功能的开拓和服务体系的建立。它们承担了应由政府提供的管理和服务,减轻了地方政府的负担。非政府组织作为个人与国家之间不可或缺的中间环节而存在,有助于培育居民自治意识和社区参与意识。它们成为民选官员与社区居民之间的沟通桥梁,为居民参与社区公共事务提供了渠道,保证社区居民有秩序、有组织地参与社区公共事务。同时,非政府组织需要为争取政府支持和私人基金展开激烈的竞争,这会促使它们不断提高服务质量,导致公共服务越来越便捷有效。

第四,社区权力的多元化。美国社区存在着多个相互独立的、相互竞争的权力中心,公民、企业、非政府组织和政府分享着对社区的治理权力和责任,社区治理则是多个主体自由、平等参与的过程。这样,社区治理不是被政府或者社区代议机构垄断,而是由公民、选任官员和公共服务职业者共同参与,他们分别扮演不同的角色:公民成为社区的治理者而不是消费者;选任官员的作用在于协调公民参与治理,而不是替他们做出决策;实践者关注的焦点是帮助公民实现其社区治理目标,而不是着力控制公共权威机构。① 从总体上看,美国社区权力是开放性的、多中心的和分散的。

(二) 社会组织是主力

发挥社会组织的自组织能力和协调作用,是美国社会治理的重要特征。美国建国初期,联邦政府的影响力十分有限,客观上为社会组织的产生和发展提供了良好的宏观环境。时至今日,自组织结社已成为美国的一种民间习惯,面对突发挑战时人们总能轻而易举地结成社团。"如果交通发生堵塞且行人和车辆受到阻碍,马上就会有一群人聚拢起来,并组成一个临时的团体,商讨疏通和解救的办法。类似的故障往往在官方获得消息之前,便已经被彻底排除。假如有某种庆祝活动,人们也有可能组织一个社团活动,其目的或许只是为让庆祝活动本身显得更为正规和光鲜。有些社团目的是为抵制那些徘徊于人类道德本性之外的敌人,或是致力于减少那些肆意放纵的社会恶疾。此外,美国的社团还用来维护公共社会秩序、促进工商业发展和维护社会道德以及宗教的发展。"② 可见,这种民间习惯不仅是一种传统,也是一种深藏于民的社会能力,它可以使社会组织成为社会治理中的主导力量。

美国"新公共管理"运动倡导的理念是,政府只需要确定问题的范围和性质,然后把各种资源手段结合起来让其他人去解决这些问题。近年来,美国数量庞大的公共组织已经承担了很大一部分公共产品和公共服务的供给,融入了公众生活的方方面面,影响和改善着人们的生活和行为方式。在国家层面,社会组织有着自己合法的筹款方式从而帮助政府减少了财政赤字、腾出预算空间;在社会层面,社会组织作为一个上通下达的信息沟通渠道,改善了国家、社会与公民之间的关系,化解了基层社会矛盾,维护了社会秩序;在个人层面,正因为有不同的社会组织代表"草根群众"发声,他们的利益诉求才能受到重视并得到保障。③

(三) 政府的保障监督作用

美国政府在社会治理中主要是通过较为完备的社会保障制度,运用财政支出的倾斜手段,对社会中心模式的有效运行提供保障并进行监督。经过发展完善,美国已建立起一套从出生到死亡都较为完备的社会保障体系,主要包括社会保险、社会福利、社会救济等内容。20 世纪 70 年代后,美国政府进行了政策调

---

① 〔美〕理查德·C.博克斯:《公民治理:引领 21 世纪的美国社区》,孙柏瑛等译,中国人民大学出版社 2005 年版,第 4 页。
② 〔法〕托克维尔:《论美国的民主》(典藏全译本)(上卷),周明圣译,中华书局 2014 年版,第 228 页。
③ 高政豪:《美国社会组织管理以及对我国的启示》,载《现代经济信息》2018 年第 5 期。

整。与60年代扩大社会福利规模和开支不同,新政策要求以控制社会福利规模和纠正社会福利保障的弊端,强调州和地方发挥作用为主;经济管理体制政策以放松管制、鼓励民营化为主;工资、物价和生产增长的协调受到了更多的重视;更加重视能源政策、环境保护政策和高科技发展政策。

越南战争结束以后,美国社会治理出现了一个突出的特点,就是通过比较合理的公共服务项目支出,实现社会资源和财富的有效调节,以缓和社会矛盾。其财政预算支持结构的重要特征,就是老年保障、医疗保障、教育、低收入补贴、公共福利等服务型项目,以及消防和治安等社会管理项目占很大的比重。这种财政支出结构,为解决民众的生存、安全、教育和医疗等基本生活需求提供了保障,在一定程度上调和了社会各阶层的矛盾,保证了整个社会的相对稳定。①

总的来看,美国政府在社会治理中的角色定位虽时有变化,在不同历史时期曾分别扮演过"旁观者""参与者""干预者""主导者""监督者"等角色,但始终保持着社会中心模式的底色。20世纪70年代以来,更是致力于强化"监督者"角色,进一步缩减政府规模、弱化政府职能,推动社会治理的市场化、社会化、地方化。同时,不断改进以社区自治为核心的社会治理模式,发挥联邦政府的统筹、规划、引导、监督作用,只对社会治理进行必要的间接影响。②

第二节 国家中心主义模式

在国家与社会孰先孰后的争论中,国家中心主义认为,国家先于社会并且决定社会。以此为基础,形成了社会治理实践中的国家中心模式。

一、理论观点和经验模式

国家中心主义可追溯到霍布斯的国家无限或不可限论,至黑格尔的国家本体论时发展到当时的理论高峰。

（一）国家中心主义观点

国家中心主义认为,国家独立于社会而存在并具体化为国家权力的制度集合。它作为社会的最高组织形式,具有国家理性并拥有社会所不具备的强权。

---

① 蒋乐仪:《美国社会管理"三只手"特点对我国建设和谐社会的若干启示》,载《广东省社会主义学院学报》2009年第1期。
② 张骁虎:《20世纪以来美国社会治理中联邦政府角色的演变》,吉林大学2017年博士学位论文,第35页。

黑格尔提出的国家本位论认为:"国家的理念具有:① 直接现实性,它是作为内部关系中的机体来说的个别国家——国家制度或国家法;② 它推移到个别国家对其他国家的关系——国际法;③ 它是普遍理念、是作为类和作为对抗个别国家的绝对权力——这是精神。它在世界历史的过程中给自己以它的现实性"①,代表并反映着普遍利益。因此,只有国家才能有效地救济市民社会的非正义缺陷,并将它所含的特殊利益整合进一个代表普遍利益的政治共同体之中。②

自巴林顿·摩尔开始的"回归国家"理论,经其学生斯考切波的发展,国家中心主义又达到了另一个高峰。在她看来,"如果设定国家是这样的组织,主张管理领土和人民,所追求的目标也不是单纯地反映社会团体、阶级或社会的需求或利益"③,那么国家就是一个自主的行动者。她认为,国家具备自主性的原因有:身处国际体系而产生的特定国家利益因素,所以当国家面临威胁时,国家精英会主动采取措施来保护国家主权;国家维持公共秩序的特殊责任,能够推进国家主导的改革;国家管理者的行为与居于主导地位的社会团体的关系较弱,显然,国家管理者在发起国家行动时有自己的特殊利益。

另一位"回归国家"论者迈克尔·曼也认为,国家权力自主性的主要来源:一是所有社会都需要垄断规则的强制执行,尤其是与保护生命和财产有关的规则;二是有许多功能由核心国家来发挥最为有效,④这些功能反过来能够让国家与许多不同的团体建立联系,因而国家在这些团体中有自我发挥的机动空间;三是国家的领土中心性,与市民社会中的团体或个人不同,国家的资源是从一个中心向外围的权威式辐射,辐射的范围有明确的领土边界。因为存在这些差异,国家的自主权应运而生。由于上述三种因素,"国家精英从市民社会中获得独立",而国家的自主性则体现在国家精英身上。⑤

(二)以国家为中心的经验模式

国家中心模式也是一种代表性的国家治理模式,其产生于后发国家的追赶型现代化进程,存在于跨意识形态、跨地域的不同国家,如资本主义制度下的新

---

① 〔德〕黑格尔:《法哲学原理》,范扬、张企泰译,商务印书馆1961年版,第259页。
② 王建生:《西方国家与社会关系理论流变》,载《河南大学学报》(社会科学版)2010年第6期。
③ Theda Skocpol, Bringing the State Back In: Strategies of Analysis in Current Research, in Peter B. Evans, Dietrich Rueschemeyer, Theda Skocpol (eds.), *Bringing the State Back in*, Cambridge University Press, 1985, p.9.
④ 迈克尔·曼认为,国家的四种维持功能包括:维持国内秩序、军事防御或进攻、维持交通和基础设施、国内和国际的经济再分配。
⑤ Michael Mann, The Autonomous Power of the State: Its Origins, Mechanisms and Results, *European Journal of Sociology*, 1984, 25(2):185-213.

加坡、社会主义制度下的中国等。研究表明,①国家中心模式的兴起与后发国家现代化进程中的内部原因有关,也是对先发国家社会中心模式的反驳。

首先,由于先发国家带来的巨大压力,后发国家产生了追赶型现代化的强烈需求,进而转化为国家行为合理化的发展逻辑。面对先发国家的现代化挑战,那些缺乏现代化因素积累的国家不可能像先发国家那样由民间力量启动现代化,而只能由政府推动并运用国家机器的强大力量启动自上而下的现代化进程。随着追赶型现代化的不断推进,国家权力也不断强化,进而形成了以国家为中心的治理模式。

其次,由于先发国家抢占了发展资源,后发国家的经济发展和生存空间受到了极大限制,因此它们不得不强化国家权力进行政治动员和资源开发。后发现代化国家大多面临资源稀缺、资金不足等困境,这促使其在"鱼和熊掌不可兼得"中倾向于使用快速有效的集权模式。对追赶型现代化国家而言,国家权力的强化和使用,能够有效抵御外部势力的扩张和掠夺,充分保护和扶持弱小的民族工业,集中使用有限的自然资源,迅速聚拢起有利于现代化发展的政治力量和社会资源。

最后,由于先发国家暴露出的现代化代价和负面效应,后发国家有所警醒,进而产生了探索不同发展道路的需求。对后发国家而言,实现现代化是不可动摇的总目标,但现代化模式是可以因地制宜地进行选择和设计的实践策略。为了摆脱在全球现代化进程中的不利地位,消除自由竞争造成的贫富分化和社会矛盾,避免先发现代化国家出现的负面问题,追赶型现代化国家会动用更多的国家权力,让政府发挥更多的引领作用。

在追赶型现代化的发展过程中,有的国家选择了资本主义制度下的国家中心模式,有的国家选择了社会主义制度下的国家中心模式,还有的国家选择了其他样态的国家中心模式。但它们的共同特点是:扩大国家(政府)的权力,压缩社会团体和个人的权利,社会在不同程度上依附于国家权力,政府职能全方位存在。

二、"强政府弱社会"形态

在国家中心模式下,政府职能是全能和强化的,社区、行业作为社会治理的

---

① 马德普:《简析近代以来国家治理模式的变迁——兼论中国国家治理模式的变革》,载《行政科学论坛》2014年第5期。

基层组织被行政化于政府之下。这种凡政府所及都是其职责所在的理念,导致了所谓的"强政府弱社会"治理形态。

(一) 全能"强政府"

用以刻画全能"强政府"治理形态的理论和概念较多,其中最重要的是"强国家""大政府""全能主义"及"全能政府"。

二战之后,面对世界多元政治现实和德意志民族面临的生存危机,卡尔·施米特从民族生存和国家发展角度思考德国的发展道路,提出了"强国家"理论。他认为,多元主义不承认政治、抛弃主权,将会导致社会陷入混乱和非政治化,因为一个国家想要强盛,这两样东西无疑是必须拥有的。因此,应该把至高无上的权力赋予属于政治统一体的国家,而各种社会组织则是国家的附属部分,只能服从于国家。[1] 这一理论虽备受争议,但其内在逻辑符合二战后的国际环境和后发国家的现代化理路,因此是理解各种"强政府"治理形态的基础。与此相联系,"大政府"是相对于"小政府"的用语,发展中国家通常被认为倾向于大政府治理,并且以强国家逻辑推进社会转型。

用来分析强政府治理形态的另一个理论框架是"全能主义"。1961 年,totalism 一词首次出现在里夫顿关于中国问题的研究中。[2] 1980 年,邹谠在访问中国时发现,政权的类型和国家—社会的关系是同一个政治制度的两个不同方面,也就是说,在政权的类型保持不变的同时,国家—社会关系却可以发生重大变化。[3] 此后,邹谠将 totalism 的中文表述为"全能主义"并用来分析中国的国家特征。他认为,全能主义是"一种指导思想,即政治机构的权力可以随时地、无限制地侵入和控制社会每一个阶层和每一个领域"[4]。它与国家政治体制无关,是国家—社会关系的形态。根据郭坚刚、席晓勤的总结,[5] 全能主义的基本特征是:党和国家的一体性和政治中心的一元性,政治权力的无限性和政治执行的高效性,政治动员的广泛性和政治参与的空泛性,意识形态的工具性和国家对外的封闭性。

---

[1] 陈德:《施米特"强国家"理论研究》,广西民族大学 2013 年硕士学位论文,第 31 页。
[2] Robert Jay Lifton, *Thought Reform and the Psychology of Totalism: A Study of 'Brainwashing' in China*, Norton, 1961.
[3] 〔美〕邹谠:《中国革命再阐释》,牛津大学出版社 2002 年版,第 102 页。
[4] 〔美〕邹谠:《二十世纪中国政治:从宏观历史与微观行动角度看》,牛津大学出版社 1994 年版,第 69 页。
[5] 郭坚刚、席晓勤:《全能主义政治在中国的兴起、高潮及其未来》,载《浙江学刊》2003 年第 5 期;席晓勤、郭坚刚:《全能主义政治与后全能主义社会的国家构建》,载《中共浙江省委党校学报》2003 年第 4 期。

由此衍生出来的"全能政府"一词,已成为国内学者分析中国治理形态的常用概念,指政府权力无所不包、行为无所不及、范围无所不在。伍俊斌认为,全能政府是指政府自身在职能、权力、规模和运行方式上具有无限扩张、不受法律和社会有效制约倾向的政府模式。它有两个根本特征:一是中央高度集权。全能政府之下,一切权力集中于中央,中央政权高度集中于最高统治者手中。二是泛政治化。政治权力全面介入经济、文化和社会领域。政府几乎垄断所有的经济资源,直接参与经济活动,干预和掌控微观经济主体。政治权力全面渗透思想文化领域,在政治"挂帅"的旗号下,政治功能凌驾于文化功能之上。国家与社会高度一体化,公共领域吞并私人领域,社会全面政治化。中央高度集权和泛政治化是全能政府模式下政治国家自下而上和自上而下全面控制社会的两个方面,它们相伴而生,相辅相成。[①] 一般认为,我国自1949年以来,尤其是1978年改革开放以前,实行的是全能型政府体制。在当时的计划经济条件下,政府全面直接控制经济,通过指令性计划和行政手段进行经济管理和社会管理,同时扮演了生产者、监督者、控制者的角色。客观地说,这种全能政府体制曾为中华人民共和国的成立和巩固,为社会主义建设时期的经济发展和社会稳定发挥过巨大作用。但随着国家重心的转移,尤其是追赶型现代化的启动和发展,全能政府体制的弊端日益显露出来。

(二) 政府之下的社会

国家与社会的关系是理解社会治理形态的核心,代表着社会组织和秩序供给的两种基本形式。国家与社会在同一个制度框架中互相制约、互为"涨落",成为相互依赖的两极。一般认为,在国家与社会的互动过程中,由于二者内在禀赋不同会导致政府有"居庙堂之上"的优势地位:第一,政府是普遍性的领域,社会是特殊性的领域。因此,社会的普遍利益是不可能由社会自己来协调和维持的,它要求有一个代表普遍利益的实体出现,这个实体就是政府。第二,政府是自为性领域,社会是自在性领域。政府作为公共权力的机关,它的一切活动都不是任意的,而是自觉地通过一系列法律制度将社会活动限制在一定的"秩序"内。第三,政府是政治领域,社会是经济领域。政府一切活动的最主要特征是它的政治性质,在政府领域中,一切社会关系都主要地以政治关系的形式存在。由此可以断言,在可预见的将来,政府作为社会管理者的角色将会长期存在下去。这是因为,社会内部还未产生能够完全自行控制整个社会的运行机制;社会中的普遍利

---

① 伍俊斌:《从全能政府走向有限政府》,载《企业导报》2009年第11期。

益还需要由政府来加以维护；社会经济发展的正常秩序和宏观目标还需要由政府来提供。① 对国家与社会关系的这种认识，会在实践中转化为政府主导下的社会治理形态。

二战以后，联合国在全球推行"社区发展计划"，社区发展在许多国家和地区得到重视，首先在西方发达国家获得发展，继而在亚洲、非洲和拉丁美洲的发展中国家被推广。由于各个国家的基本国情、历史背景不同，社区管理模式也大相径庭，各国都在探索更先进、更完善的社区管理模式。② 有研究发现，亚洲国家与欧美国家的社区治理思路存在较大差别：前者一般倾向于政府控制，在社区发展过程中政府扮演的角色较重，政府会向社区自治组织派出官员，这些自治组织都具有官方或者半官方的身份；后者一般倾向于社区自治，由社区主办自治组织，实行自我管理、自我约束、自我发展，社区自治组织有人事选择权，政府不会直接干预社区自治，也不会向社区自治组织派出官员。③

进一步的研究表明，④中国、新加坡等东亚国家的政府主导模式，并不限于社区领域，而是一种普遍的国家—社会关系形态。主要表现为：(1) 政府掌握绝大部分资源的控制和分配权。各国（地区）的历史传统对其社会发展产生巨大的影响，政府通过发达且严密的官僚科层体制实现了对社会资源的控制和分配，使社会和企业产生严重的依赖性。(2) 政府权力扩张和国家自主性增强。东亚大多数国家（地区）的社会阶层都没有得到充分发展，无力集中足够的资源进入现代政治领域，更不可能有足够的力量去决定政治结构和政治活动，因此必然导致国家权力的扩张。⑤ (3) 实行强政府行政体制。东亚国家一般都有高度发展的技术官僚层，行政能力较强，从而保证了国家有一个高效能的行政体系。⑥ (4) 对社会实行强控制。虽然强控制有严重的弊端，但仍然不失为维护国家统治，保障社会稳定与发展的简单、快捷且有效的手段。(5) 社会团体非政治化。非政治化是东亚国家的一种制度安排，它倾向于压低民众的组织化程度，限制个

---

① 张康之：《政府的责任在于培育成熟的社会》，载《浙江学刊》2000年第2期。
② 谢守红、谢双喜：《国外城市社区管理模式的比较与借鉴》，载《社会科学家》2004年第1期。
③ 孟祥林：《社区治理模式：发达国家经验与我国发展选择》，载《贵阳学院学报》（社会科学版）2019年第5期。
④ 许开轶、李晶：《东亚威权政治体制下的国家与社会关系分析》，载《社会主义研究》2008年第3期。
⑤ 陈尧：《新权威主义政权的民主转型》，上海人民出版社2006年版，第84—85页。
⑥ 中国现代国际关系研究所第三世界研究中心：《当代第三世界透视》，时事出版社2001年版，第83页。

人和团体的政治参与,以减少社会团体对政治领域的影响。①(6)有国家社团主义化的利益集团。利用国家社团主义的途径将各种社会利益集团或团体纳入其政治体系。

三、新加坡的国家中心模式

在实行国家中心模式的国家中,新加坡颇具代表性,其社会治理的主要特征是政府主导治理,并逐渐形成了以"好政府"为核心、以政社互动为组织机制、以体制化参与为沟通渠道的严密工作体系。

(一)"好政府"的核心地位

新加坡向来以治理优异著称,其成功的关键是有一个"好政府"。"好政府"以改良的精英主义为理论指导,体现了新加坡开国总理李光耀的治国理念。李光耀曾说:"身为一个具有中华文化背景的亚洲人,我的价值观是政府必须廉洁有效,能够保护人民,让每一个人都有机会在一个稳定和有秩序的社会里取得进步,并且能够在这样的一个社会里过美好的生活,培育孩子,使他们取得更好的表现。"②王子昌认为,新加坡"好政府"的核心特征就是"廉洁有效",最主要的做法是公务员高薪制、领导人选拔制和对公务员的行为跟踪制。③

1. 公务员高薪制。为了网罗一流人才,减少公务员贪污的可能性,新加坡制定了给予公务员高薪的制度。这里所谓的高薪,可以从两个方面理解,一是与其他国家的公务员相比,新加坡公务员的薪金是最高的;二是与本国的制造业雇员相比,新加坡公务员的薪酬是其制造业雇员平均薪酬的几十倍,远远高于世界主要国家的平均数。④

2. 领导人选拔制。新加坡领导人选拔的具体做法是:先根据能力标准从各界挑选精英;再请专家做心理测试,根据测试结果淘汰明显不适当的人选;之后对候选人的能力进一步考核,即将候选人的能力分为分析力、想象力和务实感三个具体方面分别打分,对能力不相上下的人员进行准确排名;最后推举他们做党在大选中的候选人,通过竞选进一步选拔,最终确定新一代的领袖。⑤

---

① 中国现代国际关系研究所第三世界研究中心:《当代第三世界透视》,时事出版社2001年版,第393页。
② 〔新加坡〕李光耀:《李光耀40年政论文选》,新加坡联邦出版社1993年版,第574页。
③ 王子昌:《新加坡好政府实践的社会学解读》,载《思想战线》2004年第1期。
④ 吕元礼:《亚洲价值观:新加坡政治的诠释》,江西人民出版社2002年版,第515页。
⑤ 〔新加坡〕李光耀:《风雨独立路——李光耀回忆录》,外文出版社1998年版,第616—619页。

3. 严密的反贪制度。为了防止和惩罚公务员的贪污受贿行为,新加坡制定了一套严格的限制制度,这表现为对公务员接受"报酬"的广泛规定和对贪污受贿官员的严厉惩处。其中最有特色的做法,是对公务员的品德考核与行为跟踪。根据新加坡的品德考核制度,公务员必须随身携带日记本,并将自己的活动随时记录下来,在每个星期一上班时将日记本交给主管官员检查;主管官员如发现记录有疑问,应自动将该项记录送交反贪局进行审查核实;如主管官员疏忽或有疑问而不报,且其属下被查实有贪污违纪行为,则主管官员要受到一定的制裁。为了对公务员的品德记录进行核实,反贪局有权对所有政府工作人员进行行为跟踪,必要时可采取秘密拍摄等方式收集证据。[①]

(二) 政社互动的组织机制

在新加坡,主导社会治理的政府部门是社会发展、青年及体育部,它不直接介入具体社会管理事务,而是依靠严密的政社互动组织机制来维护社会稳定、深入联系群众和推进社会政策。在实际运作中,基层社会治理的主管机构是成立于1960年的人民协会,它隶属于社会发展、青年及体育部但不属于政府序列,负责民众和政府间的联系沟通与反馈,宣传和贯彻人民行动党及政府的各项政策,是传播正式消息的主要场所和渠道,也是全国社区组织总机构。

新加坡政府不仅积极推动基层组织建设,而且承担了基层组织建设的初始成本,在组织运作上也给予资金扶持,政府负责80%的基础设施费用和50%的日常经费支出。[②] 同时,政府也非常重视对基层组织的人事安排。基层领袖都是由政府官员或者与政府有联系的人员担任。例如,人民协会董事会主席由总理兼任,副主席由资深部长担任并主持日常工作,政府内阁成员和政府公务员还直接担任人民协会的一些其他固定职务,公民咨询委员会由总理秘书直接负责指导,公民咨询委员会委员经选举产生后再由总理正式任命,民众俱乐部成员由政府聘用。[③]

康永超认为,新加坡政府通过人民协会建立了一套运用政府补贴等方式引导和管理公民咨询委员会、民众俱乐部管委会、居民委员会等基层组织的政社互动机制,进而实现了对基层社会的有效治理。在这些基层组织中,公民咨询委员会处于最高地位,它是以选区为基础的具有地方议会特色的基层组织。在新加

---

① 曹云华:《新加坡的精神文明》,广东人民出版社1992年版,第372页。
② 王芳、李路曲:《新加坡社会基层组织建设的经验》,载《理论探索》2005年第2期。
③ 张素玲:《新加坡社会治理的经验探析》,载《中国浦东干部学院学报》2014年第6期。

坡,每个选区均设有公民咨询委员会,它在政府和民众之间发挥着桥梁作用,协调社区内其他基层组织共同实现对基层社会的治理。公民咨询委员会主席一般是由政府委任的地方长老,负责日常社会事务工作。这些基层领袖在新加坡多达3万人,与执政党的党员数量相当,并且全是义务工作。新加坡的社区等同于选区,国会议员是社区的实际最高管理者。国会议员也是社区各个基层组织的顾问,公民咨询委员会、民众俱乐部管委会、居民委员会的成员都要经过议员的提名,议员为了让选民满意,也必然要选择能够脚踏实地为社区居民服务的人做基层领袖。由于绝大多数国会议员属于执政的人民行动党,既是人民行动党的支部主席,又是社区各个基层组织的顾问,还是社区基金会的主席,因此保证了人民行动党的意志和政府的政策能够在基层社区得到贯彻落实。基层组织和基层领袖的大量工作确保了新加坡社会的和谐稳定。[1]

(三)体制化的社会参与

一个成功的社会治理模式,应该有能力把国家与社会之间的紧张性始终控制在体制允许的范围内。新加坡的做法是,通过执政党和政府的基层组织及其控制下的协会搭建经常性、制度化的群众联系渠道,将社会诉求、矛盾与问题吸纳进体制内并转化为施政政策予以消化。人民行动党于1959年执政后,新加坡出现了一党统治的政治局面,并形成了强有力的政府体制。新加坡对各种社会力量和利益集团进行有限的控制并把其领导层纳入国家体制,以缓和体制外阻力;对大众进行广泛的、有限的政治动员,使其在一定程度上参与体制,从而使政府的权威具有广泛的合法性基础,促进了政治权力的扩展和政局的稳定。[2]

除此之外,新加坡政府还规定了政策制定过程中的社会参与方法。一是政府专门成立民情联系组,欢迎人民随时对施政和政府决策提出意见和看法。二是政府在正式发布重要政策之前,会先通过茶会、午餐会等非正式方式和有关行业的高层进行沟通,如涉及媒体的政策就和媒体行业的高层沟通,以达到交换意见、"博采众议"的目的;或者通过总理、部长在包括国会辩论等公开场合的演讲首先提及、透露部分信息,然后由政府有关部门发布正式和详细的内容。三是政策信息发布之后,除了主动邀请民众通过包括民情联系组在内的各种渠道反馈意见外,总理、部长和国会议员在按惯例每周接见选民、与民众对话时还会进一步对政策作出解释,听取意见。部长在定期探访各个选区时,也可以举办与民众

---

[1] 康永超:《新加坡政社互动的社会管理经验与启示》,载《辽宁行政学院学报》2014年第5期。
[2] 曾志敏:《政府、强社会:社会治理现代化的新加坡与美国经验》,载《社会治理》2016年第6期。

之间的对话会,解释政策和回应民众的疑虑,并在必要时对政策予以完善。四是政府要求各级官员平时重视来自媒体的声音,包括要求各级官员学会使用新媒体,以便广泛获取民意。①

将社会参与控制在体制之内的做法不免引起争议,但新加坡却取得了良好的治理效果。② 首先是强制投票。为了选出有代表性的政府,李光耀认为应该强制投票。他断定:"强制投票会产生更有代表性的政府",因为"那些大多数的被动者要别人告诉他们必须运用他们的权利,不然,这些权利就会给不怀好意的少数人剥夺了"。③ 其次是工会没有罢工自由。为了保持新加坡的竞争力,新加坡政府对工会的活动实行严格控制,使其成为协助政府制定政策、开办企业、为成员谋福利的组织。最后是强制实行民族融合政策。为维护种族和谐、促进各族团结,新加坡规定了各居住区居民的种族比例,即华裔居民人口在邻区不能超过84%,每座楼房不能超过87%;马来裔居民人口在邻区不能超过22%,每座楼房不能超过25%;印度裔居民人口在邻区不能超过10%,每座楼房不能超过13%。④

第三节 社会治理的混合模式

社会中心模式和国家中心模式虽相互有别甚至存在理念冲突,却都能在各自相宜的国情下呈现出良好的运作状态。但现实是:世界各国在经济基础、政治制度、文化传统等方面差异极大,完全适宜这两种典型治理模式的国家并不多,更多国家有着多样化调和模式的需求。

一、社会治理模式的可混合性

20世纪60年代以来,西方发达国家经历的所谓"三大危机"即财政危机、信任危机、社会危机的冲击,推动了社会管理向社会治理的全面转型,也打开了社会中心模式与国家中心模式的"混合之门"。依据治理的核心意涵,可以推导出采取混合治理模式的四个理由:第一,社会治理属于政府的管理职能但又不限于政府,因此并不排斥社会组织和公众行为者。这种治理观既挑战了国家中心模

---

① 康永超:《新加坡政社互动的社会管理经验与启示》,载《辽宁行政学院学报》2014年第5期。
② 王子昌:《善政和善治:新加坡"好政府"模式的理论定位与走势》,载《当代亚太》2002年第8期。
③ 〔新加坡〕李光耀:《李光耀40年政论文选》,新加坡联邦出版社1993年版,第339页。
④ 凌翔、陈轩:《李光耀传》,东方出版社1998年版,第305页。

式的政府权威性,又承认了国家权力的合法性,从逻辑上引出了社会治理的多中心问题。第二,社会治理过程中存在着界限和责任方面的模糊性,这种模糊性既是政府与社会主体分担治理责任的结果,也是新的多主体治理结构的一个特征,它可以容纳多种制度方案和权力配置。第三,社会治理明确肯定在涉及集体行为的各个社会公共机构之间存在权力依赖。这样一来,无论是国家还是社会都必须依赖于其他组织,各个组织必须交换资源、与共同的目标谈判,而不再是以"我"为中心。第四,社会治理意味着参与者最终将形成一个自主的网络,它可以在特定的领域与政府进行合作并分担行政管理责任。

其实,社会中心模式和国家中心模式只是社会治理的两个端点,而混合治理模式则是这两点之间的某一个定位。根据经济基础、政治制度、文化传统等具体国情,一国的社会治理可以集中一点,也可以分散一点。换言之,社会治理并不是非此即彼的,最重要的是在集中与分散之间选择一个恰如其分的定位。混合治理模式的这种可选择性,可以使不同国家的社会治理呈现出不同特色。细究起来,两种典型治理模式虽然针锋相对,但都立论于一个共同基础,即怎样的治理模式更为有效。从混合治理的角度看,这无非就是国家和社会通过某种制度化的、持续的互动合作过程实现公共利益的最大化。[1] 从这个意义上讲,社会治理离不开政府与社会的共同参与,只不过由于具体社会事务的特性及要求不同,它们在其中发挥作用的比重有所差异,因而形成不同的复合结构。一般而言,任何社会治理事务都是政府和社会共同参与的协同治理过程,它不是哪个主体作用的有无问题,而是因匹配性差异而配置多少的问题。[2]

二、混合治理模式的关系结构

在混合治理的多主体结构中,从权利关系上讲,各主体是平等的伙伴关系,但实际运作中往往是政府占据优势地位。因此,混合治理模式的关系结构,主要取决于政府在社会治理体系中的角色定位。

(一)政府的角色定位

根据盖伊·彼得斯的观点,政府可以定位于四种模式即市场式政府、参与式

---

[1] 余逊达、徐斯勤主编:《民主、民主化与治理绩效》,浙江大学出版社2011年版,第365页。
[2] 陈亮:《治理有效性视域下国家治理的复合结构与功能定位》,载《求实》2015年第11期。

政府、弹性式政府和解制式政府。① 柴艳荣、李晗对这些模式做了更详细的分析:②

1. 市场式政府。这种模式主张通过引入市场机制来提高政府效率,从而强化公共服务职能。第一,在理念方面,主张应用市场及其竞争机制来提高分配社会资源的效率,强调政府公共服务的职能,强调在公共部门中引入激励人员的机制。第二,在结构方面,主张分散决策权和政策执行的权力,设立以市场为导向的组织体系。第三,在管理方面,人事管理上,遵循市场导向改革政府公职人员报酬制度,实行以工作成绩来确定工资级别的工资制度;财政管理上,重新思考公共部门编制预算的方法以及公共服务所需要的成本;市场检验上,实行"签约外包",政府的全部工作都应该采取某种形式的竞标,以便让私人部门也有机会投标,从而更好、成本更低地完成任务。第四,在制定公共政策方面,主张官僚体系的职能分散和决策权的下放。第五,在公共利益方面,政府所提供的服务应该符合公众的需求,应该把公民看成是消费者或纳税人,通过各种方法扩大公民的选择权。

2. 参与式政府。这种模式致力于寻求一个政治性更强、更民主、更集体性的机制来向政府传达信号,认为层级化是组织进行有效管理和治理的严重阻碍,有必要缩减治理中的层级和技术统治。第一,在理念方面,注重政府和社会之间的关系以及广大公众参与决策的机会;重视第三部门,认为政府的改革之道就是运用它的力量去培养创造更多的第三部门。第二,在公共组织结构方面,主张建立扁平化组织,缩减高低之间的层级。第三,在管理方面,明确地把社会利益融入治理之中,提出授权概念,认为公共组织中的基层官员是整个组织有效运作的核心。第四,在政策制定方面,倾向于由下而上的协商和谈判的方式,关注低级员工直接参与决策。第五,在公共利益方面,鼓励员工、顾客和公民参与政策和管理决策的制定与实施,认为这种参与可通过四种机制来实现:对于政府服务不佳或制度运作不当拥有申诉权、增强员工独立决策和影响组织政策方向的能力、在公共政策中加强公民向政府表达需求的权力、让公民拥有更多的消费者选择权和更多的对方案的直接控制权。

3. 弹性式政府。弹性指政府机构有能力根据环境的变化制定相应的政策,

---

① 〔美〕盖伊·彼得斯:《政府未来的治理模式》,吴爱明等译,中国人民大学出版社2001年版,第23页。
② 柴艳荣、李晗:《变迁中国家治理模式的类型分析及其启示》,载《云南社会科学》2005年第2期。

而不是用固定的方式回应新的挑战,认为恒久不变的政府结构是有效治理的障碍。第一,在结构治理方面,在政府内部采用可选择性的结构机制,以取代那些自认为拥有政策领域永久权利的传统部门和机构。第二,在管理方面,实行弹性化的人事管理,主张雇用临时雇员,可以使政府快速而有效地对所面临的危机或迅速增加的服务需求做出反应。第三,在公共利益方面,认为政府花费越少,对社会就越有利。

4. 解制式政府。这一模式的基本设想是,如果取消一些限制和制约,政府机构就可以将目前的工作处理得更有效率,而且还有可能从事新的创造工作,以促进社会的整体利益。第一,在结构方面,提倡解除内部繁文缛节的限制以使政府的活动更具有创造力、效率与效能。第二,在管理方面,管理者不仅应具有市场模式所要求的企业家创新精神,而且也应具备民主领导的品质和价值取向,如道德、诚信、责任感、公平等。第三,在政策制定方面,主要关心做出决策与执行法律的程序,主张赋予官僚机构更多的决策权。第四,在财政管理模式上,认为应该允许管理者自己做出决定。第五,在公共利益上,主张用其他控制形式来代替法令规章的控制,认为可以通过一个积极的、束缚较少的政府来实现。

(二) 社会治理的复合结构

由于政府定位的可选择性,以往社会治理的单一模式变得更加多样化了。根据陈亮的分析,这类复合结构是精英治理与参与式治理的有机统一。精英治理对主权与治权进行了区分:一方面认为人民是国家主权的所有者,另一方面认为精英是国家治权的所有者。为了探索大规模现代国家的治理之道,人民必须放弃直接参与国家治理的权利,在这种情况下,精英治理成为现代国家治理的可行性模式。从这个意义上说,精英治理应该成为人们普遍接受的社会治理模式,它能够实现逻辑上和现实性上的自洽性,能够培育出一个独立的、经过良好训练的行政系统。

参与式治理又称赋权参与式治理(empowered participatory governance),它依赖于普通民众通过理性协商达成明智决定的承诺(commitment)与能力,试图把治理行为与讨论联系起来。根据社会治理转型的需要,参与式治理可以在一定程度上克服精英治理的弊端,成为政府与社会合作治理的新途径。从发展趋势看,任何国家的社会治理都是精英与大众持续的合作互动过程。无论是传统的精英治理还是新型的参与式治理,都有各自的适用领域与优势功能,将二者有机统一起来形成因地制宜的复合结构,能够大大提高社会治理的科学性和有效性。① 这样,就为各具特色的混合治理模式提供了适宜的生存土壤和广阔的生长空间。

三、日本的混合治理模式

日本同时具有东方文化传统和现代社会特征。日本一方面受中国"家国一体"传统影响,孕育出较浓厚的集体主义意识;另一方面受先发国家治理理念影响,形成了成熟发达的社会治理体系。作为混合治理模式的代表,日本在社会治理领域表现优异,在世界上具有很高的声誉。

(一)国家的"元治理"地位

"元治理"(meta governance)也称"治理的治理",由鲍勃·杰索普于1997年提出。其核心意涵是:国家拥有对公共治理机制开启、关闭、调整和另行建制的权力,是市场治理和社会治理的管理者。首先,政府在社会治理体系中发挥主导作用,是治理规则的制定者;其次,政府与其他社会力量合作,是对话、协作的主导方;再次,政府掌控和发布信息;最后,政府是社会利益博弈的"平衡器",能有效避免社会各阶层因利益冲突而损害治理协作。② 在元治理的意义上,无论是社会中心模式还是国家中心模式,都有其严格的适用性。社会中心模式"能够在社会组织通过自筹资金的方式下实现对基层公共事务的自主性、有效性治理,但并不意味着此种模式能够适用于'元治理'领域的公共事务"。同样,国家中心模式"在'元治理'系统的构建与运行上能够发挥主体性作用,但并不意味着此种模式能够很好地处理基层社会自治领域的公共事务"③。而混合治理模式的优点能够恰好兼顾这两个方面。

日本社会治理最重要的经验就是没有放弃国家的"元治理"地位。有研究表明,日本政府在建立基础行政和社会秩序方面发挥了非常重要的基础性作用,在地方自治法框架下扶持社会组织、社区自治机构、社区福利机构、社区社工群体来共同解决具体的社区服务问题。在战后经济高速增长时期,日本地方政府主要担负起社区规划、基础设施建设和基本公共服务提供等职能。进入经济回落期之后,日本地方政府开始逐渐转向与社会组织、民众合作,共同提供社区服务,并担负起组织和建立社区公共事务决策与执行机制,还对社区公共资金使用

---

① 陈亮:《治理有效性视域下国家治理的复合结构与功能定位》,载《求实》2015年第11期。
② 丁冬汉:《从"元治理"理论视角构建服务型政府》,载《海南大学学报》(人文社会科学版)2010年第5期。
③ 陈亮:《治理有效性视域下国家治理的复合结构与功能定位》,载《求实》2015年第11期。

情况进行监督。换言之,日本地方政府需要担负的职能有:对治理机制进行组织和协调,对地方社区公共事务的运行进行监督和规范,对社区治理的重点进行调整。①

(二) 官民"协动"治理

"合作治理"(collaboration governance)的日语表述为"协动",它特指政府与社会力量的合作伙伴关系,是日本最具话语权的社会治理用语。从20世纪90年代开始,日本对原来中央集权的官民型社会进行了改革,着力构建政府与市民相互合作的"协动型社会"。这种混合治理模式使政府、非营利组织、市民团体、社区居民之间形成了一种新型的合作治理关系,相互之间既不对立也不完全依赖。

进入21世纪后,日本以往那种"公"与"私"明确分离的状态变得模糊了。作为"新公共"服务的承担者,非营利组织和志愿者在福利、育儿、环境保护、社区建设等领域进行了一系列超越"私"范畴的活动,政府也表现出与非营利组织进行"协动"的积极态度。根据胡澎的归纳,非营利组织与政府的"协动"方式主要有六种:① 委托。这种方式尤其针对需要特殊的技术和高度专业的知识以及特殊设备的领域。政府会决定基本预算和框架,然后委托给非营利组织开展事业或进行调查。② 补助、资助。针对一些特定的以非营利组织法人为主体开展的活动,政府会对其部分费用以公共资金名义提供补助。③ 共同举办、共同运营。这种方式往往由非营利组织出构想、出人力,政府出资金、提供场所。④ 利用公共设施。⑤ 后援。这种方式主要是鼓励市民志愿者参与。⑥ 提供信息、开展咨询和建言献策。②

除上述方式外,日本还推出过一种较新的合作治理方式——"市民提案制度",即政府就某个社会问题主动接受非营利组织等社会力量的政策提案,并在明确相互角色和作用的基础上,通过取长补短的方式共同实施合作治理项目,以有效解决社会问题。市民提案主要包括"市民自由提案"和"行政委托提案"两种类型。其中,"市民自由提案"是非营利组织等就某个未进入公共政策议程的社会问题向政府提出解决方案,在获得政府部门合作的基础上共同实施项目。一般需要满足三个要件:① 具有公益性、能够回应社会需求并以解决本地社会问

---

① 葛天任、许亚敏、杨川:《战后日本基层社区治理经验及对中国的启示》,载《地方治理研究》2018年第2期。

② 胡澎:《日本非营利组织参与社会治理的路径与实践》,载《日本学刊》2015年第3期。

题为宗旨;② 具有计划性、客观性、可行性且能够在年度内完成;③ 要求社会力量和政府部门以协动的方式共同实施方案。此外,不少地方自治体还将"项目的可持续性"以及"有效激活市民活动"等要件纳入市民自由提案基准。"行政委托提案"则是政府部门就某个领域的社会问题向社会公开征集解决方案,并采取特定项目或一般性施策重点项目之形式,通过与社会力量的合作治理共同实施项目。①

（三）社区准自治

在经历了形成时期、官办化时期、被禁时期、恢复时期和自主时期的发展后,日本社区治理逐渐确立了准自治原则、民主原则、自律原则和服务原则。② 在日本,町内会兼具居民自治与行政辅助的双重特性,社区组织、社区居民的公共性与自主性通过自治职能与行政职能的厘清得到进一步强化。通过这种混合治理方式,政府可以进行宽松有序引导,社区组织与居民也会积极响应参与,两者有机结合,相辅相成,共同为社区建设服务。③

町内会的自治职能包括:第一,社区常规事务的自主治理,如维护社区公共设施、照顾社区老人和儿童、帮助居民办理婚丧嫁娶、慰问困难居民、收取会费、对外筹集经费等。第二,社区文化建设与举办会员联谊活动,如举办盂兰盆节、成人节、女儿节等日本传统节日;举办各种庆典和祭祀活动;组织居民旅游;举办棋类比赛、球类比赛、茶道会、纳凉会等文体活动。第三,参与环境保护,如组织居民搞卫生、管理垃圾处理、管理废物回收、发放灭虫药品、维护社区绿化等。第四,预防灾害与危机管理,如组织居民共同抵御灾害、发放救灾物资、慰问灾民;举办防范、防疫、交通安全的讲座,宣传应急常识;组织居民进行防灾演练,提高居民防灾能力。第五,协调社区内组织关系,协调社区内各种文化团体、志愿者团体、生活团体、消费者团体、市民运动团体之间的利益、职能、关系。第六,组织游说,发挥压力集团作用,如代表居民以请愿、申诉等形式同政府行政部门交涉;通过撰写意见书和汇编资料册等方式代表居民向地方政府提出意见和建议;派出社区代表参加地方政府召开的审议会、听证会等。

町内会的行政辅助职能包括:第一,负责上传下达,传达行政指令,如通过分发市(町村)政报、公报、通信、联络文书、资讯等宣传性资料向居民传达地方政府

---

① 俞祖成、李健:《市民提案:日本合作治理的新动向》,载《行政论坛》2016年第4期。
② 卢学晖:《日本社区治理的模式、理念与结构——以混合型模式为中心的分析》,载《日本研究》2015年第2期。
③ 王名、杨丽:《社区治理的国际经验与启示》,载《重庆社会科学》2011年第12期。

的方针。第二，接受相关行政部门的委托，负责社会福利和社会救济工作，如雇佣高龄者和残疾人、提供老人保健服务和健康指导、协助建立医疗点和卫生检查站等福利网络、招募和扩大志愿者队伍等。第三，协助行政部门做好其他工作，如协助征收税金、分发选举投票站入场券、协助警察维持社会治安、协助红十字会救济募捐、动员居民同意政府实施公共工程、进行本社区的户口调查与统计等。①

---

① 卢学晖:《日本社区治理的模式、理念与结构——以混合型模式为中心的分析》，载《日本研究》2015年第2期。

第三章　中国社会治理的历史沿革

在从传统到现代社会转型的历史进程中，中国社会治理的方式也发生了深刻变革，在各个历史时期形成了独特的社会治理模式。国家与社会的二元关系结构是在宏观尺度上分析和解读不同历史时期社会治理模式变革的重要视角。本章将在此框架下，以中国传统社会的治理思想和治理结构为历史因缘，重点考察我国计划经济时期和改革开放以来各阶段的社会治理模式。

第一节　中国社会治理的历史因缘

作为我国社会治理宝贵的思想遗产和制度资源，古代中国社会的治理思想和治理结构对我们理解和定位当代中国的社会治理具有重要意义。中国传统社会的发展，经历了漫长的历史时期，形成了封建社会成熟且稳定的社会结构和社会秩序。可以说，这种稳定结构正是基于中国传统的"社会观"而形成的"儒法并用"的治理思想和"双轨政治"的治理结构。

一、中国传统"社会观"

中国传统"社会观"主要体现为家国天下观，这种将"家""国""天下"视为社会连续体的观念蕴涵并贯穿在古代各家各派的思想论著中。古代思想家们对天人关系和家国关系的阐释，反映了他们对所处"社会"的认识和对理想社会秩序的追求。也可以说，"家国天下"的社会观，在很大程度上决定了我国传统社会的治理理念和模式选择。

（一）天人关系

在古代中国，"天"既是一个哲学概念，也是一个常识名词，人们是在两种不同的意义上使用它的。[①] 当代学者在总结前人思想时因循这两种含义形成了两类观点：一类观点认为在古代思想传统中，"天"是象征超越性的哲学概念；另一类观点则把典籍著述中的"天"解读为神、自然或客观规律。

[①]　张岱年：《中国古典哲学概念范畴要论》，中国社会科学出版社1989年版，第20页。

1. 哲学意义的天人关系。天人关系是中国古代哲学的基本问题，主要源于人对自身局限性的自觉。在这里，"天"是具有超越者地位的"意志之天"，是纯粹的哲学概念，而非宗教概念。

古人对天人关系的直接思考是从"绝地天通"开始的，并由此奠定了中国古代关于天人关系思想的基础。[①] 在此之前，神与人的分际是非常明确的，可谓"民神不杂"。神并不直接操纵人类事务，而是让有特殊禀赋和资质的人（男曰觋，女曰巫）"各司其序"，分清神事（祭祀）与人事（行政），让世人明白天意之所归，以引导人们的行为。后来渐渐"民神杂糅，不可方物。夫人作享，家有巫史……烝享无度，民神同位。民渎齐盟，无有严威。"（《国语·楚语》）结果造成天下失序，灾祸连连。具体而言，就是人对神的僭越，以将自己神化或半神化的方式否定了神的超越性。[②] 此时，真正的超越者唯一能做的事便是绝地天通。[③]

通过天人相分，天的绝对超越者的地位被确立，人也被规定对于自身事务要负绝对责任，[④]同时强调天人相关，天助人善，人要以德配天。因此，所谓"天人合一"，乃天人一理，是天与人"会合""符合"之合，而非合为一体之意。[⑤]

2. 常识意义的天人关系。常识意义的天人关系是指在"天"作为常识名词的意义上，按照实在论思想去理解的天人关系。有学者认为，中国哲学史上所谓的"天"大致有三种含义：一指最高主宰，二指广大自然，三指最高原理。[⑥] 相应的，天人关系有三种不同层次的意义：一是指神与人的关系，[⑦]二是指自然与人的关系，[⑧]三是指客观规律与人的主观能动性的关系。[⑨] 其中，将天人关系视为自然与人的关系的观点在学界是主流。

---

① "绝地天通"的神话是说：蚩尤作乱，残害平民，杀戮无辜，无法无天。在这种情况下，天下大乱，人心大坏。上帝发现，人间只有残杀与腐败，没有丝毫德性与正气。于是，上帝双管齐下，一方面，"报虐以威，遏绝苗民，无世在下"，用武力根除外部祸乱的根源；另一方面，"乃命重黎，绝地天通，罔有降格"。（《尚书·吕刑》）

② 张汝伦：《绝地天通与天人合一》，载《河北学刊》2019 年第 6 期。

③ 按照《国语》作者的说法，命重、黎绝地天通者乃颛顼，而蔡沈在《书集传》中则说是舜。（宋）蔡沈注：《书集传》，钱宗武、钱忠弼整理，凤凰出版传媒集团、凤凰出版社 2010 年版，第 249 页。

④ 《尚书·吕刑》记载："天齐于民，俾我一日，非终惟终，在人。"顾炎武在《日知录》中说："王政乎上，而人自不复有求于神。故曰：'有道之世，其鬼不神。'所谓绝地天通者，如此而已。"

⑤ 汉代的董仲舒最早在《春秋繁露》中提出"天人之际，合而为一"（《春秋繁露·深察名号》），"天亦有喜怒之气，哀乐之心，与人相副，以类合之，天人一也"（《春秋繁露·阴阳义》）

⑥ 张岱年：《中国哲学中"天人合一"思想的剖析》，载《北京大学学报》（哲学社会科学版）1985 年第 1 期。

⑦ 此处之"神"，既包括哲学意义上的意志之天，也包括宗教意义上的主宰之天。

⑧ 季羡林：《季羡林文集》[第十四卷：序跋杂文及其他（二）]，江西教育出版社 1998 年版，第 287 页。

⑨ 葛荣晋：《中国哲学范畴通论》，首都师范大学出版社 2001 年版，第 636 页。

人,既生存在自然界之中,也生存在社会之中。自然是人类生存和发展所处的环境,社会现象也无法脱离自然而存在。因此,人与自然的关系问题是回答"何谓社会"和"如何建构社会秩序"的首要问题。

在此意义上,纵观中国古代思想史,关于天人关系的观点大致可以分为两类:一类观点比较强调人与自然的统一,如"天人合一论"和"万物一体说";①另一类观点比较重视人与自然的区别,如"天人之分论"和"天人交胜说"。② 这两类观点既相互对立,也有共同之处。二者都肯定"人"是"天""地"所产生的,而人在天地之间具有一定的能动作用,即人是自然界的产物,但人也能够作用于自然界。中国古代的伦理思想家们,无论是重视天人之"合"的,还是重视天人之"分"的,都没有把天与人看成敌对的关系,而是看成相待相成的关系,人待天而生,天待人而成。③

如前所述,尽管学者们对"天"的解读不尽相同,但都承认传统观念中天人之间的必然联系和天之于人的重要性,强调"天道""天理""天命"是社会行为正当性和社会秩序合法性的重要来源。

(二)家国关系

人们践行"天道"主要通过两种途径:一是个人作为独立的"天民",通过内心良知与天理相连,直接从超越性的"天道"之中获得终极价值;二是作为家族成员和王朝臣民,通过一定的礼、法等现实伦理秩序实现与"天理"的沟通。④ 前一种途径是天人关系的直接连通,无须家国作为中介,如儒家思想中的"道不远人"⑤

---

① "天人合一"思想可见于孟子、董仲舒、张载、王夫之、戴震等人著述,可概括为五种观点:性天同一说、天人合德说、万物一体说、天人相类说、天道与人性统一说。
② "天人之分"思想可见于荀子,即"天行有常,不为尧存,不为桀亡。应之以治则吉,应之以乱则凶。强本而节用,则天不能贫;养备而动时,则天不能病;修道而不贰,则天不能祸。……本荒而用侈,则天不能使之富;养略而动罕,则天不能使之全;倍道而妄行,则天不能使之吉。……故明于天人之分,则可谓至人矣。"(《荀子·天论》)"天人交胜"思想可见于刘禹锡,即"大凡入形器者,皆有能有不能。天,有形之大者也;人,动物之尤者也。天之能,人固不能也;人之能,天亦有所不能也。故余曰:天与人交相胜耳。"(《刘梦得集·天论上》)
③ 张岱年、熊坤新:《中国古代伦理思想家关于天人关系问题之探析》,载《贵州大学学报》(社会科学版)1994年第2期。
④ 许纪霖:《家国天下——现代中国的个人、国家与世界认同》,上海人民出版社2017年版,第4—5页。
⑤ 《中庸》第十三章中说:"子曰:道不远人,人之为道而远人,不可以为道。"朱熹在《四书集注》中将其解释为:"道者,率性而已,固众人之所能知能行者也,故常不远于人。"

和道家思想中的"道法自然""无为而无不为"①;后一种途径则必须要经过"齐家治国",才能达至"平天下",家国成为不可缺少的中间环节。② 纵观我国封建社会的历史发展,传统"社会观"主要体现于后者,即家国关系上,具体而言,可以概括为"家国一体"和"家国同构"的家国天下观。

"家国一体"观念形成的历史背景可追溯至西周的宗法制与分封制。宗法制以嫡长子继承制、宗庙制和同姓不婚制为基础,分封制的受众则既包括同姓宗亲又包括异姓功臣,天子与异姓诸侯、异姓诸侯相互之间均通过婚姻建立纽带。③ 天子封诸侯为立"国",诸侯分封卿大夫为立"家",并通过嫡长子继承制和世卿世禄制来复制和延续。④ 由天子、诸侯、大夫等各层封建贵族基于血缘的金字塔式的等级结构仅限于贵族内部,并未触及一般平民阶层,遵循的是复杂而严密的周礼,形成了族权与王权相重合的"家""国"一体的礼治秩序。在此背景下,人们将天下治乱寄于天子一人。天命无常,只有周王"敬德"才能实现与天道沟通,以维持社会秩序和天地和谐。⑤ 春秋战国之际,列国争霸,礼崩乐坏,"家""国"一体的礼治秩序趋于瓦解,但由于观念上王权正统的合法性,这种礼治秩序的形式仍在东周延续了较长时间。⑥

"家国同构"观念主要源自儒家思想。面对春秋战国礼崩乐坏的局面,孔子主张恢复周礼,重建"君君、臣臣、父父、子子"的家国秩序,之后以孟子为代表的

---

① 老子认为社会的现实矛盾来源于人们没有顺应自然,人的主观意志反而会打破事物的内在平衡与和谐,"道常无为而无不为。侯王若能守之,万物将自化"(《老子》第三十七章),因此,为君者应遵循自然秩序,无为而治,才能建立"我无为而民自化,我好静而民自正,我无事而民自富,我无欲而民自朴"(《老子》第五十七章)的理想社会。庄子认为,对于治国者而言,治身更为根本,"道之真以治身,其绪余以为国家,其土苴以治天下。由此观之,帝王之功,圣人之余事也,非所以完身养生也。"(《庄子·让王》)道家这种治身能通治国的"内圣外王之道"被当代学者概括为"身国同治"思想。陈霞:《试析道家身国同治思想——兼论儒家家国同治及其他国家比附理论》,载《湖南大学学报》(社会科学版)2017年第2期。

② "古之欲明明德于天下者,先治其国;欲治其国者,先齐其家;欲齐其家者,先修其身;欲修其身者,先正其心;欲正其心者,先诚其意;欲诚其意者,先致其知,致知在格物。物格而后知至,知至而后意诚,意诚而后心正,心正而后身修,身修而后家齐,家齐而后国治,国治而后天下平。"(《礼记·大学》)

③ 王国维:《殷周制度论》,载傅杰编校:《王国维论学集》,中国社会科学出版社1997年版,第2、12页。

④ 历史学家吕思勉曾指出,分封制与宗法制结合的结果是"王者天下之大宗",即"天子之于诸侯,诸侯之于大夫,犹大宗之于小宗也。此古代修身、齐家、治国、平天下,所以一以贯之也"。吕思勉:《中国制度史》,上海教育出版社1985年版,第373页。

⑤ "天命无常",见"惟命不于常"(《尚书·康诰》)、"天不可信"(《尚书·君奭》)、"天命靡常"(《诗经·大雅·文王》)。"敬德",见《左传僖公五年》引《周书》语:"皇天无亲,惟德是辅"、"黍稷非馨,明德惟馨"。李泽厚指出,周初讲的"德"指的是君王的一套行为,但不是一般的行为,而主要是祭祀、出征等重大政治行为。李泽厚:《己卯五说》,中国电影出版社1999年版,第172页。

⑥ 沈毅:《"家""国"关联的历史社会学分析——兼论"差序格局"的宏观建构》,载《社会学研究》2008年第6期。

儒家学者相继提出了"修身、齐家、治国、平天下"的理念。① 到汉武帝之后,法家的郡县制与儒家的礼乐制合流,董仲舒提出的"君为臣纲、父为子纲、夫为妻纲"的"三纲"思想成为意识形态核心,宗法家族的父子、夫妇伦理与国家的君臣之道高度同构,王朝的政治关系即家族伦理关系的放大。② 但此时,儒家设计的"家国同构"的差序格局仍停留在伦理价值层面而未能在宏观结构层面真正建构起来。虽然已有研究往往将周礼和儒家的家国观统称为"家国同构"观念,但两者在伦理价值和政治制度层面是有本质区别的,不宜一概而论。首先,两者的"家""国"含义不同。西周的"家国一体","国"指的是天子赐给诸侯的封地,"家"指的是诸侯赐给卿大夫的土地和人口,家国一体的结构是严格限定在基于血缘的封建贵族内部的;而基于儒家伦理形成的"家国同构","国"在春秋战国时代指的是列国,在秦统一后指的是以王权为核心的王朝,"家"则外推至外姓士族和平民诸子。家国同构是一个差序格局的结构,即使是平民也可在伦理层面做同心波纹的差序延伸。其次,在伦理层面,两者践行天道的方式不同。"家国一体"观念认为只能通过天子的"德"与天沟通;"家国同构"观念则认为个人必须通过在家族和王朝的公共事务之中从事道德实践,才能领悟和践行天理。最后,在现实层面,两者的制度基础不同。西周的"家国一体"是基于宗法制和分封制的,"家""国"之间潜在的张力发生在王权与族权之间;而"家国同构"主要基于宋以后的"家"之诸子均分制和"国"之嫡长子继承制的有效衔接,"家""国"之间潜在的利益矛盾反映在伦理层面即为"孝"与"忠"之间的矛盾张力。③

二、儒法并用的治理思想

综观我国古代社会的治理思想,除个别朝代之外,社会治理主要以儒家思想和法家思想的合流为基础,在经过长期且复杂的"以礼入法"的演进过程之后,最终形成了儒法并用、礼法合治的治理思想。

---

① 孔子曰:"君君、臣臣、父父、子子。"(《论语·颜渊》)孟子曰:"天下之本在国,国之本在家,家之本在身。"(《孟子·离娄上》)荀子曰:"君者,国之隆也;父者,家之隆也。隆一而治,二而乱,自古及今,未有二隆争重而能长久者。"(《荀子·致士》)《礼记》曰:"古之欲明明德于天下者,先治其国;欲治其国者,先齐其家。"(《礼记·大学》)《孝经》曰:"资于事父以事母而爱同,资于事父以事君而敬同。故母取其爱而君取其敬,兼之者父也。"(《孝经·士章》)

② 许纪霖:《现代中国的家国天下与自我认同》,载《复旦学报》(社会科学版)2015年第5期。

③ 沈毅:《"家""国"关联的历史社会学分析——兼论"差序格局"的宏观建构》,载《社会学研究》2008年第6期。

(一)"儒法并用"思想的基础

在传统文化体系中,儒家与法家思想是我国传统社会治理的基石,二者都以维持社会秩序为目的,它们的区别在于对于社会秩序的看法和达到这种理想的方法不同。

儒家思想认为,人有智愚贤不肖之分,分工亦应有不同,社会中应有贵贱、上下之分,①家族中应有尊卑、长幼、亲疏之分。② 这两种存在于社会和家族中的社会差异的总和,就是社会秩序。礼就是维持社会差异的手段和实现社会秩序的工具。③ 贵贱、上下决定一个人在社会上的地位和行为,尊卑、长幼、亲疏则决定一个人在家族内的地位和行为,每个人必须按照他自己的社会地位去抉择相当的礼,合乎伦常纲纪即为礼,否则便为非礼。④ 儒家认为,无论人性善恶,都可以通过道德教化,使其内心良善,行为合乎于礼。以德化民是教化人心,虽需相当时日,却是实现社会长治久安最彻底、最根本和最积极的方法。⑤ 实行德化,靠的是德化者本身人格的感召力及其潜移默化之功,这种上行下效、为政在人的"人治主义"⑥,要求在位者从修身入手,之后才能正己、治人,亦即儒家一贯主张的修身、齐家、治国、平天下。⑦

法家思想认为,国之所治在于赏罚,虽然承认人有贵贱、尊卑、长幼、亲疏之分,但主张所有人在法律面前平等,不能因人而异、差别待遇。⑧ 法家关注的是以国家利益为中心的法律秩序和政治秩序,努力去私任公,反对儒家的亲亲之说以及刑不上大夫等主张。⑨ 法家否定仁义道德的作用,以维持法律秩序为目的,

---

① 荀子曰:"少事长,贱事贵,不肖事贤,是天下之通义也。"(《荀子·仲尼篇》)孟子曰:"天下有道,小德役大德,小贤役大贤。"(《孟子·离娄上》)荀子又曰:"故先王案为之制礼义以分之,使有贵贱之等,长幼之差,知愚、能不能之分,皆使人载其事而各得其宜,然后使愨禄多少厚薄之称,是夫群居和一之道也。"(《荀子·荣辱篇》)。

② 荀子曰:"夫子之让乎父,弟之让乎兄,子之代乎父,弟之代乎兄,此二行者,皆反于性而悖于情也;然而孝子之道,礼义之文理也。"(《荀子·性恶篇》)

③ 《礼记·乐记》中说:"乐统同,礼辨异。"《礼记·礼器》中说:"礼不同。"《荀子·非相篇》中说:"故人之所以为人者……以其有辨也……故人道莫不有辨,辨莫大于分,分莫大于礼。"

④ 瞿同祖:《中国法律与中国社会》,商务印书馆2010年版,第312—315页。

⑤ 王符曰:"是故上圣不务治民事而务治民心。"(《潜夫论·德化》)荀悦曰:"善治民者治其性也。"(《申鉴》)

⑥ 梁启超:《先秦政治思想史》,江西教育出版社2018年版,第197页。

⑦ 刘泽华主编:《中国政治思想史》(先秦卷),浙江人民出版社1996年版,第139—140页。

⑧ 商君曰:"所谓壹刑者,刑无等级,自卿相、将军以至大夫、庶人,有不从王令、犯国禁、乱上制者,罪死不赦。"(《商君书·赏刑》)韩非子曰:"法不阿贵;强不挠曲。法之所加,智者弗能辞,勇者弗敢争,刑过不避大臣;赏善不遗匹夫。"(《韩非子·有度》)。

⑨ 《商君书·开塞》中说:"亲亲则别,爱私则险,民众而以别险为务,则民乱。"

并以最客观有效的方法来达到目的,重在止奸而非劝善。① 治国以奸民为对象,以治奸民之法治良民,是以消极的手段禁人为恶。在法家看来,民或不受化,君上多中人,将一国之治寄托于在位者或少数人的良善无益于治。因此,法家不信人治,反对仁政,皆主重刑,并提出轻罪重刑的主张,认为唯有严刑重罚可以"以刑去刑"②。

可见,关于社会秩序的内涵和维持社会秩序的手段,儒家和法家的观点是对立的。儒家是建立在"有别"的基础上,以"礼"作为约束人们行为的规范,以"礼治"和"德治"来维持伦常纲纪;法家则是建立在"同一"的基础上,以法律为维持社会秩序的行为规范,以"法治"和"刑治"来维持法律的效力。

但更重要的是,作为中国传统文化的两大流派,二者又是相辅相成、互为表里的关系,共同对社会秩序发挥着调节和约束的功能,主要体现在以下几个方面:首先,在功能上,"礼"为人君所设立,为防止超越道德的界限;如果用"礼"还不能防止道德败坏,那么就要用"刑"来防止为非作歹、祸乱社会,用"法令"来防止贪欲泛滥。其次,在效果上,用"政令"和"刑法"可以暂时避免民众犯罪,但他们不是自觉地遵守法规,对犯罪并无羞耻心;如果用"道德"和"礼教",则民有羞耻之心,而且能走上正道。再次,在作用上,"礼"的作用是要在人们犯错之前就加以预防;而"法"是在人们犯错之后加以惩治。最后,"刑法"的作用易见成效,而"礼"的作用很难立竿见影。③

综上,儒家思想和法家思想的关系,既是相互对立的,又是相辅相成的。在理论层面,两派学说本身的内在因素为儒法合流提供了可能性:首先,二者有着共同的目的,即追求天下大治;其次,二者都强调君臣名分之别(虽然角度略有不同);再次,就其学说本质而言,二者都以君主为国家权力的来源和象征;最后,在从对立到和合流的过程中,二者都发生了诸多变化。④ 当然,在现实层面上,儒法合流的最终形成还需要诸多社会政治条件。

(二)"礼法合治"思想的历史演进

一般认为,"礼法合治"思想萌芽于春秋战国时期,形成于秦汉之际,确立于

---

① 瞿同祖:《中国法律与中国社会》,商务印书馆 2010 年版,第 341 页。
② 《商君书·靳令》曰:"行罚,重其轻者,轻其重者,轻者不至,重者不来,此谓以刑去刑,刑去事成。"《商君书·画策》曰:"故以战去战,虽战可也;以杀去杀,虽杀可也;以刑去刑,虽重刑可也。"
③ 汤一介:《论儒家的"礼法合治"》,载《北京大学学报》(哲学社会科学版)2012 年第 3 期。
④ 刘宝村:《秦汉间的儒法合流及其影响》,载《孔子研究》2001 年第 3 期。

汉武帝时期,完成于唐,唐以后略微调整,但基本格局没有发生大的变化。①

由春秋开始,中国古代社会发生了重大的变革与转型。周王室衰微,诸侯并起,"天下大乱"导致"礼崩乐坏"。②面对动荡的局面,孔子主张克己复礼,恢复西周的礼乐制度,以史为鉴,以德去刑,③建立亲亲、尊尊的礼治秩序。而后,孟子从人性善出发,提出"仁政"的主张,强调用仁心去实现"省刑罚"并反对繁法苛刑。④战国末期,荀子提出,虽然"礼"和"刑"都是治国的手段,但只有明德慎刑才能使国家安定四海清平。⑤然而,此时分封制已由盛而衰,濒于崩溃,诸侯争霸,以富强为治国之急,儒家学说因无法满足霸主之需而逐渐落伍,倡导"法治"的法家思想大行其道,代表人物如李悝、商鞅、韩非等。⑥法家思想为秦所推崇,但秦王朝虽统一了天下,却二世而亡。秦的"短命"使得汉朝统治者开始反思。他们认识到单靠严刑峻法难以维持国家的长治久安,于是便试图寻找新的治国方法。经历了汉初黄老之学的短暂主导之后,汉武帝最终确立了"罢黜百家、独尊儒术"的治国方略。虽然法家已经失势,但国家需要法律已成为客观事实,此后历代皆有法典,只是除汉律外,都成于儒臣之手。在政权中的得势是儒法得以合流的重要前提,儒士通过对法律进行注释、修改以及听讼决狱,以礼入法,成功实现了法律的儒家化,"礼法合治,德主刑辅"的思想真正被贯彻到治理实践中。

"礼法合治"的思想经过魏晋、两汉的发展,在唐朝进入一个新的阶段。隋唐两朝的君主都主张"法理治天下",极为看重各种行政法规的建设,"纳之轨度,令行禁止",要求官民一体奉法。⑦在德刑关系上,则主张"德礼为政教之本,刑罚为政教之用,犹昏晓阳秋相须而成也"⑧,强调德本刑用,把刑罚作为德的补充。唐律的编纂完成标志着汉代以来,"礼法合治"的思想和实践历经数百年的演化,臻于完善,基本上实现了"礼""法"合一以及法律规范与道德规范的统一。此后,

---

① 韩星、单长城:《礼法合治、德主刑辅、王霸结合——汉代国家治理模式的确立及其现实意义》,载《孔子研究》2019年第6期。
② 明欣:《中国古代"法治"形式的演进轨迹及特点》,载高鸿钧主编:《清华法治论衡》,清华大学出版社2000年版。
③ 子曰:"道之以政,齐之以刑,民免而无耻。道之以德,齐之以礼,有耻且格。"(《论语·为政篇》)
④ 邓红蕾:《"慎刑"与"重德"缘何能达成共识——以中国法律思想史为例》,载《中南民族大学学报》(人文社会科学版)2011年第5期。
⑤ 荀子曰:"治之经,礼与刑,君子以修百姓宁。明德慎刑,国家既治四海平。"(《荀子·成相》)
⑥ 瞿同祖:《中国法律与中国社会》,商务印书馆2010年版,第379页。
⑦ 刘艳秋:《中国古代社会的社会治理:价值与方法》,载《法制博览》2019年第10期。
⑧ 曹漫之主编:《唐律疏议译注》,吉林人民出版社1989年版,第9页。

虽然朝代更迭,但"礼法合治"的思想基本为后世所继承发展。①

三、双轨政治的治理结构

(一)双轨政治的内涵

20世纪30、40年代,费孝通提出并论述了中国传统社会的治理结构为"双轨政治"结构。他认为,传统中国社会的治理是通过两条平行的轨道进行的:一条是自上而下的中央集权的专制体制的轨道,它是以皇帝(君主)为中心建立起来的一整套的官僚体系,由官员与知识分子来实施具体的治理,最后到达县这一层;另一条是基层组织自治的轨道,它由乡绅等乡村精英进行治理,士绅阶层是乡村社会的实际"统治阶级",而宗族则是士绅进行乡村治理的组织基础。② 费孝通认为,正是这种"政治双轨"的顺畅运行,确保了几千年中国封建社会政治形态与社会治理结构的高度稳定和有效延续,维护了中国传统政治形态的合法性和有效性。③

世纪之交,温铁军针对传统社会基层治理结构,率先提出"皇权不下县"的观点。④ 他认为,自秦代建立郡县制以来,两千多年里,政权只设置到县一级,国家最低管理到县级。⑤ 县以下的农村基层长期维持着"乡村自治",也就是"乡绅自治",乡绅是指地主阶级,他们"是农村实际上自然产生的、起管理作用的社区精英"⑥。此后,秦晖将温铁军的概念进一步发展,将其表述为"国权不下县,县下惟宗族,宗族皆自治,自治靠伦理,伦理造乡绅"⑦。

黄宗智认为,中国传统社会县下辖区的治理方式是一种"集权的简约治理"。他指出,皇帝以个人名义拥有绝对(世袭)的权力,专制权力程度很高,但行政权威并未分割于相对独立的政府各部门,也没有为政府和市民社会所共享,皇权向基层渗透权力的程度很低。低度的基层渗透权力和高度的专制权力的矛盾导致了对半正式的简约行政方法的广泛依赖,即依赖由社区自身提名的准官员进行

---

① 丁鼎、王聪:《中国古代的"礼法合治"思想及其当代价值》,载《孔子研究》2015年第5期。
② 费孝通:《乡土中国》,上海世纪出版集团、上海人民出版社2007年版,第275—293页。
③ 李坤:《论乡土"双轨政治"与县乡行政执法方式的契合》,载《西南边疆民族研究》2018年第1期。
④ 温铁军:《半个世纪的农村制度变迁》,载《战略与管理》1999年第6期。
⑤ 温铁军:《中国农村基本经济制度研究——"三农"问题的世纪反思》,中国经济出版社2000年版,第411—412页。
⑥ 高寿仙:《"官不下县"还是"权不下县"?——对基层治理中"皇权不下县"的一点思考》,载《史学理论研究》2020年第5期。
⑦ 秦晖编:《传统十论——本土社会的制度文化与其变革》,复旦大学出版社2003年版,第2页。

县级以下的治理。与正式部门的官僚不同,这些准官员任职不带薪酬,在工作中也极少产生正式文书。一旦被县令批准任命,他们在很大程度上各行其是,县衙门只在发生控诉或纠纷时候才会介入。①

周雪光认为费孝通笔下的"双轨政治"体现了传统国家治理中正式与非正式制度间的组织关系:两者各有边界,各行其是,在正式制度上相互分离但在非正式制度上又相互关联。② 正式制度止于官僚体制边界;在此之外则是非正式制度,或称礼之道统。官僚之轨依赖政府组织权威的指令传达、信息传递和目标执行;而到乡村后,则是乡土之轨在运行,采用另外一套行动逻辑,即通过乡村社会组织力量来完成任务、解决问题。

(二)双轨政治的特征

双轨政治是对中国传统社会治理模式的创造性概括,为我们把握传统社会治理方式和现代社会治理方式的差异性提供了重要参照。王处辉、吕福龙指出,双轨模式认为县下辖区的治理方式集中表现为官方监督下士绅主导的非正式行政,他们将这种"社会治理"特征概括为以下四点:③

第一,县以下辖区的治理中,知县主要关心厘清诉讼、准时缴纳税额以及保持自己人事记录清白。而下属为了维持生计,被迫依靠非官方的费用,强取豪夺、行贿受贿。这样,"为民父母"的责任越来越多地转移给了士绅。④

第二,士绅作为一个居于地方基层社会领袖地位和享有各种特权的社会集团,承担了若干社会职责。他们承担了诸如举办公益活动、排解纠纷、兴修公共工程的工作,有时还处理组织团练和征税等许多事务。他们在文化上的领袖作用包括弘扬以儒学为主导的价值观念,以及维护这些观念的物质表现,如兴建及修缮寺院、学校和贡院等。⑤

第三,士绅的权力虽然得到官府的认可,但都不是来自官制系统的授予,相反,绅权总是设法避免与胥吏官权有瓜葛。官方亦反对士绅"干预(地方之外的)

---

① 黄宗智:《集权的简约治理——中国以准官员和纠纷解决为主的半正式基层行政》,载《开放时代》2008年第2期。
② 周雪光:《论中国官僚体制中的非正式制度》,载《清华社会科学》2019年第1期。
③ 王处辉、吕福龙:《"治理在中国传统社会存在的样态及其特征——基于双轨、实体以及帝国三种研究模式的分析》,载《福建论坛》(人文社会科学版)2018年第2期。
④ 〔美〕魏斐德:《中华帝制的衰落》,邓军译,时代出版传媒股份有限公司、黄山书社2010年版,第30—31页。
⑤ 张仲礼:《中国绅士——关于其在19世纪中国社会中作用的研究》,上海社会科学院出版社1991年版,第48—49页。

事,把持官府"①,因此士绅具有一定的自主性。

第四,皇权延展的有限性以及庞大的治理成本,使政府不得不依赖于半正式的简约治理。虽然这种治理方式类似于格里·斯托克总结的现代"治理"特征,但是也存在一定的差异。一是士绅对于地方社会事务的涉入只获得了官方与民间的认同,并没有正式制度的肯定,解决社会和经济问题的界限及责任不够明确。二是士绅具有两面性:一方面,士绅是有功名的官僚集团成员,享有官方权力;另一方面,在文化权力网络下,地方权威的合法性来源于对地方社会价值、规范的信仰与认同,故士绅又具有维护地方利益的一面。② 这种两面性使得士绅的自主自治特征不够明显。

第二节 计划经济时期的社会治理

任何一种社会治理体制都是一定历史条件下的产物,虽然具有相对稳定性,但不可能静止不变,而是时刻都处在变化调整之中。当社会治理体制不能适应经济、社会发展需要时,必然要求其发生相应的变革。③ 中华人民共和国成立以后,为建立适应国情的社会治理制度,国家进行了长期探索与实践。计划经济时期,我国先后经历了稳定政权和高度行政化两个阶段,并在改革开放后进一步进行了阶段性的改革与创新。

一、稳定政权阶段(1949—1958)

(一) 中华人民共和国成立初期管控型社会治理体制的时代背景

中华人民共和国成立之初,中国社会面临的根本性挑战是,如何解决自清朝中期开始形成并最终以军阀混战、外敌入侵表现出来的总体性危机。④ 彼时,国民经济和社会发展百废待兴,国际环境严峻,内外形势复杂。政府的首要任务是尽快将社会成员组织起来,恢复社会秩序,最大限度地整合社会资源,调动所有社会力量投入社会主义事业,巩固新生的人民民主专政国家政权。具体而言,中

---

① 张静:《基层政权——乡村制度诸问题》,浙江人民出版社2000年版,第19、21页。
② 〔美〕杜赞奇:《文化、权力与国家:1900—1942年的华北农村》,王福明译,江苏人民出版社2008年版,第15—16页。
③ 田毅鹏:《社会管理体制改革的理论逻辑》,载《江苏社会科学》2011年第4期。
④ 孙立平:《"自由流动资源"与"自由活动空间"——论改革过程中中国社会结构的变迁》,载《探索》1993年第1期。

华人民共和国成立初期管控型社会治理体制的确立,主要基于以下几个方面的原因:

第一,是巩固新生人民政权的迫切需要。中华人民共和国成立初期,无论是继续与盘踞华南、西南及沿海岛屿上的百万国民党军队以及散落各地的大量国民党土匪和潜伏特务进行激烈的军事斗争,还是收拾长期战乱遗留下来的烂摊子,恢复饱受战争创伤的国民经济,解决工厂开工和工人就业,都亟须社会秩序迅速恢复和稳定下来。随后开展的长达两年零九个月的抗美援朝战争,更是进一步考验着党和政府的社会组织及动员能力。

第二,是有计划的经济建设和工业化建设的迫切需要。我国"一五"计划实施不久,农业生产尤其是粮食生产不能适应的矛盾很快暴露出来。如何尽快把数量众多但分散的小生产者组织起来,引导他们向现代化和集体化的方向发展,成为迫切需要解决的问题,并被迅速地摆到了全党面前。

第三,是应对严峻国际环境的迫切需要。面对以美国为首的帝国主义国家的经济封锁和军事威胁,只有把人民组织起来,同心协力把国内事情办好,才能更好地应对外来压力和威胁。

第四,是应对社会急剧转型的迫切需要。当时,无论是由新民主主义向社会主义转变,还是由农业国向工业国转变,这种社会剧变对经济社会的冲击都前所未有。而且在实践中,随着过渡时间不断压缩,步伐不断加快,这种转型更加急促且剧烈。如何解决由此引发的各种矛盾,保持社会稳定有序,成为党的严峻挑战。①

(二) 管控型社会治理体制的初步确立

基于特定的历史背景,我国在经济上仿效苏联建立了高度集中的计划经济体制,政府实行高度集权、计划管理的方式,包揽了一切经济事务和社会事务。②为了与计划经济的管理模式相适应,我国初步确立了国家全面管控的社会治理体制。在政府和社会的关系上,实行高度行政化,政社不分,高度统一。在社会治理方式上,首先采取了破旧立新的全面社会改造,然后在城市初步建立了"单位制—街居制"的治理体制,并在农村开展了"村社合一"的农业合作化运动,逐步形成城乡二元分离的社会治理结构。总体上,我国初步确立了管控色彩浓厚

---

① 陈里:《新中国对社会管理的艰辛探索及重要启示》,载中共中央文献研究室科研管理部编:《中共中央文献研究室个人课题成果集》(2013年)(下),中央文献出版社2014年版,第821页。

② 李国青、由畅:《新中国城市社会管理体制的历史沿革》,载《东北大学学报》(社会科学版)2008年第1期。

的社会治理体制,塑造了刚刚脱胎于旧时代的中国社会。①

1. 破旧立新的全面社会改造。中华人民共和国成立初期,为肃清国民党的残存武装力量和各种社会黑恶势力,打碎长期压迫、剥削人民的旧的国家机器,建立各级人民政权,使饱受压迫的劳动人民成为国家和社会的主人,建设一个全新的社会秩序,我国对旧社会进行了全面整顿改造,迅速涤荡社会痼疾。如在1949年11月到1950年间,我国采取一系列措施,实现妇女解放,禁绝鸦片烟毒,努力树立社会新风,推行识字运动。② 此外,我国还对社会团体进行清理整顿,重构社会阶级阶层的结构和秩序,促进新的社会关系和社会风尚的形成。这一系列举措,在很大程度上稳固了新生的政权,净化了执政的社会环境。

2. "单位制—街居制"的城市治理体制。在城市,管理城市社会的基本思路是将成员分为两大类进行管理:单位人和非单位人(即社会人)。③ 新政权将单位人以"单位制"整合进各类党政、企事业单位的管理体制,将非单位人整合进新建立的组织体系(街居制)。由此,在20世纪50年代初期的城市社会,我国大体形成了"单位制—街居制"的城市社会治理体制。街居制的管理对象主要是城市社会中无单位的一般居民,涉及家庭妇女、摊贩、商人、自由职业者、无业人员以及失业人员等。④

单位制源于新民主主义革命时期农村革命根据地的军管模式,经由解放战争时期在城市中与苏联模式相结合形成雏形。中华人民共和国成立之后,面临着两个迫切需要解决的问题:一是如何形成新的社会组织体制以解决社会总体性危机,二是如何在基础条件较差的情况下迅速实现工业化的民族主义目标。⑤ 在此特殊的历史条件下,中国共产党选择沿用根据地时期的单位制组织体系,建立了以党为领导核心的"国家—社会"一体化的结构体制以及统一的工资制度、普遍就业制度等。1956年"一五"计划的完成,标志着我国单位体制基本确立起来。总的来说,这一阶段,单位制处于形成时期。从性质上看,单位是为了适应

---

① 朱前星、黄辰呈:《新中国成立以来中国社会治理价值导向和基本内涵的变迁》,载《西南民族大学学报》(人文社科版)2020年第2期。

② 李培林:《新中国70年社会建设和社会巨变》,载《北京工业大学学报》(社会科学版)2019年第4期。

③ 张济顺:《上海里弄:基层政治动员与国家社会一体化走向(1950—1955)》,载《中国社会科学》2004年第2期。

④ 朱涛:《新中国70年社会治理变迁与基本经验》,载《北京工业大学学报》(社会科学版)2019年第4期。

⑤ 田毅鹏、刘杰:《"单位社会"历史地位的再评价》,载《学习与探索》2010年第4期。

计划经济体制和实现国家现代化,在城市设立的一种特殊的组织形式和社会调控形式,是基本的社会调控单位和资源分配单位,以行政性、封闭性、单一性为特征。从功能上看,单位具有政治、经济与社会"三位一体"的功能,对当时高度集权的政治体制的运作,对高度集中的计划经济体制的实施,对整个社会秩序的整合,发挥了重要的作用,对国家迈向现代化具有重要的历史意义。①

  街居制是随着我国城市管理工作的需要逐步形成而发展起来的。1949—1954年是街居制的创立阶段,城市各地成立了军事管制委员会,对城市基层政权进行系统改造,明令废除保甲制度,建立了街闾两级基层组织。1950年,一些城市成立了各种居民组织取代了闾组织,由街道派出所指定专职干部担任主要负责人。从1952年开始,在民主建政运动中,一些城市实行"街派合并",以街道派出所(街公所)取代街政府,并在其下建立居民自治组织——居民委员会,其成员均从居民中产生。1952年8月和1954年3月,公安部和政务院先后公布了《治安保卫委员会暂行组织条例》和《人民调解委员会暂行组织通则》,在居民委员会内逐步建立起治安保卫委员会、人民调解委员会等专职委员会。1954年12月以后,各城市都相继成立了居民委员会,居民委员会成为半政权性质的群众自治组织。1954—1958年是街居制的建设阶段,军队开始退出社会管理,居民委员会作为基层群众自治组织管理社会事务。1954年12月,一届全国人大常委会四次会议制定并通过《城市居民委员会组织条例》,第一次以法律的形式将居民委员会的性质定位为"群众自治性的居民组织"。同时,还公布了《城市街道办事处组织条例》,规定街道设办事处作为市辖区的派出机关。此后,以市辖区、街道办事处、居民委员会为主体的国家行政力量与居民自治力量相结合的城市治理体制逐步形成。

  3. 农业合作化运动中的"村社合一"治理体制。首先,通过带有半政权性质的农民协会把全国绝大多数农民充分组织起来。其次,通过农业生产合作社组织农民生产互助,把党和国家的方针、政策贯彻到群众中,保证正常社会生活秩序。再次,创建区乡政权,将国家基层政权组织与人民公社组织合为一体,这样国家政权组织得以延伸到乡村社会的最底层,有助于发挥基层组织在乡村治理中的领导作用。最后,继续加强和健全农村基层政权组织建设,从互助组、初级社到高级社,最终实现"村社合一"的组织结构,完成对农村的合作化改造。"村

---

① 何海兵:《我国城市基层社会管理体制的变迁:从单位制、街居制到社区制》,载《管理世界》2003年第6期。

社合一"的组织结构在职能和形式上整合了农村的政权组织、经济组织和社会组织,具有政治、经济与社会三位一体的功能,在资源配置、社会整合以及社会动员方面发挥了重要作用。

二、高度行政化阶段(1958—1978)

1958—1978年,是我国社会主义探索发展的时期。这一时期我国建立了一套与"指令性"计划经济体制相匹配的、高度一元化的全面管控型社会治理体制,并形成了国家—单位—个人的政府全能管制型治理格局。这一阶段,在城乡之间形成了二元治理结构。城市建立了"单位制为主、街居制为辅"的治理体制,前者作为国家社会控制和福利供给职能的延伸,后者作为单位制的补充,负责管理单位体制之外的城市居民。农村建立了以人民公社体制为核心、"政社合一"的治理体制,以适应中国工业化发展战略的需要。

(一)"单位制为主、街居制为辅"的城市治理体制

在这一阶段,通过社区单位化和单位社区化的双向发展,单位社会进入全盛时期,以计划经济为基础的单位体制日益牢固;城市基层政权和群众的自治性组织沦落到城市社会的边缘,[1]居委会在很长一段时间内背离了居民自治的原则,在一定程度上演化成了具有基层政权性质的组织,成为全面控制城市基层社会的工具。[2]

受农村地区人民公社运动的影响,1958—1963年,我国在城市也进行了人民公社的短暂试验。1958年,中共八届六中全会通过了《关于人民公社若干问题的决议》,全国各地开始纷纷建立城市人民公社。到1960年7月,全国190个大中城市建立了1076个城市人民公社,其中以街道居民为主体的城市人民公社525个,参加的人口多达5500万人,占当时城镇人口的约77%。街道、居委会被城市人民公社所取代,街道居民被纳入单位体系之中,城市社会彻底单位化。1963年10月,中共中央、国务院第二次城市工作会议提出,城市可以根据条件恢复正常的区(街)行政机构。这标志着城市人民公社正式结束。[3] 街道办事处、居民委员会组织又相继恢复,职能也做了相应的调整,回到主要为居民生活

---

[1] 吴群刚、孙志祥:《中国式社区治理:基层社会服务管理创新的探索与实践》,中国社会出版社2011年版,第41页。
[2] 潘小娟:《中国基层社会重构——社区治理研究》,中国法制出版社2004年版,第47页。
[3] 王均伟:《对城市人民公社历史的初步考察》,载《当代中国史研究》1997年第2期。

服务的轨道上。不过,恢复中的街居制到了1966年即被打断。①"文化大革命"期间,在"政治建街"的口号下,街道一级成立了街道革命委员会,还按照军事化的管理模式在下一级建立了连、排、班等组织,取代和冲击了街道办事处和居民委员会组织;各类革命委员会将更多的精力放在了"阶级斗争"和"群众运动"上,②与街居制最初设立的原则和目标相去甚远。"文化大革命"严重冲击了街道和居委会组织,进一步强化了单位社会,城市社区组织更趋薄弱,居民自治遭到了严重的破坏。居委会被革命居民委员会取代,其功能、职责、组织结构等都发生了质的改变,更多地具有了"专政工具"的特性和行政化的色彩,成为实现国家经济、政治、社会、文化改造目标,全面控制城市基层社会的工具。③

虽然历经了城市人民公社运动的冲击和"文化大革命"的混乱,但从总体上看,这一时期以单位制为核心的城市基层社会管控模式没有改变。我国城镇地区在这一时期基本形成了与行政管理体制紧密结合的单位制。通过单位这一组织单元,国家将治理的触手延伸到单位的每一位职工,资源也通过单位进行配置。通过单位,党和政府可以运用自上而下的行政手段,大规模地组织各项政治运动。个人对单位也是一种依附状态,"一旦社会成员进入某一工作单位,那么他基本需求的满足与实现以及在社会上行为的权利、身份和地位就有了最根本的保障"④。在社会生活中,住房、子女入托就学、医疗保障等都能够依托单位得到解决。由于单位内部有极大的自给自足性,单位之间又缺乏自由流动的渠道,因此每个单位成员的生活空间相对稳定和封闭。⑤ 这种单位体制是一个经济组织、社会组织、政治组织的混合体,它依附于行政管理体制,成为行政管理组织的延伸和附属物,国家和政府通过单位对社会进行管控,城市社会业已存在的街道、居委会及其他基层组织的功能日益萎缩,形成了国家权力对基层社会的全面覆盖。⑥

---

① 朱涛:《新中国70年社会治理变迁与基本经验》,载《北京工业大学学报》(社会科学版)2019年第4期。
② 卢汉龙等:《新中国社会管理体制研究》,上海人民出版社2015年版,第276页。
③ 吴超:《中国社会治理演变研究》,华中科技大学出版社2019年版,第108—109页。
④ 李汉林:《转型社会中的整合与控制——关于中国单位制度变迁的思考》,载《吉林大学社会科学学报》2007年第4期。
⑤ 朱涛:《新中国70年社会治理变迁与基本经验》,载《北京工业大学学报》(社会科学版)2019年第4期。
⑥ 王宗礼、李连军:《新中国70年来基层社会治理的演进逻辑与主要启示》,载《青海社会科学》2019年第6期。

(二)"政社合一"的农村人民公社治理体制

在农村,稳定政权阶段的农业合作化运动,虽然加强了国家对农村的控制,但在农业生产合作社的内部,其高级社原则上允许农民自由入社和退社,因此仍存在制度失效的风险,这导致高级社向人民公社组织过渡。①

1958年8月,人民公社化运动开始。1958年8月29日,中共中央在《关于在农村建立人民公社问题的决议》中提出,要随着农业生产合作社的发展,建立农村农、林、牧、副、渔全面发展,工、农、商、学、兵互相结合的人民公社。同年12月,中央发布《关于人民公社若干问题的决议》,全国迅速掀起人民公社化运动的热潮。仅仅两个多月,全国74万多个农业生产合作社就改组成人民公社,公社覆盖的农户有1.2亿户,占全国农户数的99%以上,②全国农村基本上实现了人民公社化。从1959年到1962年,在对人民公社组织进行若干次调整之后,"三级所有,队为基础"的一套基本制度得以确立,并一直实行到家庭联产承包责任制出现为止。1962年9月中共中央通过的《农村人民公社工作条例修正草案》规定:"农村人民公社是政社合一的组织,是我国社会主义社会在农村中的基层单位,又是我国社会主义政权在农村中的基层单位。"③人民公社既是农村合作经济组织,又是国家基层政权组织,还是农村社会组织。人民公社体制对中华人民共和国的基层乡村社会治理进程产生了深远的影响,人民公社的建立与单位制的形成,标志着中国管控型基层社会治理的正式形成。④ 以人民公社体制为核心的治理模式,不仅有利于维持农村社会的稳定和基本运行秩序,还能够适应中国工业化发展的需要,为工业化的快速发展提供支撑;其不足在于高度一元化的农村基层组织缺少活力,严重影响了广大农民的劳动积极性,制约了农村生产力的发展。⑤

---

① 张乐天:《告别理想——人民公社制度研究》,东方出版中心1998年版,第67页。
② 中华人民共和国国家农业委员会办公室:《农业集体化重要文件汇编(一九四九——九五七)》(上),中共中央党校出版社1981年版,第68页。
③ 中华人民共和国国家农业委员会办公室:《农业集体化重要文件汇编(一九五八——九八一)》(下),中共中央党校出版社1981年版,第634页。
④ 王宗礼、李连军:《新中国70年来基层社会治理的演进逻辑与主要启示》,载《青海社会科学》2019年第6期。
⑤ 李正华:《新中国乡村治理的经验与启示》,载《当代中国史研究》2011年第1期。

第三节 改革开放以来的社会治理

1978年党的十一届三中全会召开,这次会议深刻总结了中华人民共和国成立以来的历史经验,果断地作出了把工作重点转移到以经济建设为中心上来的战略决策,中国从此进入了改革开放的历史新时期。改革开放以来,中国社会进入了一个急速变化的转型时期,社会结构转型与经济体制转轨同时进行,中国从自给半自给的产品经济社会向社会主义市场经济社会转化,从农业社会向工业社会转化,从乡村社会向城镇社会转化,从封闭半封闭社会向开放社会转化,从同质的单一性社会向异质的多样性社会转化,从伦理社会向法理社会转化。① 在这个从传统社会向现代社会转型的过程中,为适应经济社会发展的形势,社会治理体制不断调整、完善,先后经历了四个阶段:传统管理体制趋于解体阶段、现代治理体制奠定基础阶段、现代治理体制自觉建构阶段、现代治理体制全面推进阶段。

一、传统管理体制趋于解体阶段(1978—1992)

1978—1992年为传统社会管理体制趋于解体阶段。"改革开放的过程是一个放权让利调动各方积极性的过程,向地方放权、向企业放权的过程使各级地方政府和国有企业赢得了自主权和积极性,高度集权的政治体制逐步为适度行政性分权的政治和行政体制所取代,政治和经济逐步分开,私人经济部门在公共部门旁边成长起来。"② 放松管制带来了市场活力与社会的生机,加速了社会治理体制的变革,主要表现为:在城市,单位体制松动,街居制恢复发展,社会组织兴起;在农村,人民公社体制解体,政社分开,村民自治。

(一)城市管理体制的转型

随着改革开放的逐步推进,经济体制改革和随之而来的社会结构调整使得单位制松动弱化。这一时期,街居制恢复,街道办事处职能急剧增加,原有单位的功能流向社会并由街道落实,各类社会组织也发展迅猛,对现有的制度框架提出了前所未有的挑战。

1. 单位制的松动。1979年,为了解决返城知青以及城镇大量积压的待业青

---

① 李培林:《处在社会转型时期的中国》,载《国际社会科学杂志》(中文版)1993年第3期。
② 何增科:《我国社会管理体制的现状分析》,载《甘肃行政学院学报》2009年第4期。

年的问题,国务院首次批准个人或家庭从事生产经营活动,发展个体经济。随着经济体制改革的推进,个体、私营、外资经济等各种非公有制的新型单位不断涌现,这些新型单位与传统单位有着本质的区别:首先,这些新型单位本身是一些生产性和服务性的单位,一般只有自身的专业功能,而不再具有其他功能;其次,这种单位不具有国家赋予的对社会的行政权力,不承担行政职能,但具有一定的单位自治权,进行自主管理、自主行为;最后,这种单位是开放式的,其成员的"单位身份"是不固定的,可以自主流动,单位只是一个暂时的利益共同体。①

与此同时,传统单位体制在国家实施政企分开、放权式改革的进程中也发生了深刻变化:首先,单位对国家的依赖性、服从性减弱,在竞争中的自主性明显增强;其次,单位垄断地位丧失,单位之间的社会差距拉大;最后,单位的行政职能逐步淡化,其成员流动的机会明显增加,单位的集体意识和认同意识日益弱化。

概言之,新型单位的兴起和传统单位的弱化,从根本上改变了单位作为资源分配、社会控制和社会整合的基本组织形式的地位和作用。虽然国有单位组织仍处于重要位置,但"国家—单位—个人"的强制性依附关系结构已经在不同程度上发生松动。② 单位之间及体制内外的流动、单位组织内部权威结构的变化以及作为人力资本的个人地位的改变等都预示着单位制的最终解体。

2. 街居制的恢复与发展。1978年党的十一届三中全会以后,街居制得到恢复,并获得快速发展。1979年,街道革命委员会被撤销。1980年,全国人大常委会重新公布了中华人民共和国成立初期颁布的《城市街道办事处组织条例》《城市居民委员会组织条例》,街道办事处、居民委员会的机构和职能得以恢复。随着改革开放的不断推进,城市里大量"单位人"离开"单位",农村的大量劳动力涌入城市,单位承担的许多职能转移到了社会或社区。为适应社会转型,街道办事处和居委会的职能进行了调整与规范。

在这一阶段,街道办事处和居委会都进入了一个大发展的新阶段。就街道办事处而言,一是工作对象大大拓展,随着经济体制改革和社会结构转型,街道工作的对象拓展到了辖区内所有的居民和所有的单位;二是工作内容大大拓展,随着城市管理的改革和居民需求的多样化,很多街道办事处的任务拓展到了100多项;三是机构设置和人员编制大大扩充,一些街道办事处的人员数甚至超

---

① 吴超:《中国社会治理演变研究》,华中科技大学出版社2019年版,第186页。
② 李路路:《国家治理与组织机制变迁(笔谈)——"单位制"的变迁与研究》,载《吉林大学社会科学学报》2013年第1期。

过了100人,组织机构也"科室化"了。就居委会而言,1989年七届全国人大常委会十一次会议通过并颁布了《城市居民委员会组织法》,居委会工作得到了很大发展,主要体现为:一是工作范围进一步拓宽,涉及社区的方方面面,包括宣传法律法规和国家政策、维护居民的合法权益、办理公共事务、调解民间纠纷等;二是居民自治水平进一步提高,条件成熟的社区开始进行居委会直选;三是居委会动员居民和辖区内单位普遍开展便民利民的服务活动。①

3. 社会组织的兴起。改革开放后,随着经济领域的日渐繁荣和社会自主性的逐步增长,原有的单位制公共产品供给模式已经不能适应新形势下的公共需求。②而社会组织的成长则为这一新需求的满足提供了组织基础。"在人们新产生的利益需求中,又有一部分涉及既非能由政府有效供给也非能由市场有效供给的准公共物品或称'俱乐部'式公共物品,由利益相关的公民联合起来自主供给这种公共物品却可以达到需求满足的最优效果。"③

1978年以来,国家对社会资源的全面整合和控制开始放松,政府的工作重心由政治建设向经济建设转移,政治生活在国民生活中所占的比重逐渐降低,这激发了因长期遭受压制而"休眠"的社会力量,④社会组织开始恢复并快速发育,进入了第一个长达10年之久的增长阶段。1978—1989年,中国已经发展出1600家全国性社团和20万家地方性社团(包括30多家全国性基金会和180多家地方性基金会以及170多家全国性行业协会),分别是1965年的16倍和30倍。⑤社会组织的快速发展,对现有的制度框架也提出了前所未有的挑战。20世纪80年代后期,国家开始自上而下地建立相应的制度规范,通过归口管理、建立法制、清理整顿等措施加强了对社会组织的管理。

总体上说,这一阶段社会组织发展迅猛,但缺乏经济自主性和社会福利慈善的经验,仍处于政府严格的管控中,政府对社会组织的态度是限制其发展。因此,社会组织登记注册门槛高,管理部门多元,缺乏自主性与独立性,完全依附于政府。这一时期,所有社会组织都是党政机关的下属部门,在国家治理和社会治

---

① 何海兵:《我国城市基层社会管理体制的变迁:从单位制、街居制到社区制》,载《管理世界》2003年第6期。
② 廖鸿、石国亮:《中国社会组织发展管理及改革展望》,载《四川师范大学学报》(社会科学版)2011年第5期。
③ 〔美〕丹尼斯·缪勒:《公共选择》,张军译,上海三联书店1993年版,第134页。
④ 韦克难、陈晶环:《新中国70年社会组织发展的历程、成就和经验——基于国家与社会关系视角下的社会学分析》,载《学术研究》2019年第11期。
⑤ 谢菊、马庆钰:《中国社会组织发展历程回顾》,载《云南行政学院学报》2015年第1期。

理中能够发挥的作用还非常有限,更不用说去构建社会、培育社会力量。①

(二) 农村管理体制的转型

1978年12月,党的十一届三中全会通过了《关于加快农业发展若干问题的决定(草案)》,决定实行不改变土地公有制性质的家庭联产承包责任制,改革人民公社的管理体制。1982年11月26日召开的五届全国人大五次会议,决定停止人民公社,建立乡政权。从此,农村改革向纵深发展,人民公社从形式到内容完全解体。② 这一时期,中国乡村治理依其不同特点,可以分为两个阶段:从1978年底至1987年底,是结束人民公社体制,实现政社分开阶段;从1988年《村民委员会组织法(试行)》实施起,是以试行村民自治为重点的阶段。

随着以家庭联产承包为主的责任制逐步推广,农村政社分开的工作也提上了日程。1982年五届全国人大五次会议通过了新宪法,明确规定政社分离,即重新恢复设立乡政府作为基层政权单位,将人民公社兼有的政权职能剥离出来交给乡政府,人民公社则变为单纯的农村集体经济组织,从而以根本大法的形式预告将全面放弃政社合一的体制。③ 1983年10月,中共中央、国务院发出《关于实行政社分开,建立乡政府的通知》,要求各地在1984年底以前完成建立乡政府的工作。到1984年底,全国已有99%以上的农村人民公社完成了政社分开的工作。

在政社分开的同时,在基本上相当于原生产大队的范围内,农村基层群众性自治组织——村民委员会也随即成立,负责本村的公共事务和公共事业,承担本村生产的服务和协调工作。到1984年底,全国成立了92.6万个村民委员会。1987年全国人大通过了《村民委员会组织法(试行)》,并于1988年6月1日起试行。该法的颁布实施,标志着村民自治作为一项新型群众自治制度和直接民主制度在法律上被正式确立下来,村民自治从此由自发自治走向依法自治。④

综上所述,改革开放以来,我国以经济建设为中心,自上而下放松了对社会的管制。在城市,弱化单位制,恢复发展街居制,鼓励和规范各类社会组织;在农村,实行家庭联产承包责任制取代人民公社体制,推行村民委员会制度,实行村民自治。这些进行分权、放权的改革探索,激发了市场活力与社会生机,安定团

---

① 韦克难、陈晶环:《新中国70年社会组织发展的历程、成就和经验——基于国家与社会关系视角下的社会学分析》,载《学术研究》2019年第11期。
② 刘洪英:《人民公社的兴亡和历史的反思》,载《徐州师范学院学报》1995年第1期。
③ 焦金波:《从制度变迁的特征看人民公社的历史分期》,载《咸阳师范学院学报》2004年第5期。
④ 王勇:《改革开放以来中国社会治理创新的历史考察》,载《科学社会主义》2013年第6期。

结的政治局面不断巩固。但是,在该阶段,政府和公有制企事业单位依然是社会治理的绝对主体,城乡基层自治只是刚刚起步,社会力量依然弱小。这一时期不断产生并快速积累了一大批社会问题和矛盾,例如收入差距逐步拉大、腐败现象日趋严重、"三农"问题逐渐显现、社会越轨行为不断增多等。这些问题的出现和经济社会发展中的不确定性相互叠加,使我国社会治理面临前所未有的挑战,社会治理体制陷入显著的不适应并开始摸索调整。①

二、现代治理体制奠定基础阶段(1992—2002)

1992年党的十四大到2002年为现代社会治理体制奠定基础阶段。1992年,以邓小平同志南方谈话和中共十四大的召开为标志,我国明确了建立社会主义市场经济体制的改革目标。1993年11月,中共十四届三中全会通过的《中共中央关于建立社会主义市场经济体制若干问题的决定》指出,要求"建立多层次的社会保障制度,为城乡居民提供同我国国情相适应的社会保障,促进经济发展和社会稳定";政府经济管理部门在转变职能的同时,要"加强政府的社会管理职能,保证国民经济正常运行和良好的社会秩序"。② 自此,社会管理成为政府的主要职能之一,建立多层次的社会保障制度和加强政府社会管理职能,以实现良好的社会秩序和经济发展也成为我国发展的目标之一。随着我国社会主义市场经济体制的确立和不断深入推进,与之相适应的行政管理体制改革也加快了进程,公共服务成为政府的一项重要职能,并由此制定了若干制度,采取了许多的具体措施。国有企业改制过程中下岗工人的社会保障问题、城市居民生活保障问题、实行分税制后中央与地方政府的公共服务职责问题、市场化进程中事业单位的分类改革等问题,是这一时期社会治理体制改革的主要内容。③ 到十六大前夕,我国社会主义市场经济体制已初步建立,市场开始在资源配置中发挥基础性作用;个体和私营经济获得较快发展,私人经济部门在经济增长和社会就业方面发挥着越来越重要的作用;民间组织管理从定期清理走向依法登记管理,并于20世纪90年代获得很大发展;城市社区建设提上了党和政府的议程,农村村民

---

① 孙涛:《从传统社会管理到现代社会治理转型——中国社会治理体制变迁的历史进程及演进路线》,载《中共青岛市委党校青岛行政学院学报》2015年第3期。
② 中共中央文献研究室编:《十四大以来重要文献选编》(上),人民出版社1996年版,第521、530页。
③ 马宝成:《中国社会管理体制30年》,载《中国治理评论》2012年第2期。

自治走上规范化管理的轨道。所有这些都为现代社会治理体制的建立奠定了基础。①

概言之,这一阶段,我国社会治理创新主要表现为以下几个方面:

(一) 社会治理主体多元化

市场化改革的持续推进,带来了整体性的社会变迁和社会结构的深刻变革。城市单位制松动和农村人民公社解体之后,整体性的利益结构开始解体,社会阶层不断分化,多元利益主体快速成长,公众的自主性不断萌生,不同群体的利益诉求日趋个性化、复杂化,群体之间的互动性、流动性和专业性不断增强,这又导致各种利益主体之间出现了矛盾和冲突。面对这样的情形,计划经济体制下的政府一元化社会管理模式,已无法适应治理需求。1993年,党的十四届三中全会通过的《关于建立社会主义市场经济体制若干问题的决定》指出,"政府经济管理部门要转变职能,专业经济部门要逐步减少",要"发挥行业协会、商会等组织的作用"。这标志着国家开始允许部分社会组织介入社会管理领域,国家不再是社会管理的唯一主体。除政府这个公共权力组织外,我国社会公共事务管理的多元治理主体还有类行政组织、社会中介组织、社区组织、事业组织、社会团体等。② 这些已经分化出来的部分社会管理功能受国家行政体制的影响,还有明显的行政化倾向。虽然这一时期,我国进行了多次机构改革,以政社分开为基础的公共服务型政府的建立成为政府转变职能的基本方向,但是由于历史的和现实的原因,政府行政化的社会管理体制不可能在短期内退出历史舞台。在没有完全实现政社分开之前,国家干预社会、政府左右社会组织是一种必然表现。③

(二) 社会治理市场化

与我国市场经济体制的建立健全相适应,为了提高政府行政效率,社会治理开始全面引入市场化的管理方式,政府公共服务和社会事业管理越来越多地吸收和应用市场要素、市场机制和市场手段,并形成了合同外包、特许经营、使用者付费、内部市场等有效的工具性方法,通过市场配置社会资源的体制机制也开始形成。具体而言,在公共服务市场化方面,在国家财政出资通过公共部门或私营组织生产、供给过程中,引入竞争和市场机制以提高公共服务的质量和效率,如

---

① 何增科:《我国社会管理体制的现状分析》,载《甘肃行政学院学报》2009年第4期。
② 张尚仁、王玉明:《论社会公共事务管理主体的多元化》,载《广东行政学院学报》2001年第4期。
③ 姚华平:《我国社会管理体制改革30年》,载《社会主义研究》2009年第6期。

公共基础设施建设及投融资尝试引入外资和民间资金,在电力、电信、铁路、公路、航空等领域实行政企分开和公司化改造,在教育、卫生、文化、环境保护等领域部分引入市场机制等。① 在社会事业单位的市场化改革方面,实行政事分开,推进事业单位的社会化,推行多样化的分类管理,实行制度化的总量控制。②

这一阶段,我国社会治理的经营性手段和市场化特征十分明显,政府行政的效率、效益和创新水平均有不同程度的提高。但与此同时,这一时期的教育、医疗、住房、社会保险、社会福利等社会事业发展中也过于强调商业化和社会化的资源动员机制,过于强调职工个人和企事业单位所应担负的责任,政府有意无意地淡化了自身在提供社会性公共产品或公共服务中所应担负的责任,由此导致社会性公共供给严重不足,公共产品及服务供给的地区差别、城乡差别与外来人口和本地人口差别的扩大。社会组织在这一时期受到的限制和控制较多,仍然属于社会管理的对象,在社会服务方面仅发挥有限的拾遗补阙的作用。③

(三) 社会治理法治化

1992—2002年,既是我国经济建设的黄金期,也是社会发展的转型期和矛盾多发期。这一阶段,社会管理体制改革逐步从经济体制改革的从属地位中脱离出来,逐渐成为整体改革中相对独立的重要部分。随着市场化改革的深入,经济高速发展与社会治理滞后的不平衡所引发各种社会矛盾凸显,而这些社会问题与社会矛盾仅靠发展经济、加强经济建设是不可能从根本上得到解决的,甚至有时还会更加严重。在社会治理主体多元化和治理手段市场化的趋势下,仅靠政府的行政化管理也很难保证效率与公平的兼顾。因此,大力推进社会治理法治化,就成为解决社会矛盾、重构社会秩序、维护社会稳定和为经济建设创造有利环境的迫切需求和有效手段。1997年,党的十五大将"依法治国、建设社会主义法治国家"确定为治国的基本方略,④并于1999年修宪时将其写入宪法。在这一时期,我国重点加强了基层社会管理、公共安全管理、社会团体管理、社会保障等方面的法治化建设,逐渐形成与社会治理相配套的法律法规等制度体系。

---

① 吴超:《中国社会治理演变研究》,华中科技大学出版社2019年版,第269页。
② 1996年《中央机构编制委员会关于事业单位机构改革若干问题的意见》。
③ 何增科:《我国社会管理体制的现状分析》,载《甘肃行政学院学报》2009年第4期。
④ 中共中央文献研究室编:《十五大以来重要文献选编》(上),人民出版社2000年版,第30页。

三、现代治理体制自觉建构阶段(2002—2012)

(一) 现代治理体制的自觉建构过程

进入21世纪,我国改革逐步进入关键期,面对国内外复杂形势和一系列重大风险挑战,我国政府开始全面推进改革开放和经济建设,经济实力和综合国力显著增强。但这一阶段,我国既处于发展的重要战略机遇期,又处于社会矛盾凸显期,社会管理领域存在不少问题。从总体上看,我国社会管理领域存在的问题,是我国经济社会发展水平和阶段性特征的集中反映。① 在社会体制转轨、经济成分日益多元化的巨大变革过程中,我国面临阶层分化、流动加速、社会整合缺失、各类社会矛盾和利益冲突加剧的问题,社会稳定形势严峻。加强和创新社会管理,建构适应时代发展的现代治理体制成为这一阶段的重要课题。可以说,从2002年到2012年是我国现代治理体制的自觉建构阶段。

2002年,党的十六大提出,"完善政府的经济调节、市场监督、社会管理和公共服务职能",将社会管理作为政府的四大职能之一,并从维护社会稳定的角度提出要"改进社会管理,保持良好的社会秩序"。② 2003年党的十六届三中全会提出要"完善政府社会管理和公共服务职能"③。2004年党的十六届四中全会正式提出"加强社会建设和管理,推进社会管理体制创新","建立健全党委领导、政府负责、社会协同、公众参与的社会管理格局",从而明确了社会管理的领导体制。④ 2005年,党的十六届五中全会从行政管理体制改革的角度指出,"加强社会建设和完善社会管理体系"是建设社会主义和谐社会的必要条件。⑤ 2006年10月,党的十六届六中全会明确强调,"必须创新社会管理体制,整合社会管理资源,提高社会管理水平,健全党委领导、政府负责、社会协同、公共参与的社会管理格局"⑥。2007年,党的十七大报告提出要完善社会管理,维护社会安定团结,并系统阐述了健全社会治理体系的主要方面,包括基层社会管理体制、劳动关系、群众权益维护机制、社会组织建设和管理、流动人口服务和管理、安全生产

---

① 李章军:《扎扎实实提高社会管理科学化水平 建设中国特色社会主义社会管理体系》,载《人民日报》2011年2月20日第1版。
② 中共中央文献研究室编:《十六大以来重要文献选编》(上),中央文献出版社2005年版,第28—29页。
③ 《中共中央关于完善社会主义市场经济体制若干问题的决定》。
④ 《中共中央关于加强党的执政能力建设的决定》。
⑤ 《中共中央关于制定国民经济和社会发展第十一个五年规划的建议》。
⑥ 《中共中央关于构建社会主义和谐社会若干重大问题的决定》。

管理和监督、突发事件应急管理机制、社会治安防控体系、国家安全体制。①2008年,党的十七届三中全会将"农村社会管理体系进一步完善"列为"2020年农村改革发展基本目标"之一,并从促进社会和谐、建设社会主义新农村等角度突出了加强和完善农村社会管理的重要性。② 2010年,党的十七届五中全会从建立健全基本公共服务体系的角度提出"加强和创新社会管理",将社会管理制度趋于完善作为"十二五"时期经济社会发展主要目标之一,并对从法律、体制和能力建设方面加强社会管理进行了部署。2011年2月,胡锦涛在中央党校举行的省部级主要领导干部社会管理及其创新专题研讨班开班式上发表重要讲话中强调,要"扎扎实实提高社会管理科学化水平,建设中国特色社会主义社会管理体系";同年3月,"标本兼治,加强和创新社会管理"独立成篇,写入"十二五"规划纲要,从创新社会管理体制、强化城乡社会自治和服务功能、加强社会组织建设、完善维护群众权益机制、加强公共安全体系建设等方面,对加强和创新社会管理工作进行了全面规划;同年5月,中共中央政治局召开会议,专门研究了如何加强和创新社会管理,对进一步加强和创新社会管理工作做了全面部署;同年7月,中共中央、国务院出台了我国第一份关于创新社会管理的正式文件《关于加强和创新社会管理的意见》,进一步明确了加强和创新社会管理的指导思想、基本原则、目标任务和主要措施,这标志着我国的现代社会管理体制建设进入了一个自觉建构的阶段。③

(二)"四位一体"的社会管理格局

"党委领导、政府负责、社会协同、公众参与"的社会管理格局,是建设中国特色社会主义社会管理体系的基本框架。这一社会管理格局的提出,明确了党委、政府、社会组织和公众四类不同主体在社会管理中的地位和角色。党委领导是根本,政府负责是关键,社会协同是依托,公众参与是基础,四位一体,有机联系,不可分割。④

1. 党委领导。在我国的社会管理格局和管理体系中,党始终居于领导核心

---

① 胡锦涛:《高举中国特色社会主义伟大旗帜 为夺取全面建设小康社会新胜利而奋斗——在中国共产党第十七次全国代表大会上的报告》,载《求实》2007年第21期。
② 中共中央文献研究室编:《十七大以来重要文献选编》(上),中央文献出版社2009年版,第672页。
③ 吴超:《中国社会治理演变研究》,华中科技大学出版社2019年版,第280页。
④ 魏礼群:《完善和发展中国特色社会管理体系》,载《行政管理改革》2012年第1期。

地位,其领导主要通过政府、党的基层组织和共产党员实现。[①] 党委领导主要是政治性、方向性领导。党委要充分发挥总揽全局、协调各方的领导核心作用;把握好社会建设和管理发展的大方向,确定正确的大政方针,提出具有感召性、纲领性的口号;把党的意志和主张体现到国家的法律法规中,支持政府依法管理社会事务;引导社会组织和公众积极有序地参与社会建设和管理;充分发挥基层党组织和共产党员服务群众、凝聚人心的作用。[②]

2. 政府负责。政府负责是有效进行社会管理的关键。这里说的政府是指广义上的政府,包括立法、行政、司法等机构。政府负责,就是政府负有主导和全面组织社会管理的责任,要提供更多更好的公共服务,努力使政府及其各职能部门的管理更加协调有效。[③] 政府在社会管理体制中的主导作用,主要体现在依据党所制定的路线和基本方针政策,维护社会公平、公正,妥善协调社会各方的利益关系,完善社会管理,保持良好的经济和社会秩序,维护社会稳定,促进经济和社会建设,以实现构建社会主义和谐社会和社会主义现代化建设的目标。具体而言,政府的主要职能包括:制定社会管理体制改革和创新的规划;保证社会管理的财力投入;制定和完善社会管理的法律、法规和政策;引导公民参与社会管理。[④]

3. 社会协同。社会协同是要充分发挥各类社会组织的协同作用,这也是社会管理的重要依托。社会组织在社会管理中具有独特的优势,政府与社会组织之间的分工、协作以及不同社会组织之间的相互配合,是社会建设和社会管理的必要环节,有利于改变单位制解体后公民"一盘散沙"的"原子化"状态,增强公民的组织性,使公民产生归属感和安全感。[⑤] 在社会管理中,社会协同主要是发挥好群众组织、基层群众性自治组织、社会组织、企业、事业单位的协同作用,形成党委和政府与社会力量互联、互补、互动的社会管理和公共服务网络。社会组织是联系政府和人民的桥梁和纽带,是政府职能转变的载体,是人们寻求和释放社

[①] 吴杰、陈晓珍:《我国社会管理格局和体系的现状、问题与挑战——"我国社会管理格局和管理体系构建"课题研究报告之二》,载《甘肃行政学院学报》2008年第4期。
[②] 李国青、由畅:《新中国城市社会管理体制的历史沿革》,载《东北大学学报》(社会科学版)2008年第1期。
[③] 汪大海主编:《社会管理》,中国人民大学出版社2013年版,第67—68页。
[④] 邓伟志主编:《创新社会管理体制》,上海社会科学院出版社2008年版,第118—130页。
[⑤] 李国青、由畅:《新中国城市社会管理体制的历史沿革》,载《东北大学学报》(社会科学版)2008年第1期。

会力量的最直接的形式。①

4. 公众参与。公众参与是有效进行社会管理的基础。社会管理与公众的切身利益密切相关,人民群众中蕴藏着无限的智慧和力量,只有公众充分参与到社会管理的过程中来,社会管理才能取得实效。同时,公众参与社会管理也是实现人民当家作主的有效形式,是党群众路线的生动体现。② 公众参与主要是动员群众依法、理性、有序参与社会管理和公共服务,实现自我管理、自我服务、自我发展。公民参与的方式主要是通过一系列正式和非正式的途径,直接参与国家立法和政府公共决策,包括公众在立法和公共政策的形成和实施过程中直接施加影响的各种行为的总和。公众参与能够促进信息的公开透明,增强公共政策的认同和执行力,发展公民自治能力。③

四、现代治理体制全面推进阶段(2012年至今)

2012年以来,随着全面深化改革的推进,我国的社会体制改革进入新阶段,社会治理体系和治理能力现代化建设取得了显著进展。党的十九大报告指出,中国特色社会主义进入新时代,社会主要矛盾已经转化为人民日益增长的美好生活需要和不平衡不充分的发展之间的矛盾。立足于时代发展变化的新形势,以往的社会管理模式难以适应现代社会发展,因此我国从国家治理的战略高度不断推动社会治理现代化,加强和创新社会治理,社会治理思想不断实现新的突破、新的丰富。我国从"社会管理"到"社会治理",实现了社会治理理念的重大转变;从"四位一体"到"社会治理共同体",实现了社会治理体制的完善;提出构建共建共治共享的"三共"社会治理格局,实现了社会治理战略格局的重大突破。

(一) 从"社会管理"到"社会治理":社会治理理念的转变

2012年党的十八大确立了社会管理的新体制,这种"新的格局"或"新的体制"试图将社会和公众纳入社会管理实践中,也在很大程度上促进了社会稳定和民生改善,但"社会协同"和"公众参与"仍旧只存在于理论层面,没有迸发出应有的活力,并未成为真正的现实,政府主导的社会管理局面也未根本改变。由于社会管理模式、方法和体制存在的问题和部分的"失灵",以及顺应社会发展的需

---

① 吴杰、陈晓珍:《我国社会管理格局和体系的现状、问题与挑战——"我国社会管理格局和管理体系构建"课题研究报告之二》,载《甘肃行政学院学报》2008年第4期。

② 李国青、由畅:《新中国城市社会管理体制的历史沿革》,载《东北大学学报》(社会科学版)2008年第1期。

③ 汪大海主编:《社会管理》,中国人民大学出版社2013年版,第69—70页。

要,也是为了谋求变革,为社会的可持续发展、增进社会福祉创造更好环境,我国做出从"社会管理"向"社会治理"转变的重大战略调整。① 2013年,党的十八届三中全会适时提出"创新社会治理体制"的改革目标,并强调从"改进社会治理方式""激发社会组织活力""创新有效预防和化解社会矛盾体制""健全公共安全体系"等方面提升社会治理水平。这是党的正式文件中第一次提出"社会治理"概念,标志着执政理念的新变化。② 2017年,党的十九大报告进一步提出"形成有效的社会治理、良好的社会秩序,使人民获得感、幸福感、安全感更加充实、更有保障、更可持续",这标志着我国社会治理转向了以人民为中心、以民生为根本、以美好生活为目标的理念。从"社会管理"到"社会治理",虽然只有一字之差,内涵却是从传统社会管理向现代社会治理理念的重大转变,不但在理论上丰富了社会治理的现代化内涵,还在实践中提升了社会治理的现代化水平。

具体来说,社会管理和社会治理的区别主要在于以下四个方面:

第一,二者的主体不同。虽然社会管理是从政府和公民社会组织两个方面进行的管理行为,但其重点突出政府的主导性作用,其主体相对单一,主要是各级政府及其职能部门;而社会治理则强调合法权力来源的多样性,其来源既可以是政府机关,也可以是社会组织、企事业单位、公民等。因此,其主体呈现出多元化的特征,相应的社会治理的全过程也是多元的,体现了民主性的特点。

第二,主体承担的职责不同。社会管理的主要内容在于政府对社会进行管理,因此政府承担主要职责,政府的作用具有不可替代性;而社会治理更多强调多元化主体共同承担责任,他们之间关系紧密,存在着较好的合作关系。多元主体的参与使得国家和政府承担的责任逐渐减少,各种社会组织、私人部门和公民自愿团体日益发挥着重要作用。

第三,二者的实现形式不同。社会管理表现为主体从自身主观愿望出发来管理和控制社会,因此社会管理的实现形式是单一的自上而下型;而社会治理体现了民主发展的新趋势,它重视主体之间的合力作用,鼓励主体自主表达、协商对话,并达成共识,从而形成代表最广大人民根本利益的公共政策,因此其实现形式是立体式的多元互动类型。

第四,二者的实践路径不同。践行社会管理需要政府运用权力对社会事务

---

① 朱士群、张杰华、包先康:《从社会管理到社会治理:动力、逻辑和制度发展》,载《学术界》2015年第3期。

② 马海韵:《"共建共治共享社会治理格局"的理论内涵——基于社会治理创新的视角》,载《北京交通大学学报》(社会科学版)2018年第4期。

进行部署和控制，带有行政命令性的色彩；而社会治理具有多种实践路径，除政府运用权力外，还包括市场、法律、文化、习俗等多种方式。例如，政府在社会治理中的主要作用在于引导而不是管制，民间组织及公民社会则可以在社会治理中发挥积极性、能动性，以形成良性互动。此外，社会治理还需要社会创新和社会企业的积极配合等。①

（二）从"四位一体"到"社会治理共同体"：社会治理体制的完善

2012年，党的十八大报告指出要"在改善民生和创新管理中加强社会建设"，特别是在党委领导、政府负责、社会协同、公众参与"四位一体"的社会管理体制基础上，加入并强调了法治保障的重要内容，并将"政府负责"改为"政府主导"，强调"要围绕构建中国特色社会主义社会管理体系，加快形成党委领导、政府负责、社会协同、公众参与、法治保障的社会管理体制，加快形成政府主导、覆盖城乡、可持续的基本公共服务体系，加快形成政社分开、权责明确、依法自治的现代社会组织体制，加快形成源头治理、动态管理、应急处置相结合的社会管理机制"，"开创社会和谐人人有责、和谐社会人人共享的生动局面"。② 2016年，我国的"十三五"规划纲要将"党委领导、政府主导、社会协同、公众参与、法治保障"的定位从"社会管理体制"提升为"社会治理体制"，并强调了"实现政府治理和社会调节、居民自治良性互动"。③ 2017年，党的十九大报告在进一步明确社会治理思想的基础上，提出要"加强社会治理制度建设，完善党委领导、政府负责、社会协同、公众参与、法治保障的社会治理体制，提高社会治理社会化、法治化、智能化、专业化水平"，并在化解社会矛盾、健全公共安全体系、社会治安防控体系、社会心理服务体系、社区治理体系等方面阐述了社会治理的具体路径。④

2019年，党的十九届四中全会提出，完善党委领导、政府负责、民主协商、社会协同、公众参与、法治保障、科技支撑的社会治理体系，建设人人有责、人人尽责、人人享有的社会治理共同体，确保人民安居乐业、社会安定有序，建设更高水

---

① 邵光学、刘娟：《从"社会管理"到"社会治理"——浅谈中国共产党执政理念的新变化》，载《学术论坛》2014年第2期。
② 胡锦涛：《坚定不移沿着中国特色社会主义道路前进 为全面建成小康社会而奋斗——在中国共产党第十八次全国代表大会上的报告》，载《求是》2012年第22期。
③ 《中华人民共和国国民经济和社会发展第十三个五年规划纲要》。
④ 习近平：《决胜全面建成小康社会 夺取新时代中国特色社会主义伟大胜利——在中国共产党第十九次全国代表大会上的报告》，http://www.moe.gov.cn/jyb_xwfb/xw_zt/moe_357/jyzt_2017nztzl/2017_zt11/17zt11_yw/201710/t20171031_317898.html，2023年3月30日。

平的平安中国。① 一方面,顺应新时代社会发展的新特点新变化,"民主协商"和"科技支撑"两个重要方面被纳入社会治理体系,增强了社会治理模式创新的系统性;另一方面,在我国处于政府对社会的管理、政府与社会共治以及社会自主治理三种状态并存、互为消长的阶段,提出建设"社会治理共同体"的治理目标,并于之后将其写入我国"十四五"规划纲要和2035年远景目标纲要,②标志着我国对于加强和创新社会治理已经有了更高标准的战略规划。③

2021年7月,在庆祝中国共产党成立100周年大会上,习近平总书记宣告,"经过全党全国各族人民持续奋斗,我们实现了第一个百年奋斗目标,在中华大地上全面建成了小康社会,历史性地解决了绝对贫困问题",国家转向高质量发展阶段。④ 但是,在向着全面建成社会主义现代化强国的第二个百年奋斗目标迈进的过程中,我国仍面临着错综复杂的国际形势、艰巨繁重的国内改革发展稳定任务⑤。2022年,党的二十大报告将国家安全视为民族复兴的根基,社会稳定作为国家强盛的前提,着重强调推进国家安全体系和能力现代化,以新安全格局保障新发展格局,进而完善社会治理体系,健全共建共治共享的社会治理制度,提升社会治理效能,畅通和规范群众诉求表达、利益协调、权益保障通道,建设人人有责、人人尽责、人人享有的社会治理共同体。⑥

(三)"共建共治共享"的社会治理格局

2017年,党的十九大报告指出,"人民日益增长的美好生活需要和不平衡不充分的发展之间的矛盾"已经成为我国社会的主要矛盾,人民群众对美好生活的需要日益强烈。为有效回应新需要、解决新问题,报告在加强和创新社会治理领域提出要"打造共建共治共享的社会治理格局",这与党的十八届五中全会提出的"构建全民共建共享的社会治理格局"相比,增加了"共治"的表述,进一步丰富了加强和创新社会治理工作的内容。⑦ 自此,"打造共建共治共享的社会治理格局"成为我国加强和创新社会治理、建设社会治理共同体的重要内容。2019年,

---

① 《中共中央关于坚持和完善中国特色社会主义制度 推进国家治理体系和治理能力现代化若干重大问题的决定》。
② 《中华人民共和国国民经济和社会发展第十四个五年规划和2035年远景目标纲要》。
③ 郁建兴、任杰:《社会治理共同体及其实现机制》,载《政治学研究》2020年第1期。
④ 习近平:《在庆祝中国共产党成立100周年大会上的讲话》,载《求是》2021年第14期。
⑤ 《中华人民共和国国民经济和社会发展第十四个五年规划和2035年远景目标纲要》。
⑥ 《高举中国特色社会主义伟大旗帜 为全面建设社会主义现代化国家而团结奋斗——在中国共产党第二十次全国代表大会上的报告》,载《求是》2022年第21期。
⑦ 王灵桂:《完善共建共治共享的社会治理》,载《社会发展研究》2021年第4期。

党的十九届四中全会将"坚持和完善共建共治共享的社会治理制度,保持社会稳定、维护国家安全"作为重要议题。① 2021年,"十四五"规划和2035年远景目标纲要更是将"增进民生福祉,提升共建共治共享水平"作为独立篇章,提出"坚持尽力而为、量力而行,健全基本公共服务体系,加强普惠性、基础性、兜底性民生建设,完善共建共治共享的社会治理制度,制定促进共同富裕行动纲要,自觉主动缩小地区、城乡和收入差距,让发展成果更多更公平惠及全体人民,不断增强人民群众获得感、幸福感、安全感"②。2022年,党的二十大报告将共建共治共赢作为健全社会治理制度、完善社会治理体系的基本内容。③

在意蕴层面上,"三共"治理理念内含三重意思:一是事业上的共同建设,二是行动上的共同治理,三是成果的共同享有。从广义上讲,共建、共治、共享不可分割,三者相辅相成于社会治理的整体过程;从狭义上讲,共建、共治、共享在主体、对象、渊源等方面相互区别,意义各有侧重。④

共建共治共享也可以理解为:共建是基本要求,共治是主要方式,共享是目标指向⑤:

首先,共建是基本要求。新时代的社会治理之所以强调共建,主要是有两点考虑:一是现代社会事务的复杂性;二是尊重人民群众的首创精神。历史和实践充分证明:主体永远是推动社会治理的关键性要素,没有主体参与的社会治理无疑是空中楼阁。事实上,政府、市场、社会、公众都因关注公共利益的公共性和倡导价值共享的内在需求,内在地成为现代社会治理不可或缺的重要参与主体。在强调共建共治共享时,首要任务是培育多元积极理性的参与主体。所谓积极,就是要引导这些主体主动、自觉而不是被动、应付式地参与社会治理;所谓理性,就是要引导这些主体告别"各人自扫门前雪"式的自利性参与,转而树立公共品德,以公共精神参与社会治理。只有具备这些品格的主体,才能为共建所需。

其次,共治是主要方式。共建共治共享社会治理格局的基础在于共建,核心则在于共治。对于共治,通俗的理解就是,各大主体通过沟通、协商、调和、合作

---

① 《中共中央关于坚持和完善中国特色社会主义制度 推进国家治理体系和治理能力现代化若干重大问题的决定》。
② 《中华人民共和国国民经济和社会发展第十四个五年规划和2035年远景目标纲要》。
③ 《高举中国特色社会主义伟大旗帜 为全面建设社会主义现代化国家而团结奋斗——在中国共产党第二十次全国代表大会上的报告》,载《求是》2022年第21期。
④ 江国华、刘文君:《习近平"共建共治共享"治理理念的理论释读》,载《求索》2018年第1期。
⑤ 夏锦文:《共建共治共享的社会治理格局:理论构建与实践探索》,载《江苏社会科学》2018年第3期。

的方式而不是简单的硬碰硬的办法来共同参与公共事务治理,妥善解决矛盾纷争,进而达致一致性意见,采取一致性行动。当前社会治理之所以强调要有共治思维,主要是因为传统的社会管理模式已经不再适应时代和实践的双重要求。现代社会治理领域出现了多元主体和多元决策中心,政府、社会组织、企业、公民个人等主体都可以在一定规则的约束下,以不同形式共同行使治理权力。并且任何一个主体都难以单枪匹马地行动,而必须寻求与其他主体的通力合作、共同治理,以实现治理力量的合理均衡。激发和引导多元主体共同参与社会事务治理,既是现代社会治理的内在要求,也是提升社会治理能力水平的必然途径。

最后,共享是目标指向。在中国共产党领导的我国,社会治理的根本目的在于增进全体人民的福祉,让所有参与者都有机会参与治理、分享治理成果、有更多获得感。这既是社会治理共享理念的本质,也是中国特色社会主义社会治理与西方国家社会治理的最大区别和最明显优势。正如党的十九大报告所指出的,保障和改善民生要坚持人人尽责、人人享有,不断满足人民日益增长的美好生活需要,不断促进社会公平正义,形成有效的社会治理、良好的社会秩序,使人民获得感、幸福感、安全感更加充实、更有保障、更可持续。[①]

[①] 习近平:《决胜全面建成小康社会 夺取新时代中国特色社会主义伟大胜利——在中国共产党第十九次全国代表大会上的报告(2017年10月18日)》,人民出版社2017年版,第45页。

第二编

政府社会管理

第四章 再分配与社会保障体系

随着后工业社会和信息时代的来临、经济全球化的发展、利益诉求的增长和多元治理主体发展的日益成熟,我们开始思考关于政府的一些基本问题:政府的职能是什么? 政府能做什么和不能做什么? 在那些能做的领域,政府该如何做好?

第一节 政 府 职 能

政府职能是关于政府"应该做什么"以及"应该怎么做"的理论与实践。了解政府职能的内涵与特征,把握西方国家以及我国政府职能演变的历史和趋势,对于科学建构我国的政府职能体系具有积极意义。

一、政府职能概述

总体上,对政府职能内涵的理解主要应把握政府"应该做什么"这一核心。政府职能是作为行政主体的政府为适应特定历史时期的市场和社会发展形势而承担的角色、任务和责任,[1]是一种历史的、理论的和实践的概念。

(一)政府职能的内涵

"何谓政府职能"这一话题一直为经济学家、政治学家和社会学家所争论,并困扰着世界各国经济和社会发展的实践。在历史发展的长河中,西方国家的学者们从不同角度对政府职能进行了分析。霍布斯认为政府的职能是保护公民的安全。[2] 卢梭认为政府应负责执行法律并维护社会和政治的自由。[3] 洛克认为国家权力机构(政府)需要确保和平、保证民众的安全以及维护公共利益。[4] 诺

---

[1] 包国宪、周豪:《从转变政府职能到优化政府职责体系:中国行政体制改革的视角转换与分析框架》,载《理论探讨》2022年第2期。
[2] 〔英〕霍布斯:《利维坦》,黎思复、黎廷弼译,商务印书馆2017年版,第128页。
[3] 〔法〕卢梭:《社会契约论》,何兆武译,商务印书馆2003年版,第72页。
[4] 〔英〕约翰·洛克:《政府论》(下篇),丰俊功、张玉梅译,北京大学出版社2014年版,第114页。

奇克认为政府的职能是保护所有人的权利。① 彼得斯则认为政府承担着管理和影响社会及经济的责任。②

世界银行在《1997年世界发展报告：变革世界中的政府》中总结了几个世纪以来的各国经验,从经济学的视角总结了政府职能的内容：一是提供一种宏观经济和微观经济环境,这种环境能够为有效的经济活动设定正确的刺激机制；二是提供能促进长期投资的机构性基础设施——财产、法律与秩序以及规则；三是确保提供基础教育、医疗保健以及经济活动所必需的基础设施,并保护自然环境。③

从行政学的视角,我国学者对政府职能进行了界定：有学者认为,政府职能是对其法定职责的总称。④ 有学者认为,从行政与社会的互动关系角度看,政府职能是一个社会的行政体系在整个社会体系中所扮演的角色和所发挥的作用。⑤ 有学者认为,政府职能是指行政机关在管理活动中的基本职能和功能作用,主要涉及政府管什么、怎么管、发挥何种作用的问题。⑥ 也有学者认为,政府职能是政府根据社会需求在国家和社会管理中承担的职责和功能。⑦ 还有学者认为,政府承担管理国家和服务社会的基本职能。⑧

（二）政府职能的边界

在理论层面,政府职能的实质是由特定时期政府、市场与社会三者的动态关系决定的。对于政府与社会职能的边界,不同理论学派有着不同的认识。从洛克的《政府论》到斯密的《国富论》,自由主义的政治家们崇尚最小职能的政府,主张通过"看不见的手"来引导自然运行的社会经济秩序。从庇古的《福利经济学》到凯恩斯的《就业、利息和货币通论》,干预主义的学者们提出政府不仅是社会秩序的消极保护人,还是社会秩序与经济生活的积极干预者。介于自由主义理论和干预主义理论之间的一些理论,如公共选择理论、产权理论等,则强调政府要

---

① 〔美〕罗伯特·诺奇克：《无政府、国家和乌托邦》,姚大志译,中国社会科学出版社2008年版,第134页。
② 〔美〕B. 盖伊·彼得斯：《政府未来的治理模式》(中文修订版),吴爱明、夏宏图译,中国人民大学出版社2013年版,第1页。
③ 世界银行《1997年世界发展报告》编写组编：《1997年世界发展报告：变革世界中的政府》,蔡秋生等译,中国财政经济出版社1997年版。
④ 张国庆主编：《行政管理学概论》(第二版),北京大学出版社2000年版,第84页。
⑤ 许文惠等主编：《行政管理学》,人民出版社1997年版,第55页。
⑥ 夏书章主编：《行政管理学》(第六版),高等教育出版社、中山大学出版社1998年版,第49页。
⑦ 李文良等著：《中国政府职能转变问题报告》,中国发展出版社2003年版,第60页。
⑧ 林尚立：《国内政府间关系》,浙江人民出版社1998年版,第19页。

采用经济手段来干预经济。西方政府职能的变化,就是在不同理论学派的指引下,根据当时的政治经济状况,进行适度调整。确定政府与社会职能的边界实际上就是界定政府职能的范围。

在实践层面,政府职能是政府行政管理职责和功能作用的统一。[①] 政府的功能层次可以理解为国家职能,[②]指政府行使国家权力而承担的相对稳定的角色;而政府的职责层次则多在公共行政领域进行探讨,指政府作为公共组织必须履行的工作任务。

政府职能与政府职责两个概念不能混为一谈。政府职能是确定政府职责关系的根本依据。[③] 当我们谈及政府职能时,通常是将政府作为与市场和社会并行的主体,讨论政府的角色分工与职能边界;而当我们谈及政府职责时,通常是基于政府系统,讨论不同政府层级和政府部门的工作任务与权责配置。相较于政府职能,职责层次更为具体。

政府职能通常涉及职能定位(政府该做什么?不该做什么?)、职能重心(不同职能的重要性分配)、职能行使方式(政府该怎么做?)。[④] 因此,只有确定了一个政府的职能定位、重心和行使方式,才能构建相匹配的政府职责体系来行使政府职能。

(三)政府职能的基本特征

从政府的行政体系及其与社会系统的相互作用看,政府职能具有以下特点:

1. 社会性。政府职能源于社会需求,旨在促进社会的进步和发展,为社会日益增长的物质和文化需求服务。根据系统论,政府从属于整个社会大系统,社会的发展变化必然会导致政府在职能、体制、组织、结构等方面做出适应性调整。

2. 整体性。政府的行政体系和行政行为不是孤立的。和物理系统、生物系统以及社会系统一样,政府行政体系是由相互依存的子系统构成的整体。政府行政体系不是各子系统之间的简单相加,而是一个有机整体。各子系统之间存在着相互依存的关系,任何一个子系统性质和功能的变化,都会引起其他子系统,甚至整个政府行政体系性质和功能的变化。

[①] 金太军、赵晖、高红、张方华:《政府职能梳理与重构》,广东人民出版社2002年版,第5页。
[②] 邱实:《政府机构改革的职责逻辑》,载《江海学刊》2020年第1期。
[③] 何精华:《政府职责动态配置的立论基础、实践逻辑与可行路径》,载《上海行政学院学报》2021年第1期。
[④] 竺乾威:《政府职能的三次转变:以权力为中心的改革回归》,载《江苏行政学院学报》2017年第6期。

3. 权变性。政府职能的范围和内容源于社会的需要,会随着社会的变化发展而处于变化发展的过程中。根据社会环境对政府职能做出及时的调整是政府行政体系赖以存在与发展的基本前提。在不同的历史时期和社会环境下,政府职能的内容和实现方式均表现出差异性。例如,在国家体制、政治形势、社会环境发生改变时,政府职能往往会发生改变,甚至出现根本性的变革。此外,随着科学技术的发展和人类需求的日益多样化,政府职能也增加了新内容。

二、政府职能的演变

政府职能是指在特定历史时期政府所承担的角色、任务和责任,[①]因此政府职能呈现出动态发展的特点,政府职能与经济社会的发展形势总是紧密相关。在历史的长河中,世界各国在政府、市场和社会关系的权衡中不断调整着政府职能的边界。

(一)西方国家政府职能的演变

纵观西方国家的实践,政府职能的演变大致经历了四个阶段:

1. 政府对经济不干预阶段。20世纪30年代以前,受古典自由主义的影响,资本主义国家普遍推崇自由放任的经济政策。亚当·斯密的主张在19世纪和20世纪初得到了广泛传播,以这种思想为指导的行政实践也在世界主要资本主义国家得到推行。在此时期,政府的作用被限制在狭小的范围内,政府仅作为维护个人财产和国家安全的"守夜人"。

2. 政府对经济强干预阶段。20世纪30年代至70年代,资本主义国家主要受凯恩斯主义的影响。1929—1933年的世界经济大危机使资本主义国家经济深陷泥潭,古典自由主义的思想也受到挑战。这一时期,凯恩斯主义等政府强干预理论得到了充分发展。"罗斯福新政"拉开了资本主义国家政府干预的序幕,成为西方国家政府进行干预的实践模板。这一时期,凯恩斯主义强调政府应通过财政政策和货币政策调控市场经济的运行,实现政府对整个经济生活的全面干预。"罗斯福新政"和凯恩斯主义相互印证,对西方资本主义国家产生了深远影响。二战后,西方各国政府普遍采用了强干预政策,采用各种手段实施对经济的宏观调控,运用各种政策阻止经济危机的发生,政府职能在经济领域全面扩展。

---

① 包国宪、周豪:《从转变政府职能到优化政府职责体系:中国行政体制改革的视角转换与分析框架》,载《理论探讨》2022年第2期。

3. 政府对经济减少干预阶段。20 世纪 70 年代,石油危机成为西方国家经济"滞胀"的导火索,失业率和通货膨胀率高涨。这一时期,新自由主义发起了对凯恩斯主义"干预理论"的批判。新自由主义经济学派包括现代货币学派、供给学派、公共选择学派等。以弗里德曼为代表的现代货币学派主张重新回到自由市场时期。供给学派主张用企业的自由经营取代政府干预。公共选择学派则主张把经济学理论和分析方法用于政治社会领域,在政府决策与社会、个人选择之间建立起内在联系。在实践领域,英国在 20 世纪 80 年代开始采纳新自由主义理论推行公共事业的私有化、自由化,通过引入私人投资,降低政府的投资和财政赤字。同一时期,美国采纳供给学派理论,尽可能减少政府干预,让企业自由经营,在石油天然气行业推行私有化、自由化,降低社会福利水平,并用减税来刺激社会投资。

4. 政府对经济进行适度干预阶段。尽管 20 世纪 80 年代的私有化、自由化达到了减少政府财政赤字的效果,但公共服务的质量却并未因此提高,企业的社会责任也被忽略了。20 世纪 90 年代西方经济持续衰退,一些新自由主义经济学派的学者开始转向新凯恩斯主义,提出了政府必须对经济进行"适度"干预、加强社会责任的观点。这一时期具有代表性的理论包括新公共管理理论(新管理主义理论)和新制度学派理论。休斯认为 20 世纪 80 年代以来,西方发达国家政府的管理模式已经发生了新的变化,以官僚制为基础的传统行政管理模式正在向一种以市场为基础的新公共管理模式转变。罗兹认为新公共管理的特点是注重管理而不是政策,注重绩效评估和效率。奥斯本和盖布勒在《重塑政府》一书中提出,新公共管理是一种"企业化政府"模式。在实践领域,英国提出的"第三条道路"和美国政府提出的公众参与决策制度,都是超越传统的政府强干预体制和政府不干预体制的新型政府"适度干预"体制。

(二)我国政府职能的转变

政府职能转变是改革开放以来我国政府改革与创新的中心议题。我国几乎历次政府机构改革都涉及政府职能的调整与转变,其转变过程呈现出历史性、阶段性、发展性的特点。

1. 初步探索阶段(1982—1991)。20 世纪 80 年代以来,政府职能开始受到关注。早期的研究主要围绕社会主义市场经济下政府应当承担哪些职能而展开。由于视野的局限,当时对于政府职能的界定基本是单向的、线性的,对于政府职能的理解与认识也较为片面。这一时期,政府的工作重心开始聚焦到经济建设领域。

2. 确立、加强与探索阶段(1992—2012)。社会主义市场经济的理论使我国开始了由计划经济向市场经济的根本转变,这意味着我国政府职能发生了质的变化。1992年,政企分开成为转变政府职能的根本途径,凡是国家法令规定属于企业行使的职能,各级政府都不干预。政府的职能主要是统筹规划、掌握政策、信息引导、组织协调、提供服务和检查监督。1998年,政府职能又开始适当调整,由传统的经济建设转变为宏观调控、社会管理和公共服务。

2002年,政府职能继续发展,转变为经济调节、市场监管、社会管理和公共服务四项。经济调节作为一项传统职能,着眼于政府与市场的关系,涵盖了宏观经济政策、微观经济发展、市场供求状况等内容。市场监管职能则是适应社会主义市场经济的发展需要,构建以信用监管为基础的新型市场监管体系,涵盖了合理配置监管职能、规范市场发展、维护市场秩序等内容。市场监管职能的重点在于建设现代市场体系,规范市场主体行为,维护公开竞争的市场秩序。社会管理职能是指政府以调整社会关系、规范社会行为、维护社会秩序为目的,对社会活动所进行的管理。社会管理力图解决各种社会问题,维护社会生活秩序,涉及公共事务的方方面面。公共服务作为政府的核心职能之一,着眼于满足人民群众的公共需求,涵盖了公共教育、医疗卫生、社会保障、公共安全等内容。

3. 重塑阶段(2013年至今)。2013年,政府增加了环境保护职能,基本职能由四项扩展为五项。环境保护职能的增加,适应了经济发展新常态的实践要求,是对人民群众美好生态环境需要的积极回应,也深化了政府职能的时代内涵。环境保护职能涉及生态文明建设、环境治理建设、产业政策建设等领域。

经过历次改革,我国政府对其职能内涵与外延的认识不断拓展。政府职能范围逐渐扩大、内容不断扩展、内涵不断深化。

三、我国政府职能的发展方向

政府职能的转变从根本上说是对政府权力的调整,涉及职能定位、职能重心和职能行使方式等多方面的转变。

(一)从全能政府到有限政府

计划经济时期,我国政府长期扮演着"全能政府"的角色,其特征表现为:一是政治职能是政府职能的重心;二是以行政手段直接管理经济;三是政企不分;四是重计划、否市场;五是强政府(国家)、弱社会。在这一时期,政府不但包揽经济事务,也包揽社会事务,政府权力触及社会生活的各个方面,政府权力凌驾于社会之上,造成社会功能缺失。在全能政府定位下,政府职能全面"越位",行政权力全面扩张,政府角色是"扭曲"的。

随着改革开放的推进,我国在向社会主义市场经济体制转变的过程中形成了倒逼行政体制改革的局面。改革要求政企分开,同时还肯定了国家治理主体的多元化,由政府一元管理向多元主体共同治理的转变开始出现,"有限政府"的理念逐渐深入人心。

十一届三中全会以后,党和政府开始积极探索,转变政府职能,打造"有限政府"。主要措施如下:(1)转变政府职能,以经济职能为重心。(2)以经济和法律手段间接管理经济。政府充分运用价格、财政、税收、信贷、工资、利润等经济杠杆来组织调节经济活动,达到宏观调控的目的。(3)政企分开。政府不直接干预企业的生产活动,而是围绕如何促进企业竞争力做好服务。(4)充分发挥市场配置社会资源的基础作用。凡是市场能发挥功能的地方,政府都应让位于市场,只有在市场失灵的领域才由政府进行弥补。政府与市场互相配合、互相协调,共同发挥着配置社会资源的有效功能。(5)政府(国家)和社会相互协调。政府职能"有所为有所不为",行政权力受到限制,政府角色是法定的。

(二)从管制行政到服务型政府

所谓管制行政就是政府以管理者或统治者的身份对公民进行管理和制约。管制行政是一种政府行政理念,贯穿于政府行政管理活动始终。管制行政是近千年来各国政府行政活动的传统,即使走进21世纪,依然没有退出历史的舞台。管制行政有如下特征:一是政府与公民的关系不对等;二是政府职能无所不包,权力渗透到公民生活的方方面面;三是政府的行政方式以强制手段为主。

20世纪70年代以来,英、日、美等发达国家为了走出财政危机、管理危机和信任危机,陆续进行了行政改革,包括英国推行的"走向未来"计划、日本的"实现重视国民生活型的行政和适应国际化的行政"改革及美国的"重塑政府"运动等。各国在对政府职能进行重新定位和设计的探索中,提出了各种各样的方案。综观这些变革,相同的一点就是它们都重新定位了政府的职能,由过去的"以政府为中心"转变为注重公共服务、满足社会公众的需求。政府不再是高高在上的官僚机构,转而以社会需求为导向,投身于提供公众服务。社会公众成为税收的"纳税人"和享受政府服务的"顾客"。

综观世界各国政府的改革可以发现,从管制行政向服务行政转变已经成为无法阻挡、不可逆转的世界性趋势。服务已经成为 21 世纪政府行政管理的本质。我国政府也遵循着从"全能政府"到"有限政府"再到"服务型政府"的发展演变轨迹。

"服务型政府"是我国地方政府和学术界首先提出并在某些地方实行,而后被中央政府采纳的一个概念。2001 年之后,各地陆续开始对这一概念进行讨论和实践。2004 年 2 月 21 日,时任总理温家宝在中共中央举办的省部级主要领导干部"树立和落实科学发展观"专题研究班结业式上发表了《提高认识,统一思想,牢固树立和认真落实科学发展观》的讲话,第一次提出要"努力建设服务型政府"。

何谓"服务型政府"? 从管理模式的角度出发,服务型政府是指用有限管理社会的权力,对经济社会管理负有限责任,通过向市场主体提供公共服务等方式,实现政府对市场主体的互动式管理的政府模式。从政府的功能出发,服务型政府就是要使政府由原来的控制者变为服务者,由以控制管理为要务转变为以提供服务为目标,政府的主要管理目标领域也由经济领域转到公共服务领域。从特征视角出发,服务型政府是以全新的政府理念为支撑,在服务中使自身充满生机和活力,不断追求发展和进步的政府;它突出以民为本,以提高政府服务技能和服务水平为中心,以三个文明协调发展为目标,构建以市场为导向、以公共服务为特征的公共管理体系。① 从理念和宗旨的层面着眼,服务型政府就是在社会本位和公民本位理念的指导下,在整个社会民主秩序的框架下,通过法定程序,按照公民意志组建起来的以公民和社会服务为宗旨的政府。② 从总体上看,不同视角对服务型政府本质的理解和基本特征的勾勒是相似的。服务型政府的职能具有公共性、有限性、服务性、法治性几大特征。③

1. 公共性。服务型政府职能的公共性特征主要强调的是政府在履行职能的过程中,要正确处理国家与市场以及政府与公民的关系,严格界定政府作用的领域和范围,将政府的作用严格限定在公共领域;而政府作用之外的领域,不受国家权力和政府权力的直接干预。服务型政府的作用主要集中于公共领域。

2. 有限性。服务型政府职能的有限性源于政府能力和政府权力的有限性。政府职能发展演变的历史告诉我们,政府不是全能的,"政府失灵"是世界各国难

---

① 陈戈寒:《论服务型政府》,载《江汉论坛》2004 年第 10 期。
② 刘善堂、成娟:《论服务型政府的构建》,载《理论界》2004 年第 3 期。
③ 吴爱明、沈荣华、王丽萍等:《服务型政府职能体系》,人民出版社 2009 年版,第 31—32 页。

以避免的共同问题;政府权力受法律、民意和社会的限制;政府及其工作人员必须按照法律规范,在社会的监督之下行使权力。服务型政府同样受到法律和民意的限制,没有法律的授权和人民的认可,政府不能随意扩大服务职能。服务型政府的优先职能主要体现在社会管理和公共服务方面。

3. 服务性。服务型政府在履行职能的过程中贯穿着服务精神。政府履行职能时不再是以管制者和统治者的身份对公民进行控制、统治、监督,而是以公仆身份提供服务和帮助,满足人民的需求。一切政府职能的履行都以人民拥护不拥护、人民赞成不赞成、人民高兴不高兴、人民答应不答应为衡量标准。

4. 法治性。服务型政府职能的法治性就是政府在履行职能,行使公共行政权力的过程中,严格遵守宪法和法律的规定。政府及其各部门必须有法律授权的行政资格,在法律规定的权限范围内按照法定程序行使权力。

第二节 再分配体系

政府是为社会需要、社会利益而存在的。当社会急需某种权威来调节社会活动、维持社会秩序的稳定、促进社会价值的实现时,政府职能便得以产生和发展。市场经济发展到一定程度,必然会带来收入差距增大、利益群体分化等社会问题,表现为相对贫困加剧、基尼系数上升等。再分配体系涉及社会需要、社会利益,是缩小收入差距、调节利益分配、促进社会公正的重要途径。完善再分配体系是市场经济体系发展到一定程度后出现的功能需要。在现代社会,再分配是各国政府最重要的职能之一。

一、分配与再分配

收入不平等是一切不平等的重要来源和集中表现。而收入分配政策体系是缩小收入差距、促进社会平等的重要机制。

(一) 收入不平等问题

不平等是人类社会发展需要持续面对和解决的问题。从世界范围看,收入不平等是困扰社会经济发展的重要问题。世界银行的数据显示,进入21世纪以来,收入不平等程度最高的国家是南非和博茨瓦纳,基尼系数分别达到0.63(2014年)和0.605(2009年),分别居于第1位和第2位;收入不平等程度最低的国家是阿塞拜疆和乌克兰,基尼系数分别是0.166(2005年)和0.25(2016年),分别排名第160位和第159位;基尼系数处于0.4以上的国家(地区)有64

个,占全球国家(地区)数量的40%。收入不平等是世界各国社会经济发展中的重要课题,现有研究资料显示,发展中国家、亚洲国家和非洲国家的收入不平等问题相对突出,而发达国家也面临着新的收入不平等问题。初次收入分配不平等程度呈现扩大趋势出现于20世纪80年代后,而政府再分配调节能力不足是导致最终收入不平等出现扩大的重要原因。①

中华人民共和国成立后至改革开放前,我国实行计划经济体制和比较单一的按劳分配制度,居民收入差距较小。彼时,收入不平等问题尽管存在,但与经济发展水平落后问题相比,并不突出。改革开放后,我国实行社会主义市场经济体制,扩大市场在资源配置和收入分配中的作用,收入差距逐渐开始扩大,收入分配不公平现象也逐渐增多,成为引起关注的突出社会问题。国家统计局于2013年1月首次公布全国居民收入基尼系数(指居民可支配收入基尼系数),2003—2018年我国居民收入基尼系数如图4-1所示:

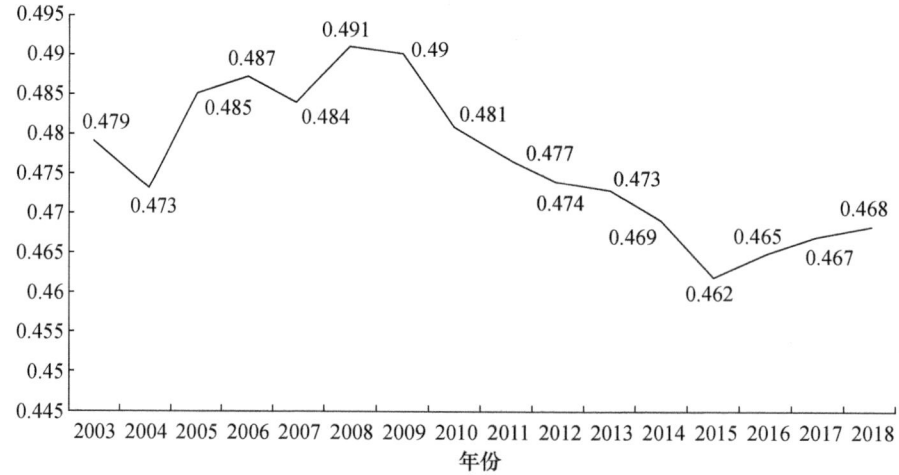

图 4-1 2003—2018 年中国居民收入基尼系数
数据来源:国家统计局。

进入21世纪后,我国居民收入基尼系数始终位于警戒线(0.4)之上,这一数据所反映的收入不平等问题值得关注。

---

① World Bank, World Development Indicators: Distribution of Income or Consumption, http://wdi.worldbank.org/table/1.3#, visited on Mar. 30th, 2023.

(二) 收入分配政策体系

收入分配政策体系是调节居民收入、应对收入不平等、促进社会公正的重要途径。居民收入可区分为可支配收入、初次分配收入和再分配收入。可支配收入是居民个人可以自由支配用于消费、储蓄（投资）和其他用途的收入，是居民获得的各种初次分配收入经过再分配调节后形成的收入。

1. 初次分配。初次分配环节是居民收入分配的基础环节，合理的初次分配是夯实收入分配结构公平合理的重要基础。要理解居民收入差距的产生机制首先要从初次分配开始，并厘清家庭收入的形成过程。一般来说，家庭成员收入形成的起点是市场收入，也被称为初次收入，包括工资性收入、经营性收入和财产性收入。与之相关的各种市场化政策，如义务教育、职业培训、资源禀赋分配政策等都会影响个体资源的禀赋及市场的回报率水平。收入初次分配的政策取向，主要应为解决市场扭曲和市场不完善的问题，尤其是要创造机会公平的竞争环境，完善劳动、资本、技术、管理等要素按贡献参与分配的初次分配机制。

2. 再次分配。再次分配通常指由政府部门介入的再分配过程，强调政府在分配中的调节作用，其中既包括政府向居民家庭的转移性支出，也包括居民向政府缴纳的个人所得税和社会保障缴费。就再分配政策的倾向性而言，转移性支出和个人所得税是不同的。转移性支出主要是政府通过社会保障、社会救济等转移支付制度支付给居民家庭的。由于政府的转移性支出在再分配过程中主要承担着提高低收入人群收入水平的作用，因此转移性支出的再分配目标主要为"提低"。而个人所得税和社会保障缴费是居民家庭缴纳给政府的，且税负和缴费额的比例会随收入水平的升高而增加，因此个人所得税和社会保障缴费有着限制高收入人群收入水平的作用，其发挥的再分配效果为"调高"。

3. 第三次分配。第三次分配有广义和狭义之分。广义的第三次分配，是指通过动员社会各方面的力量，调动各方面的积极性，所建立的社会救助、民间捐赠、慈善事业等多种形式的制度和机制，它是社会互助对于政府调控的补充。狭义的第三次分配仅指慈善捐助，是指社会公众在自愿基础上，在习惯与道德的影响下把可支配收入的一部分捐赠出去。其实质是通过高收入阶层的自愿捐献，利用社会的机制来援助低收入阶层。第三次分配是对再次分配的有益补充。通过制定有针对性的激励政策，如税收等相关政策引导资源向贫困群体转移，也能够很大程度上完善收入分配。

二、政府再分配

居民的最终收入是初次分配和政府再分配调节共同作用的结果。那么,在最终的居民收入及其不平等关系中,政府再分配调节发挥了什么作用?为缩小收入差距,究竟应当更加注重初次收入分配还是政府再分配?

(一)政府行为对收入分配的重要性

初次分配的目标在于理顺收入分配关系,充分实现按贡献分配,这也是市场经济条件下形成合理有序收入分配格局的基础。政府再分配的目标则是保障居民基本生活需要、缩小收入差距,将初次分配矫正到社会期望的状态,实现社会公平。再分配是最终缩小收入差距、实现社会公平的决定性力量。政府再分配具有不可替代的重要地位,目的在于处理市场不能解决的问题,是市场经济体制下政府必须承担的职能,是实现社会公平的要求,也是现代国家治理的重要方面。

(二)政府再分配的形式

政府再分配行为会对居民收入产生影响,根据其影响的直接性,可以将再分配进一步区分为政府直接再分配调节和间接再分配效应。①

1. 政府直接再分配调节。政府直接再分配调节以调节收入分配、缩小收入差距、实现社会公平为直接目标。该类行为可以具有筹集财政收入的功能,也可以不以取得财政收入为目的而是进行以缩小收入差距为目的的财政支出。这是政府履行再分配职能的主要方式,也是通常所说的"政府再分配调节",即通过财政收支直接增加或者减少居民现金收入或者实际的支出能力,调节居民要素收入。具体地,政府直接再分配调节可以按照其机制划分为三类。

第一类是税收调节。对初次分配收入课税,减少高收入者的收入,或者说对高收入者减少更多的收入,从而缩小收入差距。典型的就是征收个人所得税,个人所得税实行超额累进税率结构和一系列有利于形成税收累进性的费用扣除,会导致高收入者多纳税、中等收入者少纳税,收入低到一定程度的不纳税,从而对初次分配收入进行调节,缩小收入差距。

第二类是社会性收益。社会性收益也称转移性收入、社会保障收入。在初次分配收入的基础上,增加低收入者的收入,或者说对低收入者增加更多的收入,收入差距将由此缩小。增加收入的具体形式既包括增加现金收入,例如政府

---

① 曹桂全:《完善我国政府再分配调节机制研究》,经济科学出版社2020年版,第64—66页。

向低收入者提供低保收入；也包括增加免费物品，比如为低收入者提供免费食品券。

第三类是均等化公共服务。在初次分配的基础上，均等化公共服务普遍等额地提高了居民实际收入。显然，这种再分配并不会缩小绝对收入差距，但可以缩小相对收入差距。这种调节居民收入分配的具体政策通常被称为均等化转移性收入或者均等化公共服务，可以是现金形式，也可以是免费提供的物品或者服务。

2. 政府间接再分配效应。政府间接再分配效应指直接再分配调节之外的所有政府筹集财政收入和财政支出的行为。这些行为虽然并不以调节收入分配为直接目的或主要目标，但对初次分配会产生影响。具体地，政府间接再分配效应按照其形成机制可以分为两类。

第一类是财政收支归宿。财政收支归宿指财政收入所产生的居民税收负担、财政支出所产生的居民的收益，它将影响居民收入。

第二类是财政收支效应。财政收支效应指因财政收支导致个人行为改变而产生的收入分配效应。也就是说，这种政府再分配行为对个人收入分配的影响不是直接的，而是间接的，可能扩大收入差距，也可能缩小收入差距。不适当的社会救助、社会福利会产生"养懒汉效应"；低收入者依赖政府给予转移性收入而不去通过劳动获得收入，会不利于优化资源配置效率和缩小收入差距；对高收入者课征高税率会抑制其积极性，从而导致初次分配收入降低，弱化政府财政再分配调节能力，取得与预期相反的结果。

政府直接再分配调节是以缩小居民收入差距、实现社会公平为直接目标的再分配调节，是政府再分配调节的核心。政府间接再分配效应是其他财政收支行为对居民收入的影响，这些财政收支的主要目的是筹集财政收入和经济调节，但由于财政收支归宿或者效应会影响居民和家庭行为，因此也会影响到居民收入分配，起到扩大或者缩小居民收入差距的作用，是一种附带效应。政府直接再分配调节和间接再分配效应也可以从调节环节区分，直接再分配调节多发生在居民可支配收入形成过程中；而政府间接再分配效应多产生在居民消费和进行其他支出行为过程中，主要受市场供求关系、价格影响。

（三）政府再分配制度的一般构成

政府再分配制度以缩小居民收入差距为直接目标。肯姆和拉姆勃特将美国财政再分配工具划分为两类,即税收类和收入转移类。① 在这种划分中,税收为居民收入的减项,收入转移为加项,而无论何种再分配调节都无外乎是在居民初次分配收入的基础之上进行减少或增加。

在我国,一种观点认为,再分配调节工具包括财政、税收和社会保障。② 关于税收政策,我国税收制度共设18个税种,其中直接税税种10个、间接税税种8个。在所有税种中,与居民收入分配紧密相关的主要包括个人所得税、房产税、增值税、消费税等。社会保障政策主要是基本养老保险、基本医疗保险、失业保险、生育保险、工伤保险和住房公积金,即通常所说的"五险一金"。而财政转移支付主要是指针对居民、家庭以及社会机构进行的资金补助。根据补助对象,转移支付主要分为三大类:一是优抚支出,包括死亡抚恤金、伤残抚恤金、复员军人退伍生活补助费等;二是社会救助支出,包括对城镇居民和农村居民的最低生活保障支出、特困供养支出和临时救助支出;三是社会福利支出,包括针对失能、高龄独居、孤儿等老弱病残群体的救助等。另一种观点则将政府再分配调节工具分为税收(直接税)、收入转移(社会保障收入或者社会性收益)、均等化基本公共服务和政府间财政转移支付四种。③

三、我国的分配体系

中华人民共和国成立以来,我国社会主义基本分配制度经历了一系列调整与变革。

(一)我国分配制度的演变

中华人民共和国成立至今,我国的分配制度经历了多重变化。

中华人民共和国成立后到改革开放之前,我国实行计划经济体制。在此阶段,采用平均分配主义的社会分配方式。改革开放后至20世纪80年代初,随着家庭联产承包责任制在全国范围内推广,我国开始逐步向社会主义市场经济变革。以党的十一届三中全会为起点,这一阶段对以往的分配方式进行了修改,反对没有原则的平均主义,强调按劳分配,并在具体的收入分配领域进行了探索。1984年,党的十二届三中全会通过的《关于经济体制改革的决定》提出"使企业职工的工资和奖金同企业经济效益的提高更好地挂起钩来。在企业内部,要扩

---

① Kinam Kim, Peter J. Lambert, Redistributive Effect of U. S. Taxes and Public Transfers, 1994-2004,*Public Finance Review*,2009(1):3-26.
② 李实、万海远:《中国收入分配演变40年》,格致出版社、上海人民出版社2018年版,第221页。
③ 曹桂全:《完善我国政府再分配调节机制研究》,经济科学出版社2020年版,第68—82页。

大工资差距,拉开档次,以充分体现奖勤罚懒、奖优罚劣,充分体现多劳多得,少劳少得,充分体现脑力劳动和体力劳动、复杂劳动和简单劳动、熟练劳动和非熟练劳动、繁重劳动和非繁重劳动之间的差别"。此外,党的十三大还提出"以按劳分配为主,其他分配方式为补充"的分配原则。至此,我国社会主义性质的分配制度初步建立。

20世纪90年代后,随着改革开放政策深化落实,以及市场经济体制进一步完善,我国收入分配制度进入全面改革时期。在邓小平南方谈话对社会主义的本质作了清晰的界定后,中共中央于1993年通过了《关于建立社会主义市场经济体制若干问题的决定》,提出坚持以按劳分配为主体、多种分配方式并存的收入分配制度,体现效率优先、兼顾公平的原则。

2006年,我国进入"十一五"规划新时期,规划提出改革需要加大收入分配调节的力度。党的十七大之前,我国将收入分配改革作为经济体制改革的重要方面,置于经济建设之中。从党的十七大开始,收入分配及其改革被置于社会建设之中,成为社会建设的重要任务之一。党的十七大明确了初次分配与再分配中效率与公平关系;党的十八大则在此基础上,强调提高居民收入等切实目标的实现;党的十九大更是深化了原先的基础理论以及分配原则,提出要将效率与公平贯穿到分配的各个环节,实现初次分配原则的效率性与再分配原则公平性的辩证统一。党的二十大报告指出,扎实推进共同富裕,完善分配制度,构建初次分配、再分配、第三次分配协调配套的制度体系。这为我们指明了在全面建设社会主义现代化国家新征程中迈向共同富裕的目标任务、改革举措和政策取向。

(二)中国特色社会主义基本分配体系

要实现中国特色社会主义市场经济的创新、协调、绿色、开放、共享的新发展理念,就必须建立和完善多元化的国家治理体系,以及市场分配、政府分配和社会分配等多主体和多层次分配的社会主义基本分配制度。市场分配、政府分配、社会分配三者既有联系又有区别,共同构成了多元化、多主体、多层次和多样化的中国特色社会主义基本分配体系。

1. 市场分配。市场分配是社会主义基本分配体系中发挥决定性作用的基础性分配。在社会主义基本分配体系中,初次分配是以市场价值为分配标准的市场分配。市场价值不仅反映市场供求关系状况及其变化,还综合反映各种市场要素投入对市场价值实现的贡献率。从这个意义上讲,按市场价值分配,或者说按市场价值实现的贡献率分配,能够促进市场资源的优化配置,从而引导和实现市场价值的极大化与市场效率的极大化。按市场价值分配是一种比较合理和综合的分配方式，也是一种符合市场价值规律的分配方式。将市场价值作为市场分配的根本标准，就意味着要以市场供给与市场需求之间相互适应性的市场关系为市场分配的根本标准。

市场分配是一种系统综合的基础性分配，也是一种系统动态适应的市场化分配模式。当然，市场不是万能的，以市场价值为导向的市场分配也不是万能的。

2. 政府分配。政府分配是一种再集中和再分配，以弥补市场分配的局限性。市场经济是一种充满风险和各种不确定性的经济形态，市场经济体系永远面临着供求矛盾。市场供求均衡总是相对的，而市场供求的不均衡则是绝对的。因此，在市场经济条件下，所有的市场主体都会面临周期性的经济波动和难以预料的经济危机。为了防范和减少经济不稳定所带来的灾难，必须建立和完善市场减灾机制、稳定机制和安全机制。

在充分发挥市场分配动力机制和激励机制的同时，应进一步完善政府再分配的调节机制和稳定机制。初次分配主要依据市场价值规律和市场机制自主形成，政府一般不直接干预初次分配。二次分配则是政府依据公共财政税收政策和法律等措施，来实现社会财富的再集中与再分配。为了更好地发挥政府分配在社会主义市场经济中的调节机制和稳定作用，必须进一步创新和完善政府再分配制度。具体说来，要进一步改革和完善财政税收制度，对初次分配所造成的贫富差距进行必要、合理、有限和适度的调节；同时，要进一步完善社会保障制度，制定和实施各种由社会"托底"的相关公共政策，以确保社会经济安全稳定发展。

基于社会公平导向的政府分配，其目的在于适度、合理和有限地干预市场分配。由于政府分配依据的是公共政策和法律，是依法分配，因此具有强制性、集中性、基本性、托底性、规范性、透明性、转移性和非对称性等特征。

3. 社会分配。与市场分配和政府分配相比较而言，社会分配是一种社会自主、自发、自由、自觉和自愿的分配形式。社会分配的主体是社会成员个人或社会组织，社会分配的对象是社会成员个人或组织拥有的合法财产，社会分配的基本依据是社会成员所信奉的社会伦理、道德、文化和价值观念。社会分配是主要基于精神和信仰力量的分配形式，往往能够超越市场分配和政府分配的局限性，在更高层次和更大范围内充分凝聚各种社会力量，有效调动和配置各种社会资源,实现社会成员之间财富的自愿转移与合理调节,从而促进社会和谐发展,推动人类社会文明进步。

按照构建新时代中国特色社会主义基本分配制度的目标模式和基本原则,构建新型社会分配体系需要平衡三次分配之间的关系,兼顾分配的效率与公平。

第三节 社会保障体系

社会保障制度是工业革命和社会化大生产的产物,是社会发展和进步的产物,也是现代社会文明的标志。20世纪人类社会的重大发展之一就是社会保障的普及。作为政府再分配调节的工具之一,社会保障制度是当代各国社会经济制度的重要组成部分,是维护社会公平正义、减轻国民生活风险、让全社会共享经济发展成果的基本的不可替代的制度安排。

一、社会保障概述

现代社会是一个充满"风险"的社会。[1] 因此,社会治理的过程中有必要做好充分的准备,确保即使"社会风险"出现,社会也能够稳定和安全地运转。社会保障由此而生。社会保障是社会运行的"保护器"。

(一)社会保障的含义

"社会保障"是一个内涵极其丰富的综合性词汇。"社会"既是保障的承担者,又是保障的受益者。"保障"更是涉及人类从出生到死亡的所有阶段,并象征着更加幸福美好的生活。"社会保障"作为一个国际通用词汇被广泛使用,但世界各国对这一词汇概念的理解并不统一。

"社会保障"一词源于英文"social security",原意是指"社会安全",最早出现在美国1935年颁布的《社会保障法》中。之后,国际劳工组织在其一系列的公约、建议书等文件中采用了这一概念,并沿用至今。1944年,第26届国际劳工大会上《费城宣言》的发表,标志着国际组织正式采纳社会保障一词。1952年6月,国际劳工组织在日内瓦召开的第35届国际劳工大会上通过了第102号文件即《社会保障最低标准公约》,该公约作为社会保障的国际性文件,成为解释社会保障制度相关规定的基本依据,在社会保障制度建立的过程中具有里程碑式的

---

[1] 〔德〕乌尔里希·贝克:《风险社会:新的现代性之路》,张文杰、何博闻译,译林出版社2018年版,第12页。

意义。

随着世界各国社会保障制度的不断发展与完善,社会保障的内涵和外延也趋于统一。现代社会保障及社会保障制度的概念通常表述为:社会保障是社会向其成员提供的抵御疾病、生育、工伤、失业、伤残、年老和死亡等造成的经济损失和经济贫困的一系列的公共项目或措施;社会保障制度是国家通过政策或法律,对由于年老、疾病、伤残、失业、死亡及其他灾难发生而使其生存发生困难的社会成员及其家属,提供基本生活保障或物质帮助的一种社会制度。

我国在1986年六届全国人大四次会议通过的"七五"计划中首次使用了"社会保障"一词。在我国,关于社会保障的概念大致有以下几种解释:

一是将社会保障定义为国家和社会通过国民收入分配和再分配,依法对社会成员的基本生活权利予以保障的社会安全制度。也可以表述为,社会保障是国家对公民在年老、疾病、伤残、失业、生育、死亡、遭遇灾害、面临生活困难时,依法给予物质帮助,以保障公民的基本生活需要的制度。

二是将社会保障定义为以社会的力量保证社会全体成员至少达到最低生活水平而形成的分配关系。

三是认为社会保障是国家和社会根据一定的法律和规定,通过国民收入再分配,对社会成员的基本生活权利予以保障的一项重大社会政策,即"社会保障是现代国家社会政策和社会立法的重要内容,是国家和社会为补偿现代化过程中被削弱的家庭保障功能,帮助全体社会成员对付现代社会中的社会经济风险,运用社会化的保障手段,依法保障全体社会成员基本生活的经济福利制度"[①]。

四是认为社会保障是各种具有经济福利性的、社会化的国民生活保障系统的统称。[②]

(二)社会保障的特征

社会保障是社会成员应该享受的基本权利,也是国家应该履行的一项社会责任。它是现代国家社会政策的重要组成部分,具有如下特征:

1. 普享性。社会保障是现代化生产的产物,是典型的社会化行为。享有社会保障是社会成员的一种权利,人人都应当能够从中受益。社会成员之间只存在保障基金筹集方式、保障项目、给付标准及支付方式等方面的差异,而不应存在社会保障有无的问题。社会保障的覆盖面越广,社会系统抵御风险的能力就

---

① 唐钧:《市场经济与社会保障》,黑龙江人民出版社1995年版,第35页。
② 郑功成:《社会保障学——理念、制度、实践与思辨》,商务印书馆2000年版,第10—12页。

越强。社会保障是一项社会公共事业,它来自社会又服务于社会,社会成员共同享有社会保障更是理所当然,"普享"因而成为必然。

2. 强制性。社会保障是通过国家立法来强制实施的,法律规定了国家的权力和责任,以及用人单位、个人的权利和义务。社会保障的强制性集中体现在强制参加与强制缴纳两个方面,即每一个社会成员只要符合社会保障的法律规定,就必须参加社会保障;凡符合有关社会保障法令、法规缴纳条件的个人及组织,都必须按要求缴费,否则将追究其法律责任。这使社会保障得以制度化、规范化。

3. 互济性。社会保障的实质是社会成员创造的财富供给社会成员自己享有。但是在社会保障中,财富并不是平均享有,更不是谁的贡献大谁就多享受,而是在兼顾公平与效率统一的前提下,按照需要分别提供,特别是会尽可能向社会的弱势群体倾斜。由于每个社会成员的情况不同,对社会保障的需要程度也不同,因此社会成员之间在社会保障基金的缴纳、储存、分配和使用方式上并不一定相同。社会保障主要是通过社会成员互助共济的调剂方式实现对少数遭遇风险的成员的收入损失补偿。这突出了社会保障的互济性。

4. 不可逆性。社会保障的项目和给付水平有强烈的不可逆性。社会保障项目一旦被确定并付诸实施,再要将其撤销几乎是不可能的;同时,一旦将社会保障的给付水平确定在一个较高的水准之上,再要将其降低也是十分困难的。

(三)社会保障的功能

社会保障涉及国家政治、经济、社会的方方面面,推动着社会健康、稳步地向前发展。社会保障与现代社会能够高度融合,原因在于社会保障特有的功能可以较好地弥补市场经济的一些不足,同时又能在劳动力和资本两大生产要素上,为市场经济的发展增添动力。社会保障的功能在于为整个社会经济的正常运行创造良好的环境,增强社会经济发展的有序性,使国民经济和整个社会得以持续、稳定、协调地发展。社会保障既是社会运行的"稳定器""减震器",也是经济运行的"助推器"和"安全阀",其功能体现在政治性功能、社会性功能和经济性功能三个方面。[1]

1. 政治性功能

社会保障的政治性功能主要体现在巩固国家政权、维护现存政治制度和经济体制、促进社会和谐安定等方面。社会保障不仅是一项有利于市场经济发展

---

[1] 杨翠迎主编:《社会保障学》,复旦大学出版社2015年版,第84—85页。

的经济措施,更是可以让国家长治久安的政治措施。社会保障不仅自出现起就与政治结缘,而且始终是政治需要的产物和为政治现实服务的工具。

作为社会保障的雏形,英国1601年颁布的伊丽莎白《济贫法》及其一系列措施,就是在贫困和失业所引起的政治危机的情况下出台的,这是英国政府为了稳固统治地位、寻求政治出路的一项重要社会政策。而世界上最早推出社会保险的德国,其政府也是在面临严重的经济危机和工人运动以及疯狂扩军备战所引起的经济矛盾和社会矛盾尖锐的情况下,为了稳定社会、缓和矛盾,而颁布了一系列社会保险法律。也就是说,社会保险首先是作为一项政治措施出现的。从各国的发展现状看,社会保障已经与国家政治制度紧密结合在一起,它作为国家社会政策的重要组成部分,受到各国政府的高度重视,并被广泛用于促进政府既定目标的实现和各项社会、经济措施之中,为国家的稳步发展与政治和谐做出了重要贡献。

2. 社会性功能

(1) 社会稳定功能。社会稳定是社会和经济发展的前提,没有稳定的社会秩序,一切发展都无从谈起。消除社会矛盾需要建立起能缓解这些矛盾的社会机制。社会保障正是这种能够长期作用的社会机制。现代社会发展的动力主要来源于市场,稳定则主要来源于社会保障,主要表现为社会环境的和谐和政治局面的安定。社会保障作为一种社会安全体系,能够消除由于基本生活得不到保障而产生的社会不稳定因素,维护社会的稳定。

(2) 社会补偿功能。社会保障可以使社会成员在因各种风险暂时或永久丧失劳动能力从而失去收入来源时,获得一定程度的经济补偿或物质帮助,这也是社会保障的基本功能。社会保障的社会补偿功能主要体现在社会救助和社会保险两个方面。社会救助的目的在于保障社会成员的最低生活水平,属于最低限度的社会保障,也可以说是社会保障的源头,它使被救助的个人或家庭及社会弱势群体,能够在国家和社会的帮助下享有最低生活水平;社会保险是对劳动者在其全部生命周期遇到各种失去收入的风险时,进行一定的补偿,以保证其基本生活需要。

(3) 社会公平功能。社会公平是人类追求的最高目标和社会文明进步的重要标志。在广泛的社会生活中,由于人们的劳动能力和家庭负担不同,会产生劳动收入和家庭生活富裕程度的差异,甚至出现不平等和不公平。一部分劳动能力弱、家庭负担重的弱势群体,会因此出现生活困难,有的还会陷入生存危机。

在市场经济优胜劣汰的竞争规律作用下,国民间的收入差距更有可能被拉大,社会分配不公所引起的社会矛盾会更容易被激化,从而影响到社会的安定和经济的发展。因为社会保障具有非常突出的国民收入再分配的功能,所以它在促进社会公平方面极有潜力。

3. 经济性功能

(1) 经济调节功能。经济的健康发展需要稳定的环境,但是经济发展有其规律,并不总是沿着一条波浪的轨迹前进,因此它经常处于不稳定的状态。这就需要建立一种社会机制,减少经济发展过程中可能出现的震荡,促进经济平稳运行。而社会保障正是这种不可多得的社会机制。

社会保障是调节经济的"蓄水池",因为它能有效平衡供求。当经济衰退或萧条时,社会失业率会增加,一部分人会因此失去劳动收入,从而对社会需求产生负面影响。但是,由于社会保障尤其是其中的失业保险金或失业救济金给失去职业和因经济衰退导致生活困难的人们以收入支持,因此在一定程度上唤起了社会的有效需求,从而减缓了经济衰退的冲击,有利于经济复苏。相反,当经济处于高涨或是过热时,社会保障支出在相应减少的同时,可以通过扩大社会保障基金规模,增加基金的积累,在一定程度上相对减少个人收入量,由此减缓社会需求的急剧膨胀,减弱经济过热所造成的供求失衡,最终使社会的总需求和总供给回到基本平衡点上。社会保障能自动调节社会总供给与总需求的平衡,对国民经济的运行产生调节作用,促进经济的发展。

(2) 投融资功能。社会保障的资金主要来源于各种保险费、财政补贴以及资金运营收入,具有较高的稳定性。经过较长时间的积累,目前社会保障基金在许多国家的财政中所发挥的作用已不可忽视。每个国家经济的发展都离不开资本积累这一巨大的推动力量。因此,相当规模的社会保障储备基金的注入,对于高速增长的经济来说是十分重要的。社会保障所具有的调节投融资的作用,即使在发展中国家也表现得十分明显。通过向国家基础设施和重点项目投融资,发展中国家的社会保障基金不仅可以支持国家的经济建设,缓解资金短缺的问题,而且能使基金本身不断增值。同时,一些发展中国家还利用社会保障基金向社会成员个人投资,这既有效地利用了基金,又解决了社会成员个人资金不足的困难。社会保障正是通过基金式的筹资模式与国家的经济发展战略、经济增长目标实现了有机的结合。

(3) 保护和配置劳动力功能。在市场经济条件下,社会保障是保护劳动力再生产和促进劳动力合理流动及有效配置的重要制度之一。一方面,在市场竞争中,受优胜劣汰规律支配,部分劳动者会失去工作岗位,这部分劳动者及其家属可能因失去收入来源而陷入生存危机,社会保障会通过提供各种帮助维持这一部分社会成员的基本生活需要,从而保护劳动力的生产和再生产。另一方面,建立统一的社会保障网络可以打破原有的仅限于家庭保障的格局,并突破单位保障的局限,使劳动者在转换工作岗位、工作单位、工作地区时无后顾之忧,从而促进劳动力的合理流动,实现劳动要素的有效配置。

(4) 促进消费功能。扩大消费可以促进经济增长。消费行为受到多种环境因素的影响。由于环境的变化,人们往往在储蓄和消费的选择之间游移,从而在很大程度上制约了经济发展的进程和步伐。而社会保障是引导消费行为的有效手段。假定预期收入是一定的,当社会保障不够完善时,人们会偏好未来消费,即从考虑老后消费或意外情况消费出发,在扣除即期消费后,将收入的大部分储蓄起来,以备后用,这会影响社会消费的扩大。如果预期收入不明朗,人们又不能从社会保障中获得更多的收入和生活保障,上述情况会更加普遍。但若社会保障体系十分完善,人们的生、老、病、死都有保障,那么即使预期收入不一定,消费仍会十分强劲。事实也正是如此,由于社会保障消除了后顾之忧,因此人们可以减少储蓄而大胆消费。此外,社会保障基金本身也包含着扩大消费的功能,如社会保障所包含的津贴、补助及救济金等,实际上也在增加人们的购买力或弥补失去的购买力,从而推动消费。

二、当代社会保障的基本原则与我国社会保障的主要形式

世界各国在社会保障制度的建立和实施过程中,往往需要遵守一定的原则。我国社会保障体系的组成是多样化的,包含各种形式。

(一) 社会保障的基本原则

社会保障的基本原则是指建立社会保障制度必须遵守的原则,具体包括:

1. 普遍原则

所谓"普遍",就是在享有社会保障是国民基本权利的思想的指导下,实现社会保障的普遍发展。社会保障的最终目标是"全覆盖"。

2. 公平原则

社会保障的公平原则,有两个层面的含义:一是社会保障强调公平优先。市场经济应有一种弥补机制,来补救市场缺陷和社会不公,社会保障就承担了这个

重任,社会保障强调的公平优先,首先针对的是市场效率至上所带来的弊端。二是社会保障强调社会公平。在广泛的社会生活中,存在着两种不同的公平,即个人公平和社会公平。社会保障追求的是社会公平。社会保障的公平原则,必须放在社会这个大环境中去衡量,社会公平是社会保障始终追求的目标之一。

3. 统一原则

贝弗里奇把统一原则视为社会保障最重要的两大原则之一,这一主张也得到了国际上的普遍认同。社会保障的统一原则之所以被推崇,是因为在经济上,它能提高工作效率,减少工作环节,降低工作成本;在社会生活上,它能体现社会公平,减少人为矛盾;在政治上,它有利于国家的团结和统一。此外,实行社会保障的统一原则,还有利于政府宏观调控和国家政策的推行。因此,统一一直是世界各国在开展社会保障中所追求的目标,也是国际公认的发展社会保障的基础原则之一。

4. 适度原则

适度是指社会保障的发展要"适度",就是社会保障的发展要坚持与经济社会的发展"相适应"。社会保障的发展历史告诉我们,社会保障的发展既不能离开对国民经济和国家综合国力的判断,又不能离开对社会发展和国民收入状况的了解,更离不开历史传统和国情的需要,关键是要做到"相适应",一切都从实际出发,量力而行。社会保障要既能保证效率提高,促进经济发展,又有利于社会公平,促进社会稳定。社会保障水平的适度,实际上就是要实现社会保障需求与供给在适度水平上的平衡发展。

5. 多重原则

多重就是多层次的社会保障,既包括政府法定的,也包括众多民间性质的。总之,它包括不同水平、不同性质和不同类型的社会保障的内容,呈现出一种多层次的发展态势和多样化的格局。从实践看,坚持多重原则有利于分散风险负担、拓展资金来源、满足社会需要、调动民间资源等。

(二) 我国社会保障的主要形式

世界各国通常根据其国情和发展对社会保障予以规划。我国习惯将社会保障分为社会保险、社会救助、社会福利以及针对特殊人群的特殊保障。[1]

1. 社会保险

社会保险是国家通过立法强制征集社会保险税(费),并形成社会保险基金,

---

[1] 许琳主编:《社会保障学》,清华大学出版社、北京交通大学出版社2005年版,第12—13页。

当劳动者及其亲属因劳动者年老、疾病、工伤、残疾、生育、死亡、失业等风险引起经济损失、收入中断或收入减少时以社会保险给付支付给受益人,保证其基本生活需求的社会保障制度。按照风险的不同,社会保险有不同的项目,主要包括养老保险、健康保险、失业保险、工伤保险、生育保险、残障保险、死亡保险(遗属保险)和护理保险。与社会保障的其他制度相比,社会保险制度有以下特点:

第一,社会保险制度在一定程度上强调权利与义务的对等关系。社会保险制度是与就业相关联的制度,保障对象所享受的社会保障的资格和水平直接或间接与工龄的长短、工资水平等因素相联系。

第二,社会保险既强调社会性又强调风险分散机制,借鉴了商业保险的机制和法则。商业保险的机制是在大数法则基础上分散同质风险,社会保险的技术基础与商业保险是相通的,它的有效运行要求有足够数量的同质风险。

第三,社会保险具有强制性。不同于商业保险的自愿参保,社会保险的项目、对象、内容、形式、应尽的义务、享受标准及运作程序等都是国家法律明确规定的,法律要求符合条件者必须参加社会保险,因为只有强制参保,才能实现社会保险的社会性、公平性和制度的可持续性。

第四,它的保障对象是全体劳动者。

2. 社会救助

社会救助又称社会救济,是指当公民难以维持最低生活水平时,由国家和社会按照法定的程序和标准向其提供保证最低生活水平的物质援助的社会保障制度。社会救助是社会保障的最低层次,包括贫困救助、灾害救助与专项救助等,贫困救助是当公民因各种原因陷入贫困时,由国家和社会提供维持最低生活水平资金和物质的社会救助项目。灾害救助则是公民在遭受自然灾害并面临生存困难时,由国家和社会紧急提供的维持最低生活水平的资金和物质的社会救助项目。专项救助是满足救助对象特殊需求的社会救助项目,如医疗救助、教育救助、住房救助等。社会救助具有以下特点:

第一,权利义务的单向性。公民的生存权是现代国家,尤其是工业化国家的法律所赋予的,公民在生活无以为继时有权获得国家和社会的帮助。我国宪法明确规定:"中华人民共和国公民在年老、疾病或者丧失劳动能力的情况下,有从国家和社会获得物质帮助的权利。"社会救助是每一个公民都能够享受的权利;对于国家和社会来说,社会救助则是其应尽的义务。因此,享受救助的人无须直接为此缴纳任何费用,无偿救助暂时或者长期处于极弱势境况的社会成员是社会救助的基本原则。

第二,资金来源的单一性。社会救助的资金来源于财政拨款,也可以通过税收减免进行间接补助。

第三,对付贫困的应急性。社会救助是一种需要经过家庭经济调查的社会保障制度。它不是一种普遍的福利制度,公民只有在因某种社会的、生理的或心理的原因而无力维持最低生活水平时才能获得社会救助制度的给付,因而必须有一套严格的制度和标准来确定申请救助的公民的生活状况。

第四,享受对象的特殊性。社会救助的对象通常是无权享受社会保险的群体,包括城乡居民中的灾民、生活发生严重困难的人。在享受社会保险之后收入仍然在贫困线以下的人或家庭也是社会救助的对象。

第五,社会救助提供满足最低生活需要的物质保障时,要兼顾公平与效率。由于社会救助是纯公共产品,不强调权利与义务的对等,因此为了防止和减少"搭便车"以及过度依赖社会救助制度的问题,其保障水平低于社会保险,只提供最低生活保障。科学制定最低生活标准是社会救助制度得以正常运行的基本前提,最低生活标准需要随物价变化进行动态调整。

3. 社会福利

社会福利的内涵和外延较为复杂,可以从三个层次上进行理解:在最广泛的意义上,它是一切改善和提高人民物质生活和精神生活的社会措施;中观上,社会福利基本上是社会保障的同义词,是西方国家普遍用来替代社会保障的一个概念;微观的社会福利是社会保障的一个组成部分,我国通常使用狭义的社会福利概念。

社会福利是国家或政府为立法或政策范围内所有对象普遍提供的在一定的生活水平上尽可能提高其生活质量的社会保障制度。社会福利为立法或政策范围内的所有公民普遍提供福利保障,带有普遍性原则;同时,社会福利是社会保障体系中的最高层次,其目的是提高受益者的生活质量。因此,社会福利计划在制订和实施时往往容易偏离既定的目标,造成"福利陷阱"。从发展趋势来看,社会福利呈现如下特点:

第一,保障对象的普遍性和特殊性。社会福利是向立法或政策范围内的所有公民普遍提供的福利保障,虽然社会成员享受的福利项目或水平存在差异,但从总体上看,社会福利的享受者是全体社会成员。只要是符合享受社会福利待遇条件的社会成员,就有权享受社会福利待遇。社会福利还要能够满足某些特殊群体的特殊需求,如老年人、残疾人、妇女、儿童等,形成老年人福利、残疾人福利、妇女福利和儿童福利。

第二,保障水平的高层次性和发展性。社会福利在社会保障体系中处于最高层次,其目的是满足受益者的发展需求,不断提高受益者的生活质量。

第三,举办主体多元化。社会福利包括政府主导的教育福利、住房福利等,企业主导的职业福利,民间主导的社区福利和慈善福利事业,以及各类民办公助的社会福利等。这种多元主体举办可以动员包括政府在内的全社会资源共同提高社会福利水平。

第四,福利服务化。与其他保障项目相比,社会福利突出表现在服务化上。除各种福利性补贴外,社会福利还非常重视通过各种社会福利机构、社会福利设施以及专职和志愿人员,向社会成员提供全面的福利服务。

4. 社会优抚

社会优抚是国家和社会依照法律规定,对军人及其家属提供各种优待、抚恤、就业安置等待遇和服务的社会保障制度。保障社会优抚对象的生活是国家和社会的责任,社会优抚对象是为维护国家和社会安定而做出牺牲和贡献的特殊社会群体。社会优抚是国家对他们的牺牲和贡献给予的补偿和褒扬。社会优抚的目标是为优抚对象提供现金补贴和服务帮助,以保障他们的基本生活,具有经济保障功能。社会优抚与社会保险、社会救助和社会福利不同,它是特别针对某一特殊身份的人所设立的,内容涉及社会保险、社会救助和社会福利等,包括抚恤、优待、养老、就业安置等多方面的内容,是一种综合性的保障制度。

三、社会保障制度模式

在不同的社会保障理念及不同国家的国情影响下,各国社会保障制度的内容、水平、运行机制具有不同的特点。由于社会保障理念受到各国政治、经济、社会、历史、文化的影响,因此社会保障制度模式事实上是由政治、经济、社会、历史、文化等综合因素决定的。而社会保障制度模式则是在关注各国社会保障制度国别特色的同时,强调不同类型国家社会保障制度内容、水平与运行机制方面的共同特征。

当19世纪末以社会保险制度为核心内容的现代社会保障制度出现时,尽管各国的社会保障制度存在一些不同,如一些国家实行了强制性社会保险,一些国家实行了自愿性社会保险,社会保险项目在各个国家也存在一定差别,但是社会保障理念及在其影响下所形成的社会保障制度的内容构成、水平与运行机制尚未出现明显的类型区分。二战后,社会保障制度无论在广度还是在深度上,都取得了很大的进展。西方发达国家把恢复、重建和发展社会保障制度作为解决战后社会危机、促进国民经济恢复和发展的重要手段,亚洲、非洲、拉丁美洲国家也都广泛地建立了社会保障制度。随着社会保障制度进入全面发展阶段,基于不同政治、经济、社会、历史、文化背景的社会保障理念开始出现类型化的差别,在此基础上,社会保障制度逐步形成了不同的发展模式。

(一)"福利国家型"模式——英国

二战后,由于经济的恢复和发展,福利主义思想在欧洲开始盛行,并且十分集中地反映于不少国家的社会保障制度中,英国就是最典型的国家之一。1942年发布的《贝弗里奇报告》第一次提出了在全社会建立全方位社会保险体系的福利国家思想。之后,英国以此报告为依据建立起了福利国家型的社会保障制度。这种制度具有以下鲜明特点:

第一,责任清晰。这种制度十分注重政府对社会保障的责任。第二,覆盖广泛,即社会保障的范围扩展到全体公民。在《贝弗里奇报告》中,其核心原则首先强调的就是社会保障的普遍性。所有公民,无论是否就业、是否有收入,都有权获得社会保障,享受应有的待遇。第三,内容丰富,即保障"从摇篮到坟墓"的各种生活需要。英国在二战之前就开始了社会保障的项目扩展工程。战争结束后,随着经济实力的增加,英国在原有的老年、疾病、生育、失业、工伤、残疾等社会保障项目基础上增加了许多内容,特别强化了福利向家庭的渗透,一系列与家庭相关的保障内容出台,如家庭津贴、儿童津贴、住房福利等,老年人、儿童和妇女等都从中获益匪浅。第四,制度统一,即英国实行全国统一的社会保障制度。事实上,制度统一不仅是为了实现权利的普遍享有,也是为了落实社会公平的目标。所谓"制度统一",就是要对社会保障制度中收支和管理进行统一。缴费统一(如国民保险实行统一费率)、待遇统一(如基本养老金按定额发放)、管理统一(如社会保障项目均由政府有关机构统一管理)是制度统一的核心内容。由于制度统一,英国社会保障的资源利用效率较高,管理成本较低。

(二)"社会保险型"模式——德国

"社会保险型"社会保障制度是社会保险在整个社会保障体系中居于中心地位的制度。德国是实行社会保险型社会保障制度的典型国家。德国的社会保险有着悠久的历史,被称为"俾斯麦模式"的社会保险的几个原则,至今仍为许多国

家所采纳,对社会保障的发展产生了巨大的影响。以德国为代表的社会保险型社会保障制度具有以下五个特点:

第一,以社会保险为主。在德国的社会保障制度中,社会保险占有绝对优势。欧盟1995年的报告指出,在德国的社会保障支出中,仅养老保险、疾病保险、工伤保险和失业保险四个险种的保险金支出就占到社会保障支出的80%以上。第二,国家立法强制实施,即以国家立法为后盾,在全社会强制性地推行社会保障。第三,权利与义务相对应,即社会保障的权利与义务之间有联系,但并不对等。由于以社会保险为主,因此德国很注重社会间的统筹互济,重视国民收入的再分配。第四,费用由多方共担,即社会保障的资金来源是通过多渠道筹集的。第五,实行自治管理。目前,德国除失业保险外,疾病保险、养老保险、工伤保险等均按照社会自治的原则实行自治管理。实践证明,这种管理方式有助于社会各方的协调,并具有弹性,能对社会保险的各种需要和变化做出灵活反应。

(三)"强制储蓄型"模式——新加坡

在社会保障制度中实行"强制储蓄",是一种非常独特的做法,虽然在世界上不是很普遍,对推行效果的看法也不一致,但它的基本理念和运作经验颇具特色,在国际社会保障的"百花园"中,这一模式十分独特,值得深入研究。其中,最具典型意义的是新加坡,通过分析新加坡的中央公积金制度,可以了解这一模式的主要特点和优势。

第一,强制储蓄。强制储蓄是新加坡社会保障制度的核心内容。第二,功能广泛。新加坡公积金制度所涵盖的内容极为丰富,由此而产生的功能也极为广泛,除养老保障和医疗保障之外,其内容还包括购买住宅、子女教育、股票投资、产业购置等16项。第三,国家支持。新加坡强制储蓄型社会保障制度的特点之一就是"自存自用,自立自保",因此国家在资金上的支持力度很小。但是,国家在另外三个领域的支持却很明显:一是立法保护。强制储蓄及其管理始终得到法律的保护,如公积金的提取、使用、转让和继承等,都有国家法律保证。二是税收优惠。公积金的个人缴纳部分实行税前缴纳,免除所得税;雇主缴纳部分也是税前列支,计入生产成本。三是担保支付。公积金的最终支付由国家担保,这减小了支付风险。四是运作灵活。新加坡公积金制度的运作比较灵活,考虑的主要是便利加入者,并尽可能地使运作合法、合理、合情。例如,缴费虽然是强制的,但其缴纳比例及总公积金率是随情况不断调整的,会根据社会和经济的发展状况而有所增减。又如,当加入者出现供款不足时,其家人可以帮助供款。

(四)"基本保险"模式——中国

鉴于人口规模、资源总量、综合国力等因素的制约,中国社会保障的发展必须考虑现实情况和未来的可持续。因此,中国选择了"基本保障"这种模式。选择这种模式也是吸取国外经验教训的结果。"基本保障型"社会保障模式的特点主要有以下四个:

一是水平适度,即保障水平与社会经济发展相适应,水平适度集中反映在社会保障水平上,也就是保证国民的"基本"需求。

二是政府主导。政府是社会保障的核心力量,既承担重大责任,又主导社会保障的发展,在组织管理以及规划未来上,发挥着不可替代的作用。

三是社会共担。在社会保障中,社会作用是主流,取之于社会又用之于社会是本源,目标是共担共享。

四是渐步推行,即小步但不停顿地推进,通过此种"渐进"策略,稳妥地进行社会保障的改革和发展。

第五章 社会服务体系

社会服务是公共服务和社会建设的重要内容,也是社会保障与社会福利体系的重要组成部分。作为现代社会的一种制度产物,社会服务是现代国家为应对巨大的社会变迁和社会转型中产生的社会问题而采取的政策选择。

第一节 什么是社会服务

社会服务产生于西方国家,欧美等发达国家的社会服务体系发展得较为成熟。但由于各国政治经济体制及社会文化存在差异,国际学界至今未形成有关社会服务的统一定义。在我国,社会服务在理论与实践上都处于探索建立的阶段。

一、社会服务的定义

社会服务(social services)作为学术概念最早由英国学者理查德·蒂特姆斯(Richard M. Titmuss)于1958年在他的著作《论福利国家》中提出。此后,这一概念在西方社会和国际机构中被广泛使用,逐渐成为国际社会政策的重要组成部分。国内对社会服务有不同的称谓,也称社会福利服务、个人社会服务、社会照顾服务等。

(一)国外关于社会服务的定义

国外学界研究文献和国际性组织的政策文件对社会服务主要有以下几种界定与描述:

(1)蒂特姆斯将社会服务定义为:"通过将创造国民收入的一部分人的收入分配给值得同情和救济的另一部分人,而进行的对普遍的福利有贡献的一系列集体的干预行动。"[1]

(2)社会服务也称福利服务或社会工作,具体指以援助社会处境不利、遭受痛苦、脆弱的人或群体为目的的任何大量的公共或私人提供的服务。它是20世

---

[1] Richard M. Titmuss, *Essays on the Welfare State*, Beach Press, 1993, pp.34-35.

纪随着社会责任思想的提出和传播而盛行的概念。①

（3）芝加哥大学的学者则认为社会服务与倾向关注微观服务的社会工作不同，与社会福利也不同，它以服务为主，通过群体、社区开展工作，是介于社会福利和微观社会工作之间的一个概念。②

（4）国际劳工组织将社会服务定义为针对大多数脆弱群体的需求和问题所进行的干预。其中，"脆弱群体"包括因暴力、贫困、家庭瓦解、身体和精神残疾、年老而受到影响的人，而服务项目包括康复、家庭帮助服务、收养服务、照料服务，以及由社会工作者或相关职业者提供的其他支持服务。③

（5）世界卫生组织将社会服务定义为针对那些由于年龄、贫困失业、健康状况恶化和残疾等，在购物、住房、交通、自我照料和其他照料方面需要公共援助的人，所提供的社会支持性的服务和项目。

总的来说，国外社会服务可分为广义和狭义两类。广义的社会服务是社会政策的主要研究对象，包括教育服务、健康照料服务、住房服务、社会保障服务及个人社会服务等。④ 狭义的社会服务又称个人社会服务，指的是由政府或非营利组织为公民提供的、非现金形式的、具有社会福利性质的个人或社区服务。⑤

从各国社会服务的发展实践看，社会服务的对象已经由仅限于弱势群体逐渐扩大到全体国民，社会服务的内容也由早期简单的生活救济型社会服务向全面的、以服务促发展的普惠型社会服务转变。⑥

（二）国内关于社会服务的定义

在中国，社会服务概念常常与志愿服务、慈善服务、公共服务、社会福利、社会保障、社会照顾、民政工作等概念混用，⑦亟待科学与明确地界定，有关社会服务的实践和理论也仍处于探索阶段，关于社会服务概念的理论研究还不多。

---

① Robert A. Pinker, Social Service, https://www.britannica.com/topic/social-service, visited on Mar. 30th, 2023.
② 王然：《社会服务的国际借鉴与中国实践》，载《中国民政》2011年第8期。
③ Elaine Fultz, Martin Tracy (eds.), *Good Practices in Social Services Delivery in South Eastern Europe*, International Labour Organization, 2004.
④ Hall M. Penelope, *The Social Services of Modern England* (Sixth Edition), Routledge & Kegan Paul LTD., 1963.
⑤ 陈永杰：《社会服务的概念及其变迁》，载岳经纶、刘洪、黄锦文主编：《社会服务：从经济保障到服务保障》，中国社会出版社2011年版，第269页。
⑥ 林闽钢主编：《现代社会服务》，山东人民出版社2014年版，第17页。
⑦ 《中国民政》编辑部：《政府转型中的社会服务——政策研究中心特邀专家座谈"民政工作与社会服务"》，载《中国民政》2010年第6期。

刘继同指出,中国社会服务概念可从宏观、中观和微观角度分为三类。其中,宏观社会服务主要指社会互助、志愿服务、慈善服务、公益服务,其专业化程度最低。中观社会服务主要指以医疗卫生、教育、住房、社会保障(社会保险、社会救助和家庭津贴)、社会福利服务为主的现代社会服务体系。微观社会服务主要是为老弱病残、鳏寡孤独和需要帮助的各类弱势群体提供的"福利服务"。① 这里的微观社会服务对应英国的个人社会服务和美国的社会工作服务。

王思斌认为,社会服务是一种社会福利服务,是由政府和社会力量向民众特别是困难群体提供的福利服务及过程。其中,大尺度普惠的福利服务就是公共服务,它向所有人开放;而小范围的福利服务面向困难群众,具有排他性。② 在这一界定中,社会服务是公共服务的一个部分。赵孟营则认为,社会服务是一种具有中国特色的概念混合,当前中国仍然是政府主导社会,非政府的社会机构发育并不充分,因此社会服务等同于公共服务。③

有研究从政府职能和社会政策的角度将社会服务定义为:在现代化进程中,政府为了维护和保障全体公民,尤其是社会困难群体和特殊群体(如老年人、残疾人、儿童、失业者、贫穷者等)的生存发展权益和尊严生活需求,主导并实施的向其家庭或个人提供必要日常劳务帮助和照顾服务支持的一项政策体系和制度安排。④ 这一定义将社会服务作为国民收入再分配的一种制度安排,旨在为经济社会发展过程中的弱势群体提供基本的公共服务支持,使其生活服务质量与社会进步保持一致,共享社会发展和经济改革的成果。

结合我国社会服务的实践和发展,我们可以将社会服务定义为:政府部门、社区组织或社会机构为满足公民尤其是社会弱势群体的特定社会需求而建立的一种非现金形式的社会福利品,是为家庭或个人提供必要的日常劳务帮助和照顾服务支持的一种制度安排。社会服务的范围主要包括:养老服务、救助服务、灾害救援服务、教育服务、医疗健康服务、住房服务、文体服务和就业服务等。⑤

(三) 社会服务与公共服务

公共服务与社会服务是经常相伴使用的两个概念,这两个概念之间的关系

---

① 刘继同:《中国现代社会服务体系构建理论纲》,载《社会建设》2016年第1期。
② 王思斌:《对社会服务的理解》,载《中国民政》2011年第5期。
③ 赵孟营:《从理论到现实:创建中国特色民政社会服务体系》,载《中国民政》2011年第5期。
④ 民政部政策研究中心课题组:《关于社会服务发展演进与概念定义的探析》,载《中国民政》2011年第6期。
⑤ 林闽钢:《我国社会服务管理体制和机制研究》,载《华中师范大学学报》(人文社会科学版)2013年第3期。

需要进一步澄清。国内学者对社会服务概念的界定中,存在社会服务与公共服务等同说、公共服务包含社会服务说等不同的观点,但目前比较主流的观点是,社会服务属于公共服务的一项内容,属于基本的公共服务。

公共服务通常指政府向公民提供的服务,服务既可以通过公共部门直接提供,也可以通过资助社会组织、企业或个人提供。公共服务面向所有公众,属于公共物品,具有非竞争性、非排他性等特征。

从共同点看,社会服务和公共服务都是为了维护社会公正,促进社会融合、社会发展和社会进步,实现人的全面发展;政府在二者的政策制定、资金支持、提供服务、监督管理等方面起着决定性的主导作用;二者都既可以由政府直接提供,也可以通过社会组织、企业或个人提供。

社会服务与公共服务的不同点在于,从概念范畴看,公共服务是提升公民福祉的宏观范畴,而社会服务是公共服务中一项微观、具体的内容;从实现方式看,社会服务对服务提供者和照料者提供服务的要求更明确、更具体,针对性更强;从功能定位看,公共服务有时候需要考虑经济效益,而社会服务则主要强调社会效益。①

二、社会服务的核心要素

从以上国内外关于社会服务概念的界定看,尽管不同学者和机构对社会服务认知的侧重点有所不同,但是通过以上对社会服务比较全面的阐述和辨析,我们已经能够明晰社会服务的核心意涵。王然②和倪明胜③的研究都指出,社会服务包括以下六个核心要素:

第一,社会服务的主体,即"谁主导社会服务"。社会服务通常由社会福利机构实施和供给。从供给方式看,不论是发展中国家还是发达国家,政府在公共财政方面都承担着最主要的责任。因此,作为主导社会服务的责任主体,政府有义务去不断完善和优化社会服务供给。当然,也有非福利性机构提供社会服务,如非政府组织、企业或个体。但总体来看,随着政府职能边界的确定、服务型政府的创建以及新政绩服务观念的确立,政府主导型的社会服务供给依然是主流模式。

---

① 李兵:《国外社会服务发展历程及其启示》,载《中国民政》2011年第3期。
② 王然:《社会服务的国际借鉴与中国实践》,载《中国民政》2011年第8期。
③ 倪明胜:《社会服务概念辨识与路径优化》,载《江西社会科学》2012年第2期。

第二，社会服务的客体，即"为谁进行社会服务"。为什么要发展社会服务？为谁发展社会服务？这是所有社会服务概念都在力求回答的两个问题。无论基于什么样的关注视角，各种社会服务的概念都对社会服务的对象做出了相对的界定。社会服务的社会政策基本框架主要关注的是：在工业化、城市化进程加快的过程中，不同生活环境下的社会群体，特别是那些境遇不利的生活困难群体，包括儿童、老人、残疾人、贫困者和失业者等特殊群体的生存发展。

第三，社会服务的内容，即"提供哪些社会服务"。对社会服务基本内容的概括，一般从广义和狭义两个方面进行。主要是因为二者关注的视角不同、社会发展水平不同，以及国情不同和对社会服务的理解不同。然而，无论是广义的还是狭义的社会服务，尽管关注的领域决定其内涵和外延，但内容中有几个共同的表述重点，即都要为处境不利人群提供基本社会福利，为社会融合提供基本保障措施，为特殊人群需求提供必要援助支持。

第四，社会服务的性质，即"社会服务的属性问题"。在社会服务的学术研究中，学者们总是把它和社会福利这个词联系在一起进行阐述；在解说社会服务的概念时，总是直接将它与社会工作相提并论；在定义社会服务时，总是离不开社会政策的语境。毋庸置疑，社会服务具有社会福利的性质，是政府实施基本民生保障的基础性政策措施，是提高社会管理实效的重要方式。社会服务的实质是与合理配置资源和社会机会联系在一起的。

第五，社会服务的手段，即"实现社会服务的方式与途径"。社会服务的所有解释中都包含一些关键内容，即提供援助、互助、咨询和指导，提供支持性的服务和项目，进行集体的干预行动和预防活动等，基本涵盖了实施社会服务的手段。而这些手段体现出需要以政策措施为支撑的鲜明特点，这从侧面反映出社会服务离不开政府主导的本质特征。说明强化实施社会服务的手段，是推进社会服务发展的着力点。

第六，社会服务的目的，即"社会服务的功能定位"。可以归纳为以下几个层次：一是确保需要公共援助的脆弱群体获得照料，提高人的生存状况，以便重建他们的能力，并使他们能够克服困难，维护和保障特殊困难人群的基本权益；二是推进整个社会的福祉，最大限度地让更多的个人参与相互给予和接受服务，为社会主体活力的持续释放提供一种制度安排；三是化解社会矛盾和维护社会公正，提升社会文明和推动社会进步，实现社会融合。

三、社会服务的主要特征

基于对社会服务核心要素的分析,我们认为社会服务在对象、给付形式、提供的方式和融资形式等方面具有以下特征:①

第一,非现金支付。与社会保险不同,社会服务不属于收入保障范畴,也不发放实物,主要是一种劳务性服务。虽然社会服务的内容和对象在不同国家和地区之间存在明显差异,但它们都强调非现金形式的服务是当前社会服务的主要特征。照料、护理、咨询等是社会服务的最主要形式。

第二,主要针对人群中的困难群体、边缘群体、脆弱群体和问题群体。社会服务区别于那些面向全体社会成员的公共服务项目,如交通和环境卫生等。同时,与仅针对特殊困难群体的社会救助不同的是,社会服务也面向一般主体,既包括个人,也包括家庭或群体。

第三,针对个人的人身服务。社会服务是一种人性化、个性化、差异化的服务,它关心个人在不同阶段遇到的各种特殊困难、问题和危机,提供服务给处于具体境况中和有具体需求的个人,服务的内容也因个人困难的不同而不同。强调"服务"的社会服务主要面向个人或家庭,而且"服务"本身也很难像实物或现金那样标准化。因此,服务递送的"个性化"(personalization)就成为社会服务概念的重要特征。

第四,不以营利为目的,主要采用免费或弥补部分成本收费的形式,具有无偿性或低偿性。社会服务的目的是满足对象的基本需求(包括物质上的和精神上的需求),改善特殊人群的生存状况,重建他们的生存能力,减少或缓解社会矛盾。

第五,服务的实施人员主要是专业社会工作者和志愿者,还有护理人员、家政人员、教师、医生等。服务地点主要在社区、受助者家中和专门的社会服务设施内。社会工作的递送是社会服务与其他社会福利相区别的重要特征之一。社会工作是专业性较高的职业,社会工作者承担了大部分社会服务递送以及社会福利机构运作的工作。

第六,融资方式的多样化。社会政策规定的融资方式主要有三种,即基于税收之上的财政拨款、社会捐赠以及个人付费。在社会服务的领域,财政拨款是最

---

① 张序:《社会服务:一种重要的公共服务》,载《中国青年报》2013年7月8日第2版。

主要的融资方式,社会捐赠和个人付费多以辅助形式出现。①

除了以上特征外,鲍多克还认为个人社会服务有残补性的特征。个人社会服务是英国的"第五类社会服务"。从整个福利系统的角度看,当前面四种福利服务都无法满足个人的社会需求时,个人社会服务可以作为最后的施助手段,为其他社会政策项目查漏补缺。②

第二节 社会服务体系的内容与范围

社会服务目前缺少一个国际公认的定义,不同国家和地区所提供的社会服务的内容及其称谓也存在很大的差异。从社会服务体系的发展演变看,各国都经历了社会服务的基本内容由以经济保障为主、服务保障为辅,逐步转向以服务保障为主、经济保障为辅的过程。

一、国外社会服务的内容及其演变

"社会服务"的正式学术概念是由英国伦敦经济学院的理查德·蒂特姆斯教授首次提出的。在此之前,国外研究的社会福利包括教育、住房、收入保障和医疗健康四个领域。蒂特姆斯提出,除了四种福利外,还有一个独立领域存在,即社会服务。③ 此后经过多年发展,社会服务成为西方社会福利体系的一个重要组成部分。

(一)国外社会服务的发展演变

在西方国家,社会服务概念经历了从广义到狭义的发展过程。相应地,社会服务的内容也有广义和狭义两个范围。广义的社会服务包括教育服务、医疗服务、就业服务、住房服务、社会保障服务,以及针对个人特定需要的个人社会服务。狭义的社会服务主要指个人社会(福利)服务。

在西方早期研究中,社会服务以广义社会福利服务为基础。欧文于1940年撰写的《英国社会服务》一书,对当时英国社会服务的内容进行了详细阐述。他认为,社会服务来源于更早的善行和互助,而最早的公共社会服务(即政府开始

---

① 黄晨熹编:《社会政策》,华东理工大学出版社2008年版,第39页。
② J. Baldock, The Personal Social Services and Community Care, in Pete Alcock, Angus Erskine, Margaret May (eds.), *The Student's Companion to Social Policy*, Wiley-Blackwell Publishing, 2003.
③ 岳经纶、刘洪、黄锦文主编:《社会服务:从经济保障到服务保障》,中国社会出版社2011年版,第22—23页。

承担责任的服务)是随着 16 世纪《济贫法》的出现而产生的,直到 19 世纪末 20 世纪初,英国相继出台了一系列保护工人利益、剔除工业资本主义弊端的法案之后,社会服务才开始扩展。他将当时的社会服务归纳为两类:一类是政府资助的、独立的志愿者和社会工作者提供的无偿服务,另一类是公共社会服务。公共社会服务有四种形式:一是社区服务(community services),这类服务平等地面向所有阶层,致力于提高居民个人的身体素质和社会适应能力,主要包括教育、公共卫生保健、就业以及残疾人等特殊群体的福利安排;二是提供给低收入家庭的住房、食物等消费津贴;三是强制性的社会保险;四是面向非社会保险人群的补充性社会救济,主要包括对老年人、失业者及贫民的救济。[1]

1965 年,英国权威的社会服务教科书将社会服务体系的内容分为四部分:一是满足基本需要的服务,主要包括贫困家庭服务、社会保险、社会救助、医疗卫生服务、住房服务、个人化社会服务;二是儿童少年社会服务,例如母亲和儿童福利服务、学校儿童的健康与福利服务、残疾儿童的服务、被剥夺儿童的家庭照顾服务、青少年就业服务等;三是老年人和残疾人服务,包括精神病人的社会服务;四是社区服务。[2]

随着社会需求的变化和福利服务的细化,西方社会福利服务逐渐被分为收入保障(income security)和生活质量维持服务(life-sustaining services)两类。[3] 与之相对应的是现金(benefit in cash)和服务(benefit in kind)两种形式。后者是当代社会服务的基本表现形式,它已逐步成为社会福利服务的一部分,且重要性日益凸显。[4] 20 世纪 90 年代以来,发达国家社会服务发展速度加快,社会服务对象已从社会弱势群体扩展到全体社会成员,社会服务内容也不断增加,并以普遍性原则加以实施,社会服务成为提升全社会福祉的重要政策手段。

换言之,西方国家的社会服务活动通常从济贫性质的社会救助服务开始,[5] 但随着福利国家的发展,他们的社会服务模式不再局限于初期简单的针对生活困难者的物质济贫服务,而是扩大了社会服务的对象,增加了社会服务的内容,

---

[1] A. D. K. Owen, *The British Social Services*, Longmans, Green & Co., 1940, pp. 3-19.

[2] Hall M. Penelope, *The Social Services of Modern England (Sixth Edition)*, Routledge & Kegan Paul LTD., 1963: xi-xiv.

[3] Ralph Dolgoff, Donald Feldstein, *Understanding Social Welfare: A Search for Social Justice (Seventh Edition)*, Allyn and Bacon, 2006, pp. 111-273.

[4] 潘屹:《西欧社会服务的概念和实践以及发展趋势》,载岳经纶、刘洪、黄锦文主编:《社会服务:从经济保障到服务保障》,中国社会出版社 2011 年版,第 19—20 页。

[5] Walter I. Tratter, *From Poor Law to Welfare State: A History of Social Welfare in America (Fifth Edition)*, Free Press, 1994, p. 1.

创新了社会服务的形式,实现了由早期简单的生活救济型社会服务向全面的、以服务促发展的普惠型的社会服务的转变与提升,在优先确保社会弱势群体的照顾服务基础上,现代社会服务功能已得到实现,社会服务体系也逐渐成熟。① 高水平和高质量的社会服务已成为当代福利国家一个最显著的特征。②

在西方国家,早期社会服务的概念与广义上的"社会福利"概念相等,涉及社会保障、教育、医疗卫生、就业、住房等福利政策。随着经济保障与服务保障的分离,西方国家逐渐形成了以社会照顾服务为核心,提供个性化照料和专业化服务的狭义社会服务体系,与以经济保障为主的社会保险、社会救助形成对照,成为当代社会福利制度的重要组成部分。③

(二)国外社会服务的主要内容

社会服务在各个国家的称谓、内容以及对应的服务范围都有所不同,也表现出不同的特征。

在英国,社会服务被称为"个人社会服务"(personal social services),与阻碍个人社会功能最大化的需要和困难相关,针对的是个人或群体的差异而不是相同之处。④ 英国早期的社会服务项目主要是健康照顾服务,后经不断拓展,现已包括老年人服务、残疾人服务、儿童及家庭服务等。在英国,个人社会服务还被称为"第五类社会服务",是指在医疗、教育、社会保障和住房之外的社会服务。⑤

在北欧,社会服务被称为"社会照顾服务"(social care services)。北欧国家的社会照顾服务强调个人自主性(personal autonomy),不包括非志愿性的干预,例如由社会福利机构强加的非志愿干预行动、纯粹的商业性服务、非正式照顾等。在北欧,政府及公共部门为包括老人、儿童、肢体残疾人、智力障碍者、受虐待者、药物滥用者、贫困者在内的所有的人提供特殊的帮助和服务,包括:(1)日常照顾,即为老人和残疾人建立俱乐部、日常诊所、训练中心等。(2)家庭护理服务,即给老年人和残疾人提供家庭服务或教育。(3)儿童家庭服务,即收养儿童、抚养儿童、监督父母对儿童的抚养、保护儿童不被侵犯、给儿童提供物质帮助。(4)咨询服务,即建立咨询中心、提供家庭财产计划和年轻人医疗咨询

---

① 林闽钢:《我国社会服务管理体制和机制研究》,载《华中师范大学学报》(人文社会科学版)2013年第3期。
② 岳经纶:《个人社会服务与福利国家:对我国社会保障制度的启示》,载《学海》2010年第4期。
③ 高娜、张欢:《社会服务概念与内涵新析》,载《行政科学论坛》2015年第1期。
④ E. Sainsbury, *The Personal Social Service*, Pitman, 1977.
⑤ 〔英〕哈特利·迪安:《社会政策学十讲》,岳经纶、温卓毅、庄文嘉译,格致出版社、上海人民出版社2009年版。

等,还给健康家访员、家庭护士、接生员、心理工作者提供教育和培训。

在欧盟,社会服务被分为两个大类:一类是法定的和补充的社会保障项目,另一类是直接向个人提供的服务,这些服务发挥促进社会融合的作用,如社会援助服务、就业和培训服务、社会住房服务、儿童照顾服务以及长期护理服务。[1]这些服务为实现欧洲的社会经济整合、高水平就业以及经济增长做出了重要贡献。

除了"个人社会服务"之外,欧盟也使用"普遍利益社会服务"(SSGI)这一概念,他们认为社会服务的作用不应局限于对最弱势群体的帮助,而应着眼于对所有人的社会保护,扮演预防者角色。"普遍利益社会服务"的特点在斯堪的纳维亚等国家得到了准确的诠释,社会服务在这些国家所涉及的范围更广,包括儿童照顾和家庭政策、老年照顾、社区照顾、身心残障服务、就业培训和劳动发展计划及社会工作者咨询服务等。[2]

在美国,社会服务是指除了医疗、教育、住房及收入维持之外的那些需要社会资助的个人和家庭服务项目,主要包括贫困者服务、儿童青少年及弱势成年人服务、老年及身心残障者服务等。美国社会服务具有典型的补缺型特征,公共部门只提供有限的经费,大部分资金和社会服务计划主要依靠私营组织和第三部门来维持。[3] 社会服务与公共救助、社会保险一同构成美国的社会福利体系。

英国社会政策学家迪安根据各国的实践经验,将社会政策涉及的社会服务归纳为四类:第一类是那些被视为"基础性"的人类服务,如医疗卫生和教育;第二类是有关收入维持和就业的服务,借助它们,可以确保社会安全和经济生产力;第三类是有关住房和环境的服务,它们可以确保人类生存的自然环境;第四类是所谓的"个人"社会服务,旨在为社会中最弱势的成员提供照顾或保护。[4]事实上,按照生命周期理论,人在不同时期会面临不同困难,社会服务能够通过生活照顾、医疗及教育培训等方式,将家庭成员从照顾责任中解脱出来,推动社会参与和社会整合。[5]

---

[1] 岳经纶:《社会服务、公共服务与中国的社会保障体系》,载岳经纶、刘洪、黄锦文主编:《社会服务:从经济保障到服务保障》,中国社会出版社2011年版,第234页。
[2] 岳经纶:《个人社会服务与福利国家:对我国社会保障制度的启示》,载《学海》2010年第4期。
[3] Ralph M. Kramer, Voluntary Agencies and the Personal Social Services, in Walter W. Powell (ed.), *The Nonprofit Sector: A Research Handbook*, Yale University Press, 1987, pp. 240-257.
[4] 徐延辉、黄云凌:《社会服务体系:欧洲模式与中国方向》,载《人民论坛·学术前沿》2012年第17期。
[5] I. Ostner, The Politics of Care Policies in Germany, in J. Lewis (ed.), *Gender, Social Care and Welfare State Restructuring in Europe*, Ashgate, 1998, pp. 47-73.

二、我国社会服务的内容及其演变

在传统中国,社会提供的服务主要为家庭式的非正式性的照顾。然而,随着剧烈的社会变迁,现代家庭的照顾能力降低,公众对社会服务的需求日益凸显,因此迫切需要国家发展社会性的、正式的现代社会服务。① 社会服务能力建设逐渐被纳入政府议程及政府部门出台的政策文件,为我国社会服务的落实提供了政策依据。

(一)我国社会服务的发展演变

在我国,社会服务作为一项重要的人类服务或公共服务,在很长一段时间里都没有得到足够重视。我国社会保障的政策重点一直是社会保险,社会服务则没有被提上重要政策议程。在政策实践中,社会服务被理解为民政系统中的社会福利事业。

在计划经济时期,我国实行单位服务为主和民政服务为辅的社会服务体系,向集体成员和边缘群体提供服务保障。改革开放之后,通过单位服务的社会化和社区服务,社会服务从封闭走向了开放,我国社会服务体系也面临重构。②

从政策实践看,我国社会服务体系经历了从社会福利服务向社会保障服务的延伸,从特殊群体直接需求服务向社会成员生活服务的扩展,从社区服务向社会服务的提升。改革开放促进了社会服务的成长与发展,社会服务的成长基础则源自社区服务。1986年,民政部为配合城市经济体制改革,首先提出倡导发展社区服务。这一创新实践旨在推动城市开展以民政对象为主的福利服务和便民利民服务。随着改革开放的深化和经济社会的迅速发展,社区服务的价值意义迅猛上升。这一实践不仅得到了社会的积极响应,也受到党和政府的高度重视。社区服务对象迅速向社区全体居民扩展,服务内容向社会生活更广泛的领域延伸,服务模式也向规范性、制度化发展,在推进实践中激发了社会服务的成长。③

党的十六届六中全会通过的《关于构建社会主义和谐社会若干重大问题的决定》,第一次阐述了社会服务政策,并要求增强社会服务功能,提升社会服务水平,以满足人民群众日益增长的社会服务需求。党的十七大提出建立以社会保

---

① 李海荣:《社会服务:香港经验及启示》,载《甘肃行政学院学报》2013年第5期。
② 林闽钢、梁誉:《论中国社会服务的转型发展》,载《行政论坛》2018年第1期。
③ 王然:《社会服务的国际借鉴与中国实践》,载《中国民政》2011年第8期。

险、社会救助、社会福利为基础,以基本养老、基本医疗、最低生活保障制度为重点,以慈善事业、商业保险为补充的社会保障制度体系。在这一制度体系中,政府责任包含两个方面,即提供物质保障和服务保障。同时,强调加快建立全国统一的社会保障社会化服务体系。在建立社会保障社会化服务体系的过程中,政府的责任除直接提供不适合或不具备条件购买的服务外,还要有效地动员和综合利用社会资源来加强和改善社会服务,以提高社会保障服务质量和效率。

近年来,在我国服务型政府的建设中,基本公共服务已经被放在了重要的位置,提供"基本社会服务"也已成为政府的主要职能之一。国务院颁布的《国家基本公共服务体系"十二五"规划》首次把"基本社会服务"作为国家基本公共服务的一个重要领域。党的十八大报告更是将社会服务作为社会建设的重要载体。国务院颁布的《"十三五"推进基本公共服务均等化规划》更进一步明确提出国家要建立完善"基本社会服务"制度,为城乡居民提供相应的物质和服务等兜底帮扶,重点保障特定人群和困难群体的基本生存权和平等参与社会发展的权利。目前,"基本社会服务"已成为民生的关键项目,社会服务供给水平也成为高质量发展的标志之一。[1]

从我国社会服务的实践历程看,社会服务主要是针对社会成员所发生的特定困难而进行的体现公平与公正的帮助、扶助或支持活动,具有人格化、行动指向的特定性以及具体性等特点。[2] 与现实意义上的公共服务进行比较可以发现,公共服务着眼于整体人口的福祉提升,而社会服务则侧重于特殊群体一定需求的满足;公共服务侧重宏观聚焦,而社会服务则更关注比较微观的问题和项目,强调特殊群体具体问题的解决。从社会服务实践进程看,我国目前的社会服务已发展成为基本公共服务的重要内容,成为基本公共服务体系的重要组成部分,也是我国基本民生保障的一项重要任务和事业。

(二)我国社会服务的主要内容

长期以来,我国社会服务都被狭义地理解为民政系统中的社会福利事业。社会服务被理解为民政社会福利,其主要内容是老年人社会福利服务、儿童社会福利服务、残疾人社会福利服务三类。[3] 老年人社会福利服务是指政府和社会

---

[1] 林闽钢:《中国社会服务国家建设亟需构建社会服务制度》,载李兵:《社会服务:制度框架构建研究》,社会科学文献出版社2019年版,第6页。
[2] 王然:《社会服务的国际借鉴与中国实践》,载《中国民政》2011年第8期。
[3] 陈永杰:《社会服务的概念及其变迁》,载岳经纶、刘洪、黄锦文主编:《社会服务:从经济保障到服务保障》,中国社会出版社2011年版,第273—275页。

向处于社会特殊困难下的老年人提供的养护、康复等服务,重点是老年人权益保护、老年人机构福利服务和老年人社区福利服务,包括老年人的生活照料、医疗康复和保健、教育和文化娱乐以及就业和参与社会等。儿童社会福利服务是指国家为儿童提供教育、医疗等社会服务,在我国这主要指为残疾儿童、孤儿和弃婴等处于特殊困境下的儿童提供的福利项目、设施和服务,目的是保障这些儿童的生活、康复和教育。残疾人社会福利服务主要是指国家为残疾人提供康复、教育、劳动就业、文化生活、生活照料等服务,重点是帮助残疾人实现就业,通过采取临时救济和集中供养以及兴办残疾人福利安养机构等福利措施对残疾人提供特别照顾。因此,社会服务范围仅局限于"个人社会服务",即救助弱势群体的服务,服务对象十分有限。

随着经济和社会的发展,我国也开始重新定位社会服务的内容范围。国务院公布的《国家基本公共服务体系"十二五"规划》将基本养老服务、社会福利服务、社会救助服务、优抚安置服务等统称为"基本社会服务",具体包括:为城乡困难群体提供最低生活保障和专项救助;为农村"五保"对象提供吃、穿、住、医、葬方面的生活照顾和物质帮助;为自然灾害受灾人员提供救助;为城市生活无着落的流浪乞讨人员提供救助;为残疾人、孤儿、精神病人等特殊群体提供福利服务;为老年人提供基本养老服务;为优抚安置对象提供优待抚恤和安置服务;为城乡居民免费提供婚姻登记服务;为身故者提供基本殡葬服务。基本社会服务被列为单独门类,独立规划编制,纳入民生指数指标体系和统计指标体系,是国家基本公共服务的一个重要领域。

社区服务体系建设也是我国社会服务体系建设的重要部分。"十四五"时期我国进入新的发展阶段,国务院将《"十四五"城乡社区服务体系建设规划》列为"十四五"时期重点专项规划之一。在服务内容上,该规划强调为民服务、便民服务、安民服务一体推进。为民服务主要指幼有所育、学有所教、病有所医、老有所养、弱有所扶,文体活动有服务等;便民服务主要指社区公共事业服务事项和商业服务事项两大类;安民服务主要涉及社区平安建设的各项服务。该规划提出多项社区服务提升行动,比如社区养老服务行动、社区未成年人关爱行动、社区助残行动、社区就业服务行动、社区卫生服务行动等。

总的来说,现阶段我国社会服务的内容主要是针对特殊人群基本生活需求的福利项目与内容,服务形式上以收入保障为主、特殊群体照顾为辅。从发展趋势看,以服务为主的社会服务将是未来社会服务的主要形式。

三、我国社会服务体系的优化路径

由于我国当前的基本公共服务"总体水平偏低、发展不平衡、效率低",社会服务的人才匮乏、资金投放不足,以及相关政策和配套机制不完善,因此社会服务建设也比较落后,基本社会服务供给总体处于偏低水平。为构建一个政府主导的、人人共享的现代社会服务体系,我们提出如下优化路径:

第一,提高服务内容的层次性和多样性,发展综合性社会服务体系。我国的社会服务,无论是在服务对象还是在服务内容上,都还比较单一。服务对象一般局限于老年人、残疾人、儿童等特殊群体,服务的内容也往往是经济或现金的援助,忽略了针对一般个人的直接的服务。但随着社会分工和发展程度的不断提高,社会结构日益复杂,社会大众面对的问题不再局限于物质和金钱的缺乏,还牵涉情感等诸多问题,因而发展一般化、综合性的服务体系必不可少。因此,在服务理念上,要实现两个转变:一是转变服务对象,变特殊服务群体为一般个人,扩展服务范围,使有需要的各种服务对象均能受益。二是转变服务内容,变单一的社会保障为多样性的直接服务,改变以往只注重经济援助的理念,发展针对性的"直接的服务",增加服务内容,使社会服务的提供更加灵活多元。①

第二,加大财政预算和管理人员的投入,提升社会服务的质量。相关数据显示,美国联邦政府所有福利项目占其财政开支的一半以上,加拿大政府对特殊群体的社会服务专项资金预算也比一般国家高出很多。当前我国的社会经济发展水平,大体相当于西方国家 20 世纪 60 年代的水平,参照西方国家历史发展经验,审视当前我国社会转型的现实国情,我们应该大力发展社会服务,加大财政资金投入力度,加强社会服务管理人员的职业化、专业化训练,以此提升社会服务的水平。

第三,增强服务专业化建设,构建专业服务队伍。社会服务最后还是要落实到个人身上,而社会工作者作为服务的实际提供者,承担着提供服务的具体职责。发展专业化的社会服务,离不开建设专业化的服务队伍。一方面,我们应通过院校培养和职业培训的方式,实现专业化社会服务人员的储备与转化;另一方面,还需要加强对社会工作者的培养、引入与激励,使其学有所用,劳有所获。

第四,推进社会服务的标准化。包括政府、社会和市场在内的各类社会服务要基于服务的类别与内容拥有统一的、可操作量化的服务标准,为社会服务提供

---

① 李海荣:《社会服务:香港经验及启示》,载《甘肃行政学院学报》2013 年第 5 期。

者的准入与监管、服务的评估与审核提供标准与依据。① 我们应当根据社会服务的要求分类制订社会服务标准,明确服务的目标、内容、对象、基本程序、资金来源、质量控制以及绩效评估等内容。

第五,鼓励社会服务对象的个人参与,提高服务质量。在社会服务中,一般都视服务对象为消极的服务接受者。考虑到服务现代化及服务质量的双重要求,我国在发展社会服务时,应考虑服务对象的参与权利,鼓励服务对象积极进行参与,以利于服务更具有灵活性和提高服务质量。社会服务能力的提升最终需要落脚到国民对社会服务的获得感上。

第三节 社会服务管理体制

社会服务管理指的是对社会服务组织和社会服务供给在一定领域和一定时间内的实际运行状况进行的一种管理。② 社会服务管理直接影响一个国家或地区社会服务供给的水平、质量和效率。

一、社会服务管理体制

社会服务管理体制是国家设置和制定的从中央到地方的各级各类社会服务管理机构、管理内容和管理方式的总和。社会服务管理体制与一个国家的历史发展过程,特别是政治、经济和社会等因素密切相关。

(一)国外社会服务管理体制

在西方发达国家,社会服务管理起初呈现分散化特点。二战之后,随着西方国家经济实力的增强,社会服务进入快速发展阶段。这有两个主要标志:一是西方国家为解决社会问题,逐渐扩大社会服务的内容和范围,颁布有关社会服务法律;二是西方国家相继成立社会服务有关主管部门,社会服务日益专业化。

20世纪60年代,英国政府的社会服务职责分散地归属于不同部门。中央政府的服务职责分属于内务部和健康部,其中,内务部负责儿童服务,健康部负责地方的健康和福利服务。此外,教育和科学部负责教育福利,而住房部和地方政府则负责地方当局的住房福利供给等。针对这一状况,英国政府建立了希波姆委员会来调查社会服务供给状况,并于1968年发布希波姆报告(Seebohm

---

① 林闽钢、梁誉:《论中国社会服务的转型发展》,载《行政论坛》2018年第1期。
② 李兵:《国外社会服务发展历程及其启示》,载《中国民政》2011年第3期。

Report)。报告核心是提倡建立一个统一的、以家庭为导向的社会服务结构,以解决社会服务碎片化的问题。于是,英国政府在1970年出台了《地方政府社会服务法》,地方政府也随即建立了社会服务局,开始依法开展社会服务。①

此后,欧美等许多发达国家的政府纷纷成立社会服务机构,积极制定社会服务政策法规。比如,瑞典于1980年颁布了《社会服务法》,并由健康与社会事务部来执行;挪威于1991年颁布了《社会服务法》,并由劳动与福利局来执行;丹麦于1998年颁布了《社会服务法》,于2010年2月成立了社会事务部来执行。

美国政府则从20世纪50年代开始向社会服务提供资金,1967年到1972年,联邦政府把向州政府提供的社会服务拨款预算最高限额定为25亿美元。1974年,《社会保障法》(Social Security Act)增加了"社会服务固定拨款法条"。此后,联邦政府在州政府的呼吁下,不断上调拨款预算最高限额,1980年最高限额为29亿美元,1981年达到32.5亿美元。

丹麦在19世纪90年代就有了社会服务,其标志是1891年颁布的《贫困法》和《老年援助法》,这两部法后来分别演变为《社会援助法》和《老年退休金法》。到了20世纪60—70年代,随着经济财富积累迅速增加,丹麦社会部门支出占其国内生产总值的比例也从1969年的10.3%增加到1979年的17.1%。

瑞典在20世纪30年代就有社会服务项目,从20世纪60年代开始,随着经济实力的增强,瑞典的社会服务投入迅速加大。瑞典1975年的社会服务支出是1960年支出的6倍。

总结西方发达国家社会服务的发展经验,可以知道政府在社会服务管理中发挥了主导作用。政府通过提供资金和支持开展服务项目,将社会服务纳入社会发展事业中来,并将社会服务确定为政府的一项社会职责。然后,政府通过成立管理机构、制定政策法规、协调部门和各级政府行动等来保证社会服务的供给运行。最后,政府通过发挥宏观指导作用,即通过扶持和支持等干预手段,引导社会服务的发展方向。②

(二)我国社会服务管理体制

中华人民共和国成立后,尽管社会服务提上日程,但由于在计划经济体制下国家与社会基本处于重合的关系,因此作为资源配置的唯一主体,国家垄断和控

---

① 潘屹:《西欧社会服务的概念和实践以及发展趋势》,载岳经纶、刘洪、黄锦文主编:《社会服务:从经济保障到服务保障》,中国社会出版社2011年版,第22—23页。
② 李兵:《社会服务理论和实践研究》,知识产权出版社2014年版,第20页。

制着社会的全部资源和机会。这种"行政导向"模式使政府一直扮演着大包大揽的角色,政企不分、政事不分、政社不分,社会服务完全成为硬性的福利分配或集体性的救助帮扶。改革开放后,随着市场经济不断发展,我国的资源配置方式逐渐由计划转为市场,国家与社会的关系开始变化,政企、政事、政社逐步分化,社会服务不再局限于政府供给,"一主多元"型的社会服务供给模式日渐成型。

从政策演进历程看,我国社会服务管理体制经历了三个主要发展阶段：[①]

第一阶段,社会服务被纳入政府部门的工作中。1983年召开的第八次全国民政会议提出了适应社会发展,扩大社会服务面的新要求。社会服务的概念首次进入政府职能部门的工作规划中。1986年,民政部为配合城市经济体制改革,首先提出和倡导发展社区服务。1988年,第九次全国民政会议提出,在新的形势下,民政部门应当发挥民政工作的作用,完善社会组织结构,调整社会关系,缓解社会矛盾,实施社会服务。这是我国政府部门第一次明确把"实施社会服务"纳入发挥职能作用的总体要求中,第一次将其明确作为政府部门的工作任务。

第二阶段,建立社会服务部门行政管理体制。1994年,第十次全国民政会议提出,建立城市福利和服务体系,建立和完善优抚安置管理体制和服务体系,建立管理和服务有机结合的社会行政管理体制。2002年,第十一次全国民政会议提出,民政部门要更好地为广大人民群众服务,为最需要帮助的困难群众服务,为改革发展稳定的大局服务。为此,会议明确了完善政府主导、部门协作、社会参与的工作机制,并认为社会服务是民政工作社会化的基本措施。这一阶段的社会服务概念定位更加集中体现出民政部门法定职能的"社会行政事务"的特征。

第三阶段,首次提出要确立国家社会服务管理体制。2006年,第十二次全国民政会议明确提出,民政工作是政府实施社会管理和公共服务职能的重要方面。会议把建立与政府服务、市场服务和社会志愿服务相衔接的社会服务体系提升到了推进改革的重要内容和经济社会协调发展不可回避的重大问题的高度。2012年,第十三次全国民政会议提出,必须坚持以人为本,构建政府管理与社会自治相结合、政府主导与社会参与相结合的社会管理和公共服务体制。会议还进一步明确提出,构建直接面向基层、面向社区、面向家庭和群众,以及

---

① 林闽钢：《我国社会服务管理体制和机制研究》,载《华中师范大学学报》(人文社会科学版)2013年第3期。

职能有机统一的管理服务体制。

从以上分析可以看到,在我国社会服务管理体制的发展历程中最重要的是建立了民政部所主导的社会服务部门行政管理体制。但随着社会服务内涵和外延的扩大,我国面临着跨部门的整合的问题,以便建立起统一、协调的社会服务管理体制。

二、社会服务的供给模式

因在社会背景、政治经济制度和文化观念等方面存在差异,中西方形成了不同的社会服务供给模式。

(一)国外社会服务的供给模式

在西方发达国家,社会服务秉持福利多元主义的理念,主张政府不是社会服务唯一的供给者,营利机构、非政府组织、家庭、社区等各类主体可以合作供给社会服务,各类服务主体之间相互配合并且功能互补,普遍采取社会服务多元供给模式。[1] 随着人们对社会服务的需求日益多样,围绕社会服务供给结构模式的争论也愈发激烈。[2]

1. 新公共管理模式。有学者指出,在一定的技术条件和制度安排能引致"排他成本"降低的情况下,纯公共物品由私人提供不仅可行且更有效率。[3] 德鲁克于1969年提出"民营化"一词,随后公共服务领域的市场化改革迅速在世界各地蔓延开来,新公共管理模式也逐渐成为主流。由于社会大众需求的差异化和多样化,"民营"顺应了时代发展的需要,开始突破传统单一路径下的政府垄断供给模式,"倒逼"政府权力让渡与下放。在竞争机制的有效运作下,社会公共服务供给主体开始趋向多元化。当然,"民营"的盲目引入也会导致政府监控权的弱化,并造成私人供给的垄断,这些负面影响不容忽视。

2. 公私合伙制模式。雷蒙特首创了合作建设项目供给PPP(Public-Private-Partnership)模式,即公共部门与私营部门的合伙制模式。这种模式强调政府同私营部门加强合作伙伴关系的建立,以特许权协议为基础前提,通过双方签订的合作契约关系来规范双方的权利和义务,以确保伙伴式合作关系的维系和加强。PPP模式体现出全新的"双赢"合作理念,既能有效摆脱社会服务主

---

[1] 王刚、姜维:《比较视角下的中国社会服务模式重构》,载《学术界》2014年第7期。
[2] 倪明胜:《社会服务概念辨识与路径优化》,载《江西社会科学》2012年第2期。
[3] R. H. Coase, The Lighthouse in Economics, *Journal of Law and Economics*, 1974, 17(2): 357-376.

体供给的产权纠纷问题,又能合理规避社会服务私人垄断的危险,从而提高社会服务供给的效率。当然,在这种公私合伙制模式下,如果双方合作时信息不对称,就很容易在获利动机的诱导下寻求背后交易,而这必然导致公众利益受损,"契约失灵"难以避免。

3. 互补供给模式。汉斯曼指出,营利组织所固有的局限性是导致"契约失灵"的根源,而非营利组织由于受到"非分配约束",不会为追求利润而降低品质,因此公共物品的生产若由这种非营利的第三部门完成,生产者的欺诈行为便会得到有力的遏制。[①] 也就是说,非营利性的第三部门是作为一支独立的力量出现的,能够在社会服务供给的过程中实现公平与效率的优化组合,以防范公众利益的受损。但是,正如政府和市场会产生"失灵",第三部门也常常会偏离志愿机制,在提供社会公共服务项目上产生功能性和效率上的种种缺陷。慈善资金不足、慈善活动的狭隘性、慈善组织者的理念冲突等,都有可能造成萨拉蒙所说的"志愿失灵"。[②]

4. 三元主体合作模式。伍斯诺在1991年提出了以"政府、市场、志愿部门"为主体的三元主体公共服务项目供给模式。他指出,政府的特点是拥有强制性权力,市场是以非强制性原则来运作,而志愿部门是以"志愿主义"的原则来活动,三者表面上界限清晰且原则大相径庭,但在面临同一个社会问题时,可以呈现出密切的互动关系。[③] 毫无疑问,以三元供给主体形成的社会公共服务供给过程应是一种网络化合作治理范式,使私营部门与公共部门、政府与市场、政府与非政府组织间的严格界限被打破,形成有效的互动协调供给机制。三元主体之间的合作能充分发挥各自的优势,形成多元均衡供给机制,但这是种理想化的情景,由于实际运行过程中的"类官僚化运作"以及有效监管机制的缺失,社会服务的供给效率往往会大打折扣。

(二)我国的社会服务供给模式

中华人民共和国成立初期实行计划经济体制,政府通过权力手段控制所有的社会资源,并以计划的形式进行分配,社会福利也不例外。计划经济时期我国

---

① H. B. Hansmann, The Role of Nonprofit Enterprise, *Yale Law Journal*, 1980, 89(5):835-901.

② L. M. Salmon, Partners in Public Service: The Scope and Theory of Government-Nonprofit Relations, in Walter Powell (ed.), *The Nonprofit Sector: A Research Handbook*, Yale University Press, 1987, pp. 99-117.

③ 周燕、梁樑:《国外公共物品多元化供给研究综述》,载《经济纵横》2006年第2期。

实行"国家—单位制"模式,社会福利的具体事务由政府直接包办统揽,实行垄断性经营。① 改革开放后,我国虽在整体上建立起了多层次的社会保障体系,但就社会保障的给付而言,却长期存在"重社会保险,轻社会服务"的问题。② 随着我国人口、家庭和劳动力市场结构的变化,"重保险"的给付结构不再能有效解决市场经济引发的所有社会问题,因此我国需要提高社会服务供给水平。这一方面可以减轻社会保险的给付压力,另一方面可以帮助满足全体国民的基本需求,增加社会保障的公平性和可持续性。

随着社会服务需求增加和供给能力不足矛盾的突出,我国社会福利正在经历从补缺型向普惠型的转变,社会服务提供主体也从政府一元主体向多元主体过渡。虽然政府仍是社会服务的主要承担者,但却不再是最主要的提供者,社会服务政策导向的新趋势是服务提供者多元化、市场化,中央政府权责向地方政府转移,服务提供者联合等。国家陆续印发了《中央财政支持社会组织参与社会服务项目资金使用管理办法》《2013 年中央财政支持社会组织参与社会服务项目实施方案》等一系列文件,鼓励社会服务多元提供、政府购买等社会服务发展战略。③

具体而言,我国社会服务供给方式表现出以下发展趋势:④

第一,多元供给。多元服务供给是社会服务供给方式创新的主要趋势之一。公共部门、非营利组织、市场组织等都是社会服务的提供者。一方面,多元供给减弱了政府在服务提供中的作用,能够达到引入竞争、控制开支、提高社会效能的目的;另一方面,不同主体提供服务是满足多元化社会需求的有力手段。

第二,政府购买社会服务。社会服务多元供给的前提是政府承担主要责任,其制度基础是政府购买。政府是社会服务的委托者、资金筹措者,它通过合约与多元服务提供者进行连接,实现社会服务的供给。

第三,服务社区化。社区承接了大量社会服务项目和服务内容,是社会服务的"集散地"。有些国家将社会服务又称为社区服务或社区照顾服务。基于社区提供社会服务,是社会服务供给的重要特征之一。这是因为,首先,社区是

---

① 许芸:《从政府包办到政府购买——中国社会福利服务供给的新路径》,载《南京社会科学》2009 年第 7 期。
② 林闽钢:《走向社会服务国家:全球视野与中国改革》,中国社会科学出版社 2020 年版,第 85 页。
③ 张笑会:《福利多元主义视角下的社会服务供给主体探析》,载《理论月刊》2013 年第 5 期。
④ 高娜、张欢:《社会服务概念与内涵辨析》,载《行政科学论坛》2015 年第 1 期。

与居民关系最密切的基层组织形式,具有及时准确把握居民社会服务需求的优势;其次,社区有众多潜在社会服务提供组织,这是开展社会服务活动的组织条件;最后,社区是居民生活的连接载体,生活在同一社区的居民容易建立密切关系,由社区提供社会服务既有助于居民直接利用社会服务,也利于提高居民对社会服务的情感认同。

第四,社会服务工作者专业化。社会服务是以劳务为表现形式的服务,点对点即时提供是社会服务的突出特征。社会服务工作者是社会服务供给中不可缺少的重要组成部分。每一项社会服务都要求社会服务工作者与接受者在互动中完成。因此,服务工作者的数量和质量直接决定了社会服务的水平。社会服务工作者数量紧缺、专业素质低已经成为制约我国社会服务发展的主要因素。

第五,完善监督与评估。社会服务供给方式的创新有赖于管理部门对服务及服务机构的监督和评估的完善。首先,并非所有的社会组织、市场机构都具有提供社会服务的资格。其次,提供社会服务的组织必须接受相关管理部门的监督和评估。完善的行业准入制度以及完善的社会服务质量标准和评估体系是社会服务长久发展的根本保证。这也是当前我国社会服务发展的重要方向。

三、我国社会服务管理体制的创新方向

在当前创新社会管理的大背景下,我们应当适当借鉴国外社会服务的成熟模式和管理经验,积极推动我国社会服务管理体制的创新。[1] 社会服务管理体制的改革与创新,不仅是技术和组织层面的创新,还包括服务主体、资源供给、政策供给等要素的系统性改革与创新。

第一,健全以政府为主导的多元社会服务供给模式。推动建设政府主导、社会积极参与的多元社会服务供给模式,提高社会服务质量。推动社会服务主体的多元化,主要通过以下两种方法:一是大力推进政府购买社会服务,促进各种社会服务组织的迅速发展,使社会服务组织从有到多,成为社会服务提供的主体之一;二是通过大规模的事业单位的分类改革,使公益组织重新定位于公益服务,成为社会服务的主力军。[2] 此外,还要全面建立政府与社会组织在社会服务中的合作伙伴关系。政府可以通过税费减免等多种形式,鼓励和引导社会组织

---

[1] 徐选国、侯利文、徐永祥:《社会理性与新社会服务体系建构》,载《中州学刊》2017年第1期。
[2] 林闽钢:《我国社会服务管理体制和机制研究》,载《华中师范大学学报》(人文社会科学版)2013年第3期。

广泛参与社会服务。通过制订社会服务专项发展规划和服务标准,吸引社会组织参与对社会服务项目的投资,以减轻政府的投资经营负担。

第二,积极完善政策法规建设,保障社会服务在法治轨道上的科学运行。例如,可以根据实际情况,先制定出台"社会服务操作指南""社会服务条例"等法规条例,一旦时机成熟,便可以制定"社会服务法""福利保障法"等法律,使社会服务严格按照法定程序规范化运行。

第三,加强社会服务监管,构建社会服务评估体系。西方国家在推进社会服务市场化和社会化改革的过程中,一般会通过成立专门机构和制定法律来强化对社会服务资金的监管。社会服务监管的前提是考虑到"市场失灵"和"第三部门失灵"。因此,西方国家会强化立法和监督并建立完善的问责机制,以便切实保障社会服务资金的透明化运行。我们应借鉴国外的经验,强化绩效评估并量化考核,同时制订社会服务质量标准,对服务质量及监管提出要求。

第四,大力培育和发展非营利性组织,提高社会服务效率。通常而言,公立性组织往往处于有限垄断的地位,靠财政扶持,很少会破产,因此容易缺乏竞争与压力。在这种情况下,公立性组织容易出现官僚化倾向,效率低下。营利性组织受利润驱动,存在市场竞争,因此既有动力,又有压力,效率往往较高。而非营利性组织则受使命驱动,又能够吸引志愿者的参与,因此效率与服务质量都较高。[①] 非营利性组织能在政府和社会之间架起沟通与协作的桥梁,为政府与公民社会之间的良性互动、协同服务提供快捷便利的行动框架。此外,非营利性组织还能够有效弥补政府社会服务供给不足、效率低下等缺陷,对整合社会资源、吸引公众参与、培育服务帮扶意识也意义深远。

---

① 邓国胜:《公共服务提供的组织形态及其选择》,载《中国行政管理》2009年第9期。

第六章　人口与人居环境治理

为了更为高效地利用人力资源，解决人口问题，各国政府往往会根据自己国家的现实情况制定相应的人口政策以探索合理的应对方式，从而进行有效的人口管理。

第一节　人口政策与计划生育

世界各国政府采取的人口政策一直在不断变化。在我国，计划生育政策就是影响较为广泛的人口政策之一，对经济和社会生活的各个领域产生了重要的影响。

一、人口政策

涉及人口管理的基本概念众多。人口学侧重对人口状态进行描述，相关概念包括人口数量与人口质量、人口出生率与人口死亡率、人口迁移与人口流动等。在实践层面，人口管理的相关概念主要为人口制度和人口政策。

（一）人口管理、人口制度与人口政策

1. 人口管理。人口管理是一项综合性很强的管理活动。它是管理者为了一定需要和目的，对人口变动和人口发展进行决策、计划、组织、指挥、监督和调节等一系列活动的总和。[1]

2. 人口制度。人口制度是一个国家的基础性社会制度。依据制度人口学的基础理论，人口管理的本质在于制度，制度决定人口的发展，不同的制度安排导致人口发展呈现不同效率和质量。[2]

人口制度包括基本人口制度和具体人口制度两类。基本人口制度具有宏观性、综合性和根本性，针对的是一个国家的人口总体，涉及人口行为的根本方向，

---

[1] 王秀银、鹿立、崔树义主编：《现代人口管理学》，山东人民出版社2001年版，第122页。
[2] 龙峰：《宪法视野下人口制度与国家安全的关系研究》，载《河北工业大学学报》（社会科学版）2016年第2期。

是人口发展的框架目标和根本原则。具体人口制度针对的是某一特定的人口群体。在宏观综合的基本人口制度框架下,这类人口制度可进行适当的调整,人口生育制度、人口流迁制度、人口教育制度、人口就业制度和人口保障制度等都是具体人口制度。①

3. 人口政策。人口政策指的是政府为调节和干预人口发展变化而采取的态度、手段和措施。从狭义角度看,人口政策是指直接调节人口再生产的政策和法规。从广义角度看,人口政策既包括直接调节人口再生产的政策和法规,也包括直接影响人口生育行为的社会经济政策和措施。人口政策影响和干预人口变化的全过程,包括人口自然变动和人口迁移变动。人口政策体系全方位影响和干预人口涉及的各种内容,不仅能够调节人口数量,还可以影响和干预人口质量、人口构成和人口分布的变化。②

(二)人口政策的特点

人口政策通常具有以下几个方面的特点:

第一,人口政策的制定和实施具有历史性。人口政策会随着人类对人口变化规律认识的增长而发展,并反映出一定历史阶段下的人类需求和认识能力。

第二,人口政策制定、实施和评价的主体是一国政府,它是政治过程。政府通过政策的制定和实施改变人口的数量和结构,包括年龄结构和民族结构等。这表明政府具有管理公共事务的权利,同时也表明任何个人意义上的人口问题都是社会问题,只有站在宏观角度才能制定切实可行的人口政策,使国家利益最大化。

第三,人口政策是普遍性和特殊性的统一。人口政策的普遍性在于各国都有各种不同类型的人口政策。人口政策的特殊性在于不同国家的人口政策有明显差异,有些政策限制人口增长,有些政策促进人口增长,还有一些则是维持现状。

第四,人口政策的实施是一整套的"成本—效益"的运作过程,与社会发展政策相配套。人口政策实施的成本是各种物质和非物质的投入,效益则是这些投入能够为国家和个人带来的益处。由于人口增长的周期相对较长,人口政策的效益是长远的,因此制定和实施人口政策往往需要战略眼光。

---

① 申鹏:《基于中国人口实践的制度人口学研究内容探析》,载《西北人口》2010年第2期。
② 中共中央党校教务部、国家人口和计划生育委员会宣教司:《人口理论概要》(修订本),中共中央党校出版社2009年版,第104页。

（三）人口政策的类型

第一，从人口政策的实施方式看，人口政策可分为直接人口政策、间接人口政策和隐含人口政策。

直接人口政策（direct population policies）也叫狭义人口政策，直接干预人口规模、人口过程和人口结构。直接人口政策包括：① 公共健康和安全政策，其目的是减少死亡率，让更多的人可以活得更健康、更长久。② 控制生育政策，如家庭计划生育政策要求夫妻有意识地安排生育数目和生育间隔，并提供相关服务。③ 人口迁移政策。

间接人口政策（indirect population policies）也叫广义人口政策，是指那些目标并不是为了影响人口规范和结构，但其实施的结果却影响了人口规模和结构的政策。间接人口政策对人口规模和结构的影响是非常广泛的。例如，1986年瑞典实施的带薪产假政策，这一社会福利政策不仅促进了在职妇女事业的发展，也带来了生育率的上升。

隐含的人口政策（disguised population policies）是指一项政策表面上是指向一个单一目标，但事实上它是指向人口目标的。比较典型的例子就是各种有关流产的政策。人工流产合法化能够非常有效地降低出生率，因此为了控制出生率，许多国家采取了流产需求政策（abortion-on-demand policies），即官方以维护母亲健康的名义使人工流产合法化。

第二，根据人口政策的实施目标，人口政策可分为内部人口政策和外部人口政策两种。内部人口政策（internal population policies）是一个国家制定的影响本国人口的政策。如计划生育政策只对本国居民具有效力。外部人口政策（external population policies）是一个国家制定的影响其他国家或群体的人口政策，常常在国际政策领域发挥作用。如国际社会对于饥荒的援助，有效地减少了他国的死亡率。

第三，根据人口政策的内容，人口政策可以分为限制人口增长的政策和鼓励人口增长的政策。根据联合国的资料，1988年，在131个发展中国家中有61个国家制定了降低生育率的人口政策；有不到四分之一的国家（24个）决定增加或维持现有的生育率。[①] 国家制定的生育政策会受到多种因素的影响。政府会根据当前社会发展所面临的问题、国情以及民众需求等进行分析和决策，推出相应

---

① 〔丹麦〕卡塔琳娜·托马瑟夫斯基：《人口政策中的人权问题》，毕小清译，中国社会科学出版社1998年版，第14页。

的生育政策。

(四) 人口政策的制定

制定人口政策的过程要求对现有趋势和可预期结果进行评估,了解人口改变的原因以及改变的规律。制定人口政策需要注意以下几个方面：

第一,充分了解和评估当前的人口状况和存在的基本问题,确定主要的人口问题和基本问题的主要方面,由此确定人口目标。人口目标具有多元性,包括提高、维持或降低生育率,提高人民生活水平,消除饥饿和种族冲突等。

第二,准确把握人口过程的规律性,了解影响人口过程的因素之间的互动关系,尤其是那些可以通过政策手段加以调节的因素与结果之间的关系,了解人口过程对国家社会福利状况的直接与间接的影响。例如,某年人口出生率的增长将意味着人口众多一代的到来和一系列的变化——6—7年以后进入小学的人数增加,18年以后进入劳动力市场或高等学校的人数增加,25年以后住房需求的增加和40—50年后退休人员数量的增加及老年问题的出现。因此,一个国家应当建立各种人口模型(population modeling)来描述人口年龄和性别结构的变化。

第三,人口政策是社会政策的一部分,它必须与其他社会经济政策相联系、相匹配。例如,计划生育政策应当与教育、医疗保障、生活保障等一系列政策相配套。

第四,建立人口政策的反馈和评估机制。人口政策是一个经由实践不断调适更新的政策体系,虽然未来具有不确定性,但是评估意味着可以找到未来人口、社会、经济发展的趋势,并以此不断调整和完善人口政策。

二、全球主要国家的生育政策

不同历史时期,人口增长与发展之间有不同的问题。以科学有效的方式解决人口数量变动所带来的问题,是各个国家为实现可持续发展而采取的重要措施之一。

(一) 全球生育政策概况

在不同的人口结构和社会环境下,一些国家选择不对本国生育率进行干预,一些国家制定了降低本国生育率的人口政策以限制人口增长,另一些国家则制定了提高本国生育率的政策以促进人口增长或维持人口现状。

限制人口增长的政策出现于20世纪50年代之后,在20世纪60年代得到普及,具体包括改善死亡率政策、鼓励迁移政策和计划生育政策等。20世纪80年代后,世界上大约一半的国家都明确提出了限制生育的人口政策。1951年,印度政府开始推行家庭计划政策。20世纪60年代前后,巴基斯坦(1960年)、中国、斯里兰卡(1953年)、新加坡(1956年)等都采取了家庭计划或人口控制政策。20世纪70年代末,哥伦比亚、多米尼加、墨西哥等国正式推行人口控制政策。非洲实施限制生育政策的国家相对较少,埃及、突尼斯等国自20世纪60年代起正式推行人口控制政策,取得了一定的效果。

促进人口增长或维持人口现状的人口政策有多种。以法国、德国、匈牙利等国为例,这些国家提出了各种鼓励妇女生育的措施,如优惠产假、住房和婴儿用品等。利比亚、几内亚、加蓬、中非共和国和赤道几内亚等国也曾于20世纪80年代制定鼓励生育的人口政策。

当前,生育率走低是一个全球性现象。

为详细区分不同的低生育水平,联合国的一些报告中一般把低于更替水平(总和生育率2.1)的生育率称为低生育率(low fertility),当总和生育率低于1.5时称为"很低生育率"(very low fertility),低于1.3时称为"极低生育率"(lowest-low fertility)。在过去几十年里,几乎所有国家和地区都经历了明显的生育率下降。20世纪50年代,全球的平均总和生育率大约为5,至2015年下降到2.5。据联合国预测,到2030年,世界大约三分之二的人口将生活在总和生育率低于2.1的国家。

随着低生育率水平在世界范围内的扩散,世界上出台鼓励生育政策的国家和地区也在增多。1976年,仅有8.7%的国家和地区出台了鼓励生育的政策;2007年后,超过20%的国家和地区实行鼓励生育的政策;2015年,通过政策鼓励生育的国家和地区增加到了27.9%。欧洲一些发达国家如德国、法国、瑞典、丹麦等最早出现人口"低出生、低死亡、低自然增长"的趋势,尤其在20世纪80年代后,部分欧洲国家相继进入人口总和生育率不足1.3的行列。为规避"低生育率陷阱",不少国家采取了鼓励生育的政策,它们也是最早实施鼓励生育政策的国家。

以新加坡、日本、韩国为代表的亚洲发达国家在20世纪60年代都实施过限制性的生育干预政策,以降低总和生育率,因此出现低生育危机的情况比欧美国家晚。20世纪80年代初,新加坡的总和生育率降至1.6,日本的总和生育率降至 1.57。此时,两国政府开始实施鼓励生育政策。韩国在总和生育率跌破 1.6 时仍实施中立性生育干预政策,直至 2005 年总和生育率跌至 1.12 时,政府开始重视低生育率问题,并出台《应对低生育综合对策》,向少子化、老龄化"宣战"。

亚洲发达国家的鼓励生育政策在实施初期多借鉴欧洲发达国家的生育津贴、儿童津贴、减免税收等经济性间接干预经验,如新加坡政府给予育儿津贴折合人民币每个儿童每月约 2000 元;日本政府根据不同家庭收入等级,对 3 岁以下和 3 岁以上 15 岁以下的儿童实行每人每月折合人民币 600 元到 912 元的差异补贴;韩国政府对 5 岁以下婴幼儿提供每人每月约人民币 1200 元的幼儿园保育费或家庭养育津贴。除经济激励外,亚洲发达国家政府在生育保障和社会公共服务方面也做了相应的政策制度安排。如日本政府高度重视幼托服务,建立了育婴室、婴幼儿生活支援设施、保育所、儿童课后服务和短期照料支持服务和支援设施;新加坡政府成立了社会和家庭发展部幼儿培育署,统筹监管儿童幼托服务工作。

(二)国外主要国家生育相关政策

1. 发达国家生育政策。澳大利亚建立了完善的休假、津贴与配套服务体系。第一,政府提供每次最多 18 周的带薪产假且要求雇主不得随意解雇产假结束后继续享受无薪假期的人员;第二,发放包括生育奖励、助养费(牛奶金)、早教津贴、学生津贴等在内的一系列奖励补助;第三,提供一系列健全的配套服务尽可能减少育龄女性的生育顾虑,并为适龄儿童提供 12 年的免费基础教育。

俄罗斯从生育理念、津贴补助、带薪休假、工作权利、辅助受孕服务等方面鼓励人们生育。第一,俄罗斯政府大力宣扬生育行为光荣的理念,倡导和鼓励年轻的夫妇积极生育;第二,俄罗斯政府为积极生育的家庭提供一系列奖励和优惠;第三,延长女员工的产假,建立包含全薪产假、半薪产假和无薪产假在内的一体化产假体系;第四,要求产假期间雇主必须保留产妇的工作岗位,为生育女性的工作权利提供保障;第五,为生育障碍的夫妇提供辅助受孕服务,满足生育障碍家庭的生育需求。

日本鼓励生育的政策主要体现在休假制度、经济补贴、托幼服务方面。第一,日本产妇和育儿家庭可以分别享受 14 周的带薪产假(原薪资水平的 60%)和无薪育儿假,若孩子生病还可提供额外假期;第二,政府为产妇一次性发放生育临时金,并为符合相应条件的育儿家庭提供每月津贴;第三,日本先后实施"天使计划""待机儿童零作战"计划和"新待机儿童零作战"计划,扩大托幼服务的受众范围,并负担托幼服务的部分家庭费用。

法国建立了多元的假期体系和全面的补贴体系,通过提供完善的托幼服务和有力的就业保障来提升总和生育率。第一,法国设立了包含产假、男性陪产假、育儿假在内的多元假期体系;第二,根据不同的家庭收入和孩子数量提供相应的资金补贴,制定了涵盖出生、养育、托幼、收入损失等多方面的津贴体系;第三,提供完善的托幼服务以满足父母需要兼顾生活与工作的基本诉求;第四,以法律的形式要求怀孕员工的工作岗位必须适合其怀孕状况,禁止歧视孕妇,不得解雇怀孕员工,并且必须在产假、男性陪产假和育儿假期间保留其工资待遇、岗位与职务。

2. 发展中国家生育政策。根据世界银行的数据,1990年低收入国家的总和生育率为6.4,即使到了2016年,总和生育率仍为4.7,远高于世界平均生育率水平。因此,大部分发展中国家采取了控制生育的人口政策,但有少部分发展中国家仍实行生育鼓励政策。

印度是亚洲发展中国家里控制生育政策推行较早且较为完善的国家之一。印度从20世纪50年代就实行人口控制计划,主要方式就是鼓励减少生育,政府为此专门拨款,为育龄女性提供避孕服务。印度人口政策在20世纪70—80年代有过几次重大调整。在21世纪初,印度提出将总生育率降至2.1的目标,并实施若干奖励和优惠政策。

以墨西哥、哥伦比亚、危地马拉等国为代表的拉丁美洲发展中国家在20世纪70年代后才正式采取控制生育率的政策。

以肯尼亚、加纳、毛里求斯为代表的大多数非洲发展中国家都制定了控制生育率的政策。

据联合国统计,1976年仅有25%的非洲国家颁布了政策降低生育率,到2013年,这个数字已经达到了83%。[①]

三、我国的计划生育政策

我国的生育政策经历了从鼓励到严控再到放松的过程。根据不同时期的特点,我国生育政策的演进可分为不同阶段。

[①] Population Division of Department of Economic and Social Affairs of United Nations Secretariat, *World Population Policies 2013*, https://desapublications. un. org/publications/world-population-policies-2013,visited on Mar. 30th, 2023.

(一)我国生育政策的发展历程

1. 鼓励生育阶段(1949—1953)。中华人民共和国成立初期,由于经济复苏需要大量的劳动力投入国家建设,因此该阶段国家出台了一系列鼓励生育的政策。

2. 逐步提出计划生育阶段(1954—1977)。在鼓励生育政策的推动下,20世纪50—60年代我国的生育率与30—40年代一样维持在高位,然而死亡率已大幅下降。① 死亡率的先期下降与生育率的持续走高导致人口总量迅速增长。为了控制人口过快增长,我国开始逐步提出计划生育。

1953年,我国进行了第一次人口普查,发现人口增长的数量与综合国力的发展不相适应。节制生育、控制人口的观点开始出现。1955年3月,中共中央做出批示:"节制生育是关系广大人民生活的一项重大政策性的问题。"1956年,《一九五六年到一九六七年全国农业发展纲要》(修正草案)指出,在人口稠密的地区开始实施有计划的生育子女的政策,这是中国计划生育政策开始逐步制定实施的标志。1962年12月,中共中央、国务院发布了《关于认真提倡计划生育的指示》。1963年10月,国务院召开会议讨论推行计划生育的相关细节。1964年,国家成立计划生育委员会,负责全国计划生育工作。各省市也积极推行计划生育的政策。1973年,国务院计划生育领导小组举行了第一次全国计划生育汇报会,提出"晚、稀、少"的生育政策,要求男25周岁、女23周岁以后结婚,女24周岁以后生育,生育间隔为3年以上且一对夫妇生育不超过两个孩子。

3. 严格执行计划生育阶段(1978—1983)。1968—1979年,中国境内妇女总和生育率下降了3.7,由6.45下降至2.75,尽管生育率快速下降,但由于过去近30年蓄积的人口正增长惯性势能太大,20世纪70年代中后期我国人口仍然以12‰左右的速度增长。② 因此,我国采取了更为严格的计划生育措施。

1978年10月,中央明确提出"提倡一对夫妇生育子女数最好一个,最多两个"。1980年9月,中共中央发表《关于控制我国人口增长问题致全体共产党员、共青团员的公开信》,明确提出提倡一对夫妇只生育一个孩子,这标志着独生子女政策开始全面实行。1982年,党的十二大提出实行计划生育是中国的一项基本国策,同年该内容被写入新修订的《中华人民共和国宪法》,明确了计划生育

---

① 茅倬彦、申小菊、张闻雷:《人口惯性和生育政策选择:国际比较及启示》,载《南方人口》2018年第2期。
② 同上。

的法律地位。

4. 小幅调整计划生育阶段(1984—2013)。1980—1990年,中国人口自然增长率高达15‰,[①]但90年代的生育率却迅速下降到更替水平,"低生育率、高增长率"引发了政府对人口增长的担忧。在鼓励"少生"的总原则下,全国各地结合实际情况出台了多样化的生育政策。此外,由于独生子女政策在推行过程中受到的阻力很大,1984年4月中共中央适当给部分农村地区"开小口、堵大口",全国19个省(区)的农村地区实行了"一孩半政策",即农村夫妇生育第一个孩子为女孩的,可以再生育一个孩子。

2002年施行的《中华人民共和国人口与计划生育法》又进一步规定,双方均为独生子女的夫妇可以生育两个孩子。各地根据该法制定了"双独二孩政策"并陆续推开。

5. 适度放松计划生育阶段(2014—)。在计划生育制度的作用下,我国数十年都处于低生育水平,出生人口的下降减缓了人口增长的趋势,但人口年龄结构问题也逐渐凸显,老龄化程度不断加深,人口红利优势逐步消退。为此,我国又出台相应措施完善生育政策,以适应人口形势的变化。

(1) "单独二孩政策"。2013年11月15日,党的十八届三中全会提出坚持计划生育的基本国策,启动实施"单独二孩政策"。2013年12月28日,十二届全国人大常委会六次会议表决通过了《关于调整完善生育政策的决议》,再次明确一方是独生子女的夫妇可以生育两个孩子的政策。

(2) "全面二孩政策"。2015年初,随着我国人口形势的转变,越来越多的人开始提出放开生育政策。2015年10月,党的十八届五中全会提出,坚持计划生育的基本国策,完善人口发展战略,全面实施一对夫妇可生育两个孩子的政策,积极开展应对人口老龄化行动。2015年12月27日,十二届全国人大常委会十八次会议表决通过了《中华人民共和国人口与计划生育法修正案(草案)》,"全面二孩政策"于2016年1月1日起正式实施。

(3) "三孩政策"。为积极应对人口老龄化,中共中央政治局于2021年5月31日召开会议指出,为进一步优化生育政策,实施一对夫妻可以生育三个孩子的政策及配套支持措施。这有利于改善中国人口结构,落实积极应对人口老龄化国家战略,保持中国人力资源禀赋优势。2021年7月20日,《中共中央、国务

---

① 茅倬彦、申小菊、张闻雷:《人口惯性和生育政策选择:国际比较及启示》,载《南方人口》2018年第2期。

院关于优化生育政策促进人口长期均衡发展的决定》公布,提出实施"三孩生育政策"及配套支持措施。2021年8月20日,全国人大常委会会议表决通过了《关于修改〈中华人民共和国人口与计划生育法〉的决定》,修改后的法律规定:国家提倡适龄婚育、优生优育,一对夫妻可以生育三个子女。

(二)计划生育的影响

计划生育政策的执行与推广对中国的城市人口产生了一系列积极影响,在特定的历史阶段对中国的发展做出了极大的贡献。其一,生育行为的减少遏制了城市人口增长过快的势头,使人口增长率下降到了较低的水平;其二,优生优育的提倡提升了城市人口平均预期寿命,城市人口健康素质显著提高;其三,减轻了人口增长对普及九年义务教育的压力,提高了适龄儿童的入学率,人口的受教育水平显著提高。

然而,长期从紧的生育政策给城市人口的长远发展埋下了隐患:

第一,少子化趋势日益凸显。在长期严格计划生育政策的约束和引导下,总和生育率持续走低,生育呈现少子化趋势。年轻人口出现负增长,城市年轻型劳动年龄人口供给减少。持续的少子化导致少年人口的强制性减少,由于人口增长的队列效应,这进一步导致年轻人力资源的自然减员,影响到了中国城市未来年轻型劳动年龄人口的供给,产生了持久的人口亏损问题。

第二,城市家庭功能严重弱化。在"一胎政策"的主导下,城市人口结构、家庭结构受到重大影响,城市出现少子化、独子化甚至无子化的现象。其中,独生子女家庭成为社会中的主流家庭。一方面,独生子女在"四二一"的家庭结构中面临着巨大的责任、压力与风险;另一方面,由于成长环境的特殊性,独生子女群体表现出较为脆弱的特征,这容易引发社会问题。在独生子女政策下,还衍生出独生子女空巢老年家庭、独生子女伤病残亡家庭、失独家庭等特殊的家庭形式,这些规模巨大的风险家庭和残缺家庭的物质与精神生活保障,成为城市发展的巨大挑战。

(三)"新计划生育"

在人口发展进入后人口转变时期,"计划生育向何处去"这个问题开始凸显。计划生育制度的转型发展已经引起很多学者的关注和讨论。学者们提出计划生育工作应该向生殖健康转型,服务人群要拓展、服务方式要转变、服务质量要提高。[1]

---

[1] 顾宝昌:《经济新常态下的计划生育工作转型》,载《人口与社会》2015年第3期。

目前,计划生育已经完成过渡期任务,应实现"计划生育"向"家庭计划"的转变。① 计划生育制度转型发展的基本方向正逐步形成共识,其制度演化的内在逻辑是:计划生育应该顺应人口形势变化而变,顺应社会经济发展环境和制度环境变化而变,通过转型发展建设一个以家庭计划为基本定位的"新计划生育"。"新计划生育"是一个全新的基本框架,具体包括以下几个方面的内容:②

第一,"新计划生育"制度的基本目标是实现人口长期均衡,并服务于人口健康。人口转变时期的计划生育的基本任务已经完成,人口数量过多已经不是我国目前人口发展的核心问题。人口政策应该更加重视人口结构和人口素质。从促进人口长期均衡来说,促进生育水平有所回升,会更有利于使人口发展逐步过渡到一个相对常态均衡的可持续模式。计划生育制度作为国家人口政策的重要内容,应该调整其工作目标,从控制人口增长转变为实现人口长期均衡、促进服务于人口健康。

第二,"新计划生育"的工作方式应从行政性的生育管控过渡到综合利用社会经济机制统筹解决人口问题。人口政策应该适应、支持并满足人口多样化的需求和选择,不仅要服务于希望生育的家庭,也要服务于不希望生育、希望避孕节育的家庭。生育政策应该尊重人民群众自身的意愿,实现自主生育,努力支持不同群体多样化的生育需求。相对于直接干预的行政管控,生育管理需要更主要地依靠社会经济机制,间接地调整生育成本,进而影响家庭生育决策和生育行为。具体的途径包括:增强对女性的就业支持,提高女性的受教育水平、地位,促进性别平等,实现家庭和工作关系的协调,增强生育和抚育的社会支持,完善对婴幼儿托育照料,延长带薪休假、产假,实行陪产假制度等。这些手段可以使得对于生育行为直接管控的生育政策,逐步转变成为对家庭夫妇的生育支持政策、促进家庭发展能力和家庭福利的家庭友好政策。

第三,"新计划生育"工作的内容是促进生育和生殖健康,重视母婴保健和托育养育服务。"新计划生育"仍然强调提供避孕和节育服务,但其目的不是为了控制生育,而是满足人口自觉的避孕和节育需求。此外,由于控制生育已经不是计划生育的主要任务,计划生育专业服务应更加重视扩展服务,满足不同群体多样性的生育和健康服务需求,提供生育和托育服务方面的支持。

---

① 陈友华:《计划生育:从机构改革到转型发展》,载《人口与社会》2015年第2期。
② 任远:《新计划生育:后人口转变时期计生制度的转型》,载《探索与争鸣》2018年第4期。

第二节 人口二元结构

当涉及对人口结构的探讨时,人口学侧重对人口数量、构成和变化趋势的观测,而社会学则侧重对人口社会结构的探讨,尤其关注与城乡、户籍、地域流动有关的社会结构因素对个人社会生活的影响。充分理解我国的人口二元结构特征,有利于制定人口政策和社会政策,避免产生由社会结构因素所引发的社会不平等和社会不公正。

一、城乡二元结构与新二元结构

由于历史原因,我国在城乡之间长期实行区域界限分明、人员控制严格、产业分工清楚、管理方式迥异的体制,公民被分为农业户口和非农业户口,形成农民和市民地位完全不同的社会结构,即所谓的城乡"二元结构"。而"新二元结构"则是在城乡二元结构的基础上提出的。改革开放以后,随着社会流动性的增强,我国的社会结构除了旧有的城乡二元结构外,又增加了新的城市二元结构,即由城市原居民和城市外来农民工所形成的二元结构。

(一)城乡二元结构

"城乡二元结构"是指以社会化生产为主要特点的城市经济和以小生产为主要特点的农村经济并存的经济结构。美国发展经济学家刘易斯描述了工农业部门之间劳动力转移的特殊现象,并用二元经济结构模型对"城乡二元结构"进行了经典的分析。[1] 1988年,我国农业部政策研究中心农村工业化城市化课题组在《二元社会结构:城乡关系:工业化、城市化》报告中首创了城市社会作为一元、农村社会作为另一元的城乡二元社会结构概念。[2] 这一概念明确提出后,国内众多学者从定义、原因、特征、对策等不同视角对"城乡二元结构"进行了广泛论述。例如,陆学艺认为,我国的城乡二元结构体制是指在全国实行城乡分治的户籍制度,把全部居民分为农业户和非农业户,即农民和城镇居民。[3]

---

[1] W. A. Lewis, Economic Development with Unlimited Supplies of Labour, http://la.utexas.edu/users/hcleaver/368/368lewistable.pdf, visited on Mar. 30th, 2023.

[2] 农业部政策研究中心农村工业化城市化课题组:《二元社会结构:城乡关系:工业化、城市化》,载《经济研究参考资料》1988年。

[3] 陆学艺、杨桂宏:《破除城乡二元结构体制是解决"三农"问题的根本途径》,载《中国农业大学学报》(社会科学版)2013年第3期。

(二) 新二元结构

"新二元结构"是相对于城乡二元结构而言的。2000年以后，城乡二元结构仍然存在，但随着我国城市经济的快速发展，大量农村剩余劳动力不断地涌向城市，城市中出现了外来农民工与城镇户籍居民之间的新二元结构。新二元结构是指外来农民工因户籍制度的限制和相关制度的不健全，不能与城镇户籍居民享受同等的教育、医疗、就业、社会保障等方面的权利与待遇。

学者们针对新二元结构的研究主要集中在对其内涵的讨论上。武涛等学者最早提出新二元结构的概念，即进城农民工和城镇户籍居民之间因政治、社会和经济地位差别明显而形成的一种新二元社会结构。[1] 新二元结构是由身份差别、制度和社会因素等原因造成的，表现为城市居民和农民工收入差距不断扩大、社会分化日益严重。[2] 也有学者称之为"城市二元结构"，即一种因农民市民化滞后于农民非农化导致外来农民工不能与城市户籍居民享有同等的就业、医疗以及社会保障等待遇的社会现象。[3]

(三) 城乡二元结构与新二元结构的异同与关系

1. 两者的相同之处在于，新二元结构与城乡二元结构都属于"二元社会结构"。城乡二元结构是把公民按照户籍人为地划分为农业与非农业人口，即市民和农民两种身份。而新二元结构的构成主体则是城镇常住人口中的外来农民工与城镇户籍居民。

2. 市场主导型的新二元结构与行政主导型的城乡二元结构相互交织。新二元结构由城乡二元结构演化而来，是城乡二元结构在城市的延伸和表现。20世纪90年代末，随着户籍制度的改革和限制人口流动政策的放开，原本属于城乡二元结构主体之一的农民进城后变成新二元结构的主体——农民工。

3. 新二元结构与城乡二元结构形成的原因不同。城乡二元结构主要依靠政府的行政力量来形成，是国家制度安排的结果。这些制度包括户籍制度、人民公社制度、粮食供给制度、社会福利制度等；而新二元结构是受市场力量驱动形成的，与社会建设不足有关。[4]

4. 在城乡二元结构中，市民和农民生活在各自的领域空间里，但新二元结构中的两大主体——城镇居民和农民工，他们共同生活在现代城市经济条件下，

---

[1] 武涛、史学斌：《"民工荒"问题背后的思考》，载《现代经济探讨》2005年第2期。
[2] 侯力：《从"城乡二元结构"到"城市二元结构"及其影响》，载《人口学刊》2007年第2期。
[3] 顾海英等：《现阶段缓解上海"新二元结构"问题研究》，载《科学发展》2011年第11期。
[4] 梁德阔：《上海破解"新二元结构"难题研究》，载《华东经济管理》2012年第12期。

农民工对城市做着同样的贡献却不能得到与城镇居民同样的待遇。

二、多维二元结构

长期以来,困扰我国经济社会发展的一个重要问题就是城乡二元结构的问题。但是,城乡二元结构并非我国社会存在的唯一结构性问题,除此之外,我国还存在多维二元结构。多维二元结构是指由一系列二元结构及其相互交织作用所呈现出来的一种结构性特征。这些二元结构可能和城乡二元结构有着或多或少的联系,有些是城乡二元结构衍生出的次级二元结构,有些则是市场经济发展进程中新出现的二元结构。①

(一)基础性二元结构

1. 城乡二元结构。城乡二元结构是典型的基础性二元结构。在早期工业化的过程中,为保障工业化优先的需要,我国通过户籍制度等一系列制度设计安排,使城乡二元结构逐步形成。在计划经济体制下,受户籍等城乡"二元分立"的制度分割影响,城市和农村在很多方面都存在显著差别。改革开放后,虽然国家为了推动城镇化对户籍制度进行了一些重大改革,但是传统的城乡二元结构依然存续,短时间内难以从根本上消除。

2. 区域二元结构。在市场化过程中,地区间的二元结构日益明显。"区域发展上的二元化,使得东西部差异越来越大。"②国家向一些地区采取倾斜政策,给予政策优惠,由此导致一些地区经济发展迅速,而其他地区则发展迟缓。在我国,与经济社会发展的不平衡性有关的区域二元结构十分显著,加之在城市化的进程中又新增加了特大城市与其他城市之间的结构性张力,从而使得特大城市与其他城市之间形成了事实上的二元结构。

3. 体制内外二元结构。在我国市场化过程中,另一个十分明显的二元结构是基于体制内外差异而形成的二元结构,有学者称之为"新二元社会结构"③。在市场化进程中,一方面原有的单位制依然存在,另一方面体制外部门迅速生长,包括社会保障制度在内的一系列制度安排在相当长的时间内存在显著分割,由此逐渐形成了明显的体制内外有别的二元结构。

(二)衍生性二元结构

在城乡、区域和体制内外等二元结构基础上,结构性因素彼此交织演化,又

---

① 张海东:《多维二元结构社会及其转型》,载《江海学刊》2018年第4期。
② 周晓虹:《社会建设:西方理论与中国经验》,载《学术月刊》2012年第9期。
③ 刘平:《新二元社会与中国社会转型研究》,载《中国社会科学》2007年第1期。

衍生出一些次级二元结构,如特大城市本地人口与外地人口之间的二元结构、特大城市与其他城市二元结构。

1. 特大城市本地人口与外地人口二元结构。特大城市中的本地人与外地人实际上也处于不同的结构之中,这种结构最初表现为城市户籍人口和农村户籍人口之间的二元结构,随着户籍改革的推进又逐渐演变为特大城市中的本地人(户籍人口)和外地人(非户籍人口)的二元结构。这种二元结构表现为,没有给予大城市的流动人口以市民待遇,尤其是农民工的市民化问题迟迟得不到解决,以及在基本公共服务供给上差别对待。

2. 特大城市与其他城市二元结构。由于特大城市的特殊性,对它的一些制度安排与其他城市又形成明显的差别,从而衍生出新的城市之间的二元结构。

多维二元结构揭示了我国社会正处于一种结构化的不平等状态,而这种结构状态又是导致社会矛盾的根源。如何在高质量的发展中尽最大努力消除多维二元结构、实现共享发展,是一个迫切需要解决的问题。

第三节 流动人口管理

由于户籍制度的作用,我国城镇化进程中存在着人口迁移和人口流动并存的现象。通过制定流动人口管理政策,我们可以实现对流动人口更为精准的管理和服务。

一、人口迁移与人口流动相关概念

人口迁移与人口流动既有相似性又存在区别。相似之处在于两者都表现为人口的跨区域移动,不同之处在于是否具有"永久性",即人口迁移是以永久迁居为目的离开常住地,而人口流动则是不以改变常住地为目的的跨区域移动。[①]

(一)人口迁移

人口迁移(population migration)是指人们出于某种目的或动机而有意识地改变常住地址从而引起人口地区分布上的变动。[②] 人口迁移包含两个方面,即时间上的"永久性"和空间上的"一定距离"。第一,只有那些居住地发生"永久性"变化的移动才能被称作人口迁移。关于永久性的界定,目前尚无统一标准。

[①] 王秀银、鹿立、崔树义主编:《现代人口管理学》,山东人民出版社2001年版,第121页。
[②] 温勇、尹勤主编:《人口统计学》,东南大学出版社2006年版,第76页。

联合国把定居一年以上的移民现象视为人口迁移,而我国关于"永久性"的时间界定是随着社会经济的发展而变动的。改革开放初期,人口普查对于迁移人口的时间界定采用了联合国的标准,但随着改革开放的深入,农民工群体成为人口迁移的主力军,为了进一步了解和掌握这部分人群的迁移行为,自1995年人口抽样调查开始,"永久性"的时间界定被缩短为离开常住地半年以上。2000年人口普查和2005年人口抽样调查时甚至可以提供更短时间范围内的人口迁移信息。第二,人口迁移必须以常住地的改变为条件,即迁移必须超过"一定距离"。因为只有超过一定的距离时,迁移者与其外界环境之间的关系才会发生显著的变化。对于"一定距离",我国通常以超越某种特定的行政区域界限为标准。我国1990年人口普查时人口迁移统计以跨越市、县以上的行政区域为标准,1995年人口抽样调查则对县内迁移进行了区分。2000年人口普查又进一步对市内人户分离等迁移行为进行了甄别。在我国,最小的迁移距离一般规定为乡、镇,即乡、镇内部的人口移动不算人口迁移。

(二)人口流动

人口流动(population mobility)是指人们不以改变常住地为目的但越过一定区域界限的移动。流动人口相对于定居人口而言,是不以改变常住地为目的、跨越一定行改区域的各种移动人口。人口流动由于没有变动户口,所以无论从时间角度还是从空间角度看,其界定都存在很大弹性,而不同的时间和空间界定将导致流动人口在规模、结构和特征等诸多方面出现相当大的差异。我国国家统计局界定的流动人口是指人户分离人口中不包括市辖区内人户分离的人口。对流动人口的统计有两个口径:第一口径以乡镇街道为边界,把流动人口定义为居住地与户口登记地所在乡镇街道不一致,且离开户口登记地半年以上的"人户分离"人口;第二口径是在第一口径流动人口中,减去"市辖区内人户分离人口"。市辖区内人户分离的人口是指一个直辖市或地级市所辖区内和区与区之间,居住地和户口登记地不在同一乡镇街道的人口。

(三)人口迁移与人口流动的分类

由于人口迁移与人口流动都表现为人口的跨区域移动,因此二者经常被列在一起来讨论人口的跨区域变动。根据不同标准,人口迁移和流动可以被划分为多种类型。

根据空间范围不同,人口迁移和流动可以被分为国际型和国内型。国际型指发生在不同国家之间的人口迁移和流动,国内型指发生在一个国家领土范围以内的人口迁移和流动。国内型又可以根据行政区域的大小进一步被分为省际、县际、县内人口迁移和流动。

根据行为方向不同,人口迁移和流动可以被分为由农村到农村型、由农村到城市型、由城市到城市型、由城市到农村型等。这四种类型中,由农村到城市型的人口迁移和流动是发达国家历史上和发展中国家当前人口迁移和流动中最为主要的类型。

根据原因不同,人口迁移和流动可以被分为原始型、被迫/强制型、自由型。原始型指由自然环境导致的人口迁移和流动,现代人类在生存的自然环境遭受破坏的情况下所采取的逃离方式就属于此种类型;被迫/强制型的人口迁移和流动多由战争、侵略或强制性迁移政策引起;自由型是在迁移和流动人口自愿的情况下进行的,多由经济原因引起,有的则出于好奇或冒险心理。

根据组织形式不同,人口迁移和流动可以被分为有组织型和自发型。有组织型是政府或社会机构统一组织领导的人口迁移流动行为,如政府组织的国际劳务输出、移民垦荒以及水利移民等;自发型是指完全由迁移者本人自发完成的迁移和流动行为,如我国改革开放以来的"民工潮"。

二、我国的城镇化与人口流动

"人口城镇化"是指农村人口向城镇不断流动的一种地理流动现象和过程。20世纪80年代以来,我国的城镇化进程和人口流动趋势呈现出明显的社会转型特征。

(一)我国的城镇化进程

根据亚洲开发银行的统计,从全球来看,城市人口比例从10%上升到了50%。而达到这一比例所花费的时间,拉丁美洲是210年,欧洲是150年,北美是105年,我国则仅花费了61年。尤其自1996年城镇化率达到30%的水平之后,从30%增至40%,我国仅花费了7年,而发达国家则花费了30年的时间。此后,仅耗时8年,我国便又实现了城镇化率从40%到50%的提升。我国的城镇化发展之快堪称"中国速度"。

图6-1反映了1953年以来我国城镇人口数量占总人口数量的变化情况。进入21世纪以来,我国城镇化的发展速度十分惊人,世界罕见。

虽然我国仅花费了30多年的时间就已经走完了西方发达国家上百年才完成的城镇化历程,但我国的城镇化在人口流动方面依然存在着许多亟待解决的

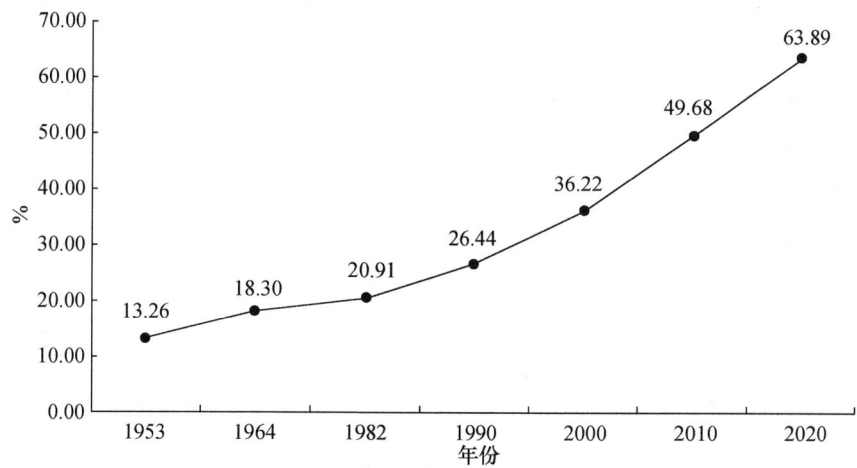

图 6-1　1953—2020 年我国城镇人口数量占总人口数量的变化情况
数据来源:我国历年全国人口普查公报。

问题。第一,我国城镇化率突破 50% 的时间(2011 年)晚于世界平均水平(2008年),且依然明显低于发达国家 70%—90% 的水平,这表明我国仍有相当规模的农村剩余劳动力亟待向城镇迁移和流动。第二,我国城镇化依然明显滞后于我国工业化的发展水平,就业结构亟待加以优化。此外,需要注意的是,我国城镇人口过半的内涵不能完全等同于国际上约定俗成的城市化标准口径,因为我国人口城镇化统计中包含着大量的"流动人口",并且是"不流动的流动人口",这一群体的市民化率依然明显低于我国城镇化率 15%—20%,流动人口亟待享有与同城户籍人口同样的市民化待遇。

(二)我国人口流动的发展历程

1. "离土不离乡"时期。1978 年,我国正式开启改革开放。对内改革首先从广大农村地区展开。家庭联产承包责任制取代人民公社制,农民从事农业劳动的效率得到极大提高,这使得规模庞大的劳动力从田间地头被解放出来。同时,中央开始大力推行乡镇企业发展政策,积极倡导农村中的剩余劳动力转移到乡镇就业。当时正处于改革之初,国家针对农村劳动力转移的政策并未过多地触及城市就业。因此,"就地转移""就地流动"成为当时我国农村剩余劳动力转向非农产业的重要渠道。

2. "离土又离乡"时期。1992 年初,改革开放进入新的发展阶段。国家对农村剩余劳动力转移的政策发生改变,从"就地转移"调整为"城乡通开",坚持走大中小城市和小城镇协调发展的道路,积极消除不利于城镇化发展的体制和政策障碍,使长期囿于"就地流动"的迁移流动势能得以释放。由于市场环境更加宽松,大批外企、外资进驻东南沿海地区,且多集中在技术要求不高、投资少、风险小的劳动密集型产业,因此文化程度不高但吃苦耐劳的农村务工者就有了丰富的就业岗位。同时,更有许多流动人口被城市民营经济的氛围所吸引,"远离故土"来到城市,投身到市场激流中,成为个体经营者,并逐渐迁移流动到小城镇,甚至是向更大的城市迈进。

3. "离土不回乡"时期。2008年的世界经济危机导致大量企业缩减就业岗位,引发了大规模的农民工"返乡潮"。但2010年以后,我国的产业结构和布局发生了重要调整,由外需依赖型逐渐转向内需主导型,由劳动密集型逐渐转向资本密集型。同时,由于前期高等教育急速扩张,从2010年开始,每年都会新增约800万名大学毕业生进入劳动力市场,而他们绝大部分属于非本区(县、市)户籍人口,并选择在一、二线城市异地就业。这部分高学历、年轻、具备专业职业技能、长期固定生活在城市的新型人口与转变经济增长方式的变革完美契合,使我国人口流动发生了新的变化。

(三)我国流动人口增长趋势

根据我国历年人口普查、人口抽样调查以及国家卫健委发布的《中国流动人口发展报告2018》的数据绘制的图6-2,反映了1982—2020年我国流动人口规模的变化状况。

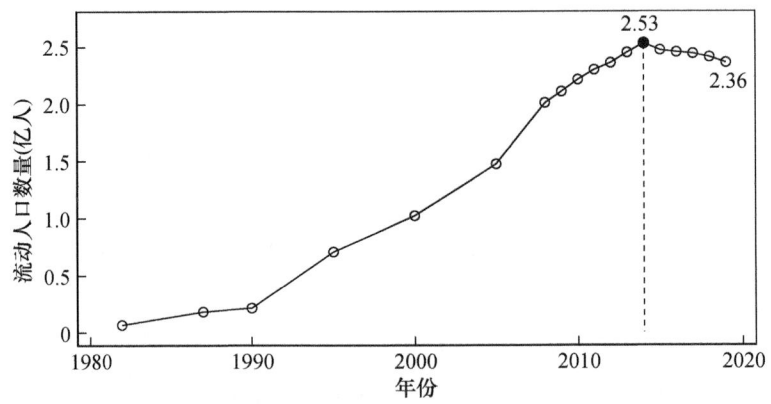

图6-2　1982—2020年我国流动人口规模变化状况

1982年,我国流动人口规模为657万人,仅占总人口数量的0.7%;20世纪

90年代后,我国流动人口规模开始加速增长,1990年流动人口规模为2135万人,占总人口数量的1.9%;2014年,流动人口规模达到2.53亿人的最高值,占总人口数量的18.5%。从2015年起,流动人口规模开始下降,我国流动人口规模开始进入调整期。2015年和2016年我国流动人口规模分别为2.47亿人和2.45亿人,占总人口比例也分别下降为18%和17.7%,2017年和2018年我国流动人口总量与占比持续下降。这是由于城镇化的推进、户籍制度的改革等原因,部分流动人口在流入地落户转化为新市民所导致的。

第七次全国人口普查数据显示,2020年我国流动人口有3.76亿人,占总人口的26.6%。从总体上看,流动人口在总人口中仍占较大比重。可以预见,在今后的很长一段时间内,大规模的流动人口仍将继续存在,并在我国经济社会发展中持续发挥重要作用。人口由农村向城市地区流动的总体趋势仍然没有改变,城市地区仍需要对大规模的流动人口实施有效管理。

三、流动人口管理

潮起潮涌的人口流动给我国社会的发展和管理带来了新的问题和挑战,特别是城乡之间的人口流动更呈现出独特的中国特色。如何化解流动人口流动中的困境?如何打破流动人口漂泊不定的状态,帮助他们在制度层面与社区层面真正融入迁入地?这一系列问题的解决需要依赖政府发挥作用,需要政府尽快建立并完善流动人口管理制度。

由于城乡二元结构的存在,我国的人口流动实际上主要是农村向城市的流动,城市地区是实施流动人口管理的主体。在不同的阶段,人口流动的特点不同,对于流动人口相应的管理政策也有所不同。了解我国流动人口管理政策的演变,有利于探索适合我国社会转型时期的流动人口管理模式。

(一) 流动人口管理政策的演变

我国流动人口相关政策基本沿着"限制—管理—服务"的方向演变,管理理念则由"人治"逐渐向"法治"转变。改革开放以来,流动人口管理政策的演变过程可以被划分为三个阶段,即限制人口流动阶段、有限开放与加强管理阶段以及管理与服务并重阶段。[1]

1. 限制人口流动阶段(1978—1983)。改革开放初期,随着家庭联产承包责任制的落实,农村出现了大量的剩余劳动力,存在着较强的人口流动需求。但当

---

[1] 张淑杰编:《城市人口管理概论》,同济大学出版社2021年版,第148—149页。

时人口的迁移和流动受到了严格控制，主要是通过发展队社企业等方式就地解决剩余劳动力问题，不使其涌入城镇，严格控制城镇使用农村劳动力，并清退来自农村的计划外用工。

这一时期，城市对流动人口的管理内容也主要是对来自农村地区的流动人口进行严格的管控，实行严格限制人口流动的管理体制。政府通过严格的户籍身份制度将城市和农村人口限制在其所在地，并且通过管控公共资源分配，基本上阻止了城市流动人口的产生。

2. 有限开放与加强管理阶段（1984—1999）。1984年，我国开始允许人口流动，城乡严格分割的户籍、行政管辖政策开始有所松动，农民可以进入城镇进行务工经商。随着人口流动规模的增大，政府开始出台一系列控制流动的规范性政策，以引导人口进行有序流动。在这一阶段，管理政策的主要特点是接受和鼓励人口流动，但流动仍然需要在政府的管控下有序进行，并且提倡本地化的就近流动。此时，城市人口管理政策的思路仍然是保持一定的控制。

这一时期，城市政府主要对流动人口实施"防范式管理"，以户籍制度为基础，把城乡分割式的二元社会管理延伸为城市内部的二元社会管理。在此阶段，城市流动人口的基本权益、机会难以得到保障，仍然无法享受与城市居民相等的待遇。

3. 管理与服务并重阶段（2000—　）。进入21世纪后，社会经济发展在关注效率的同时更加注重公平，政府执政理念也发生转变，提出要构建服务型政府。这一时期，政府对于流动人口的管理政策也发生了相应的积极变化。2000年7月，国家七部委联合牵头实施首次城乡统筹就业试点工作，随后"十五"计划又提出要"逐步建立市场经济体制下的新型城乡关系"，要求打破城乡分割体制，改革户籍制度，取消对农村劳动力进城就业的各种不合时宜的限制性政策，引导农村劳动力在城市和乡村之间进行自主有序的流动，从而形成城乡人口有序流动的机制。此后，各级政府针对流动人口的需求采取了一系列实质性的措施，赋予统筹城乡就业新的含义，取消对流动人口的不合理限制，逐步建立了统一的劳动力就业市场。此外，各级政府还积极完善相关配套政策，在户籍、就业、教育、社会保障等多个方面实施改革，逐步推进流动人口市民化。

这一时期，城市政府对流动人口主要采取"属地化管理"的管理方式。属地化管理是指由城市政府（目前一般为街道办事处一级）对外来流动人口进行的直接管理。以流动人口现居地为主，居住地的城市基层政府对辖区内流动人口实施管理,管理职能和事务受上级主管部门和职能部门的领导。从"防范式管理"向"属地化管理"转变的背后反映的是政府对城市流动人口管理政策趋向宽松的态度。

(二)流动人口管理模式的探索

由于全国各地区对流动人口服务与管理的方式的不同,我国流动人口服务管理形成了不同的工作模式:[①]

1."以房管人"模式。"以房管人"是目前各地采用较多的工作模式。这一模式通过管理出租屋以达到管理流动人口的目的,是一种按照"管房"与"管人"相结合的原则进行属地化管理的工作模式。流动人口的明显特征是"流动性",这一特征决定了流动人口的信息很难掌握。然而,任何人都需要有一个居住场所,流动人口也不例外。因此,这一工作模式建立的依据是多数流动人口都是通过租住他人房屋来解决居住场所问题的,所以可以通过对流动人口居住场所的管理,达到管理流动人口的目的。显然,这种工作模式强调抓好"落脚点"管理,一方面从机制上实现了资源的有效整合,形成了服务管理合力;另一方面也有利于流动人口基础信息的采集。北京、广东等众多省市均采用这种工作模式。

2."多证合一"模式。"多证合一"是服务型政府的一种体现。这种模式将相关部门所需要的流动人口相关管理服务信息融入"暂住证",以暂住证作为流动人口服务管理的政策抓手,形成工作合力,实现信息共享,提高综合服务管理的效能。这种工作模式在"以房管人"模式的基础上,简化了手续,更强调服务。这种工作模式的建立除了政府和谐理念的理论依据外,主要出于节约政府行政管理成本和强化服务的考虑。任何一项政策的实施都需要付出代价,因此强调流动人口的资格审查,不仅可以简化行政程序,还可以有效地为流动人口提供服务。这种工作模式使用的范围也较为广泛,以浙江省、福建省以及张家港市为主要代表。

3."以证服务"模式。"以证服务"主要依托"居住证"对流动人口提供市民化服务和进行属地化管理。对在本地居住满一定年限、具备一定条件但尚不具备户口迁移条件的流动人口,给予与本地常住人口在子女入学、计划生育、卫生防疫等方面基本同等的待遇,从而吸引流动人口主动登记,便于政府管理。"以证服务"模式的建立在很大程度与政府"以人为本"的服务型管理理念有关。流动人口的保障和福利总是与子女教育等基本公共服务密切相关,因此这种工作

[①] 尹德挺:《流动浪潮下的人口有序管理》,中国社会科学出版社2016年版,第247—251页。

模式是将流动人口信息获得与相关公共服务供给相结合。目前,这种工作模式主要在无锡市、嘉兴市等地进行改革探索。

4. "网格化管理"模式。"网格化管理"是根据管辖面积、出租屋结构、已婚育龄妇女人数、管理工作难度等因素将管辖地区划分成若干片区,由综合协管员(网格员)对责任片区流动人口和出租屋实行分片包干管理,最终借助信息化实现对实有人口的动态管理。这种工作模式不仅注重对流动人口信息的掌握,还注重通过服务进行管理。目前,深圳、宁波等地正推广此项工作模式。"网格化管理"与"以房管人"具有相似性,二者都是在强化流动人口信息收集的基础上改善对于流动人口的服务。但"网格化管理"更具体、更细化、更强调综合性,是一种更为综合的工作模式,主要在"治安管理拓展型"的管理体制下使用。

5. "区域联动"模式。"区域联动"是指在一定区域范围内,通过区域之间的联动协作机制,交换人口信息数据,建立流入地、流出地双向互动管理,从而促进流动人口服务管理工作"一盘棋"格局的形成。目前,这种模式主要在"长三角"的部分地区探索和实施。上海市人口计生委通过加强与江苏、浙江两省人口计生委的联系,建立了全国首个以省际联合发文形式确立的区域协作制度,其中就包括人口信息数据互换协作工作制度。该制度要求联合的区域间定期交流41项指标相关数据,实现了区域之间职责共负、服务共担。这种工作模式是"统筹型"管理的一种拓展,不仅强调本地区之间统筹,同时还加强了区域之间的沟通和协调,是上海、江苏等地区在科学发展观与和谐理念指导下的一次尝试。一般来说,上海、浙江、江苏由于地理和经济上的原因,区域之间的人口迁移流动相对别的省区来说更为频繁,因此这种工作模式试图通过区域联动,更好地掌握人口迁移流动的动态信息,从而方便流动人口的服务与管理。

第四节 人居环境治理

工业革命以来,世界各国的城市化进程逐步加快,伴随而来的城市问题也日益突出。在寻求对策、不断探索的过程中,人居环境治理越来越受到重视。

一、人居环境

随着西方发达国家工业化进程的加快,城市住房问题、城市环境问题、城市交通问题、城市犯罪问题、城市贫困问题等诸多"城市病"随之凸显。人们开始探索改善人居环境的可能途径。

（一）人居环境与人类聚居学

人居环境的形成是社会生产力发展所引起的人类生存方式不断变化的结果。人居环境研究的起源可追溯至19世纪的工业革命时期。对人居环境研究发展影响较大的领域包括建筑学、规划学和社会学。相关代表人物、著作以及主要思想如表6-1所示：

表6-1 人居环境早期相关研究代表人物、代表作与其主要思想

时间	人物与代表作	主要思想
1898年	霍华德《明日——真正改革的和平之路》	从社会改良的角度，利用城乡通婚的方法，提出兼容了城市和乡村的理想城市
1915年	格迪斯《进化中的城市》	将研究建立在客观现实的基础上，提出将自然地区作为规划研究的基本框架
20世纪20年代	芝加哥社会学派代表人物：伯吉斯、帕克、沃斯《作为一种生活方式的城市性》	创建城市社会学，利用实地调查的方法对大城市进行详细调研，关注城市新移民生活问题。沃斯认为，不同的职业形成了不同的职业结构，从而发展为以突出利益关系为基础的人际关系
1922年	勒·柯布西耶《明日之城市》	主张利用技术手段增加建筑高度，使建筑向高层发展，增加人口密度
1935年	赖特《广亩城市》	反对柯布西耶的观点，主张反集中的空间分散
1938年	芒福德《城市发展史》	传承盖迪斯的理论，集哲学、文化、建筑、历史于一体，指出"感情上的交流，将成为城市连续存在的主要理由"
1942年	沙里宁《城市：它的发展 衰败与未来》	提出有机疏散理论，指出城市是一个有机体；将城市内部空间结构（要素）比喻为细胞，健康的细胞有利于城市发展，不健康的细胞则需要通过"外科手术"去除
1961年	简·雅各布斯《美国大城市的死与生》	质疑霍华德、芒福德等人的城市规划与发展理念，强调宜居城市应是安全的城市，提出解决城市贫民窟问题的方法

希腊建筑规划学家道萨迪亚斯在20世纪30年代系统地研究了古希腊的城市生活环境。第二次世界大战后，道萨迪亚斯观察到，城市规划对应城市问题的技巧并没有深刻认识到人类聚居的本质——真正改善人类生活环境的质量。道萨迪亚斯认为，需要创立一门能够真正理解城市聚居和乡村聚居规律，指导人们正确进行人类聚居建设活动的学问，即"人类聚居学"（ekistics）。20世纪50年

代,道萨迪亚斯率先提出将"人类聚居学"作为人居环境研究的发展方向,并初步建立了人类聚居学理论。针对当时居住环境恶劣的形势以及严重的城市化问题,他阐明了两点认知:一是社会对城市的认知较为片面;二是不同学科之间缺乏联系,导致社会缺乏对城市环境的宏观性认识。因此,道萨迪亚斯将建筑的概念从房子延伸至聚居(settlement),并把聚居提取出来加以系统的研究。道萨迪亚斯在《为人类聚居而行动》一书中给"人类聚居"一词下了一个广义的定义,即"人类聚居是人类为自身作出的地域安排,是人类活动的结果,其主要目的是满足人类生存的需求"。在意识到生态问题的重要性后,道萨迪亚斯于1975年完成了《生态与人类聚居学》的书稿。该书在他逝世后,经英国的迪克斯教授整理出版,成为其学说的又一个重要组成部分。道萨迪亚斯所倡导的人类聚居学,尤其是系统地研究人类居住环境的思想,在世界范围内产生了深远的影响。

对人类聚居学的研究是一项建设性、系统性的研究。聚居环境不仅仅是建筑与建筑之间的简单叠加,而是人们多种多样的生活和工作的场所,不管是一幢房子、一座村庄,还是一个城市,都属于聚居范畴,因此可以很自然地将建筑与城市融合在一起。这个过程需要融入人类学、社会学、地理学等观点去分析研究实际问题。

自道萨迪亚斯提出"人类聚居学"理论以来,世界各国和国际组织都对人居环境问题予以了极大关注。我国学者吴良镛于20世纪90年代初引入这一概念,在借鉴人类聚居学概念的基础上,吴良镛指出:"人居环境是人类聚居生活的地方,是与人类生存活动密切相关的地表空间,它是人类在大自然中赖以生存的基地,是人类利用自然、改造自然的主要场所。"

人居环境概念有广义和狭义之分,广义的人居环境是人类生存聚居环境的总和,即与人类各种活动密切相关的地表空间。在人居环境体系中,人是核心,所以实现人与自然、人与人之间的协调与和谐,促进不同空间尺度的人居环境可持续发展是人居环境建设的目标。狭义的人居环境指人类聚居活动的空间,它是自然环境与人工建造环境的总和,是与人类生存活动密切相关的地理空间。[1]

(二)人居环境科学

道萨迪亚斯的人居环境研究主要针对的是西方国家的现象与经验,涉及亚洲发展中国家的内容并不多。吴良镛院士则立足于我国国情,在国内率先引入了人居环境科学理论。20世纪80年代中期,吴良镛提出广义建筑学。1999年,

---

[1] 张文忠等:《人居环境与居民空间行为》,科学出版社2015年版,第5页。

他根据广义建筑学和人居环境科学理论基础起草的《北京宪章》得到了国际建筑协会的认可。2001年,吴良镛出版了《人居环境科学导论》一书,为我国人居环境科学研究的学科体系与理论奠定了基础。

人居环境科学(Sciences of Human Settlements)是围绕地区开发、城乡发展及其诸多问题进行研究的学科群,它是连接贯通一切与人类居住环境的形成与发展有关的,包括自然科学、技术科学与人文科学的新的学科体系,其涉及领域广泛,是多学科的结合,它的研究对象是人居环境。[①] 这一定义强调了人居环境科学的跨学科性、交叉性与融贯性。人居环境科学是一门综合性非常强的学科。从吴良镛建立人居环境科学的脉络可知,建筑学是人居环境科学体系的起点。人居环境科学是围绕地区开发、城乡发展及其诸多问题展开研究的学科群,它结合了一切与人类居住环境的形成与发展有关的学科。随着时间的推移,规划学、园林学、地理学等学科也会陆续加入对人居环境科学的研究,使人居环境科学的研究成果日益丰富。

人居环境科学是一门以人类聚居(包括乡村、集镇、城市等)为研究对象,着重探讨人与环境之间相互关系的科学,强调把人类聚居作为一个整体。研究该学科的目的是了解、掌握人类聚居发生和发展的客观规律,为更好地建设可持续发展的人类聚居环境提供理论依据。人居环境科学的基本前提包括:(1)人居环境的核心是人,人居环境研究满足人类居住的需要。(2)大自然是人居环境的基础,人的生产生活以及具体的人居环境建设活动都离不开广阔的自然背景。(3)人居环境是人类与自然之间发生联系和作用的中介,人居环境建设本身就是人与自然相联系和作用的一种形式,理想的人居环境是人与自然的和谐与统一。(4)人居环境内容复杂。人在人居环境中结成社会,进行各种各样的社会活动,努力创造宜人的居住地,并进一步形成更大规模、更为复杂的支撑网络。(5)人创造人居环境,人居环境影响人的行为。

吴良镛认为,新形势下人居环境科学的发展应具有七大趋势:(1)以人为本,关注民生;(2)重新审视并重视空间战略规划;(3)发扬生态文明,推动人居环境的绿色革命;(4)统筹城乡发展,完善我国城镇化进程;(5)吸收优秀文化,创造符合国情的"第三体系";(6)重视人居环境教育;(7)共同缔造美好环境与和谐社会。在新形势下,人居环境科学应该向"大科学·大人文·大艺术"的方向发展。

---

① 吴良镛:《人居环境科学导论》,中国建筑工业出版社2001年版,第38页。

(三）人居环境的构成

借鉴道萨迪亚斯的"人类聚居学"，吴良镛将人居环境按照内容划分为五大系统。同时，人居环境的层次观是另一个重大问题，人居环境包括五大层次。①

1. 人居环境的五大系统

（1）自然系统。自然指气候、水、土地、植物、动物、地理、地形、环境分析、资源及土地利用等。整体自然环境和生态环境是聚居产生并发挥功能的基础，是人类安身立命之所。自然资源，特别是不可再生资源，具有不可替代性；自然环境变化具有不可逆性和不可弥补性。

自然系统侧重于与人居环境有关的自然系统的机制、运行原理及相关理论和实践的分析，涉及区域环境与城市生态系统、土地资源保护与利用、土地利用变迁与人居环境的关系、生物多样性保护与开发、自然环境保护与人居环境建设、水资源利用与城市可持续发展等内容。由于全球城市人口比例迅速增加，因此我们应更加重视严峻的地球生态环境问题。

（2）人类系统。人是自然界的改造者，也是人类社会的创造者。人类系统侧重于对物质的需求与人的生理、心理、行为等有关的机制及原理的分析。

（3）社会系统。社会是人们在相互交往和共同活动的过程中形成的相互关系。人居环境的社会系统主要指公共管理和法律、社会关系、人口趋势、文化特征、社会分化、经济发展、健康和福利等，涉及由人群组成的社会团体相互交往的体系，包括由不同地方、阶层、社会关系等人群组成的系统及有关的机制、原理、理论的分析。

社会的发展和变化要通过人的活动来实现，人的活动贯穿在社会的各个方面。社会生产是人改造自然界的活动。人们为了生产物质生活资料而结成的生产关系是生产的社会形式。人居环境建设与传统建设观点的最大不同之处就在于，用聚居论的观点看待生活的环境。这样，我们不仅可以看到聚落空间及其实体，还可以看到生活于其中的人的行为等。

人的社会属性决定了他们不同的生活需要，因此需要合理地组织各种生活空间。人居环境应在地域结构和空间结构上适应人与人之间的关系特点，包括家庭内部、不同家庭之间、不同年龄之间、不同阶层之间、居民和外来者之间的种种关系，从而促进整个社会的和谐幸福。因此，我们应当重视城市建设、经济与

---

① 吴良镛：《人居环境科学导论》，中国建筑工业出版社2001年版，第40—46页。

社区管理、乡村脱贫与区域可持续发展等方面的问题。

人居环境建设应强调人的价值和社会公平。从根本上说,公平并不是单纯的经济学概念,它还有伦理学意义。人居环境的规划建设,必须考虑到人以及人的活动,这是人居环境科学的出发点和最终归属。

(4) 居住系统。居住系统主要指住宅、社区设施、城市中心等人类系统、社会系统需要利用的居住物质环境及其艺术特征。居住问题仍然是当代社会的重大问题之一,也是我国目前的重大问题之一,住房不仅是一种商品,还是促进社会发展的强有力的工具。

由于城市是公民共同生活和活动的场所,所以人居环境研究的一个战略性问题就是如何安排共同空地(即公共空间)和所有其他非建筑物及类似用途的空间。

(5) 支撑系统。支撑系统是指为人类活动提供支持的、服务于聚落的,并将聚落连为整体的所有人工和自然的联系系统、技术支持保障系统,以及经济、法律、教育和行政等体系。它对其他系统和层次会产生巨大的影响。

关于五大系统,需要说明:(1) 每个大系统又可分解为若干子系统。(2) 在五大系统中,人类系统与自然系统是两个基本系统,居住系统与支撑系统则是人工创造与建设的结果。在人与自然的关系中,和谐与矛盾共生,人类必须面对现实,与自然和平共处,保护并利用自然,妥善地解决人与自然的矛盾,即必须坚持走可持续发展道路。(3) 人、自然与社会要协调发展。(4) 五大系统中都有面向可持续发展的问题。在研究实际问题时,应善于分析,寻找各相关系统间的联系。(5) 在人居环境科学研究中,建筑师、规划师以及其他参与人居环境建设的科学工作者都要自觉地选择若干系统进行交叉组合。这种组合不是概念游戏,而是对历史的总结,是对现实问题的敏锐观察与深入研究,以及对未来大趋势的掌握与超前的想象。

必须说明,将人居环境划分为五大系统只是为了方便研究,我们还应当看到它们相互联系的地方。一个良好的人居环境是指既达到作为"生物的人"在这个生物圈内存在的多种条件的满足,即生态环境的满足;又达到作为"社会的人"在社会文化环境中需要的多种条件的满足,即人文环境的满足。

2. 人居环境的五大层次

人居环境的另一个重大问题就是人居环境的层次观。不同层次的人居环境单元不仅居民量不同,内容与质的变化也不同。根据人类聚居的类型和规模,将其划分为不同的层次,对开展人居环境研究来说是十分有利且有必要的。在道萨迪亚斯学说的基础上,吴良镛根据我国存在的实际问题和对人居环境研究的实际情况,初步将人居环境科学划分为全球、区域、城市、社区(邻里)、建筑等五大层次。

(1) 全球。我们应把眼光放在影响全球的重大问题上,如人类共同面临的全球气候变暖、能源和水资源短缺、热带雨林被破坏、环境污染等问题。

(2) 国家与区域。国家层面需要关注如建设用地粗放低效、特大城市人口压力与综合承载能力矛盾加剧、中小城市和小城镇基础设施水平不高、自然历史文化保护不力和城乡建设缺乏特色等问题;而地方层面则要侧重构建多样性人居环境,增强区域凝聚力,提升区域竞争。

(3) 城市。城市这一层次所涉及的问题很多,也很集中,主要包括:① 土地利用与生态环境的保护。② 支撑系统,如能源、交通、通讯等基础设施的建设。③ 各类建筑群的组织,即要充分重视公共建筑与居住区的规划建设,把住房放到首要位置。④ 环境保护,对环境污染与自然灾害、人为灾害必须要有切实的防护措施。⑤ 对城市环境艺术的追求,一个良好的城市并不是建筑物、构筑物的堆积,而是要有舒适、宜人的环境。

(4) 社区(邻里)。邻里是城市与建筑之间重要的中间层。就城市结构系统而言,邻里可称为分区、片区;就社会组织而言,可称为社区、邻里;就城乡关系而言,可指村镇等。

(5) 建筑。建筑是为了遮风雨、避寒暑而建造的庇护所(shelter)。以此为基础,对建筑加以技术和艺术的创造,便产生了建筑学(architecture)。这种人类活动的产品,既包含物质内容,也包含精神内容,反映了人类文明的进步。

建筑的发展建立在人类生产力和技术发展的基础上,应全面地看待建筑与国家发展、社会进步、科学发展、人民生活环境质量提高以及文化艺术发展的关系。

二、城市人居环境

城市是当今世界最主要的一种人居环境。自联合国《全球人类居住区报告:城市化的世界 1996》发布以来,城市人居环境的研究越来越引起人们的重视。城市是经济发展的重要载体,也是人居环境的重要载体,二者共同存在于一个由经济、社会和自然环境组成的复合生态系统中。基于此,我们不禁思考:城市经济发展对人居环境的建设到底意味着什么,是改善还是破坏?如何有效衡量与评价一个城市的人居环境状况和经济发展状况?怎样才能促进二者的协调发展?

(一)城市化与人居环境

城市化的快速发展推动了社会经济的迅速提升,改善了人们的物质文明生活,使人们得以享受高科技、高水平的生活,加速带动了经济的发展和人居环境的改善。然而,城市化在提升现代化程度的同时,也加速了工业的发展、人口的大规模聚集、城市无限制地扩张,由此引发了一系列问题。工业中肆意排污水、排恶气、乱处理固体废弃物造成了环境污染,大量的城市人口使得城市能源短缺、交通拥挤、住房紧张,城市的无限制扩张造成了植被的破坏、水土的流失、气候的改变、资源的大量消耗等,这一切都使得人居环境受到极大的挑战和威胁。[1]

研究人居环境与城市化之间的协调发展关系成为各国的研究重点。城市化与人居环境之间是相互影响和联系的。[2] 国外对于人居环境与城市化关系的研究首次出现在20世纪60年代,即第一届联合国人类居住大会上,这次会议创造性地提出了可持续发展理论。该理论认为,通过对人居环境的研究,可提高对城市化的认识。我国关于人居环境与城市化的关系研究起步比较晚,但也取得了一系列丰硕的成果。

人居环境状况从实际方面体现着城市化带来的结果,可以说人居环境在某种程度上能够对城市化中出现的问题及时发出警报,从而调整城市化的方向和速度。同时,人居环境也是城市化进一步发展的基础,因为城市化的进一步发展需要人居环境提供良好的基础设施和社会服务。

(二)城市人居环境与经济发展

第三次工业革命虽然推动了经济的飞速发展,但各种城市问题却接踵而至,于是越来越多的学者投身到对城市人居环境问题的研究中,人居环境日益成为多种学科的研究热门主题,一些国际机构也聚焦于此。

城市人居环境是城市地域范围内的生态环境、人造环境和社会经济环境的总和。它不仅是城市居民的居住环境,还涉及人口数量、资源能源、社会发

---

[1] 张文忠、谌丽、杨翌朝:《人居环境演变研究进展》,载《地理科学进展》2013年第5期。
[2] 田深圳、李雪铭、杨俊、吕芳、张靖:《人居环境:检验城市化质量的重要标准》,载《西部人居环境学刊》2016年第4期。

展机会等多个方面,是一个与居民生产生活息息相关、紧密相连的动态的复杂系统。

城市人居环境与城市经济发展既相互促进又相互制约。一方面,城市人居环境是城市经济可持续发展的重要基础和载体,没有良好的人居环境,城市的经济就不可能实现长期的可持续发展;另一方面,城市经济的发展也为城市人居环境的改善奠定了物质基础,是城市人居环境建设的前提和保障,没有城市经济的繁荣发展,城市的人居环境建设就无法顺利进行。因此,只有保持两者的协调,才能实现城市的可持续发展。

由于城市经济发展和人居环境都关系城市的长期发展,任何顾此失彼的做法都会给城市的长期发展带来隐患,因此众多学者的研究都聚焦于如何把握这两方面的平衡。

1991年,美国经济学家库兹涅茨深入研究了经济增长同区域环境污染之间的关系。他指出,这些国家和地区的环境污染状况随着人均国民收入水平的不断提高而表现出先逐渐加重后逐步改善的势头,即环境污染程度与经济增长之间存在一种"倒U型"关系。普林斯顿大学经济学家格罗斯曼和克鲁格根据这一实证研究,将环境污染程度与经济增长之间的"倒U型"关系总结为环境库兹涅茨曲线(EKC)假说。[1] 此后,诸多学者围绕EKC假说是否成立开展了大量研究。一些学者支持EKC假说,认为人们根本不用关心环境保护问题,因为当经济发展到一定程度时,人们会更加关注生活环境和生活水平,对于出现的各种环境问题也会加大重视,着力改善和解决可能出现的生态环境问题,环境污染水平自然就会下降了。[2] 另一些学者对此质疑,认为经济的发展只能为环境改善提供一定的经济基础,并不能自动解决环境污染问题,必须依靠加强环境保护才能改善环境质量。[3] 而美国学者理查德和克里斯托弗则认为经济增长和环境保护之间并不是矛盾的关系,重视环境保护并不会影响城市的经济增长。对于城市

---

[1] G. M. Grossman, A. B. Krueger, Environmental Impacts of a North American Free Trade Agreement, *National Bureau of Economic Research Working Paper*, 1991, No. 3914.

[2] D. Holtz-Eakin, Thomas M. Selden, Stoking the Fires? CO_2 Emissions and Economic Growth, *Journal of Public Economics*, 1995, 57(1):85-101; T. Panayotou, J. Sachs, A. Peterson, Developing Countries and the Control of Climate Change: A Theoretical Perspectives and Policy Implications, CAREII Discussion Paper, 1999, No. 44; M. Galeotti, A. Lanza, F. Pauli, Reassessing the Environmental Kuznets Curve for CO_2 Emissions: A Robustness Exercise, *Ecological Economics*, 2006, 57(1):152-163.

[3] Martin Wagner, The Carbon Kuznets Curve: A Cloudy Picture Emitted by Bad Econometrics?, *Resource and Energy Economics*, 2008, 30(3):388-408.

的长期发展,经济与环境两者的协调是十分重要的。[1]

三、城市人居环境评价

(一)人居环境评估体系

人居环境评估体系涉及目标集的制定、对人居环境内涵的把握、未来情景的设想等多个方面。面对人居环境剧烈变化的趋势,建立评估体系需要解决的主要问题是:采用何种指标能够对人居环境的快速演变进行动态监测和预警?采用何种结构体系能够将多个指标组织起来?换言之,人居环境的评估应反映某一时刻各个方面的变化趋势及子系统的协调程度,即如何对多源、多维、多尺度的大量数据进行实时动态的监测与分析,建立人居环境动态评估体系。

目前,国际上主要采用的人居环境评价指标有以下三类:(1)状态型指标,即捕获某一时间节点的发展状况,如空气污染指数刻画了某一时刻城市的大气污染状况,城市与农村居民的收入比描述了两种环境中居民生活条件的差距。(2)趋势型指标,即描述随时间发生的变化,如城市人口的增长率。(3)目标导向型指标,即用以衡量目标达成的程度,设定目标的过程就是把总目标分解为可量化的具体指标的过程,常用于人居环境有关的规划。例如,美国俄勒冈的"基准计划"(Benchmark Program)就是运用目标导向指标检验政府职能的著名案例。

人居环境评估指标的选取通常由所采用的评估体系结构来确定。大部分评估人居环境的文献都会有一套明晰的选择和运算指标。常见的指标结构有三种:第一种是按照领域、部门、问题来划分。领域描述构成人居环境的子系统,如环境、社会和经济等,它和人居环境各组成部分之间紧密关联;部门通常是与政府职能有关的组成部分,如住房、交通、娱乐设施等,因此能够为政府机构评估绩效提供依据;问题通常是与地方长期发展目标有关的具体问题或争端,如空气污染、失业、犯罪等,这样便于有效地与公众沟通。例如,《西雅图可持续发展报告》(Sustainable Seattle Report)即采用按照环境、人口与资源、经济、文化与社会的指标分类结构。第二种是目标导向型结构。目标刻画了城市期望达成的可量化状态。这种结构有助于识别连接指定目标的指标,并且能够评估城市完成目标的进展。例如,英国采用的地方政府管委会模式(Local Government

---

[1] Richard C. Feiock, Christopher Stream, Environmental Protection Versus Economic Development: A False Trade-Off?, *Public Administration Reviews*, 2001, 61(3):313-321.

Management Board Mode),就是将指标按照承载力、生活质量两大目标进行分类。第三种是具有逻辑关系的组织结构,通常建立在某个现象产生的原因、过程和影响的理论依据基础上。这种结构能够阐释不同指标之间的联系,并且预测政策可能产生的影响,如"状态—压力—响应"模型(PSR 模型)和"驱动力—压力—状态—影响—响应"模型(DPSIR 模型)。建立一套完整的模型是一个复杂的工程,因为众多可选指标之间既存在关联和重叠,也有不小的差异,有一定的独立性,指标的单位也有诸多差异,难以区分,不便统一。

用新技术方法和手段研究人居环境问题是目前研究的一个重要趋势,随着遥感技术、卫星网络通信技术、地理信息系统空间分析技术等的快速发展,研究数据的获取手段发生了根本性的改变,不同尺度上的人居环境演变的综合研究成为可能。在宏观层面,区域人居环境综合评价数据涉及区域自然环境、经济、社会、基础设施网络等方面,区域自然环境数据既可通过多期多源遥感影像获取,又可利用国家地理信息国情普查数据库获取;区域经济数据主要通过国家统计局或行业主管部门获取;区域社会属性数据则以人口普查、文化普查及"110警情"数据等为来源;基础设施网络数据可利用大比例尺专题地图集或数字城市(省)提取相应数据。这些数据虽然既有宏观层面的区域统计数据,又有国家专题普查的空间属性数据,但是仍缺乏对人居环境主体的各类群体的行为记录及需求调查数据。而这可以借助传统活动日志调查、基于全球定位系统的移动数据采集以及大样本的问卷调查进行获取。[1]

(二)城市人居环境评价

城市人居环境评价是指评价城市内部的人居环境发展水平、空间差异及其影响因素等。目前,国内研究的热门城市有大连、北京、广州、上海、杭州、南京、厦门、呼和浩特、西安等大城市,以及个别中小城市,如丹东、衡阳等。采用的评价指标体系主要包括人居硬环境构成要素和人居软环境构成要素所各自囊括的具体指标,当然指标可分为刻画状态、反映趋势、衡量导向三类,数据源主要是遥感影像解译、政府或行业组织的统计资料、研究者的调查访谈资料,以及利用全球定位系统、移动热点等采集的微观行为数据。指标数据的归一化和权重的确定通常采用层次分析法(Analytic Hierarchy Process,AHP)和德尔菲法(Delphi method)、综合比较及 DPSIR 等方法,指标项的集成则多运用线性加权求和、模

---

[1] 张文忠、李业锦:《北京城市居民消费区位偏好与决策行为分析:以西城区和海淀中心地区为例》,载《地理学报》2006 年第 10 期。

糊层次聚类等。① 多个大城市的实证研究表明,我国城市人居环境总体趋好,其中人居硬环境构成要远优于软环境构成,居民的人居环境需求日益多元;同时,城市人居环境也存在严重的空间失衡现象,如基础设施与公共服务对中心城区的供给远高于郊区,而地被与空气、社区文化与网络的供给则郊区远优于城区;经济发达城市的人居环境与欠发达地区人居环境也存在较大差别。

(三)城市人居环境评价指标的建构原则

建构衡量城市人居环境发展趋势的指标体系时,需要考虑城市的独特性。指标体系既要能够全面反映城市人居环境的基本特征,又要有一定的可比性和可操作性。因此,在建构城市人居环境评价指标时,需要遵循以下几个原则:

(1)以人为本原则。这是提高城市人居环境质量,坚持共享发展的必然要求。城市人居环境是人居住的,也是人管理的,更是为人服务的,评价指标应以人为核心,将人的利益作为出发点和归宿。一级指标的设定和二级指标的选择都应充分反映居民对人居环境的客观评价和现实需求。

(2)层次性原则。城市人居环境评价是多层次、多变量的复杂系统,指标体系的影响因素具有多元性和复合性。因此,评价指标的选取应尽可能有层次上的差异,不仅要有宏观指标与微观指标的差异性,也要有微观指标之间的层次梯度,使指标体系的建立结构清晰,便于分析。

(3)动态性原则。当前我国社会正在快速转型发展,人居环境也在动态发展,因此人居环境评价既要考虑过去与现在,更要注重人、自然和社会的长远协调。构建评价指标时,应全面考虑生态环境、地区经济、人口结构等动态变化特征,选择具有一定弹性空间,能够经受实践检验的指标体系。

(4)实践性原则。评价指标是测量城市人居环境建设质量和发展趋势的重要载体,应当选用与国内外统计部门和业务部门的要求、标准相一致的指标,避免使用不常用、难以统计的数据,并以行动为导向,面向生产生活实践,增加其在现实应用中的可操作性。

(5)整体性原则。城市人居环境评价指标体系是一个有机的整体,应该能比较全面地反映和测量被评价对象的基本特征和总体发展趋势,因此需要注意定性与定量指标的结合,既有反映社会现状的指标,又有发展趋势前瞻的指标;既有静态方面的指标,又有行动方面的指标。

---

① 周维、张小斌、李新:《我国人居环境评价方法的研究进展》,载《安全与环境工程》2013年第2期。

第七章　公共安全治理

公共安全是人类基本的生存及发展需要，也是人类社会永恒的话题。公共安全同时也是社会稳定运行的根本性要件，尤其是在风险社会特征凸显的当下，人民群众对公共安全风险的敏感度逐渐提高，良好的公共安全状态不仅能为个体安全提供保障，而且也是社会繁荣发展的基础。

在当代中国，统筹发展和安全是国家战略的重要定位。总体国家安全观对当前的公共安全治理提出了新要求。然而，一些政府管理者的风险意识和应对手段明显跟不上公共安全发展变化的形势，这导致公共安全治理面临自上而下的路径依赖和自下而上的公民参与缺乏两大困境。① 因此，完善政府主体的治理能力，提升非政府主体的辅助作用，创建公共安全治理的伙伴关系，进而打造公共安全治理共同体，在总体国家安全观的统领下健全当前的公共安全治理体系，成为社会治理领域的一个重要面向。

第一节　公共安全治理概述

安全是人类诞生之初就面临的基础性问题，并随着社会发展而出现多样化的需求。整个人类的进化史就是一部人类抵御外界危机和风险的斗争史。步入工业社会以后，由于市场价值对整个社会的影响，"高风险带来高回报"的行为逻辑成为一些人的信条。自反性现代化产生的断裂，正在瓦解支撑工业文明存在的秩序基石。② 效率至上的工业化发展逻辑使工业生产事故和矿山安全事故频发，城市人口的大规模聚集所带来的公共卫生和社会治安问题也引起了人们的高度关注，加强公共安全保障和问题治理成为现代社会的常规任务。

---

① 宋慧宇：《协作共治视角下公共安全网状治理结构研究》，载《社会科学战线》2021年第10期。
② 兰旭凌：《重大公共安全危机中的制度治理：逆向摩擦、模式构建与系统支撑》，载《行政论坛》2021年第4期。

一、公共安全治理的基本概念

（一）安全

安全是人类社会永恒的主题，也是人类生存和发展的前提。在汉语中，"无危则安，无缺则全"，安全意味着没有危险且尽善尽美。①控制危险，便得到安全。这种带有典型工业化社会色彩的"控制论"认知因果链条是最常被提及的安全理念。澳大利亚紧急事态管理署认定的"危险源"主要包括自然危险源、技术危险源、生物危险源和民防/政治危险源。② 沿着上述"控制论"逻辑，只要对危险源做好技术性评估、常规化监测和预防性干预，我们便会获得一种相对安全的环境。

不过，当前对安全的认识早已走出客观主义的"控制论"范畴。人们越来越认识到，安全不仅是一种客观上无危险、主观上无威胁的状态，而且还是控制、预防、排除及避免不可接受损害风险的能力。③这样的观点更具有建构主义色彩，也体现了发挥人们主观能动性和积极担当的精神。这要求人们对可能发生的风险和危险进行识别、分析和评估，并据此制定行动预案，做到早发现、早准备、有应对；积极面对风险和危险，在不确定性中寻求与风险共存的平衡点，提高整个社会的风险防范意识和管控能力。

至于对安全的研究，最初主要集中于军事领域，随后在政治学和管理学界得到了更深入的探索。军事领域的安全侧重对领土的完整与国民正常生活的保障，政治学领域更强调安全的价值属性，管理学领域则更强调安全的科学属性。政治学和管理学关于安全属性的理解差异还反映在"安全"概念的使用上：前者多使用"security"，后者多使用"safety"。在英文中，"security"通常涉及蓄意的情形或事件，如恐怖袭击；而"safety"通常指非蓄意的情形或事件，如职业安全。不过，"security"和"safety"的用法在实践中已经有所融合。美国"9·11"事件之后二者呈现高度融合。近年来，中国倡导的"总体国家安全观"，也推动了上述两种安全观的融合。④ 如今的"安全"不但强调客观上没有危险和威胁的状态，还强调主观上保障持续安全状态的能力。

据此，本书对安全的定义是，安全是指对风险和危险现实或潜在威胁的保

---

① 储昭根：《安全的再定义及其边界》，载《国际论坛》2015 年第 4 期。
② 闪淳昌：《公共安全管理研究》，科学出版社 2020 年版，第 3 页。
③ 刘朝晖：《新时代公共安全治理的一体化建构研究》，载《社会科学辑刊》2020 年第 2 期。
④ 丁翔、张海波：《大数据与公共安全：概念、维度与关系》，载《中国行政管理》2017 年第 8 期。

障。这一定义既包括在风险和危险发生过程中将人、财、物损失控制在可接受范围内,又包括人们积极面对潜在风险和危险的意识和行动;既体现客观主义视角,又体现建构主义视角。

(二)公共安全

从概念发展历程上看,公共安全最初是作为一种刑事犯罪的罪名来呈现的,指"不特定多数人的生命、健康和重大公私财产安全"①,其内涵主要强调打击犯罪和维护社会治安。之后,在中国语境下,随着中国国家治理和社会形势的发展,公共安全的内涵和外延得到了极大的发展,社会稳定、风险冲突、应急管理等新兴范畴也被纳入其中,已经超越了单纯法律意义上的解释。②针对国内公共安全研究的知识图谱分析表明,公共安全的概念界定主要集中在法学界和管理学界,国家安全、社会安全、城市安全、食品安全、公共安全事件、交通肇事、突发事件、恐怖主义等都与公共安全相关,是公共安全不同类型的体现。③ 1998—2019年间,在中文社会科学引文索引数据库(CSSCI)有关公共安全与突发事件的文献中,专题研究自然灾害类突发事件的占比为44%,专题研究公共卫生类突发事件的占比为26%,专题研究事故灾难类突发事件的占比为22%,专题研究突发社会安全类事件的占比为7%。④可见,国内的公共安全研究具有跨学科性,灾害风险及其治理得到更多的关注,自然灾害、公共卫生、事故灾难、社会安全四大分类得到学术界的广泛认可。

从概念构成上看,"公共安全"是一个复合概念,由"公共"和"安全"两个概念共同构成。其中,"公共"是限定语,标明了概念的主体对象;"安全"是主词,显示了概念的主要内涵。⑤在"安全"前面加上"公共"一词,具有以下意义:(1)广泛而有代表性,能与私人安全区分开来。公共安全反映了公众需求和公众意志,以公众普遍利益为目标取向。(2)突出政府作为公共部门的重要职能,引导安全领域由政府行政向公共行政转变。(3)公共安全领域应当具备充分的开放性。正因为公共安全代表的是广泛的公众利益,因此政府部门的安全管理活动需要对公众保持高度透明,努力塑造开放的公众参与公共安全物品生产的流程,使公共

---

① 高铭暄主编:《新编中国刑法学》(下册),中国人民大学出版社1998年版,第510页。
② 任勇:《社会公共安全研究的问题驱动、理论来源与学术建构》,载《学术月刊》2019年第3期。
③ 汤志伟、钟宗炬:《基于CSSCI的国内公共安全研究知识图谱分析》,载《现代情报》2017年第2期。
④ 徐明、郭磊:《中国公共安全与应急管理的学术版图及研究进路》,载《管理学刊》2020年第4期。
⑤ 丁翔、张海波:《大数据与公共安全:概念、维度与关系》,载《中国行政管理》2017年第8期。

安全物品的提供更具有回应力。

秉持上述理念，公共安全可被定义为公众在风险和危险现实或潜在威胁面前享有避免伤害的各种保障。这些风险和危险主要集中在自然灾害、事故灾难、公共卫生和社会安全这四大门类中。这一分类不但是学术界普遍认可的公共安全范围，也是《中华人民共和国突发事件应对法》认可的突发事件范围。有研究指出，在政策工具的意义上，事故灾难和自然灾害一直是我国应急管理重点施策的领域，2003年以后有关公共卫生事件和社会安全事件的政策迅猛发展。[①]需要指出的是，由于我国解决公共安全问题的实践发展历程很特殊，因此"公共安全"与"应急管理"在关联领域存在混淆使用的问题。从概念上看，应急管理实际上要处理"突发事件"或某些"紧急状态"，而公共安全则是从消除危险、保障安全的角度来定义的。从解决问题的方向上看，应急管理更加侧重突发性事件和突变性风险，公共安全则涉及渐进性事件和蠕变性风险。[②]有些安全问题并没有表现为突发的紧急事件，但已经影响了公众的安全，那么也应当纳入公共安全的范畴。比如，流行病未爆发前虽然无须应急处置，但是对公众健康的威胁却是存在的，因此应该被列为公共安全问题。

（三）公共安全治理

公共安全治理是近期才出现的名词，相较于公共安全管理，它更具有多元主体参与合作解决公共安全问题的意涵。

在中国知网（CNKI）数据库以"公共安全"为主题词，搜索所有年份（截至2022年1月31日）的文献，共得到26591条结果。其中，期刊论文1.76万篇，学位论文3557篇，会议论文788篇，报纸文章2356篇。由于我们的主要目的是跟踪"公共安全治理"一词的出现频次，并且为了和以往常用的"公共安全管理"相比较，因此根据此要求，依托中国知网自带的可视化分析软件，我们得到如图7-1的结果。

从图7-1可以看出，在中国知网里，"公共安全治理"第一次作为文章主题出现是在2004年，之后一直维持较低的出现率，直到2013年开始大量出现。我们查阅文献可知，2013年召开的十八届三中全会提出了"国家治理体系和治理能力现代化"，这使得"治理"一词开始进入中国政治的主流话语体系，同时对学术

---

① 赵琦、陈醉：《中国应急管理政策工具类型及其发展沿革——基于中央层面政策文本的分析》，载《兰州学刊》2021年第3期。

② 李辉、秦绪坤、靳晓宏、张婧：《公共安全管理常用术语概念标准化研究》，载《中国标准化》2017年第5期。

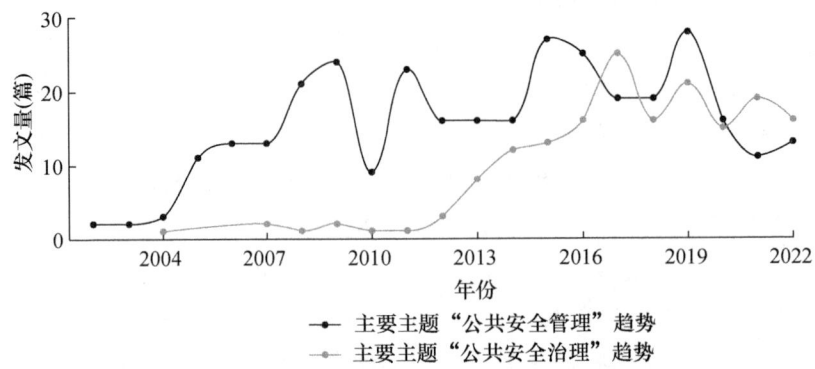

图7-1 中国知网上的"公共安全管理""公共安全治理"主题

界也产生了巨大的影响。"公共安全治理"作为主题词在2013年及以后年份的高频出现，可能正与此有较大关联。从2017年开始，"公共安全治理"和"公共安全管理"作为主题词出现的频次出现交织现象，2021年和2022年（软件预测出现频次）"公共安全治理"作为主题词出现的频次均超过"公共安全管理"。当前国内学者对"公共安全治理"的研究有以下特征：

第一，把"公共安全治理"当作一个"成熟"概念，未给出明确界定。在这些学者眼中，公共安全治理只是一个研究背景，在这个背景下探讨志愿者参与[1]、国际机制构建[2]、党建参与基层治理的作用[3]等。

第二，路径依赖特征明显。延续公共安全管理的理念，只是在文字上做出一些改变，但主旨未变，仍旧是国家行政管理体系中的一环。如"公共安全治理是国家对一定时期公共安全相关的方向、目标、任务、政策等全局性、长期性问题进行规划协调、秩序安排等一揽子的制度体系"[4]，又如"公共安全治理则是国家的行政机关为保障社会活动正常进行，从维护公共安全、保障公民合法权益的角度出发，实施的各项行政活动"[5]。

---

[1] 汪伟全：《社区应急志愿者参与公共安全治理的影响因素分析——基于新冠肺炎疫情背景的Nvivo质性研究》，载《社会科学辑刊》2021年第4期。
[2] 唐士其：《观念与机制的变革——从新冠疫情看未来的全球公共安全治理》，载《国际政治研究》2020年第3期。
[3] 刘乐明：《和谐之道：党建引领社区公共安全治理的动力与机制研究——以上海市A区"田园模式"为例》，载《江西财经大学学报》2020年第3期。
[4] 徐明：《公共安全治理中地方政府行为失范及其治理策略——以新冠肺炎疫情为例》，载《暨南学报》（哲学社会科学版）2021年第1期。
[5] 王灼：《我国公共安全治理体系的发展与完善》，载《人民论坛》2022年第5期。

第三，突出"治理"的特殊性，尤其是强调相关主体协同合作①、协同治理②。

本章偏向于第三种研究，即针对"公共安全治理"给出了定义，且超越了原先的研究路径，更倾向于治理的特殊性。

这类研究又有以下特征：

第一，更多聚焦于城市公共安全治理和社区安全治理层面。但二者的研究路径有很大不同，在城市层面，更多研究的是模式构建；在社区层面，更多采取的是实证研究。这种差异很大程度上是因为社区作为一个微型单位，其"治理""易见"，党建引领、社区主导、群众参与、多主体协同行为等经验材料都可从实地观察和走访座谈中获取。而城市层面的公共安全治理则"难见"，尤其是偏向于"治理"特色的群众参与和多主体协同，往往难有经验材料的支撑，即使有材料，也是以社区为典型样本的。

第二，强调技术，尤其是大数据技术的赋能作用。在当前的治理话语模式下，我们最常见的概念就是治理体系与治理能力建设。相应地，大数据就是一种典型地加强治理能力的技术。它不仅是一种"新思维、新技术"③，还是一种"新策略"④，更是一种"驱动力"⑤。

第三，问题及其解决模式。这类研究会具体指出当前在哪个层面、哪些场域、哪些细节处存在公共安全治理问题，并在分析问题的基础上给出解决方案。

从以上的分析中我们可以看出，当前国内对公共安全治理的研究还在比较初步的阶段，典型地表现为理论建构能力缺乏，重演绎、轻归纳等特征。相较于其他领域的治理研究而言，该领域需在治理形式建构的基础上，加强治理过程的研究，丰富诸如公共安全治理实践策略、治理工具应用及改进等内容。侧重于形式建构的研究实践可以为我们提供结构功能和系统性的视角；但当前缺乏的过程建构研究实践，提醒我们还要注意公共安全治理的社会和文化过程。据此，公共安全治理可被定义为：在现有社会和文化背景下，为公众预防与避免伤害而开

---

① 任勇、王盼：《政党嵌入如何改善社区公共安全治理——基于两个社区的比较》，载《上海行政学院学报》2021年第4期。
② 张丽娜、孙书琦：《超大城市基层社区公共安全风险治理困境与提升研究——基于北京市社区的调查分析》，载《中国行政管理》2021年第12期。
③ 孙粤文：《大数据：风险社会公共安全治理的新思维与新技术》，载《求实》2016年第12期。
④ 孙粤文：《大数据：现代城市公共安全治理的新策略》，载《城市发展研究》2017年第2期。
⑤ 沙勇忠、王超：《大数据驱动的公共安全风险治理——基于"结构—过程—价值"的分析框架》，载《兰州大学学报》（社会科学版）2020年第2期；赵发珍、王超、曲宗希：《大数据驱动的城市公共安全治理模式研究——一个整合性分析框架》，载《情报杂志》2020年第6期。

展的一系列风险治理工作。

二、公共安全治理的三重属性

在给出公共安全治理的初步定义之后,为了更深入地对它进行理解,我们加入了公共安全治理的属性分析。属性分析可以丰富概念的维度,对于概念的洞察将更加完整。

(一)公共属性

公共安全的公共属性,是指公共安全具有公共利益、公共责任和公共行动三重意涵。具体来讲,就是事故(事件)威胁到公共利益进而可能引发社会混乱和公众恐慌,需要用公共行动进行紧急应对。

公共利益一般被认为是个人私利的简单加总。它的可操作化定义可追溯到以边沁和密尔为代表的功利主义学者的相关理论。他们认为,公共利益是将各种情况下公众获得的利益和损失的利益进行量化加和得到的最大值。另外一个经常被拿来使用的可操作化定义来源于罗门·斯克诺。他认为,公共利益是不确定多数人的利益;根据受益人多寡的方法,只要存在大多数的不确定数目之受益人,即属公共利益。[1] 在当前的研究中,有关公共利益的理论阐释是错综复杂的,无论是学术界总结归纳的规范性理论、政治过程理论、公共物品理论及共识性理论,[2] 还是其他类似的多元分类框架,都不能给公共利益一个确切的定义。即使在对概念要求极度严格的司法判定中,有将近25%的以危险方法危害公共安全罪的判决书也未说明或提及"公共"的含义。[3] 然而,我们不能因为理论的复杂性而放弃给实际行动提供一些指南。因此,边沁、密尔、斯克诺等人简单但可操作化的定义成为我们约定俗成地使用公共利益概念的一个基础。在公共安全治理的语境下,公共利益泛指那些对多数人的生命、健康、重大公私财产及社会生产、工作生活等方面有影响的安全因素。而对这些公共利益构成严重威胁和危害的事故(事件)则成为公共安全治理的对象。

公共责任一般指的是为公共利益而生并对公众负责的一种积极责任。它是民主政治的产物,同时也与广泛的公众参与和普遍的公共协商有关。在公共安全治理的语境下理解公共责任,要注意以下几点:首先,实现政府职能结构从管

---

[1] 陈新民:《德国公法学基础理论》(上册),山东人民出版社2001年版,第186页。
[2] 孔繁斌、孟薇:《公共利益实现的"情境—行动"逻辑——基于成本—利益分布结构理论的阐释》,载《中国行政管理》2020年第7期。
[3] 江溯:《以危险方法危害公共安全罪认定规则研究》,载《中国法学》2021年第4期。

制到服务的转变,要在公共安全领域优化公共服务,不断创新治理模式,达到政府职能权利与责任的统一。其次,进行常态化的公民公共意识培育,这既可以增强公众的公共参与,也可以通过培训和教育让公众认识到他们对公共安全负有的责任和义务。最后,打造公共协商平台,解释和探讨公共责任"应该做什么"以及"不该做什么"。

公共行动强调为了公共利益而意向一致地采取行动,常常被认为是现代公民参与公共事务和影响公共决策的一种重要途径。在日常语境下公共行动的概念略显笼统;而在公共安全治理的语境下,则尤其要注意公共行动的社会建构作用,因为在"是否有共同行动的意向"和"如何进行共同行动的意向"方面存在着明显的社会建构性。正是公共行动的这种社会建构特质,使我们尤其关注公共安全治理中的社会和文化背景及过程。这种公共行动不但是一种理性行为,还是一种社会行为和文化行为。

(二)积极行动属性

如前所述,以往的公共安全管理模式由政府主导,侧重应急却疏于防控。而治理理念则强调积极行动而非消极应对。因此,顺应公共安全治理的需求,公共安全治理具有积极行动的属性。积极行动意味着以下三点:

1. 关口前移

防控在前,应急在后。传统的公共安全管理侧重回应性管理,习惯于等安全问题暴露出来之后进行处置。然而,这种应对模式在制度环节缺乏主体责任,在管理环节缺乏主动回应和前瞻性能力,在处置环节缺乏多元化的应急处置机制。当前的公共安全态势存在多重因果链条交织、复杂多变的样态。因此,当前公共安全治理要把关口前移,强调防控在前,应急在后。增强公共安全治理的主动性和前瞻性,着力从源头和基础上消除公共安全风险,降低公共安全事故(事件)发生的可能性。

2. 以风险为中心

在面对具体的公共安全事件时,可以将公共安全事件按照发展进程大体划分为防控与识别、评估与决策、处置与行动三个主要阶段。[①] 在这三个阶段中,围绕公共安全事件的生命周期进行审视,每一个阶段均突出积极行动的色彩。提前预估风险、积极评估风险、提前介入风险治理,把风险置于一个可预警、可评

---

① 孙金阳、龚维斌:《城市公共安全风险治理的现实困境及其破解路径》,载《中共中央党校(国家行政学院)学报》2020年第4期。

估、可介入的治理链条中,可以构建出一个更好地应对公共安全风险的治理机制。

3. 积极个体培育

公众个体积极参与对于有效防范与化解公共安全风险至关重要。当前我国已进入风险社会,某种程度上甚至是高风险社会,公共安全受到前所未有的挑战。有效防范和化解公共安全风险离不开公众个人力量的聚合与参与。[①]公众个人积极参与防范和化解公共安全风险,是当前公共安全治理的迫切需要。由于公共安全事故(事件)的发生风险最早是被现场人员获知的,因此现场干预越早,越是得当,越是能够减弱或消除风险隐患。然而,现代化进程带来的个体化思维和陌生化的交往模式,使公众的积极参与热情下降,面对公共安全风险和已经发生的公共安全事件,经常出现"事不关己,高高挂起"的冷漠围观现象。

以2018年10月28日重庆公交车坠江事故发生过程为例(图7-2),从已曝光的证据看,在乘客刘某和司机冉某争执的5分多钟内,未见乘客出来劝阻和制止。乘客刘某和司机冉某的互殴行为与危害后果具有刑法意义上的因果关系,两人的行为严重危害公共安全,已触犯《刑法》第115条之规定,涉嫌犯罪。同处一辆公交车,可以算是同处一个"临时生命共同体",在司乘争执互殴期间如有第一现场的人员参与制止,悲剧可能就不会发生。2016年5月27日,武汉一辆610路公交车行驶到长江二桥中部时,一乘客突然上前抢夺驾驶员手中的方向盘。危急时刻,坐在车厢后部的另一乘客猛地冲上前,死死抱住抢夺方向盘的乘客并将其拖离驾驶室,避免了危险进一步升级。这是一个较好地解决公共安全隐患的例子。当司乘冲突使公交车处于高风险萌芽时,其他乘客可以通过语言和身体行为适当消除发生进一步危险的可能性。中国司法大数据研究院发布的《司法大数据专题报告之公交车司乘冲突引发刑事案件分析》数据显示,2016年1月1日至2018年10月31日,全国各级人民法院一审审结的公交车司乘冲突刑事案件共223件,案件被告人中近70%为乘客,约20%为公交司机。纠纷起因多为车费、上下车地点等小事,近40%的案件有人员伤亡的情况,其中,死亡人数占伤亡人数的19.61%,超半数案件有乘客攻击司机的行为,更有近30%的乘客出现抢夺车辆操纵装置的情况,仅20%的案件未造成重大不良后果。在所

---

① 孙翊锋:《公共安全风险防范中的个体行为逻辑——基于前景理论的视角》,载《中南大学学报》(社会科学版)2020年第4期。

有的案件当中,仅约一成(13.04%)案件有其他乘客出面制止司乘冲突的情形。①

作为生活在社会中的个体,如果在社会中感受到的只是个体、关系等,就不会有整体性社会的感觉。如果社会的自主性培育不够,成员相应福利的提供都是由政府和国家来完成,那么社会成员就没有社会的整体感,个体在社会中会感觉不到社会给予的支持,社会也没有机会和渠道建立对他人的关心和支持。因此,政府需要加强社会治理,提高社会成员参与社会治理的主动性和积极性。同样,培育"人人有责、人人尽责、人人享有"的公共安全治理共同体,强调每个社会成员都是主体,均有参与的责任与义务,从而提高公共安全治理的社会化、民主化和协同化水平,是当前公共安全治理的重要任务。

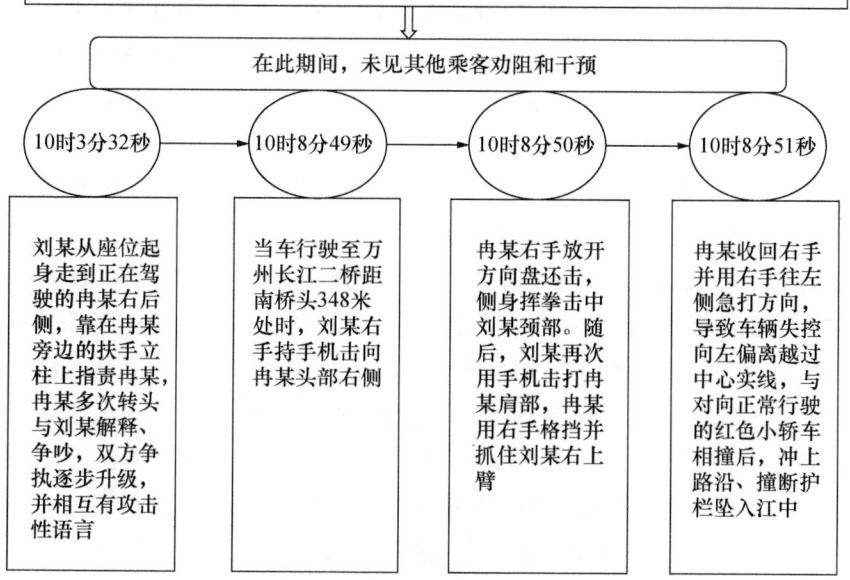

图 7-2 2018 年重庆公交坠江事件始末

---

① 《司法大数据:公交车司乘冲突刑事案件近 70%由乘客引发》,https://www.chinacourt.org/article/detail/2018/11/id/3578720.shtml,2022 年 1 月 25 日访问。

(三) 治理属性

理解公共安全的"治理属性"是深入理解公共安全治理的另一个前提。而且这种独特的治理属性为公共安全所固有，并在公共安全治理的全过程中彰显出来。

首先，公共安全是每个人期待的一种状态，这种期待成为促使相关人员积极行动的一个重要社会情感。以公共安全为名的治理行动在制度和文化层面具有易被接受的"合法性"。因此，相比于其他领域的治理，公共安全治理具有话语上的优势，这种话语优势可为行政、执法带来一定的便利，是其他领域的治理所不具备的。但是，我们需要明确，以公共安全名义进行的治理，不可忘却治理的本意。以公共安全为名的治理行动虽易被接受，但要充分考虑"被治理对象"或"承受治理的对象"的接受程度，充分考虑到公共安全治理所带来的安全感、获得感和幸福感。

其次，公共安全治理更多意味着风险共受、责任共担和利益共享。这有利于构建治理多主体协同共治。尤其在共担的基础上进行治理，可以较为便捷地建立全域全员的责任系统，通过群防群治系统做好治理工作，通过共担责任来实现多主体响应、全社会应对的"公共安全治理共同体"的构建。在此情境下，治理不但不是割裂的"术"，反而是一种有效的连接手段。通过治理来构建共同体，成为公共安全治理的一个特色。

再次，需要关注公共安全治理性失能问题。马光选以公共卫生危机为例给出了治理性失能群体的定义，"指的是那些因为自身主动或者被动参与公共卫生危机治理的能力较弱，无法被公共卫生危机治理体系和治理机制所吸纳，承担不了相应的公共卫生危机处置责任和义务，导致公共卫生危机治理体系和机制形成漏洞和盲区的公共卫生风险制造者群体"[①]。具体表现为，有部分人群因为各种原因无法被公共卫生危机治理体系和治理过程所吸纳，对公共卫生危机治理的机制理念和知识无知，对公共卫生危机治理的各种机器和技术的使用表现出能力欠缺，对公共卫生危机治理的生活和工作节奏表现出不适应，成为公共危机的"治外之民"。这种失能现象越严重，这些"治外之民"承担的危机和风险也就越高，公共卫生危机治理的漏洞也就越大，最终可能会因为治理性失能群体过于

---

① 马光选：《"治理性失能群体"：公共卫生危机治理的一个解释框架》，载《党政研究》2022年第1期。

庞大而导致公共卫生危机治理的失效和失败。① 治理性失能不但是公共安全治理属性的一个面向,也是当前公共安全治理研究的一个重点问题。

最后,从福柯的治理性概念入手,可以看出公共安全治理是借由治理来达到对公众自身言行的监督与规训。公共安全是公共的利益,是公共的产品,因此为了满足公共安全的需要,公众要对自身进行监督和管控,以提高公共安全意识和素养,养成良好的言行习惯,达到治理的效果。公共安全治理促使我们更积极地参与到对我们自身的管理和监督之中,促使我们更加积极地参与到创建公共安全环境中来。不过我们也要意识到,借由公共安全的名义实施的治理,要和法治相辅相成。只有在取得社会共识基础上进行的监督与规训,才能成为一种无形的资产,从而促进不同主体间的合作和集体行动。

第二节 公共安全治理的理论基础

一、脆弱性理论

脆弱性(vulnerability)又叫易损性,是指个体、群体或区域出现损失的可能性和概率,是可计算的对象。"脆弱性"一词源于自然灾害领域的研究,② 被定义为灾害事件对自然生态系统的影响程度及该系统对灾害的适应与恢复能力。

20 世纪 70 年代,奥基夫等人在对自然灾害的研究中首次引入了脆弱性概念,并指出自然灾害加深了不发达国家的脆弱性。之后脆弱性概念被应用于政治经济领域,形成社会脆弱性概念和分析框架。此外,脆弱性概念还被广泛应用于地理学、社会学、心理学、计算机科学等领域。③ 蒂默曼较早给出了脆弱性的权威定义,他认为脆弱性是"系统朝灾害事件发展的倾向或可能性",对人类而言是"负面的","脆弱性同时受到系统恢复力(即应对能力)的影响"。④ 对自然界和人类社会而言,存在着一个特定的安全阈值,一旦致灾因子以及其他扰动项的

---

① 马光选:《"治理性失能群体":公共卫生危机治理的一个解释框架》,载《党政研究》2022 年第 1 期。

② B.L. Turner, et al., A Framework for Vulnerability Analysis in Sustainability Science, Proceedings of the National Academy of Sciences of the United States of America, 2003, 100(14): 8074-8079.

③ 顾天安、周镇忠、李慧杰:《重大突发公共卫生事件下城市儿童的危机与应对——基于脆弱性理论与抗击新型冠状病毒肺炎疫情的实践》,载《社会保障研究》2020 年第 4 期。

④ 朱正威、王玮、郭雪松、石佳:《区域公共安全动态评价及关键变量甄别——基于"脆弱性—能力"的视角》,载《公共行政评论》2012 年第 6 期。

相互作用超过该阈值,公共安全风险和危机事件就会发生。

脆弱性理论给灾害的计量研究提供了理论基础,成为预测灾害造成的潜在损害和生命损失的依据。初期的脆弱性研究较为关注灾害的来源及其风险评价,后续的研究过程则逐渐纳入了承灾体的暴露程度、敏感性、恢复适应能力等要素。自1990年西方主流风险治理与灾害研究运用脆弱性理论以来,消除或减少风险事故中的脆弱性因子成为公共物品安全风险治理的主要方法。[1]随着研究的不断深入和发展,目前脆弱性一般被认为具有多个维度,包括社会、自然、经济、环境和制度等方面,并且脆弱性评价对象已从传统的脆弱性与自然环境恶化相关转变为重点关注由于人类活动所导致的脆弱性;研究深度由单纯评价和被动面对变为积极主动研究应对或规避脆弱性的对策;研究领域则从城市脆弱性拓展到"人—地"系统、"社会—生态"系统等耦合系统的脆弱性。[2]

脆弱性同时也作为一种有效的方法被应用于诸多学科中,在公共安全脆弱性研究中,脆弱性被广泛定义为来自公共安全方面的风险及摆脱风险的能力。

脆弱性理论给公共安全治理带来的启示有:第一,给致灾因子的归类、灾害发生可能性、系统承灾能力评估等统计分析提供了一个理论基础。第二,由于后期的风险评价研究更加注重社会属性,因而脆弱性和安全能力建设在一定程度上得以进行。然而,脆弱性理论的最大缺陷在于试图在一个越来越不确定的年代做确定性的风险评估工作,因此其研究范式和研究结论受到一定程度上的质疑。不过,在没有更好的替代方案的情况下,脆弱性研究为"社会—生态"系统应对和预测风险事件的发生提供了参考,这也是目前脆弱性研究得以持续进行的最重要因素。

二、风险社会理论

1986年,"风险社会"(risk society)的概念由德国著名学者贝克在其《风险社会》一书中提出。他认为,"风险可以被界定为系统地处理现代化自身引致的危险和不安全感的方式。风险,与早期的危险相对,是与现代化的危险力量以及现代化引致的怀疑全球化相关的一切后果,他们在政治上是反思性的。"[3]在他

---

[1] 何继新、何海清、韩艳秋:《城市公共物品安全风险治理行动逻辑、属性特征与创新思维》,载《华东理工大学学报》(社会科学版)2019年第3期。

[2] 王松华、赵玲:《城市公众安全评价体系建设的路径选择》,载《复旦学报》(社会科学版)2015年第5期。

[3] 〔德〕乌尔里希·贝克:《风险社会》,何博文译,译林出版社2004年版,第19页。

看来,工业社会会逐渐消亡,新的风险社会正在形成。在风险社会中,未知的、意图之外的后果成了历史和社会的主宰力量。通过梳理贝克的论述,可以总结出风险社会的五个特点:

第一,自反性。贝克认为,风险社会是自反现代性的结果。简单来说,风险社会是工业社会成功的产物,是工具理性和科学进步观主导下发展的产物,是对工业社会的"自反"。

第二,风险成为主体。贝克认为,现代风险既产生于工业化生产生活中,也来源于要控制风险的逻辑和制度,到了自反性工业化阶段。在人为不确定性下,控制逻辑可以从内部崩溃,风险已经不能像客体一样受控制了。

第三,风险分配变为焦点。贝克的风险社会概念对应的是"工业社会"或"阶级社会"的概念,这两个概念围绕着社会生产的财富是如何通过社会中不平等却又合法的方式进行分配这样的问题进行思考。而风险社会要解决的问题既与之类似,又不同。贝克认为,风险和财富一样是要分配的东西,两者都构成地位——分别是风险地位和阶级地位。风险分配有其自身的逻辑,如果说财富获取的逻辑是主动逻辑,那么风险分配的逻辑则是转嫁、规避、否认和再诠释的否定逻辑。

第四,责任不清与不可保险。在风险社会中,一方面保护环境的法律法规在大量生产,另一方面潜在的环境破坏却日趋严重,而与此同时看上去却没有任何人或组织需要对此负责。在此情况下,作为保险基础的风险计算难以完成,保险的逻辑难以持续;同时,有的风险的爆发,如核泄漏等,概率难以预计,但危害却十分重大,任何保险都解决不了这种风险,这使得风险社会已经成为一个无法保险的社会。

第五,全球性。从环境命题产生出的风险本身即具有全球性。在贝克看来,新风险是没有边界的去局域化,其产生的原因和后果不限于一个地理位置或空间,它们在原则上无所不在。①

在接受中国学者访谈时,贝克提到,生态、金融、军事、恐怖分子、生化和信息等方面的各种风险,在我们当今的世界里以一种压倒性的方式存在着。② 风险可谓无处不在,但传统的风险管理模式关注的是各种正常过程,而将极端情况视

---

① 曾宪才:《风险、个体化与亚政治:贝克风险社会理论视域下的社会状态与风险应对》,载《社会政策研究》2021年第3期。
② 〔德〕贝克、邓正来、沈国麟:《风险社会与中国——与德国社会学家乌尔里希·贝克的对话》,载《社会学研究》2010年第5期。

为微不足道。在世界风险社会中,这种路径不仅具有误导性,而且它本身也成了制造灾难的一个因素,因为它假装进行控制(如同金融危机明确表明的那样),从而加强了不可控制性。因此,我们必须改变规则。当下用模型对不确定性所做的每一种描述和分析,都仍然是在风险分析和风险管理的传统模式下展开的。这种分析和管理植根于典型的安全研究,并旨在对不确定性实施一种能被社会接受且有效的"管理"。① 因此他认为,当前人们必须重点关注风险制造或定义的全球性因果条件,而不只是处理它们所带来的各种后果。

贝克的风险社会理论给公共安全治理带来的启示主要有两个:一个是抛弃"绝对安全"的幻想,危险与损害的来源——风险已经成为历史和社会的主宰力量;另外一个启示是针对公共安全的应对措施要从减轻灾害损失转化到减轻灾害风险。这两个启示越来越成为当前公共安全治理的主流指导思想。

三、安全化理论

20世纪90年代,哥本哈根学派的代表人物巴里·布赞和奥利·维夫等学者借助建构主义理论,提出安全是行为体基于对威胁的主观认知和判断而产生的一种政治选择与社会建构。在他们看来,当所谓的威胁被人们所接受时,威胁就是存在性的。基于此,哥本哈根学派将安全视为一种"自我参照的实践",认为特定问题被贴上威胁的标签,并通过言辞以一种威胁的形式被提出的过程就是安全化过程。

哥本哈根学派将安全、主体间建构及生存性威胁三者直接关联,认为安全问题是一种"特殊的主体间的行为",这样安全就不仅是行为体在获得价值时的"客观上无威胁,主观上无恐惧",而且还表现为更具社会互动意义的、体现关系性质的"主体间无冲突"。② 这种建构主义安全理论为当代安全研究提供了最为新颖、最富有成效然而却极具争议的研究路径。③ "实际上没有什么既定的安全,当一个事物被视为安全问题时,它就是安全问题"。有了这种观念,再加上美国在防止大规模杀伤性武器、生物威胁论等国家安全问题构建方面的实践,安全化理论饱受诟病,常被批评为"任何问题都可能成为安全议题"。不过,安全化理论也拓宽了安全研究的边界,使得非传统安全问题经由安全化路径进入分析范畴,提升

---

① 〔德〕贝克、邓正来、沈国麟:《风险社会与中国——与德国社会学家乌尔里希·贝克的对话》,载《社会学研究》2010年第5期。
② 余潇枫、谢贵平:《"选择性"再建构:安全化理论的新拓展》,载《世界经济与政治》2015第9期。
③ 叶晓红:《哥本哈根学派安全化理论述评》,载《社会主义研究》2015年第6期。

了安全理论对现实安全问题的解释力。

哥本哈根学派的安全化框架有三个核心要素。第一个要素是安全化行动者,即执行安全言语行为的人或团体。安全化的成功通常建立在具有一定权威性和合法性的行为体的安全话语基础上。第二个要素是安全化行动,即塑造安全问题的言语行为。此类言语行为需要符合一定的规则,采用受众能够理解和接受的方式,其内容包括将特定问题识别为相对于指涉对象的生存威胁,强调特定问题的紧迫性和采取特殊措施避免该威胁的必要性。第三个要素则是相关的受众和话语的言语效果。如受众接受安全化行为时,安全话语对问题解决紧迫性的强调会使得超越常规政治程序的行动合理化。因此,非常规措施能否进入问题领域被视为安全化言语成功与否的决定性评判标准。[①]

除了在国家安全和国际政治领域被广泛应用之外,安全化(理论)还被一些学者当作治理模式或工具。首先,安全化过程可以让非传统议题进入公共视野中并引发民众关注。其次,安全化可以让安全威胁从政治领域扩展到事故、公共卫生以及社会生活领域,在引起公众关注的背景下,能够调动资源来应对潜在的威胁。最后,安全化能够培养公众的安全意识,尤其是安全防范意识。安全化不但是一个强大的政治工具,还是一个强大的治理工具,它可以把安全理性应用于政治领域之外的政策领域。

四、社区韧性治理理论

作为整个社会系统中最为基层的组织,社区是国家与居民之间的节点,是应对和防范公共安全事件的主要阵地。20世纪90年代以来,国际上公共安全治理工作的侧重点发生了重大转变,从强调"自上而下"的政策干预转向"以社区为基础"的安全能力建设模式。社区韧性治理理论应运而生。

韧性起源于自然科学,在一般意义上指系统的抗干扰能力。后来这一概念被引入社会科学领域,用于解释社会系统被干扰时抵抗、吸收、适应干扰或者从干扰中恢复的能力。与韧性概念相对应,社区韧性治理的概念中也涵盖了抗逆、恢复和适应这三重指向特征。[②]

抗逆性指向。抗逆性指向强调系统具有抵抗外力干扰的能力。社区韧性治

---

① 周逸江:《安全化理论与国际组织角色分析——基于联合国安理会框架下的气候变化安全化进程》,载《国际关系研究》2021年第4期。
② 汪超:《迈向富有韧性的社区治理研究》,载《城市发展研究》2021年第12期。

理中的抗逆性指向是一种物理层面的特征表述,强调社区内的基础物理设施对风险冲击的抵抗能力,能够克服和降低突发公共事件带来的损失和破坏问题。在抗逆性指向下,社区韧性治理更为关注社区所具有的稳定性,其韧性治理能力取决于受干扰脱离稳定状态后迅速恢复到原来状态的程度。

恢复性指向。社会生态学者认为,仅靠社区的基础设施难以完全抵抗风险冲击,社区还需具备提供或者获得其他替代性资源和服务的能力,以保证社区结构和功能的稳定。这一指向下的社区韧性治理的内涵强调社区作为一个综合的"自然—社会"系统所具备的动态修复能力。

适应性指向。在抗逆性和恢复性指向的基础上,适应性指向下的社区韧性治理主张社区要在常态化灾害背景下更为明确地识别内部的脆弱性风险,链接外部的可治理资源,主动吸收灾害影响,在适应风险冲击的过程中激发出一种变化、改变和创新的能力,社区主体由被动变为主动,在准备、应对、恢复和重建过程中抗逆力能够得到动态的提升和发展。

第三节 公共安全治理的基本方法

一、基于脆弱性的公共安全治理

在公共安全领域里,有关脆弱性的方法通常被称为脆弱性分析或脆弱性评价体系。尽管二者名称不一样,但实质却相似,就是通过一系列指标来评估社会、生态系统的脆弱性,及如何采取针对性措施予以规避。

最简单的脆弱性评价模型主要包括敏感性指数与适应性指数。前者与脆弱性正相关,后者与脆弱性负相关。常见公式如下:

$$V_i = S_i / A_i$$

式中,i 表示评价对象,V_i 表示脆弱性指数,S_i 表示敏感性指数,A_i 表示适应性指数。

根据研究目标,敏感性指数与适应性指数的关系伴随着研究对象而构建。比如在农村人居环境脆弱性评价研究中,敏感性分为经济环境、社会环境、生态环境三类要素层,适应性分为产业发展与农民生活、社会公共事业、基础设施三类要素层。指标性质包括正向和负向,敏感性指标被视为负向指标,包括人均耕地面积、人均农业用水量、保护区面积年增长率、二元对比系数、规模以上农副食品加工业企业数、农民人均消费支出、农村教育支出占比;适应性指标被视为正向指标,包括人均收入、公路里程、互联网覆盖率、有效灌溉面积占比等,所有适应性指标的增大均可提高农村人居环境系统适应能力。[1]

在敏感性指数和适应性指数的基础上,还可以通过增加暴露度指数来构建脆弱性模型。公式可表达为:

$$V_i = E_i + S_i - A_i$$

式中,i 表示评价对象,V_i 表示脆弱性指数,E_i 表示暴露度指数,S_i 表示敏感性指数,A_i 表示适应性指数。

暴露度与敏感性之和代表了潜在的脆弱性,被视为负向指标,适应能力则对其具有抵消作用,被视为正向指标。三者共同反映了评价单元的实际脆弱性,各指数通过加权求和法计算得出。暴露度主要反映了系统受到极端外部扰动的影响。如在城市高温特征与社会脆弱性评价中,暴露度就是城市极端高温事件,城市人口的年龄结构和职业结构是人口对高温敏感性的主要体现,城市的经济能力、医疗水平、降温措施等可被看作适应能力。[2]

除此之外,还有学者把压力(冲击)、危险指数纳入脆弱性模型,但是最为常见的还是上面详细提到的两种类型。由于学者们对社会脆弱性概念的理解尚未达成共识,因此社会脆弱性的研究视角、分析框架和研究方法的应用存在较大差异,目前还没有形成专门的社会脆弱性分析框架,相关研究更多是在脆弱性框架基础上的延伸和拓展。大多数已有的社会脆弱性研究以案例研究为主,成果多是关于社会脆弱性的特征和脆弱性程度的评价,缺乏对社会脆弱性过程和内在机理等内容的深入探讨;研究尺度方面,主要集中于某一时间截面或特定的空间尺度上,缺乏不同时空尺度社会脆弱性的动态对比分析,社会脆弱性的时空过程和演化规律研究不足。[3]未来应建立比较统一的脆弱性评价方法,以便系统揭示社会、自然系统脆弱性的动态发展过程和发生机理,深化并完善公共安全研究体系。

二、基于大数据的公共安全治理

早期公共安全场景涉及大数据的较少,大数据治理分析通常面向特定类型

---

[1] 曹萍、盛业旭、任建兰:《中国乡村人居环境脆弱性演化及影响因素》,载《地域研究与开发》2021年第5期。

[2] 黄晓军、王博、刘萌萌、郭禹慧、李艳雨:《中国城市高温特征及社会脆弱性评价》,载《地理研究》2020年第7期。

[3] 黄晓军、黄馨、崔彩兰、杨新军:《社会脆弱性概念、分析框架与评价方法》,载《地理科学进展》2014年第11期。

的数据,如城市地理空间数据和社交媒体文本数据。① 但是近年来,越来越多的大数据项被引入,能够为公众提供更加精准高效的公共安全服务。例如,武汉的智能内涝风险分析既涉及传统的地理空间数据(如道路、建筑物和水系),也涉及新型大数据项,如出行数据、社交媒体帖子和基站数据,以及这些基础数据的衍生项。面向众多的大数据项及其数据链,基层社会大数据治理已成为一项复杂系统工程,其分析效果受到多方面不确定性因素影响,包括所针对的公共安全场景、存在的大数据治理问题、采用的治理实践以及内外部治理环境等。② 根据闪淳昌的归纳,大数据技术在公共安全治理中的应用体现在五个方面:

第一,大数据技术在突发事件监测预警领域的应用。比如,谷歌公司通过保存和分析人们的搜索指令准确地预测了2009年甲型H1N1流感的暴发,比美国疾病预防与控制中心依靠传统方法的预测快了两周,为有效控制流行病的传播节省了宝贵时间。

第二,基于大数据技术构建辅助决策系统。比如,美国国土安全部从2012年开始运行第一个跨部门大数据应用试点项目——"海王星"和"地狱犬"。数据库以完全不同于以往的方式进行重新组织,将不同来源的未经分类的信息汇聚成一个"数据湖",对海量数据的综合分析成为国家安全决策的重要参考。

第三,大数据技术在城市公共安全管理和社会治理领域的应用。例如,"智慧城市"运用信息和通信技术手段感知、分析、整合城市运行核心系统的各项关键信息,城市系统的突发事件,特别是城市生命线、基础设施、重点地区的突发事件都在"智慧城市"系统的监测之中。

第四,大数据技术在危机中的个体行为模式研究中的应用。例如,大数据技术通过分析大量个体的言论和行为可以预测群体性事件发生的可能性,通过分析人们接受各类灾害(如暴雨、飓风、地震等)的预警信息之后的行为反应可以设计更加有效的风险沟通策略,通过追踪个体在灾害中的逃生和自救行为可以提升应急疏散和第一响应的能力。

第五,大数据技术在应急资源配置中的应用。例如,大数据技术通过通信基站可以快速确定通过手机等通信设备发出应急信号的人员的位置,而急救车、消

---

① N. Clark, F. Guiffault, Seeing Through the Clouds: Processes and Challenges for Sharing Geospatial Data for Disaster Management in Haiti, *International Journal of Disaster Risk Reduction*, 2018, 28:258-270.

② 刘昭阁:《城市公共安全的基层社会大数据治理分析方法》,哈尔滨工业大学2021年博士学位论文。

防车等应急设备的运动轨迹则可以通过全球定位系统(GPS)进行定位和跟踪。①

根据本章前面对公共安全场景(自然灾害、事故灾难、公共卫生、社会安全)的分类,我们也可以对大数据技术在公共安全治理中的应用进行相应的分类(表7-1)。我们所面临的公共安全场景多样、问题繁多、任务工作量大,因此采集各类大数据来提升公共安全服务效果与优化资源配置是基本趋势。已经有研究针对公共安全场景探索了基层社会大数据的概念、构成、特征、分析方法以及应用模式,取得了较为丰富的研究成果,在一定程度上促进了当前公共安全场景的大数据分析实践,例如在某些试点城市获得成功治理效果的多源火灾数据集成方案、内涝防控的社交媒体文本应用等。② 此外,大数据在油气行业事故事件③、矿山安全隐患④、城市地下燃气管道⑤、密集人群安全管理⑥、治安防范⑦等方面也有较为成功的应用。

表7-1 公共安全场景的大数据分析实践

公共安全场景	公共安全风险	大数据治理场景	典型案例
自然灾害	气象灾害、地质灾害等	暴雨内涝、台风	西安城市暴雨内涝风险预报预警系统、中国气象局气象大数据平台
事故灾难	火灾事故、交通事故、爆炸事故等	爆炸风险预警、道路事故风险预警、火灾预警	"智慧矿山"示范工程、全国道路风险地图系统
公共卫生	传染病、流行病等	艾滋病防控	艾滋病检测电商大数据系统
社会安全	社会治安、反恐等	网格化治理、人脸识别、"天网"系统	浙江桐乡"智慧城市"建设、上海外滩大客流智能管控系统

---

① 闪淳昌:《公共安全管理研究》,科学出版社2020年版,第13—14页。
② 刘昭阁:《城市公共安全的基层社会大数据治理分析方法》,哈尔滨工业大学2021年博士学位论文。
③ 阎红巧、樊志强、郝壮远:《大数据技术在油气行业事故事件致因分析中的应用》,载《安全与环境工程》2021年第6期。
④ 郭对明、李国清、胡乃联、侯杰:《基于文本挖掘的矿山安全隐患大数据分析与可视化》,载《工程科学学报》2022年第3期。
⑤ 王文和、庞吉敏、刘伟、蒲朝东、汪宙峰:《大数据技术在城市地下燃气管道事故防控中的应用》,载《油气储运》2021年5期。
⑥ 王起全、李鹏昇:《基于大数据的大型活动拥挤踩踏事故预警分析研究》,载《中国安全生产科学技术》2017年第12期。
⑦ 庞素琳、蔡牧夫:《基于大数据的城中村 C^2I^2O 设计与警力配备模型》,载《系统工程理论与实践》2018年第2期。

与发达国家相比,我国公共安全治理领域运用大数据的水平还存在较大提升空间,具体表现在:首先,大数据应用与公共安全服务效果间的衔接不佳降低了决策者对大数据的期待,一些负面案例的出现(如2021年郑州洪灾中的预警信息)甚至导致全社会对大数据产生了质疑。其次,公共部门间的数据共享存在障碍,形成数据孤岛,阻碍了大数据的可得性和流动性。虽然由大数据辅助的公共安全服务的流程由服务主导组织决定,但各流程的完成需要跨部门配合,需要经过繁杂的数据合规化审查。最后,大数据应用的成本(流程冗余、标准缺失、数据授权)较高,目前大数据较多应用在经济实力较好的城市地区,其发展受到经济成本的制约。

总而言之,基于大数据的公共安全治理所面临的挑战不仅是技术问题,还有治理价值认知,后者比前者更重要。当前中国的公共安全决策部门对大数据的接纳程度已经度过了不了解的阶段,进入治理效能的权衡阶段。这需要大数据服务公共安全治理的有效案例叠加完成。比较成功的外滩人流预警、新冠疫情防控等案例已经做出了较好的示范。下面,我们以公共卫生领域的大数据应用来展示具体流程和效果。

基于健康码的居民出行管控,其基本原理是通过居民个人身份信息与交通、住宿、出行场所等多源大数据的关联,结合已确诊病例出行轨迹,生成不同颜色的健康码来反映居民感染可能性,从而根据健康码的颜色采取相应控制措施。[①]健康码通过对人们活动轨迹、消费记录的判断,为疫情的防控提供帮助。这种在大量数据中进行的对比、分析及追踪所依靠的就是大数据应用技术。

2020年春节前后,新冠疫情突袭中国,疫情防控和复工复产成为一定时期内最重要的课题。2020年3月,疫情防控常态化和全面复工复产的趋势进一步明显,为了促进全国各地健康码应用互通互认,国家标准化管理委员会主动赴国务院办公厅电子政务办公室协调沟通,商定适用快速程序制定"个人健康信息码"系列标准。2020年4月29日,《个人健康信息码——参考模型》等3项标准发布,并自发布之日起实施,系列标准由全国信息技术标准化技术委员会归口管理。[②] 该系列标准采用了国家标准快速程序,从立项到发布仅用了14天。

其中,《个人健康信息码——数据格式》规范了健康码数据元的数据格式,对健

---

① 刘昭阁:《城市公共安全的基层社会大数据治理分析方法》,哈尔滨工业大学2021年博士学位论文。

② 陈亚军、李恒训、孟钲秀、彭革非:《个人健康信息码参考模型标准解读》,载《信息技术与标准化》2020年第8期。

康码的数据管理提出了要求。该标准的制定实现了个人健康码的数据格式统一,为疫情防控的信息互认提供了依据,推动了个人健康信息的共享与利用。

《个人健康信息码—应用接口》规定了个人健康服务接口的接口规则、接口说明和接口应用信息。该标准适用于个人健康信息相关应用系统的设计、开发和系统集成。

《个人健康信息码—参考模型》提出了个人健康信息"凭码"授权共享的参考模型,规范了健康码组成、码制和呈现形式,以及各级个人健康信息控制者在收集、存储、使用、共享等信息处理环节中的相关行为。该标准引入了信息主体"亮码"授权模型,较好地实现了个人信息保护和疫情防控、应急管理之间的平衡,对其他个人信息的利用也具有参考意义。

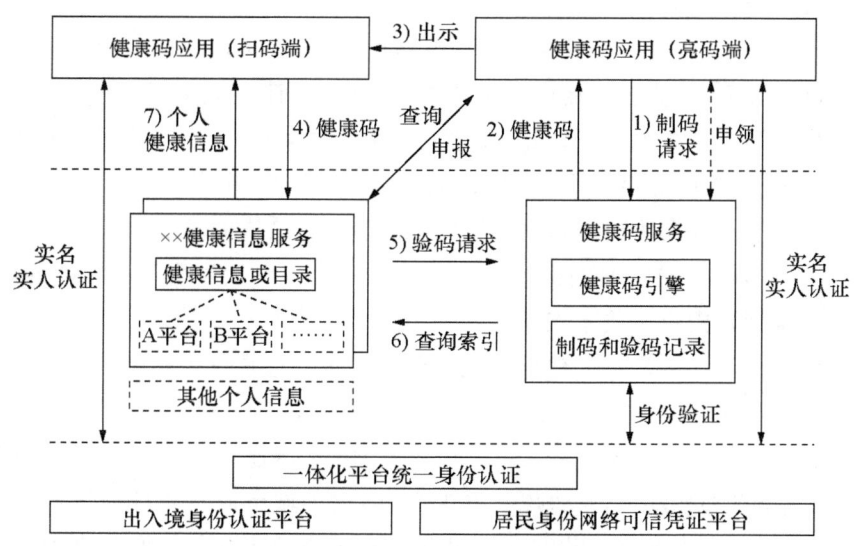

图 7-3 个人健康信息码参考模型

资料来源:全国信息技术标准化技术委员会:《个人健康信息码—参考模型(GB/T38961—2020)》,中国标准出版社 2020 年版,第 6 页。

图 7-3 展示了个人健康信息码参考模型各部分的功能和协作关系:

(1)健康码服务主要提供制码、验码功能,还可为应用端提供个人授权使用情况查询;

(2)健康码服务主要的功能模块是健康码引擎,用以生成和验证健康码;制码和验证的记录应保留一段时间以供查询;

（3）个人健康信息服务系统是个人信息的控制者，应根据个人信息主体（健康码应用的用户）的身份凭证或授权来响应个人健康信息查询请求；

（4）个人健康信息服务可采用分级管理模式，采用分级管理时，对外的信息服务由顶层健康信息目录库统一提供，各子级平台负责本区域人员的健康信息更新和质量保障；

（5）个人健康信息服务可与其他个人信息控制者建立联系，采用接口调用等方式在个人信息主体授权下查询其他信息并作为本服务的数据来源或参考值；

（6）健康码的申领、出示、验证等应通过健康码应用完成；

（7）健康码的使用应先进行可信的用户身份认证，身份认证的范围应能覆盖可能使用个人健康信息的各人群。

基于大数据的《个人健康信息码——参考模型》等3项国家标准满足了科学防疫和精准防疫需要，为复工复产提供了支撑。该系列国家标准实施后，可实现个人健康信息码的码制统一、展现方式统一、数据内容统一，统筹兼顾个人信息保护和信息共享利用，适用于指导健康码相关信息系统的设计、开发和系统集成。从健康码的有效应用可以看出，以往不可跨界的信息流动成了可能。健康码通过整合公路、铁路、航空、公安和移动运营商的数据，大大加快了数据链的产生，从而为精准识别提供了技术支持。

健康码的应用为理解大数据时代的公共安全治理提供了典型范本。在突发危机事件的驱动下，城市治理者基于大数据技术，启动危机学习机制，从其他地区借鉴先进经验，将新技术引入本地应急管理中，迅速化解危机；随后，在教训汲取、系统分析的基础上推动政策再生产，形成了城市应急防控与管理的常态化运作。[①]大数据技术在公共安全治理领域的有效利用，可以推动决策者对大数据技术进行思考，推动大数据技术与既有的治理体系相结合，形成一种常态化的治理机制。从长远眼光看，大数据技术不仅为公共安全治理提供了方法上的变革，还提供了公共安全治理的新路径，为公共安全治理体系的建设提供了助力。

---

① 邹伟、李娉：《技术嵌入与危机学习：大数据技术如何推进城市应急管理创新？——基于健康码扩散的实证分析》，载《城市发展研究》2021年第2期。

三、基于全社会参与的公共安全治理

公共安全治理不仅需要不同职能的公共部门、不同层级的政府机构共同参与,还需要整合市场和社会力量。"全社会参与"成为公共安全治理的重要方法。①

"全社会参与"的理念始于美国 2011 年推行的"国家准备体系",实际上是美国政府从治理的最基础方面来思考加强应急管理工作。它涵盖各种不同类型的社区,既包括不同地点、兴趣、信仰、环境的社区,也包括地理上的和虚拟中的社区。从实际看,它是对以往美国应急管理工作的深刻总结。美国的《全国应急准备系统》指出,"国家应急准备系统的力量依赖于如何确保整个社会有机会参与实现国家安全和抗逆力的目标。"该文件一方面明确界定了概念,"全社会参与是指一种包括居民、应急管理实际工作者、组织和社区领导者,以及政府官员能够共同理解和评估各自社区的需求,并决定用最好的方法来组织和保护他们财产、能力和兴趣的方式";另一方面明确界定了具体的参与主体,既包括个体和家庭,也包括以信仰为基础的社区组织;既包括非营利组织、学校和研究机构、媒体,还包括联邦政府、州政府、地方政府、部落政府、领地等在内的政府。② 美国联邦应急管理局《2014—2018 年战略规划》强调,灾难幸存者和旁观者通常是第一个在紧急状况下采取行动的人,实际上也拯救了更多生命,执行了更多的救援行动,在灾害中也更容易受伤;如果没有全社会的支持,美国联邦应急管理局将一事无成;要帮助个人和家庭理解他们在灾难中的定位并有能力采取行动,帮助每一个人做好准备,感知地区和社群风险,有针对性地为每个社区设定方案,增强应急核心能力。美国联邦应急管理局《2018—2022 年战略规划》提出,要动员全社会建立准备文化,为灾难性的事件做好准备。该规划还指出,以政府为中心的灾难管理办法对于应对巨灾所造成挑战是不够的,这就是为什么必须充分调动全社会的能力,并强调最有效的应急管理形式和国家真正做好应急准备,取决于每个人都理解自身在灾难中的定位和不可或缺作用,都具备基本的知识和技能,使整个社会都能为国家应急准备做出贡献。基于这些理念指导下的行动,扩大了美

---

① 闪淳昌:《公共安全管理研究》,科学出版社 2020 年版,第 14 页。
② 游志斌、薛澜:《美国应急管理体系重构新趋向:全国准备与核心能力》,载《国家行政学院学报》2015 年第 3 期。

国应急管理的社会基础。[①]

全社会参与不但是一种理念,更是一种公共安全治理的方法。市场、社会甚至家庭和个体的参与,为公共安全治理提供给了市场机制和社会创新的方法。比如,市场力量中的保险改变了灾难后果政府兜底的局面,实现了风险的市场转嫁。社会力量的参与,不但减轻了政府的负担,还增强了公共参与,培育了公共精神,这一点在当前尤为重要。

从实质上讲,全社会参与体现的是公共安全治理主体的多元化。这种多元化的特质在于"全"。以往的多主体往往涉及的是宏观的主体,如政府、社会组织、市场,而全社会参与则扩展到了家庭和个体。这会受到一定程度的质疑。因为家庭和个体不仅不是资源的提供方,还是公共安全事件中的脆弱一方。但是,当前个体化社会要求家庭和个体对自己负责,在公共安全领域,家庭和个体也要对自己的安全负责任,建立起良好的安全意识,同时对自己的行为做好约束。因此,家庭和个体在参与公共安全治理中扮演的角色不是资源提供方,而是安全应对能力的建设方。

因此,全社会参与的关键可以聚焦为以下两点:伙伴关系和安全准备文化。伙伴关系是对科层关系的补充,确保有效响应。伙伴关系要求制定反映每个伙伴关切的联合行动计划,提前规划好,做好愿景和战略规划,塑造公共安全治理共同体。除了科层责任以外,伙伴关系还涉及伙伴协议和承诺,加强合作伙伴间资源共享。安全准备文化即为可能到来的安全事件做好准备的常态化行为模式。安全准备文化锚定的是每个人都要准备。这种准备包括公共安全事故发生之后的冷静和应具备的相应的知识与技能。

四、基于社区能力的公共安全治理

我们在常态治理过程中的社会动员范围其实较为有限,大部分公众游离于社区公共空间之外,在突发事件中自然成为看客和旁观者,难以转化为积极行动者。由于平时缺乏连接和互动,紧急时刻就难以形成有效且持续的互助和互救关系。

基于社区能力的公共安全治理,有时候也被称作应急管理的全社区模式(Whole Community Approach to Emergency Management),来源于美国联邦应

[①] 刘铁民:《美国 FEMA 近 40 年变革历程和 10 年四个战略规划探究(下)》,载《劳动保护》2019 年第 11 期。

急管理局在 2011 年发表的一份报告。这份报告确定了全美实施应急管理全社区模式的三个原则和六大实施策略(表 7-2)。

表 7-2　美国应急管理全社区模式的原则与实施策略

原则 1	理解并满足社区的实际需求
原则 2	发动社区广泛参与并对参与主体赋权
原则 3	实现社区应急管理与社区日常工作的有机统一
策略 1	认识社区的复杂性
策略 2	了解社区的需求和能力
策略 3	建立与加强同社区领袖的关系
策略 4	建立和维持多元伙伴关系
策略 5	授权地方行动
策略 6	加强社区管理服务设施、网络和资产的利用与建设

应急管理全社区模式倡导社区在应急管理中的"领导"作用。社区有着丰富的人力、物力、社会关系网络等资源,要运用各种途径倡导社区公众参与应急管理,提高社区公众在灾害风险应对中的地位,发挥其作用。[1] 然而,这些原则和实施策略没有回答如何建立全社区的模式,只是引发了如何去创建和实施该模式的深层讨论。当前开展的有准备的社区(Prepared Community)建设、韧性社区(Resilient Community)建设等,和基于社区能力的公共安全治理一样,着眼点均在于"社区储备能力"建设,这也是今后公共安全治理值得关注的一个关键环节。

第四节　总体国家安全观下的公共安全治理

一、公共安全的常规领域划分及治理体系

中国语境下的公共安全管理,在美国和澳大利亚被称为"应急管理"(Emergency Management),在新西兰被称为"民防"(Civil Defense)或"民防应急管理"(Civil Defense Emergency Management)。虽然称谓不同,但内涵相同,

---

[1] 周永根:《美国全社区应急管理模式研究》,载《求是学刊》2020 年第 4 期。

只是管理机构的组织和名称有所区别。① 在西方主流国家的公共安全管理中，全面应急管理（Comprehensive Emergency Management，CEM）原则是最基础的公共安全管理理论，其核心内涵在于对各种类型的危及公共安全的事件的发生过程及产生的后果进行管理，且这种管理是全面介入的、紧急性的和跟踪性的，其重要特征是围绕事件本身进行管理。② 出于研究的路径依赖，我国的公共安全研究一般也将公共安全置于突发事件、应急管理的框架下。而且长期以来，我国公共安全治理职能高度分散在安全生产、防灾减灾、社会稳定等相关条线与属地管理部门，实行分类与属地相结合的管理原则，由此形成了错综复杂的条块双重管理结构。③ 在治理规划上，我国也更注重自然灾害和事故灾难方面的硬件工程设防，对涉及公共卫生和社会治安等事件以及复合事件链的应对考虑较少。④

如表 7-3 所示，公共安全的常规领域分类对应的正是突发事件的分类，指的是自然灾害、事故灾难、公共卫生和社会安全。我国的公共安全体系制度化建设起步于"非典"之后的"一案三制"的应急管理体系。该体系主要应对自然灾害、事故灾难、公共卫生和社会安全领域中的突发事件。从概念上讲，应急管理是对突发事件的应对，公共安全治理是对安全状态的维护。然而，无论从西方理念的借鉴，还是我国的实践看，应急管理和公共安全治理均呈现出制度整合的特征。⑤ 两者借鉴的研究范式高度雷同，理论研究也走向趋同，于是出现了如今的理论研究和实践格局。

表 7-3　公共安全常规领域划分及治理体系构建

	自然灾害	事故灾难	公共卫生	社会安全
负责部门	气象部门 地震局 消防部门 公安部门 医疗卫生部门	交通部门 消防部门 市政部门 公安部门 医疗卫生部门	医疗卫生部门 防疫部门 食品安全部门	公安部门 国家安全部门 反恐部门 消防部门

---

① 夏保成：《西方国家公共安全管理概念辨析》，载《中国安全生产科学技术》2006 年第 3 期。
② 谢素军：《构建公共安全体系的国际经验及反思》，载《决策与信息》2021 年第 6 期。
③ 陶振：《单元化应急管理：公共安全治理中条块冲突协调的新机制——以上海虹桥综合交通枢纽为例》，载《湖湘论坛》2022 年第 5 期。
④ 周素红、廖伊彤、郑重：《"时—空—人"交互视角下的国土空间公共安全规划体系构建》，载《自然资源学报》2021 年第 9 期。
⑤ 张海波：《中国总体国家观下的安全治理与应急管理》，载《中国行政管理》2016 年第 4 期。

(续表)

	自然灾害	事故灾难	公共卫生	社会安全
主要分类	气象水文灾害 地质地震灾害 生物灾害 海洋灾害 生态环境灾害①	工矿商贸企业安全事故 交通运输事故 公共设施和设备事故 环境污染和生态破坏事件	传染病疫情 群体性不明原因疾病 食品安全和职业危害 动物疫情	刑事案件 火灾事件 恐怖袭击 群体性事件 金融安全事件 涉外突发事件
风险评估	自然灾害事件的风险评估 应急避难场所与资源的规划	事故灾难事件安全隐患识别与评估 救援通道与物资布局规划	流行性、传染病发生概率评估 疫情防控资源评估	社会安全事件发生概率与风险评估 应急响应资源评估 平安指数评估
应急响应	上报与响应级别确定 应急启动 救助行动 应急恢复 应急结束	接警与响应级别确定 应急启动 救援行动 应急恢复 应急结束	事件报告 先期处置 应急处置 应急恢复 应急结束	接警与响应级别确定 应急启动 处置行动 应急恢复 应急结束
恢复	灾后救助 恢复重建	善后处置 调查和总结	恢复秩序 落实救治经费与补偿	善后处置 调查和总结

从纵向看,在不同时期,官方在交替使用"应急管理体系""应急体系""公共安全体系"等相互之间既有一定区别又有密切联系的不同概念。针对"国家应急管理体系"概念演进的内容分析显示,十八大以来,"公共安全事件"取代"突发事件"、"国家公共安全体系"取代"国家应急管理体系",成为官方更常使用的词汇。2018年组建应急管理部后,"国家应急管理体系"再次成为官方广泛使用的高频词汇。不过这一阶段国家应急体系中的"应急",主要是"小应急",而不是"大应急",主要指涉安全生产类、自然灾害类突发事件,而不包括公共卫生事件、社会安全事件以及其他自然灾害类(如海洋生物灾害)、事故灾难类(如核事故)突发事件。但随着新冠疫情防控重要性的提升,卫生应急管理重新成为国家应急管理体系的重要组成部分。②在二十大报告中,习近平强调,要提高公共安全治理水平,坚持安全第一、预防为主,建立大安全大应急框架,完善公共安全体系,推

---

① 《自然灾害分类与代码》,https://http://c.gb688.cn/bzgk/gb/showGb?type=online&hcno=68752687342B46C370F984DAD03C49BA,2022年10月18日访问。
② 钟开斌:《螺旋式上升:"国家应急管理体系"概念的演变与发展》,载《中国行政管理》2021年第5期。

动公共安全治理模式向事前预防转型。①

20世纪80、90年代我国便开始重视公共安全治理专门机构的组建。1989年,我国成立了专门的减灾国际协调机构。2005年,该机构更名为国家减灾委员会,并进一步强化了我国对于国际和国内灾害的掌控能力;同时,国务院下设的生产安全监管总局进一步强化了政府对安全生产的掌控能力。但是,我国依旧缺少常设的指挥、协调机构负责公共安全治理的全局工作。在面对公共安全事件时,都是由具体部门单独处理,遇到重大灾害或突发事件,只能由国务院组成应急小组临时负责,由于涉及不同部门、不同领域,在很多问题上也很难做到顾及全局、无缝对接。② 由此可见,做好国家公共安全治理的顶层设计和布局谋划是十分必要的。

二、总体国家安全观统领下的公共安全治理体系构建

为了统筹发展和安全,党的十八届三中全会提出设立中央国家安全委员会。2014年4月15日,习近平总书记在中央国家安全委员会第一次会议上提出总体国家安全观,强调要以人民安全为宗旨,以政治安全为根本,以经济安全为基础,以军事、科技、文化、社会安全为保障,以促进国际安全为依托,统筹发展和安全,统筹开放和安全,统筹传统安全和非传统安全,统筹自身安全和共同安全,统筹维护国家安全和塑造国家安全。③ 总体国家安全观对国家内部的公共安全治理提出了新的要求,同时也提供了一个顶层设计。

总体国家安全观要求公共安全治理服务于总体国家安全,从国家安全的角度展开风险评估和管理,改善和发展现有的公共安全管理方法。因为如果公共安全事件的影响危及"国家政权、主权、统一和领土完整、人民福祉、经济社会可持续发展和国家其他重大利益",那么公共安全问题就可能升级为国家安全问题。公共安全事件处置不当,就会削弱公众对党和政府的信任,危及政权稳定和国家安全。④因此,二十大报告提出要提高公共安全治理水平,完善公共安全体系,推动公共安全治理模式向事前预防转型。构建总体国家安全观统领下的公

---

① 《习近平强调,推进国家安全体系和能力现代化,坚决维护国家安全和社会稳定》,https://baijiahao.baidu.com/s?id=1746815116181665914&wfr=spider&for=pc,2022年10月20日访问。
② 王灼:《我国公共安全治理体系的发展与完善》,载《人民论坛》2022年第5期。
③ 《全面贯彻落实总体国家安全观》,https://baijiahao.baidu.com/s?id=17444350161667469782&wfr=spider&for=pc,2022年9月25日访问。
④ 闪淳昌:《公共安全管理研究》,科学出版社2020年版,第16—17页。

共安全治理体系,需要注意以下几个方面:

第一,公共安全的常规分类需要进一步扩展和细化。网络安全、环境安全、信息基础安全等新类型要纳入公共安全领域中,原有分类中的食品安全要扩展为食品药品安全等。

第二,公共安全治理需要从"应急治理"逐步走向"风险治理"。因此,在机制设计上,要加强公共安全评估、公共安全监控、公共安全预警等方面的工作。

第三,公共安全治理需加强社会性机制,构成国家—市场—社会共治的局面。以往国家主导了公共安全治理的主要环节,市场则通过保险的方式转嫁了公共安全风险,而社会力量的参与度不高。随着社会治理体系的构建和完善,在国家、市场、社会责任共担的基础上进行治理,可以较为便捷地建立全域全员的责任系统,最终构建多主体响应、全社会应对的"公共安全治理共同体"。

第四,公共安全治理需要加强同国家安全治理的联动。公共安全治理与国家安全治理的联动是二者在总体国家安全观统领下的有机联合。二者在安全战略规划、管理体制机制、安全风险评估和治理等方面可以做到有机联动;在技术和手段上则可以取长补短,共同进步。

第五,公共安全治理需要加强源头治理。总体国家安全观对公共安全治理的要求是避免公共安全事件演化为国家安全事件。因此,公共安全治理要时刻关注风险的发生及其累积,加强对风险的识别及评估,保持高度警惕;要把公共安全置于日常治理框架内,避免它与其他因素发生耦合后变为国家安全事件。

第三编

多元社会治理

第八章 社会组织治理

社会组织是国家与公众之间的中介领域。一方面,国家在社会治理的过程中,需要吸纳公众进入自身主导的组织网络,实现体制引导、嵌入和渗透的目标;另一方面,公众需要获得反馈主体意愿的渠道,在需求表达和意愿凝聚的过程中对国家发挥反向引导的作用。十八大以来,在推进国家治理体系与治理能力现代化的背景下,与社会组织治理相关的法律法规、规章制度逐渐完善,社会组织治理呈现出从控制到发展的谱系渐变特征。

第一节 社会组织概述

一、社会组织的定义与特征

(一)社会组织的定义

社会组织是一个具有中国特色的概念,它最早出现在《中国共产党第十六届中央委员会第六次全体会议公报》中。由于各国语言习惯和文化传统的不同,我们很难给出有关社会组织的统一定义,在英文中,与之相对应的概念是非政府组织、第三部门、非营利组织等。这些概念虽然没有本质的区别,但它们所强调的侧重点及起源、应用场景略有差异,因此依然有必要进行梳理和介绍。

第一,非政府组织(Non-Government Organization,NGO)。该类组织强调与政府的区别,即其"非政府"属性,最初出现在《联合国宪章》第71条。该条授权,按照联合国经济及社会理事会"为同那些与该理事会所管理的事务有关的非政府组织进行磋商做出适当安排"。1952年,联合国经济及社会理事会在其决议中把非政府组织定义为:"凡不是根据政府间协议建立的国际组织都看作是非政府组织。"在当时,这主要强调非政府组织国际属性,也可以说是将国际非政府组织与国内非政府组织相区别。

第二,第三部门(The Third Sector)。从字面上看,非政府组织一词指的是除政府之外的其他社会组织,但由于约定俗成,这一概念并不包括企业等营利性组织、家庭等亲缘性组织这些其他组织类型。这种定义方法属于把大象定义为

"非马"的剩余界定法,它构成了第三部门的理论基础。① 按照这种方法,现代社会存在三类组织,一为政府组织,二为营利组织,剩余的组织就是非营利组织。最早提出这一概念的是美国学者莱维特,他认为不能过于简单地将社会组织分为公共组织和私人组织,在两者之间还存在大量的社会组织,这类组织从事的是前两者做不好或不愿做的事情。②

第三,非营利组织(Non-Profit Organization)。该类组织强调与企业的区别,即其"非营利"属性,这在本质上是一个法律界定,最早出现在美国,是指在美国社会中符合《国内税收法典》(Internal Revenue Code)第501(C)3条的规定,从而获得税务减免待遇的特殊组织。免税地位的认定在不同国家、不同时期的界定条件并不相同。在我国,这一概念主要出现在《民间非营利组织会计制度》《企业所得税法》《关于非营利组织免税资格认定管理有关问题的通知》等官方文件中。《民法典》也有对非营利法人的规定:"为公益目的或其他非营利目的成立,不向出资人、设立人或者会员分配所取得利润的法人,为非营利法人。"

第四,公民社会组织(Civil Society Organization)。按照黑格尔的解释,公民社会相对突出了新型社会关系的主体,是相对独立于国家领域的市场经济和自愿团体的综合。哈贝马斯在《交往行动理论》一书中使用"国家—经济—社会"的三分法代替黑格尔的"国家—社会"二分法,缩小了这一概念所涵盖的外延。公民社会是以政府、市场、社会三个部分的分立为基础的现代社会的组成部分,公民社会组织是公民社会的一种组织类型,是以公民为主体,以公民自治、志愿参与、民主治理为特征的社会组织。相比以"非"字打头的剩余界定法,公民社会组织是一种更积极和更正面的界定。

第五,志愿组织(Voluntary Organization)。该类组织强调志愿性特征,即组织的运作和管理在很大程度上依靠志愿者在时间、精力和金钱上的无偿投入,在北欧和英国较为流行。但是,伴随专业化的发展,绝大多数的组织从业者不再是志愿者而是变成了需要支付薪水的专业人员。

中文语境中的社会组织与上述概念既有一致之处,又有不同之处。一方面,不同概念在组织性质上具有一致性,多数关于社会组织的定义也强调了这一点。例如,郁建兴、王名将社会组织定义为:"公民自愿组成的,具有非营利性、非政府

---

① 康晓光主编:《非营利组织管理》(第二版),中国人民大学出版社2020年版,第2页。
② 郁建兴、王名主编:《社会组织管理》,科学出版社2019年版,第3页。

性、志愿性等特征的活跃在社会中的组织。"①王名认为,通常所说的社会组织,是指除政府、企业之外,向社会某个领域提供社会服务,并具有公益性、非营利性、自治性、志愿性等特点的组织机构。② 陈德权等将社会组织定义为:"不以营利为目的,主要开展各种志愿公益性或互益性活动的非政府组织。"③另一方面,学术界也注意到社会组织在中西方的不同。例如,郁建兴、王名指出,在中国,完全符合西方标准的非营利组织几乎不存在,但又确实存在一些在行为和运作机制上既不同于政府又不同于企业的社会组织。④ 陈德权等人认为,鉴于我国社会组织发展的阶段,我们在对其进行概念界定时,不宜限定得过于严格。⑤ 康晓光认为,在中国,要判断一个对象是不是非营利组织,不必追究它是否具有正规性、非政府性、非营利性、自治性、志愿性、合法免税权利,而要看它的社会功能,只要它做的事确实是非营利组织应该做的,那么就可以认定它是一个非营利组织。⑥

除了从学术角度对社会组织进行定义外,我们还可以从法律的角度来理解这一概念。《民法典》规定:"为公益目的或者其他非营利目的成立,不向出资人、设立人或者会员分配所取得利润的法人,为非营利法人。非营利法人包括事业单位、社会团体、基金会、社会服务机构等。"《慈善法》将慈善组织定义为"依法成立、符合本法规定,以面向社会开展慈善活动为宗旨的非营利性组织。慈善组织可以采取基金会、社会团体、社会服务机构等组织形式"。为健全配套政策制度,我国发布了《社会团体登记管理条例》《基金会管理条例》和《社会服务机构登记管理条例》。其中,《社会团体登记管理条例》已于2016年完成修订并公布实施;《基金会管理条例》《社会服务机构登记管理条例》截至2022年底仍在修订中。未来,政府部门还将继续加强顶层设计,推动出台《社会组织登记管理条例》,⑦通过行政法规的"三合一"进一步完善社会组织的法律定义。

基于法律和学术层面的理解,本书将社会组织定义为:公民利用社会资源自愿成立的、代表一定社会群体共同利益或社会公共利益,主要开展各种志愿公益

---

① 郁建兴、王名主编:《社会组织管理》,科学出版社2019年版,第3页。
② 王名主编:《社会组织概论》,中国社会出版社2010年版,第8页。
③ 陈德权主编:《社会组织管理概论》,清华大学出版社2016年版,第6页。
④ 郁建兴、王名主编:《社会组织管理》,科学出版社2019年版,第3页。
⑤ 陈德权主编:《社会组织管理概论》,清华大学出版社2016年版,第6页。
⑥ 康晓光主编:《非营利组织管理》(第二版),中国人民大学出版社2020年版,第2—3页。
⑦ 《"十四五"社会组织发展规划》,http://www.gov.cn/zhengce/zhengceku/2021-10/08/content_5641453.htm,2021年12月8日访问。

性或互益性活动的组织类型。这一概念所涵盖的范围较广,狭义上主要具体指依据现行法律法规进行注册并取得法人身份的社会组织,包括社会团体、基金会、民办非企业单位(社会服务机构)三种类型;广义上的社会组织还包括八大人民团体、民政部规定免于登记注册的社会组织、工商注册的非营利组织、在公安机关登记设立代表机构的境外在华非政府组织,以及不具有法人身份的备案制城乡社区基层组织、单位内部的社会组织等类型。

(二)社会组织的特征

从上述定义可以看出,社会组织在本质上是一种非营利组织,因此应具有非营利组织的一般特征。有关非营利组织的特征,目前得到广泛认可的是美国学者莱斯特·萨拉蒙教授提出的"五特征说",即组织性、非政府性、非营利性、自治性和志愿性。

1. 组织性

社会组织都有一定的制度和结构。除依法成立外,组织性还需要正式的规章制度、明确的组织结构、相对持久的目标和活动以及明确的组织边界来体现。临时聚集起来的没有明确组织结构和成员身份的一群人不能被视作一个组织。

2. 非政府性

这是社会组织区别于政府的根本属性。社会组织与政府同属公共部门,但社会组织不是政府机构或其附属部分。这意味着,首先,社会组织具有在法定范围内自主活动的权利,不受政府等部门的干预和影响;其次,社会组织的组建原则不像政府那样是自上而下的,而是自下而上形成的;最后,非政府性意味着社会组织属于竞争性的公共部门。无论是资源获取还是公共物品提供,社会组织都不同于具有垄断性地位的政府,它不能操纵政权力量,只能采取各种竞争性的手段。

3. 非营利性

这是社会组织区别于企业的根本属性。这一属性包含三个主要方面:第一,不以营利为目的。社会组织的宗旨不是为了获取利润,而是为了实现整个社会或者一定范围内的公共利益。第二,不分配原则。社会组织提供的服务并非都是无偿的,事实上,它可以开展多种形式的经营业务,并在这些业务中获得剩余收入。但无论如何,这些收入都不能作为利润在组织发起人、出资者或管理者之间进行分配或分红,只能用于组织所开展的各种社会活动及组织自身的发展。第三,不得将组织的资产以任何形式转变为私有财产。社会组织的资产不归法人代表或理事所有。解散和破产时,组织的剩余资产不能在成员之间进行分配,只能转交给其他公共部门(政府或其他社会组织)。

4. 自治性

自治性强调社会组织能够自主地选择自己的活动,拥有不受外部控制的内部管理程序。因此,社会组织必须有自己的内部治理结构和程序,享有实际上的自治,而不是作为政府或企业的附庸。当然,这并不是说社会组织不能接受政府购买服务或企业的资助。

5. 志愿性

志愿性强调社会组织无论是实际开展活动,还是在管理事务中均有显著的志愿参与。一方面,社会组织的内驱力是以志愿精神为背景的利他主义或互助主义,它们的主要资源是基于志愿精神的志愿者、社会捐赠及其他社会资源;另一方面,组织的管理和服务中也会大量使用志愿人员,特别是形成由志愿者组成的理事会。

考虑到我国社会组织发展的特殊性,以及社会组织属性之间的兼容,中国学者在概括社会组织的属性时也做了一些创新。例如,王名、王超[1]、张冉[2]只强调非政府组织的三个基本属性:非营利性、非政府性、志愿公益性或互益性;同时,将自治性归为非政府性的特征之一。郁建兴、王名强调了社会组织的公开性,特别是考虑到其使用的主要是社会资源,因而运作过程和开展的活动需要在一定的社会范围内公开并保持一定的透明度。不同的是,他们将社会组织提供产品与服务的公共性归入公开性,而张冉则将这种非垄断性的服务归为非政府性。[3]

二、社会组织的分类

社会组织是一个庞杂的体系,其活动领域几乎涉及社会、经济和政治生活的所有方面,在规模、功能、性质、组织和运作方式上也是千差万别。因此,社会组织的分类标准或者维度并不唯一。

我们可以按照活动领域对社会组织进行分类,这是最直观和最复杂的一种分类方式,最为著名的是约翰斯·霍普金斯大学提出的"非营利组织国际分类标准"(International Classification of Non-profit Organizations, ICNPO)。该标准

---

[1] 王名、王超:《非营利组织管理》,中国人民大学出版社2016年版,第2页。
[2] 张冉:《非营利组织管理》,北京大学出版社2014年版,第7页。
[3] 同上书,第8页。

结合了组织结构和活动领域的特征,得到广泛的认同。目前,联合国经济核算体系也采纳了这一分类标准,并在90多个国家推广。按照这种分类体系,社会组织被划分为12大类、27小类。12大类如表8-1所示。

表8-1 非营利组织国际分类标准(ICNPO)中的12种大分类

序号	类别	序号	类别
一	文化和娱乐	七	法律、倡导和政治
二	教育和研究	八	慈善中介和志愿促进
三	卫生保健	九	国际活动
四	社会服务	十	宗教集体与协会
五	环境保护	十一	商业和职业协会、工会
六	发展和住宅	十二	其他组织

其他常见的分类标准还包括:① 以登记注册身份为标准进行划分,如免于登记、工商登记和民政登记等;其中,民政登记又可根据登记类型划分为基金会、社会服务机构、社会团体等。② 以与政府的关系为标准进行划分,可分为政府背景的组织和草根组织,特别是工会、共青团、妇联、科协、文联、侨联等拥有正式编制和经费的官办型社团,与草根机构具有较大的差别。③ 以组织构成和制度特征为标准进行划分,可分为会员制组织和非会员制组织,其中,会员制组织以各类社团、协会为主体,又可根据所体现的社会经济关系性质,划分为公益性会员制组织和互益性会员制组织;非会员制组织主要包括基金型组织和运作型组织。④ 以其职能为标准进行划分,可分为服务类组织、资源类组织和倡导类组织。当然,每种划分标准并非唯一,如我国的基金会有一部分属于运作型基金会;服务类与倡导类组织也往往难以完全区分,因此可统称为行动类社会组织。此外,也有一些特殊的社会组织,特别是宗教团体、群众性自治组织、事业单位等,它们既具有社会组织的某些特征,但又与典型的社会组织有着显著的区别。

从政府管理的角度,依据国务院颁布的相关条例,我国社会组织可分为社会团体、民办非企业单位和基金会三种类型。2016年《慈善法》出台,其第8条规定:"慈善组织可以采取基金会、社会团体、社会服务机构等组织形式。"这意味着社会服务机构这一概念取代原有的民办非企业单位称谓,正式得到官方法律文件的确认。民办非企业单位设置的初衷在于与国办事业单位及营利性的企业相区别,但随着社会经济的发展,这一名称的弊端日益显现,已经落后于组织发展的实际需要。

（一）社会团体

社会团体（简称社团）是指中国公民自愿组成，为实现会员共同意愿，按照章程开展活动的非营利性社会组织。我国的社会团体主要包括行业性社团、学术性社团、专业性社团、联合性社团四种类型。本质上，社会团体是建立在一定社会关系基础上的会员制组织，会员包括个人会员和单位会员两类。成立社会团体，应当经其业务主管单位审查同意，并依法登记。但在我国，有三类社团可以免于登记，一是参加中国人民政治协商会议的人民团体，具体包括中华全国总工会、中国共产主义青年团、中华全国妇女联合会、中国科学技术协会、中华全国归国华侨联合会、中华全国台湾同胞联谊会、中华全国青年联合会、中华全国工商业联合会八个团体；二是由国务院机构编制管理机关核定，并经国务院批准免予登记的团体，包括中国文学艺术界联合会、中国作家协会、中国人民对外友好协会、中国红十字会、欧美同学会等14个团体；三是机关、团体、企事业单位内部经本单位批准成立，在本单位内部活动的团体，如高等学校的学生社团。

（二）基金会

根据《基金会管理条例》，基金会是指利用自然人、法人或者其他组织捐赠的财产，以从事公益事业为目的而成立的非营利性法人。基金会在本质上是一种信托关系，依据不同的标准可以有多种分类方式，如按照资金使用方式的不同可分为资助型、运作型和混合型三类；按照发起人和业务领域可分为家族基金会、企业基金会、宗教基金会、学校基金会、社区基金会、独立基金会、系统基金会等不同类型；根据是否具有面向社会公众募捐的资格可分为公募型基金会和非公募型基金会，公募型基金会又可以根据募捐的地域范围，分为全国性公募型基金会和地方性公募型基金会。我国《慈善法》放开了对基金会公开募捐资格的限制，其第22条明确规定，依法登记满2年的慈善组织，可以向其登记的民政部门申请公开募捐资格。在社会组织的三种类型中，基金会的数量是最少的，但其募集和掌握的资金量大，具有较大的社会影响力。

（三）社会服务机构

为了更好地与《慈善法》相衔接，民政部于2016年将《民办非企业单位登记管理条例》名称修改为《社会服务机构登记管理暂行条例》，其中社会服务机构是指自然人、法人或其他组织为了提供社会服务，主要利用非国有资产设立的非营利法人。

社会服务机构是实体性机构,根据依法承担民事责任方式的不同,可分为法人型、合伙型和个体型社会服务机构。按照活动领域,则可分为十类,具体见表8-2。除科技类、公益慈善类、城乡社区服务类社会服务机构外,设立社会服务机构,应当经其业务主管单位审查同意。当然,鉴于社会服务机构得到官方明确的时间并不长,并且《社会组织登记管理条例(草案征求意见稿)》尚在修订中,因此许多机构及相关文件仍沿用了民办非企业单位这一称谓。为便于理解,本章不对这两个概念进行区分,可以混用。

表8-2 按照活动领域民办非企业单位(社会服务机构)的分类

活动领域	举例
教育事业	民办幼儿园、民办小学等各类学校
卫生事业	民办医院、民办疗养院等
文化事业	民办艺术表演团体、民办文化馆、民办图书馆、民办博物馆、民办美术馆等
科技事业	民办科学研究院、民办科技传播或普及中心、民办科技服务中心、民办技术评估中心等
体育事业	民办体育俱乐部、民办体育场等
劳动事业	民办职业培训学校、民办职业介绍所等
民政事业	民办福利院、民办社区服务中心等
社会中介服务	民办评估咨询服务中心、民办信息咨询调查中心等
法律服务业	除律师事务所以外的各类法律服务所(中心)等
其他	其他社会服务机构

三、社会组织的功能

社会组织在政治、经济、社会和文化领域发挥重要功能,具体表现在以下几个方面:

(一)提供就业,促进经济发展

社会组织不仅属于社会部门,还是重要的经济部门。根据《2021年民政事业发展统计公报》,截至2021年底,我国共有社会组织90.2万个,吸纳社会各类人员就业1100万人。除了直接提供就业岗位以外,社会组织还可以发挥动员社会力量、链接各方资源、提供专业服务等方面的优势,助力开发就业岗位,拓展就业空间,提供就业服务。

（二）弥补政府不足，提供公共服务

凭借灵活性、专业性等优势，社会组织可以更好地满足人们日益多样化的公共服务需求，弥补政府不足。社会组织一方面通过接受政府委托，与政府合作提供公共产品和服务，如"十三五"期间，中央财政设立支持社会组织参与社会服务项目，累计投入资金15.8亿元；另一方面按照各自的宗旨开展活动，活跃于教育、医疗、扶贫、环保等各个领域，满足社会公众不同方面的生活需求。在社会组织发展的过程中，出现了一系列较有影响力的项目，对社会发展起到了促进作用。例如，希望工程是由中国青少年基金会于1989年发起实施的一项社会公益事业。截至2021年底，全国希望工程累计接受捐款194.2亿元，资助困难学生662.6万名，援建希望小学20878所，成为我国社会参与最为广泛、最富影响力的公益事业之一。

（三）进行政策倡导，促进民主参与

社会组织建立在广泛民意和雄厚专业实力的基础上，通过开展业务活动，用行动进行"发声"，发挥政策倡导功能。一方面，社会组织通过多种方式直接或间接影响政策过程，积极与各级政府建立各种恳谈会、座谈会、委员会等政策咨询机制，表达政策意见，推动政策参与的民主化、专业化、规范化和合理化。另一方面，社会组织的政策倡导还表现在相关政治话题的协商互动、联合行动上，主要表现为社会组织负责人加入各级政协、人大及党代会，积极建言献策、协商议政；也有一些社会组织通过申请联合国咨商地位，在国际治理体系中与政府协调配合并采取合作行动。

（四）构筑社会资本，促进社会和谐

社会组织以志愿参与、利他互助、公益慈善等为理念开展公益慈善活动，通过深入的社会动员与社会参与解决公众面临的问题，有利于在满足公众需求的基础上增进社会资本，促进社会和谐。

社会组织具有较强的资源动员能力。截至2021年底，全国社会组织捐赠收入1192.5亿元，比上年增长12.6%。社会组织多样化的公益项目也吸纳了众多志愿者参与。根据《志愿服务蓝皮书：中国志愿服务发展报告（2021—2022）》，截至2021年10月30日，我国志愿者总人数达2.17亿，志愿团体113万个，志愿项目621万个，累计志愿服务时长达16.14亿小时。以志愿精神为原动力的社会组织，其所动员的一切资源基本都是志愿的，社会捐赠的持续增长和志愿人员的持续投入，意味着我国社会公益精神的不断提升。社会组织通过培育志愿文化,弘扬志愿精神,并与社会各主体建立良好的互信合作关系,成为社会资本的积极创造者,促进了社会的和谐发展。

第二节 发展中的社会组织治理

一、我国社会组织的发展

(一) 社会组织的数量与结构

根据《2021年民政事业发展统计公报》,截至2021年底,我国共有社会组织90.2万个,吸纳社会各类人员就业1100万人。其中,社会团体37.1万个、民办非企业单位52.2万个、基金会8877个(见图8-1、图8-2)。从登记管理机关来看,68.83万个社会组织在县级民政部门登记,说明来自基层的社会组织占了绝大多数。社会组织快速发展期集中在2012—2015年和2017—2018年两个时间段,这与社会组织登记管理体制改革、政府大力培育和发展社会组织的政策有着必然的联系。近年来,伴随社会组织基数的增大,以及社会组织监管体制的不断完善,社会组织的发展方式逐步由数量增长转为质量优化。

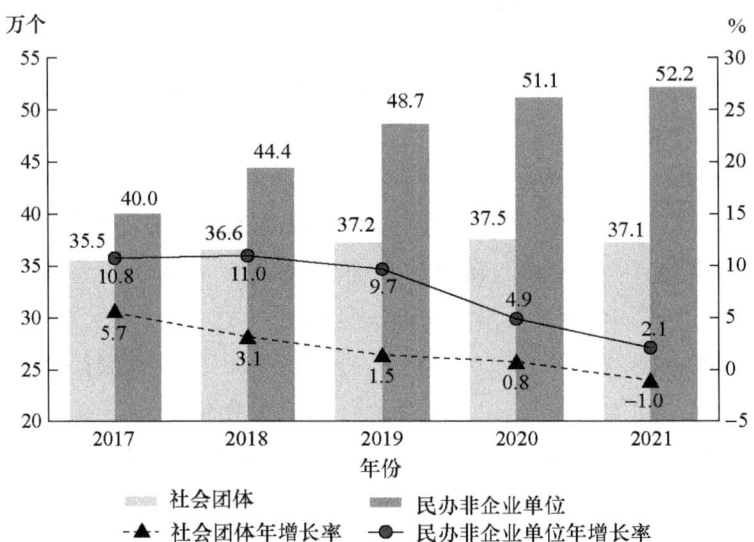

图 8-1　2017—2021 年社会团体与民办非企业单位情况

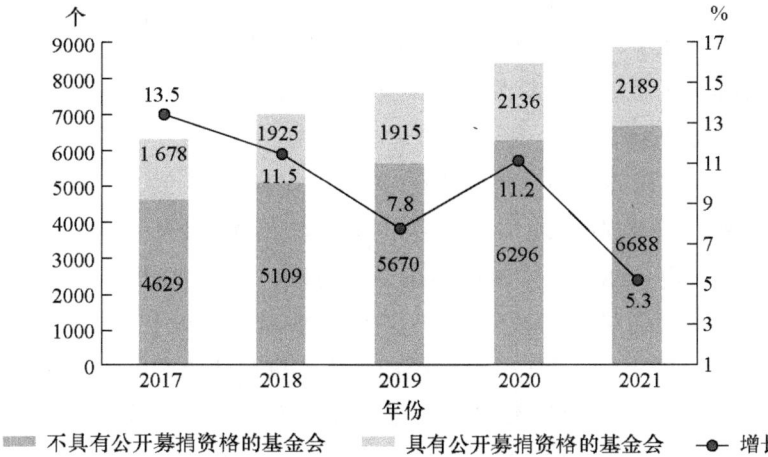

图 8-2 2017—2021 年基金会情况

一是作为资源中心的基金会等资助型组织数量增长。截至 2021 年底,在民政系统注册的基金会共 8877 个,其中非公募基金会 6688 个,占基金会总量的 75.3%,净资产总量也早在 2013 年就超过公募基金会。据统计,2020 年,基金会的净资产总量达 2186 亿元,相比 2019 年增长 18.61%,捐赠收入 998.8 亿元,投资收入 69.28 亿元,捐赠收入常年保持在 8 成以上。① 此外,有近 70% 的基金会在省级民政部门注册,担任区域公益资源分配者的角色,与民办非企业单位和社会团体一起构成了我国的公益生态。

二是城市基层社区社会组织空前活跃。社区社会组织除了具备志愿性、非营利性等特征外,还具有社区性和"草根性"等特点,它在基层社会治理尤其是社区公共服务供给方面发挥着重要作用。截至 2018 年底,我国社区社会组织数量已达 39.3 万个,其中在民政部门登记注册的有 6.6 万个,在街道(乡镇)和社区备案的有 32.7 万个,既包括各类文体组织等互益性的社区社会组织,也包括社区基金会等公益性的社区社会组织,分布非常广泛。

三是支持型社会组织迅速发展。社会组织之间的横向联系趋于紧密,社会组织网络化趋势加强,出现了一些全国性或区域性网络平台,涌现出大量相关论坛、沙龙。如恩派以"助力社会创新、培育公益人才"为己任,在全国多个城市先后引入其运作模式,建立了"社会创新孵化园""社会组织服务中心"等,加大对社

---

① 《数说基金会——这是 2020 年基金会数据的一些小观察》,https://www.sohu.com/a/443353621_247771,2022 年 3 月 12 日访问。

会组织的孵化培育;壹基金在全国各地建立议题网络,进行标准化的项目并支持联合行动;同时,北京、上海等地也在积极探索建立枢纽型社会组织,实现同类型、同性质、同领域社会组织的协调指导与合作发展。

(二)社会组织的治理体制

自十八大报告明确提出加快形成政社分开、权责明确、依法自治的现代社会组织体制以来,一个包括治理结构和运作体制、法治体制、支持体制在内的中国特色社会主义现代社会组织体制框架正逐步构建。十九大报告提出要"推动社会治理重心向基层下移,发挥社会组织作用,实现政府治理和社会调节、居民自治良性互动",这进一步厘清了社会组织的法律地位和功能界限。在中央的顶层设计下,各级政府出台多项政策文件,社会组织治理管理的环境不断完善。

一是社会组织的治理结构和运行机制逐渐完善。社会组织是公民自由结社的产物,是基于非营利原则运行管理并致力于一定社会事务的、具有较强公共性的社会力量。尽管组织形式各有不同,但一般而言,社会组织通过会员制度、志愿者制度等形式形成了广泛和开放的公众参与机制,并通过信息公开、财务透明等制度接受来自社会公众和媒体的广泛监督。[①] 在国家引导和公众监督下,社会组织逐步建立了完整的内部治理结构和运行决策机制,专业化能力不断得到提升。对社会组织而言,内部治理最重要的主体是作为决策者的理事会和作为执行者、以秘书长为首开展工作的秘书处。尽管社会团体、基金会、社会服务机构的内部差异较大,但基本都以理事会为核心组成部分,并形成权力机构、决策机构、监督机构和执行机构"四位一体"的治理格局。

二是法律环境不断完善。法律及政策的相关规定是社会组织内部治理的基础性依据。早在2013年3月,《国务院机构改革和职能转变方案》就指出,要更好发挥社会力量在管理社会事务中的作用,通过逐步推进行业协会商会与行政机关脱钩,重点培育和优先发展行业协会商会类、科技类、公益慈善类、城乡社区服务类社会组织。该方案为进一步改进和完善社会组织登记管理体制,推进社会组织分类管理提供了制度保障和政策指引。2016年以来,国家出台了一系列"意见""条例""决定""办法""通知",以法律规范为核心对社会组织进行监督和管理。这些指导性文件、部门规章以及政策文件,全方位构建起了社会组织治理

[①] 王名、张严冰、马建银:《谈谈加快形成现代社会组织体制问题》,载《社会》2013年第3期。

的法律制度体系[①]。作为管理、促进社会组织发展的重要主体,民政部民间组织管理局(民间组织执法监察局)于2016年正式更名为社会组织管理局(社会组织执法监察局),并先后出台了与社会组织信用信息管理、网信领域社会组织建设、社会智库健康发展等相关的文件,加强了对重点领域、重要类型社会组织的监管。

发布时间	文件	提要
2012年1月	《中国遏制与防治艾滋病"十二五"行动计划》	充分发挥社会力量"防艾"
2014年2月	《社会救助暂行办法》	充分发挥社会公共服务机构和社会工作者作用,为社会救助对象提供社会融入、能力提升、心理疏导等专业服务
2014年7月	《关于加强禁毒工作的意见》	逐步建立禁毒社会工作专业人才和志愿者队伍,发挥中国禁毒基金会等社会组织的作用
2014年11月	《关于组织社会力量参与社区矫正工作的意见》	鼓励社会组织参与社会矫正活动,引导政府向社会力量购买社区矫正服务
2015年2月	《关于加大改革创新力度加快农业现代化建设的若干意见》	引导社会组织参与建设、管理、维护和运营;将适合社会兴办的公共服务交由社会组织;重点培育和优先发展农村专业协会类、公益慈善类、社区服务等组织
2017年11月	首届"丝绸之路沿线民间组织合作网络"论坛在北京召开	国家主席习近平向论坛致贺信,指出民间组织是推动经济社会发展、参与国际合作和全球治理的重要力量
2017年11月	《关于广泛引导和动员社会组织参与脱贫攻坚的通知》	明确参与脱贫攻坚是社会组织的重要责任,要求扶贫部门将社会组织参与脱贫攻坚纳入重要议事日程,建立相应机制

图8-3 国家支持社会组织的文件和行动(部分)

三是国家关于社会组织的培育发展、扶植推动、优惠补贴等各种支持性政策和制度的完善。2016年《关于改革社会组织管理制度促进社会组织健康有序发展的意见》不但确定了重点培育、优先发展社区社会组织的任务,还列举了完善扶持的政策措施,特别是明确同等条件下优先向社会组织购买服务以及完善税收支持。在《企业所得税法》和《慈善法》提供的法律框架下,财政部、国家税务总局于2018年先后发布了《关于非营利组织免税资格认定管理有关问题的通知》

---

① 王向民、鲁兵:《社会组织治理的"法律—制度"分析》,载《华东师范大学学报》(哲学社会科学版)2019年第5期。

《关于公益性捐赠支出企业所得税税前结转扣除有关政策的通知》;财政部、海关总署也早在 2016 年 4 月就实施了《慈善捐赠物资免征进口税收暂行办法》,落实国家对社会组织各项税收优惠政策。历年《中央财政支持社会组织参与社会服务项目实施方案》等政策文件,在促进社会组织高质量、规范化发展的同时,也在鼓励社会组织积极参与社会服务。

二、社会组织治理的特点与问题

(一)社会组织治理的特点

一是坚持直接登记与双重管理的混合管理体制。2016 年《关于改革社会组织管理制度促进社会组织健康有序发展的意见》的发布标志着直接登记与双重管理相结合的混合管理体制在中国已确立,这也成为我国社会组织发展与治理的基本制度。在现有制度下,除行业协会商会类、科技类、公益慈善类和城乡社区服务类社会组织可以直接登记外,其他类型社会组织的申请,仍需要事先审查同意,成立之后其业务活动受有关业务主管部门的指导和监督检查。改革双重管理体制,可以说是给社会组织松绑的过程,但混合管理体制仍然面临一定局限性。首先,除四类社会组织之外的其他社会组织的登记注册门槛依旧不低,双重管理体制下备受诟病的难以找到业务主管单位的问题仍然存在。其次,四类社会组织的直接登记制度主要由相关政策、文件和部门规章规定,缺乏法律依据,而这些规定也基本是各地按照自己的理解订立的,这不利于社会组织管理规范的统一。最后,直接登记存在较多界定不明的问题,特别是慈善类社会组织被限定为提供扶贫、济困、扶老、救孤、恤病、助残、救灾、助医、助学 9 类服务,与《慈善法》的界定相比范围明显缩小。此外,对直接登记下原业务主管单位的职能如何转移等问题也缺乏规定。

二是培育与监管并重,常态化监管机制初步形成。培育与监管并重是社会组织发展与治理的另一个显著特征。一方面,社会组织的发展离不开政府的培育,特别是我国社会组织起步较晚,存在资金短缺、人员匮乏、专业能力不足、社会参与度有限等问题,更需要政府的支持。政府出台的有关推进行业协会商会改革发展、促进慈善事业发展、向社会力量购买服务、社会组织税收优惠和公益捐赠税前扣除制度、社会组织走出去等方面的支持性文件,为积极引导社会组织发展提供了保障。另一方面,政府需要依据相关法规加强对社会组织的监管,特别是加强对社会组织的事中监管。过去,在双重管理体制之下,民政部门和业务主管单位往往侧重于社会组织登记审查的事前监管,监管方式单一,缺乏对社会组织日常活动和内部治理的监管。当前,政府借助登记审查、年检年报、等级评估、专项检查、投诉举报、信用管理等监管制度,利用智能化、大数据、"互联网+"与"微处理"等现代化监管技术,强化了对社会组织的党务、行政、纪检、审计、税务等方面的监督。多样化的监管手段提升了监管能力,能够保障社会组织内部治理的规范性,促进社会组织健康有序发展。

三是突出党建引领。党的十九届四中全会通过了《关于坚持和完善中国特色社会主义制度 推进国家治理体系和治理能力现代化若干重大问题的决定》,强调完善党领导社会组织的制度,构建基层社会治理新格局,发挥群团组织、社会组织作用,发挥行业协会商会自律功能,实现政府治理和社会调节、居民自治良性互动,夯实基层社会治理基础。加强社会组织党建工作,不仅能够推动社会组织自身发展,也有利于最大程度发挥党的领导作用,巩固党的基层组织基础。新时代,良好的体制与政策环境使社会组织党建管理体制不断完善。新成立的社会组织也被要求同步建立党组织,并在年度检查和抽查、等级评估中同步检查党建工作,推动社会组织将党的建设写入章程,社会组织党的组织和工作覆盖率大幅提升。

四是社会组织发挥作用更加明显。在助推经济发展方面,行业协会商会加强行业自律,搭建行业公共服务平台,制定行业规划和标准,开展对外贸易争端调解,在维护市场经济秩序、推动经济转型升级方面发挥了重要作用。在提供公共服务方面,各类社会服务机构在满足群众日益增长的多样化公共服务需求方面发挥了重要作用。在发展公益事业方面,社会组织平均每年募集500多亿元公益资金,凝聚上千万志愿者,为减贫济困、救灾防灾、助学助医、环境保护等事业做出了重要贡献。在创新基层治理方面,大量社会组织植根基层,活跃于城乡社区,为广大群众理性有序表达诉求和自我管理、自我服务提供载体,在促进社会和谐稳定方面发挥了"微血管""调节器""减压阀"的作用。在促进政府职能转变方面,社会组织成为政府转移职能的重要承接者,2013年以来国务院先后取消和下放了600多项行政审批事项,其中相当一部分转移为社会组织承接,促进了行政体制改革的深化。在配合国家整体外交方面,据不完全统计,2015年仅全国性社团就已在204个国际组织中担任领导职务,在112个国际组织中担任理事。[①] 这意味着社会组织在参与国际规则标准制定、协调国际事务、扩大民间

---

① 廖鸿、杨婧:《改革开放以来社会组织的发展与主要成就》,载《中国民政》2018年第15期。

对外交流合作、提升国家软实力等方面发挥了积极作用。

(二)社会组织治理的问题

在推进国家治理体系和治理能力现代化的背景下,社会组织凭借专业优势在社会治理中充分发挥了协调多元主体、满足多样化需求的作用,是坚持和完善共建共治共享的社会治理格局的重要力量和载体。但当前社会组织治理和发展中至少还存在内部治理和外部治理两方面的问题。

第一,社会组织参与社会治理的保障机制还不够健全。尽管社会组织治理相关的法律法规整体趋于完善,但一方面受行政主导体制的影响,政府对社会组织的角色定位长期以"管理""加强"居多,"放""管""服"举措欠缺,对社会组织参与社会治理的优势作用认识不够深入,在运行机制、资源配置、激励机制上制约了社会组织的进一步发展与创新;另一方面,社会组织的管理协调机制有待进一步完善。当前,社会组织注册登记在民政部门,从业人员职称管理在人社部门,党建工作对口党委组织部门,政治协商、参政议政工作归属统战部门,缺乏运转有力的统一领导和高位协调,这使得社会组织的规范管理难以落实,限制了行业影响力的提升。

第二,社会组织参与社会治理的能力还有待提升。首先,由于历史的原因,部分社会组织习惯在政府的培育和养护之下运作,对国家有较强的依赖性,特别是希冀通过政府拨款来保障资金,这不利于组织独立性和自主性的发挥,会直接导致社会组织参与社会治理的内生动力不足。其次,社会组织发展不够均衡,这既包括社会地域间发展的不平衡,主要体现在经济发展快的东部地区社会组织发展较快,而中西部地区的社会组织发展缓慢;又包括社会组织结构的不均衡,主要体现在运作型社会组织数量较多而支持型社会组织数量较少,文娱类、业务管理类社会组织数量较多而公益服务类和利益代表类社会组织数量较少,公益慈善和志愿服务类社会组织数量较多而智库类、决策咨询类社会组织数量有限。最后,社会组织专业人才队伍不稳定,工作人员多是兼职或志愿者,难以吸引高质量的专业人才,这会影响社会组织参与社会治理的效能。

第三节 社会组织参与下的社会治理创新

社会组织是国家治理体系和治理能力现代化的有机组成部分,是社会治理的重要主体和依托。在社会治理的实践过程中,应深入分析不同类型社会组织的性质、职责范围，引导社会组织发挥自身的优势，打造共建共治共享的社会治理共同体。

一、行业协会与社会治理创新

作为社会组织的重要类型之一，行业协会商会的规范化发展将在助力政府决策、服务企业发展、加强行业自律、创新社会治理、履行社会职责等方面承担重要角色。截至2020年底，我国共有行业协会商会类社会组织11万余家，占社会团体总量的29.3%、社会组织总量的13.7%，基本形成了覆盖国民经济各个门类、各个层次的行业协会商会体系。2015年以来，在《行业协会商会与行政机关脱钩总体方案》的指导下，各地逐步厘清了行政机关与行业协会商会的职能边界，推进了相关立法工作，进一步改进和完善了行业协会商会登记管理体制，为行业协会商会参与社会治理创造了条件。

（一）行业协会助力政府决策

行业协会通过为政府提供信息、合作及协助，换取政府的支持，进而影响政府决策。特别是在我国，行业协会起初是由政府通过让渡部分管理职能、自上而下推动成立的，在这种情况下，行业协会与政府之间存在互补关系，可通过信息渠道和参政议政等机制助力政府决策。

1. 信息渠道

政府制定相关行业政策和规范性文件需要广泛了解企业和行业中的问题、需求和建议，行业协会可发挥自身在政府和企业之间的信息沟通优势，在广泛搜集行业、企业真实经营信息的基础上，统计行业数据、形成行业发展规划、制定行业标准，为管理部门提供决策咨询。据不完全统计，2019年度，仅全国性行业协会商会就向政府部门提出政策建议3074项，参与法律法规文件修改制定425项，参与政策文件修订724件，开展行业调查和统计4297次。2020年，全国工商联直属商会报送社情民意信息27篇，报送提案87篇；在民营经济领域调查研究方面，有14家直属商会开展疫情影响调查，并形成专题调研报告报送有关部委。[①] 政策制定者与具有专业性的行业协会商会合作，有利于增强政策的针对性、有效性、可操作性，保障企业和行业协会商会在制度建设中的知情权、参与权、表达权和监督权，营造法治化、国际化、便利化的营商环境。

---

① 《民政部对"关于进一步促进我国非营利组织发展的建议"的答复》，www.mca.gov.cn/article/gk/jytabljggk/rddbjy/201810/20181000011833.shtml，2021年11月19日访问。

2. 政治参与

行业协会可以为其会员提供一种制度化、组织化的政治参与途径,把分散的政治参与聚合起来,遴选、整合各种利益诉求并将之传递给政治体系。通过行业协会增强行业企业的政治主体意识,强化并提高其政治参与的责任感和参与技能,是实现政治民主和法治的重要手段。例如,工商联是工商业界组织的人民团体,其职能包括:参与国家和地区大政方针及政治、经济、社会生活中重要问题的政治协商;引导会员积极参加国家经济建设,推动社会主义市场经济体制逐步完善;代表并维护会员的合法权益,反映会员的意见、要求和建议等。通过工商联组织进行的政治参与为民营企业家提供了利用制度途径参政议政的机会,进而实现自身利益表达、帮助政府共同提升制度环境。但也有研究认为,行业协会是企业家获取政治利益和社会声誉的重要渠道,行业协会的会长作为统战对象容易成为人大代表或政协委员,这不仅有助于他提高社会声誉,还可以获得政府控制的垄断性资源,而这些均与行业协调和自律无关。[①]

(二) 行业协会服务企业

行业协会通过信息分享、交换和披露机制使会员企业可以排他性地分享行业特质性资源从而获得超额收益,这是企业依靠自身力量无法获取或获取成本过高的资源。同时,行业协会代表了整个行业的权威,是会员企业主要的利益诉求渠道,也就是说,行业企业脱离了对会员企业的依赖,能够较为有效地发挥自律和监督功能。

首先,行业协会可以有效帮助企业特别是中小企业缓解融资难问题。由于中小企业规模小、实力弱,自身信用管理水平不高,因此担保难、融资难成为长期制约企业发展的瓶颈。行业协会熟悉行业,在调查企业的经营、业务往来、行业风险等方面有优势。例如,作为首批被批准开展企业信用等级评价工作的协会——中国中小商业企业协会推出了独具特色、实用性强的评价模式。通过协会提供的信用信息,中小企业与银行、担保公司以及其他会员企业加强沟通,抱团互助,这对于降低融资门槛、引导企业建立信用体系具有积极意义。

其次,行业协会可以为企业提供全方位的信息和咨询服务,从而帮助企业快速掌握市场、技术、社会和政治情报等信息。在这些信息的基础上,企业可制定

[①] 江华、张建民:《民间商会的代表性及其影响因素分析——以温州行业协会为例》,载《公共管理学报》2009年第4期;张华、吕鹏:《参与集体行动还是获得资源:中国私营企业加入行业协会的动因分析》,载《东南大学学报》(哲学社会科学版)2019年第3期。

和实施产品竞争战略,调整产品结构,避免企业在低附加值的产品上进行过度竞争,提升市场经营效率并改善企业经营绩效。此外,行业协会组织的信息交流活动,还可以推动行业内外的交流与合作,建立本行业与国内上下游行业的磋商机制,发挥平台作用助力企业发展。例如,青岛市行业协会商会联盟成员通过"搭平台、走出去、引进来"等方式,积极开展各类招商引资、共享合作、培训交流活动,扩大行业影响力。①

最后,行业协会可以发挥行业自律和监督作用,保障良好的市场竞争环境。行业协会作为产业联合体,代表了大多数会员企业的利益,它可以通过制定行业标准、建立行业公约、开展诚信经营、协助政府进行行业监管和行业处罚等方式促进企业遵守市场竞争秩序,维护会员企业的合法权益。行业自律和监督还包括提供知识产权保护、协助处理专利纠纷、培育并提升企业的知识产权意识、倡导企业进行技术创新等。

(三)行业协会提高企业社会责任

企业社会责任早已不是陌生概念,那些抱负远大、追求卓越的企业也在用实际行动履行自己的社会责任。近年来,越来越多的企业家在创造就业机会、促进地方经济发展的同时,积极投身公益事业,体现了责任感和使命感。然而,从《中国企业社会责任研究报告(2021)》的数据看,我国企业300强社会责任发展指数为36.1分,仍然处于起步阶段。② 对企业而言,企业社会责任既可以是一种战略性的、利他性的主动行为,也可以是一种对社会、政治要求的适应性、策略性行为。也就是说,除了企业自己主动践行社会责任以外,政府的强制要求、社会组织的推进、媒体的监督以及消费者的态度也是重要的力量。特别是在当前阶段,充分发挥行业协会在推动企业履行社会责任方面的作用尤为重要。

具体而言,行业协会可以通过理念倡导、制定行规行约、网络联合、加强供应链责任管理以及惩罚措施等手段来梳理整个行业的生产守则,以规范和约束会员企业的行为,促使企业更好地履行相应社会责任。③ 例如,2013年5月,中国工业经济联合会在北京发布《中国工业企业社会责任评价指标体系》,该指标体系设置了社会责任价值观与战略、社会责任推进管理、经济影响、社会影响、环境影响五个方面共98个指标。其中,反腐倡廉、生产安全事故数、使用童工、强迫

---

① 《青岛市行业协会商会联盟成员积极开展活动助力我市经济发展》,http://www.qingdao.gov.cn/zwgk/xxgk/fgw/ywfl/tzgg/202105/t20210531_3111111.shtml,2021年11月18日访问。
② 黄群慧等:《中国企业社会责任研究报告(2021)》,社会科学文献出版社2021年版,第2—3页。
③ 何伟强、王静:《社会转型期企业社会责任运行机制研究》,广东人民出版社2011年版。

劳动、产品安全成为企业履行社会责任的底线类指标。此外,中国纺织工业联合会、中国银行业协会等国家级行业协会都先后发布了企业社会责任体系或指引,鼓励行业内企业发布企业社会责任报告。陈桂梧等人的研究表明,参加了行业协会的企业在善待员工、保护环境、慈善捐助等社会责任方面的投入明显比未参加行业协会的企业高。① 在具体的影响机制上,行业协会可以通过党组织干预企业的社会责任行为。因此,加强行业协会党组织建设,发挥党组织在行业协会中的政治引领和示范带动作用,也是加强和创新社会治理进而推动企业履行社会责任的重要机制。

二、基金会与社会治理创新

基金会是社会组织的重要组成部分。近年来,我国基金会数量持续增长,截至 2020 年底,全国共有基金会 8432 个,占社会组织总量的 0.94%,与 2019 年的 7585 个相比,总量增长了 847 个,增速为 11.17%。尽管数量较少,但作为资源中心,基金会肩负着筹集社会捐款并将之用于慈善事业的使命,是社会组织生存发展的重要财源之一。2020 年,全国基金会净资产总额约 2186 亿元,捐赠收入 998.8 亿元,投资收入 69.28 亿元,公益支出 877.7 亿元。基金会的主要资助项目集中在教育、扶贫助困、公共服务和医疗救助四个领域,其中教育领域项目占比接近 40%,这反映出全国基金会的项目关注点较为集中。②

(一)基金会资助社会组织的发展

根据基金会的资金使用方式,可将其分为运作型、资助型和混合型三种类型。目前,我国资助型基金会的数量较少,2018 年沃启公益基金会出版的《资助的价值初探:资助型基金会案例评述》一书记录,当时的资助型基金会总数不超过 40 家;2020 年,《第四届中国基金会评价榜调研报告》显示,近几年资助过社会组织的基金会共有 195 家,相比于近 9000 家的基金会总量,这一数字无疑是非常低的。

然而,基金会由运作型向资助型的转向,代表了一种潮流与趋势,是基金会发展到一定阶段进行内部结构优化与秩序整合的必然现象。2014 年 12 月 18 日,国务院发布《关于促进慈善事业健康发展的指导意见》,明确提出倡导和支持

---

① 陈贵梧、胡辉华、陈林:《行业协会提高了企业社会责任表现吗?——来自中国民营企业调查的微观证据》,载《公共管理学报》2017 年第 4 期。
② 《中国基金会概况(轻量报告,2021)》,http://www.foundationcenter.org.cn/report/content?cid=20220517132924,2022 年 5 月 26 日访问。

"募用分离";2015年10月,民政部下发《关于鼓励实施慈善款物募用分离 充分发挥不同类型慈善组织积极作用的指导意见》,促使更多的基金会开始向资助型基金会转型。基金会向资助型转向,除了可以为社会组织提供资金外,还可以在品牌建设、管理运营、资源链接等方面依托自己的平台为社会组织提供更多的有效支持。近年来,以南都公益基金会、浙江敦和慈善基金会等为代表的资助型基金会都看到了与社会组织开展多元合作的必要性,除项目资助外,它们开始关注社会组织的综合能力,其中包括对社会组织的固定岗位或机构创始人开展能力培养和小额资助,有的还为机构提供诸如办公场地等非限定性资金支持。基金会还可以帮助社会组织发现并利用可供统筹的非资金资源,这有助于社会组织发展项目的创新迭代。

(二)基金会提供公益项目和服务

目前,运作型基金会占绝大多数,也就是说,中国的基金会是吸纳捐款的主体,且拿到捐款之后主要用来自己做项目。借助于目标清晰、管理完善的具体项目,基金会在教育、扶贫、医疗、环保等诸多领域提供了全方位的资助和服务。这些资助和服务突破了以经济资助为主的传统资助形式,非常强调所服务人群的生存发展能力和社会参与能力,进而能够获得持续性的保障和活力。以爱德基金会的"教育与国际交流"项目为例,该项目共设计了长期外教项目、暑期中小学英语教师培训项目、海外青年志愿者项目、服务学习项目、苏北特困生项目、溧水特困生项目、法律援助项目等子项目,通过与国际友好机构、海外青年志愿者等国际机构或人群的合作为国内贫困地区的农村儿童提供学习上的服务与帮助,这大大提升了助学项目的质量,能够以专业化的手段为儿童提供精细化的社会服务。

项目运行需要各方主体的协调行动,基金会在这方面有着不同于社会团体和社会服务机构的独特优势。一方面,基金会的成立需要以具备原始基金为启动条件,这有助于基金会在与其他治理主体开展合作时拥有更加平等和独立的参与地位和决策权力;另一方面,基金会强大的资源优势有助于它构建公益项目网络体系,整合捐赠人、专业机构和受益人,形成大型的品牌慈善项目,进而引领本领域的其他社会组织共筑社会服务体系。

(三)基金会推动行业基础设施建设

伴随社会组织总量和社会捐赠总额的显著增长,如何提升社会组织的专业能力,塑造一个良性发展的公益生态环境,成为行业热门话题。在南都公益基金会、浙江敦和基金会等同行的推动下,公益慈善基础设施建设进入公众的视野。其中较有代表性的是基金会行业平台型组织,如中国基金会发展论坛、公益筹款人行业培育平台、资助者圆桌论坛、基金会救灾协调会、"禾平台"社区基金会等。这些平台型组织通过支持和联合公益慈善行业上游的基金会、资助人,定期以举办论坛等方式,推动交流合作、知识生产、政策倡导、标准建立等,并以此释放行业生产力,构建更专业、更有效、可持续发展的行业生态。以基金会救灾协调会为例,该平台于2013年芦山地震后发起成立,致力于促进基金会之间、基金会与政府部门、社会组织及社会各界,在防灾减灾、救灾重建中的沟通、交流、合作与协同。它在2015年尼泊尔地震、2016年南方水灾、2020年新冠疫情等重大自然灾害和公共卫生突发事件中,助力社会力量安全、高效、有序地开展了行动。

行业基础设施建设还包括一些行业专业支持组织,比较具有代表性的如基金会中心网,它是由中国青少年发展基金会、中国扶贫基金会、爱德基金会、南都公益基金会等35家国内知名基金会联合发起,其使命是建立基金会行业信息披露平台。该平台还推出了基金会透明标准——中基透明指数FTI,这有效推动了基金会行业整体的发展透明度,在促进行业自律机制的形成和公信力的提升,培育良性、透明的公益文化等方面发挥着重要作用。在此基础上,基金会中心网还承担了大量社会组织能力建设、公信力建设、自律建设的研究和咨询工作,探索建立行业自律标准和社会评价体系,为全社会组织发展提供系统化的支持。

(四) 推动政策创新和社会治理变革

与传统社会服务机构相比,基金会在政策倡导与社会治理变革方面有着更大的发言权,主要表现在以下两个方面:一是系统基金会具有优势地位,特别是在教育与医疗卫生服务领域,体制内的组织纷纷成立系统基金会作为体制外法人,结合了体制与基金会的优势。例如,北京协和医学基金会2008年由协和医院发起成立,它不仅促进了医学教学、科研、交流活动的进行,而且还致力于资助无力负担医疗费用的贫困患者就医,并建立了一支由医生、患者与志愿者组成的互助团队,为患者提供社会支持。二是一些研究型基金会可以充当智库,推动发展领域的政策创新。[1] 例如,为解决煤炭行业整体亏损的问题,2011年北京绿能煤炭经济研究基金会成立,该基金会一方面通过政策研究,为政府制定煤炭行业

---

[1] 卢玮静等:《基金会在中国社会治理中的作用——现状、挑战与政策应对》,http://www.raduga.com.cn/RMBase/SysJP/Multimedia/Pdf.ashx?ID=135533&contentid=398054&form=browse,2023年4月30日访问。

三、社会服务机构与社会治理创新

社会服务机构是社会组织的重要形式之一,并且是数量最多的一类。据《中国社会组织报告(2021)》数据显示,截至 2020 年底,全国社会服务机构数量达 5.11 万个,占社会组织总量的 57.14%。[①] 在所有领域的社会服务机构中,教育领域的机构占绝大多数,其次为社会服务、体育、文化、卫生、农业及农村发展、生态环境保护等领域。整体来说,我国的社会服务机构所涉及的社会领域比较全面,大体涵盖了人们生活的各个方面,反映出人们对公共服务的多样性需求,基本符合我国社会发展的现实情况。[②] 当前,社会服务机构已成为创新社会治理体制、激发社会活力的重要力量,但与基金会和社会团体相比,社会服务机构仍处于资源弱势地位,其主要收入来源于服务性收入、社会公益捐赠、政府购买服务等。2016 年底,《关于通过政府购买服务支持社会组织培育发展的指导意见》出台,成为社会服务机构参与社会治理的重要契机。

(一)承接政府购买服务

社会服务机构接受政府购买服务,从不同角度满足居民多样化、差异化的服务需求。社会服务机构具有专业性更强的特点,能够针对困难群体、脆弱群体提供更加深入和专业的服务,有效弥补政府供给服务的不足。

在承接政府购买服务的过程中,社会服务机构不断提升公信力和执行力,一方面形成了专业化的组织体系,包括一套完善、成熟的内部治理结构、组织信息披露机制及组织行动策略,并在此基础上发展出专业化的团队与工作手法,以确保社会服务项目的成效。特别是在团队建设方面,有专业的员工、专业的志愿者以及突出的特色和专长;在项目设计与执行中,有一套标准化、流程化的项目方案。社会服务机构不仅能够通过为居民排忧解难、维护权益等方式参与治理实践,还能够通过专业化服务介入社会治理多主体之间的关系结构,主动处理和化解社会治理中的矛盾,从而优化社会治理的结构,促进组织关系协同合作。另一方面,基于分工与合作的组织生态系统正在形成,这既包括组织之间互惠互利的合作,如不同机构之间互通信息、协调行动等,也包括专业支持类组织如筹款类、

[①] 黄晓勇主编:《中国社会组织报告(2021)》,社会科学文献出版社 2021 年版,第 72 页。
[②] 高潮、苑珂珂:《我国民办非企业单位现状及发展路径》,载《中国民政》2018 年第 24 期。

绩效评估类组织的蓬勃发展。伴随组织分工的细化以及政府积极培育和孵化社会组织，专门的支持性组织也越来越重要。通过整合社会中的资金、智力、信息、场地等各种资源，以及为社会组织提供战略咨询、业务能力培训、财务托管等一系列专业服务，支持型社会组织逐渐在党委、政府和社会组织中发挥起"桥梁纽带"的作用。

（二）参与社会公共政策的制定与实施

当前，我国社会服务机构参与公共政策的制定与实施仍存在一些问题，表现在整体参与意识不强、参与的广度和深度不够、参与的渠道单一等方面，但在诸如环境保护等某些需要广泛公众参与的领域，社会服务机构较为活跃。2010年，环境保护部首次出台了《关于培育引导环保社会组织有序发展的指导意见》，明确提出通过项目资助、政府购买等形式，充分发挥环境保护类社会服务机构在环境政策、法规、规划和标准制定与实施中的咨询参谋作用。

伴随规模的发展壮大，社会服务机构的政策参与意识与影响力也有所提升。一般而言，在承接政府购买服务和提供志愿活动的过程中，社会服务机构可以运用其信息、专业知识、说服技巧和各种策略，参与社会公共政策的制定与实施。一是在公共政策制定前，社会服务机构可以利用深入一线、贴近基层的优势，通过社会调查、集体座谈等方式，凝聚各利益群体的共识，形成详细的数据报告向有关部门提供决策咨询；二是在公共政策制定的过程中，社会服务机构通过一定的渠道将公众参与加以组织和安排，改变群众参与的无结构、不规范、目的性弱的局面，形成理性、有序、广泛的公众参与机制，提高决策程序的正当性；三是在社会公共政策实施的过程中，社会服务机构可以通过媒体解读、研讨会等方式客观传播政策，解释政策，提高政策的知晓度与可接受程度，并动员民众加强监督，及时协调公共政策评估组织对政策的实施效果进行动态监测，为后期政策评估提供依据，并把政策不合理不健全的部分反馈给政府相关部门。

（三）整合社会资源保障弱势群体合法权益

随着社会的转型、改革的深入推进以及市场经济体制的建立，一些生活困难、能力不足或被边缘化的群体逐渐显现，2002年《政府工作报告》明确将其统称为"弱势群体"。党和政府对弱势群体高度重视，采取了一系列措施进行帮扶救助，国家组织实施的"脱贫攻坚战"就是为提升弱势群体经济地位、实现全体人民共同富裕的目标而采取的重要举措。然而，相关政策的制定往往具有滞后性，且弱势群体规模较大，遭遇的问题各种各样，很难被某一政策简单包揽，也很难仅凭政府部门加强关注就得到解决。也就是说,对弱势群体的关爱帮扶,除政府颁布法律、政策这一根本手段之外,还需要更多社会力量的参与。①

专业的社会服务机构可以为弱势群体提供及时有效的服务工作。一是服务的系统性。社会服务机构的干预不仅仅针对具体的、表面的需求,而是要设计能够满足基础需求、特殊权益、发展等各个层面的项目,提供系统性的专业服务。这些服务项目不仅能够改善弱势群体的生存和生活条件,而且包含了人情温暖的递送、人格的接纳、人与人的平等相处等内容。二是服务的优势视角。强调优势可能对弱势群体产生积极效应,社会服务机构服务的重点往往放在协助帮扶对象发现和激活他们的潜能上,通过公众的自我组织和参与来实现共同目标。社会服务机构可以从多方面影响组织与公民、捐赠人、政府和其他各类社会组织的关系,对于整合社会资源、吸纳公众参与、培育服务帮扶意识意义深远。

---

① 闫伯汉:《中国社会结构与弱势群体地位提升路径分析》,载《中州学刊》2022年第3期。

第九章 社区治理

社区是我国社会治理的基本单元,社区治理事关党和国家大政方针贯彻落实,事关居民群众切身利益,事关城乡基层和谐稳定。随着中国特色社会主义进入新时代,以及社会主要矛盾的转换,社区治理的社会基础发生了巨大变化,因此城乡社区治理的技术和体制机制也迫切需要做出适应性调整与变革。全面提升城乡社区治理法治化、科学化、精细化水平和组织化程度,促进城乡社区治理体系和治理能力现代化,[1]既是社会治理创新的重要目标,也是不断增强人民群众获得感、幸福感、安全感的必然要求。

第一节 社区与社区治理

一、社区概述

社区作为人类生活的重要场所,在形成概念之前就一直存在着。作为社会治理的实践场域,社区在人们的社会生活中发挥着管理整合、民主自治、教育服务、教育与社会化等方面的功能。

（一）社区的内涵及其演变

从概念起源看,"社区"一词是经过辗转翻译而来的,经历了从德文的"gemeinschaft"到英文的"community"再到中文的"社区"这样一段语言历程,现已成为人们使用频繁、歧义最多的术语之一。[2]

1887年,德国社会学家滕尼斯出版的《共同体与社会》一书最早从社会学的角度使用了"社区"(gemeinschaft,也可译为"共同体")一词。滕尼斯将"社区"与"社会"相区分,在社区中,人们不仅紧密联系,而且具有共同的习俗和价值观,[3]旨在强调人与人之间所形成的亲密关系和共同的精神意识,以及对

---

[1] 《中共中央、国务院关于加强和完善城乡社区治理的意见》,http://www.gov.cn/gongbao/content/2017/content_5204888.htm,2023年4月30日访问。
[2] 陈鹏:《"社区"概念的本土化历程》,载《城市观察》2013年第6期。
[3] 〔德〕斐迪南·滕尼斯:《共同体与社会》,林荣远译,商务印书馆1999年版,第58—61页。

gemeinschaft 的归属感、认同感。因此,在滕尼斯的经典用法中,"社区"的含义十分广泛,不仅包括地域共同体,还包括血缘共同体和精神共同体。"社区"从德文的 gemeinschaft 被译为 community 得益于 20 世纪 20 年代至 30 年代以都市社区研究著称的芝加哥社会学派的影响与推动。作为芝加哥社会学派的代表人物,帕克认为,社区的基本要素可以概括为:一是有按区域组织起来的人口,二是这些人口不同程度地与他们赖以生息的土地密切联系,三是生活在社区中的每个人都处于一种相互依赖的互动关系中。一定意义上,正是以帕克为首的芝加哥社会学派赋予了社区更明确的"地域性"含义,也真正形成了如今普遍使用的"社区"的意义,即"社区是一个地域性社会"[1]。随着西方学术界对社区研究的日益深入,社区内涵不断丰富,学者们对社区的界定也随之出现了多元化倾向。根据 1955 年美国社会学家希勒里的研究,当时有关社区的定义多达 94 个。到了 1981 年,美国华人学者杨庆堃发现,西方学术界有关社区的定义已经增加到 140 多个。

1935 年,作为中国社会学的开山鼻祖,吴文藻先生在《现代社区实地研究的意义和功用》一文中指出,"社区一词是英文 community 的译名。这是和社会相对而称的……社会是描述集合生活的抽象概念,是一切复杂的社会关系全部体系之总称。而社区乃是一地人民实际生活的具体表词,它有物质的基础,是可以观察得到的。社区至少要包括下列三个要素:一是人民;二是人民所居住的区域;三是人民生活的方式或文化。"费孝通先生在后来的回忆文章《二十年来之中国社区研究》一文中写到了"社区概念的形成过程":"当初,community 这个词介绍到中国来的时候,那时的译法是地方社会而不是社区。当我们翻译帕克的'community is not society'这句话时,感到 community 不是 society,两者成了相互矛盾的不解之词,才把 community 翻译成社区一词,从而突出了具体的地域特征。"[2] 同时,费孝通指出,以全盘社会结构作为研究对象,这对象不能是概然性的,必须是具体的社区,因为联系着各个社会制度的是人们的生活,人们的生活有时空坐落,这就是社区。[3]

可见,中国早期的社区研究基本上承袭了滕尼斯的社会—社区二分法以及芝加哥社会学派的人文区位学传统。中华人民共和国成立之后,由于社会学学

---

[1] 陈鹏:《"社区"概念的本土化历程》,载《城市观察》2013 年第 6 期。
[2] 费孝通:《学术自述与反思》,生活·读书·新知三联书店 1996 年版,第 96 页。
[3] 同上。

科被取消,所谓的社区研究也就不复存在。直到改革开放后,社区作为一个专业术语才重新进入学者的视野,并经过政府的政策推动成为普通百姓耳熟能详的流行生活用词。1986年,民政部成立了基层政权和社区建设司(现为基层政权建设和社区治理司),这是我国政府第一次把社区概念引入实际工作中,社区的内涵也由此发生了变化。2000年,民政部下发《关于在全国推进城市社区建设的意见》,对社区和社区建设的概念做出明确的官方阐释:"社区是指聚居在一定地域范围内的人们所组成的社会生活共同体。目前城市社区的范围,一般是指经过社区体制改革后作了规模调整的居民委员会辖区。社区建设是指在党和政府的领导下,依靠社区力量,利用社区资源,强化社区功能,解决社区问题,促进社区政治、经济、文化、环境协调和健康发展,不断提高社区成员生活水平和生活质量的过程。"该文件对社区的定义完全是社会学意义上的定义,但关于社区范围与社区建设的界定则更接近中国社区内涵的指向。在中央的指示下,社区建设步入了整体推进、全面拓展的发展阶段。但是在这个阶段,社区被停留在解决基层稳定和巩固基层政权的层面,社区建设的空间也基本被定格在街道和居民委员会所辖区域即街区。[①] 直到2009年,官方文件才开始把社区延伸到乡村,出现"农村社区""城乡社区""城乡基层社区"等词汇。社区在城市主要指街道与居委会,在农村则指乡镇或自然村。

除了政府文件中的社区定义外,学术界自20世纪80年代以来,关于社区概念的解释也一直众说纷纭。根据张永理的统计,在当今中国,关于社区的定义不下300种,甚至存在一定的泛化现象,有些社区的概念有相当大的随意性。[②] 此外,互联网技术的发展还催生了"数字家园"和"e化社区",突破了传统社区概念的地域性特征,使得社区的含义进一步演化,也促使一部分学者更加关注社区定义的功能维度。但总体来说,大部分学者仍是从地域主义的角度对社区进行界定,认为社区是"指由居住在某一地方的人们组成的多种社会关系和社会群体,从事多种社会活动所构成的区域生活共同体"[③]。

(二) 社区的要素与类型

由于关注的侧重点不同,关于社区构成要素的内容划分并不相同,代表性的观点有三要素说、四要素说、五要素说和六要素说等,其中属于共性内容的有地

[①] 杨淑琴、王柳丽:《国家权力的介入与社区概念嬗变——对中国城市社区建设实践的理论反思》,载《学术界》2010年第6期。

[②] 张永理编:《社区治理》,北京大学出版社2014年版,第15页。

[③] 同上。

域要素(区域)、人口要素、经济要素(经济生活)、社会要素(社会交往)以及社会心理要素(共同纽带中的认同意识和相同价值观念)几个方面。随着社会的发展,社会心理要素的重要性日益凸显,逐渐成为衡量社区是否健全和成熟的核心标准之一,也成为医治工业化和城市化过程中产生的越来越严重的城市病的重要措施。

社区可以被划分为不同的类型,但由于关注侧重点的不同,学术界对社区的分类也未达成统一。主流的划分标准大致如下:(1)按照社会变迁历程,社区可以分为部落型社区、传统型农村社区、传统型城市社区、现代型社区等。由于我国处于社会转型期,不同类型的社区有时相互重叠,并衍生出其他细化类型如集镇社区、城乡接合部社区等。(2)按照形成方式不同,社区可分为自然型社区和法定社区,前者主要指人们长期共同生活逐渐扩展而成的社区,这种社区通常有自然的边界,常以河流、湖泊、空地、山林为标志,最突出的表现形式是农村的自然村。后者主要是根据社会管理的需要而设置的社区,如城市中的街道、居委会辖区以及农村中的行政村等,它们具有明确的辖区边界和法定的组织管理机构。(3)按照所发挥的主要社会功能,社区可以分为居住社区、商业社区、工业社区、农业社区、文化社区、政治社区等。具体而言,根据地理环境及所从事经济活动的性质,可划分为农业型社区、林业型社区、牧业型社区、观光旅游型社区等乡村社区;与乡村社区相比,较大的城市社区政治、经济活动集中,以工业、商业、服务业为主,人们的居住和工作场所非常集中,通常有着更为复杂的社会结构和更加明显的功能分区。(4)按照规模,社区一般可分为大型社区、中型社区、小型社区等。

(三)社区的功能

一般来说,社区的功能就是满足人们日常生活中家庭及其他社会组织不能满足的多种需求。成熟的社区有政治、经济、文化、教育、服务等多方面的功能,同时这些功能会伴随经济发展水平、居住方式、家庭结构等方面的变化而变化。根据我国当前社会发展的状况,社区的主要功能包括管理整合、民主自治、教育与社会化等。

第一,管理整合功能。社区是社会的基本构成单元,是党和政府联系、服务群众的"最后一公里"。社会管理是具体的、可操作的,其各项事务都可以划分、落实到具体的社区,实现管理整合。[1] 特别是在经济转型和社会转轨的过程中,

---

[1] 雷晓康等编:《社会治理概论》,北京大学出版社2021年版,第97页。

一方面,诸如社会救助、退休人员、流动人口的管理服务等政府的逐项社会管理服务工作逐步社区化;另一方面,住房商品化使广大业主的部分利益诉求转向了房屋坐落的住宅小区及社区物业服务管理机构。① 也就是说,政府提供的公共服务、社会服务、市场商业服务以及社区服务都需要通过社区这个平台进行合理整合,以发挥资源的最大效益。

第二,民主自治功能。社区不仅是城市最基本的管理单位,也是社区居民自我管理、自我服务、自我教育和自我发展的活动空间。民主自治是社区治理的重要手段和目标,主要通过居民参与体现出来。因此,要培育社区居民的参与意识与参与能力,完善民主选举、民主管理、民主监督、民主决策的社区自治体系,提升公共产品的生产能力及矛盾纠纷的化解能力,着力推进社区治理水平的提升。

第三,教育与社会化功能。社区是家庭与社会联系的中间环节,社区居民可以通过参与社区公共事务和社区公益活动,树立公民责任意识,提升社会交往能力,形成对社区规则的认同感与遵从感,从而为社区治理奠定良好的价值基础。除普遍意义上的"教育和服务群众"功能以外,社区还通过工读学校、社区帮教、社区矫正等方式,帮助有违法犯罪行为的特殊人员逐步修复社会关系,顺利回归社会。

二、社区治理

(一)社区治理的概念与内涵

社区治理的概念要追溯到治理理论的兴起及应用。被学术界引证最多的治理概念来自全球治理委员会,即"治理是各种各样的个人、团体——公共的或个人的——处理其共同事务的总和。这是一个持续的过程,通过这一过程,各种相互冲突和不同的利益渴望得到调和,并采取合作行动。这个过程包括授予工人的团体或权力机关强制执行的权力,以及达成得到人民或团体同意或者认为符合他们的利益的协议"②。治理有社会、政治和经济三个维度,可以在家庭、村庄、城市、国家、地区和全球各个人类活动领域运行,③从这个意义上讲,社区治理可以被看作是治理的社会维度即社会治理在社区层面的延伸,是国家治理和

---

① 唐忠新:《社区治理:国家治理的基础性工程》,载《光明日报》2014年4月4日第11版。
② 〔瑞典〕英瓦尔·卡尔松、〔圭〕什里达特·兰法尔主编:《天涯成比邻——全球治理委员会的报告》,赵仲强、李正凌译,中国对外翻译出版公司1995年版,第2页。
③ 范逢春:《全球治理、国家治理与地方治理:三重视野的互动、耦合与前瞻》,载《上海行政学院学报》2014年第4期。

地方治理在社区层面的体现。

受治理理论的影响,不少学者在对社区治理进行概念界定时注重治理主体的多元化、治理规则的多样化及治理方式的整合。较有代表性的如史柏年认为,社区治理是在一定区域范围内,不同的公私行为主体(包括个人、组织、私人机构、权力机关、非权力机构、社会、市场等),依据正式的强制性法规,以及非正式的、人们愿意遵从的规范约定,通过协商谈判、资源交换、协调互动,共同对社区居民利益的公共事务进行有效管理,以增强社区凝聚、增进社区成员福利。[①] 张永理认为,社区治理是指涉及社区的多元主体之间通过合作互动,共同提供公共产品和实施对社区公共事务的管理,完善社区居民自治,实现社区公共生活整体利益最大化和可持续发展的过程。[②]

值得注意的是,社区治理的概念在 2002 年开始使用,在此之前,学术界一般用社区管理的概念,甚至存在一定的混用现象。例如,有学者认为,"社区管理又称社区治理,是指在基层政府的引导和支持下,由社区居民自治组织主导,并在社区中各种社会组织以及居民的共同参与下,为实现社区生活的有效运行和推进社区发展而开展的各种社区公共事务管理活动的总称。"[③]从社区管理到社区治理,说明改革开放以来我国政府和社会管理在理论上的反思与创新已经应用到社区研究与实践之中,一字之差,反映的是社区治理基本内涵的变化,特别是在治理主体、治理理念、治理机制、治理结构等方面发生了重要改变。

第一,社区治理主体多元化。社区治理主体包括政府、社区党组织、居民自治组织、业主委员会、专业社会组织、社区基金会、物业公司、驻区单位、社区居民等。有学者认为,以罗列法来界定社区治理主体是不科学的,因为这种方法难以穷尽所有社区治理主体,并且在社会不断发展的情况下难以包括新涌现的主体类型,因此社区治理的主体应当是概括式的,以"涉及社区的各类主体"来概括会更加合适。[④] 有学者从利益相关者的角度进一步分析了不同主体之间的关系,认为社区治理主体即社区利益相关者,是与社区需求和满足存在直接或间接利益关联的组织和个人的总称。[⑤] 由于社区公共事务涉及多个组织和个人的共同需求、涉及他们之间的复杂权利关系,因此社区治理的重要任务之一是建立一种

[①] 史柏年:《治理:社区建设的新视野》,载《社会工作》2006 年第 7 期。
[②] 张永理编:《社区治理》,北京大学出版社 2014 年版,第 107 页。
[③] 王建军等主编:《社区管理的理论与方法》,四川大学出版社 2008 年版,第 10 页。
[④] 张永理编:《社区治理》,北京大学出版社 2014 年版,第 103 页。
[⑤] 陈伟东、李雪萍:《社区治理主体:利益相关者》,载《当代世界与社会主义》2004 年第 2 期。

合理的机制来解决不同治理主体的需求表达与利益整合问题。

第二,社区治理的客体主要是社区内的公共事务。社区治理涉及社区成员社会生活的多个方面,包括社区服务与社区照顾、社区安全与综合治理、社区公共卫生与疾病预防、社区环境及物业管理、社区文化与精神文明建设、社区社会保障与社区福利等。面对庞杂的社区治理内容,应该明确社区生活公、私方面的界限,特别是根据公共产品的两个内在属性——排他性和竞争性,来划分社区公共事务,明确政府功能的限度,以及各类社区治理主体介入社区公共事务的必要性。① 例如,将社区公共服务划分为社区行政事务、特定人群服务、市政服务、物业服务等不同类型,而不同类型服务的责任主体不同。

第三,社区治理手段的多样性。与自上而下执行行政指令的行政管理理念不同,治理的基本机制是服务机制、协调机制、回应机制,并以互动性为主要特征,也就是说,法律手段和行政指令只是其中的组成部分。除此之外,社区治理还强调通过协商合作、协同互动等方式实现多元治理主体对共同目标的同意和认可,进而联合起来对社区公共事务进行治理。因此,在社会生活中长期形成的传统习惯、习俗、村规民约等非正式制度也能在社会治理中得到广泛运用。

第四,社区治理目标的过程化。社区治理的目标是为社区居民提供公共产品,产品包括有形和无形两方面,前者主要是基础设施建设、基本公共服务;后者主要是各类相关法律法规、政策、意识形态与价值观。其中,培育社区社会资本和社区意识,建立正式和非正式的社区制度规范,对于公共产品的提供是大有裨益的,而这些需要在长期的社区治理过程中才能逐步形成,因此属于社区治理的过程目标。

(二) 社区治理的属性与模式

尽管我国现阶段社区治理的操作单元主要为居(村)民委员会辖区共同体,但对这类社会共同体的服务管理,既属于基层政权组织的职责范围,又属于基层群众性自治的作用空间,其治理主体是多元的,其"共治"属性是明显的。然而,构建何种共治格局,主要取决于国家与社会之间权能关系的不同,不仅不同的国家、社会发展的不同阶段有着明显差异,并且伴随社区治理任务情境的不同也会有不同的适用场景。社会学一般从政府、市场与社会三分的视角对社区治理的模式进行概括,将其分为政府主导模式、市场主导模式、社会自治模式和专家参与模式四类。需要说明的是,在实际的社区治理模式中,多种治理主体和治理机

---

① 卢爱国、曾凡丽:《社区公共事务的分类与治理机制》,载《城市问题》2009年第11期。

制往往同时存在于同一个社区的实际运行之中。①

1. 政府主导模式

政府主导模式是指依靠政府的行政力量,提供社区公共服务、完善社区治理架构、培育社区自治组织、发展社区公共参与的治理模式。政府主导模式权威性较强,能够在短时间内迅速动员各种组织和财政资源,具有组织动员能力强、行政效率高等特点。因此,这一模式特别适合大规模、大投入的社区治理任务情境,包括街区内公共空间的统一规划美化、社区生活圈建设、老旧小区改造等,因为这些工作如果没有政府推动,往往很难实现。但与此同时,这一模式会不可避免地过度依赖政府领导者的个人魅力。因此,也存在着"人走茶凉""政随人废"的现象。由于政府主导模式的行政干预力量强大,社会往往处于被动接受的位置,社区自治能力难以得到培育,因此与社区自治的大方向存在着一定程度的背离,甚至形成了某种治理悖论:政府越干预,社会自我运行和社区自治能力反而越弱。

2. 市场主导模式

市场主导模式是指依靠市场力量（如房地产企业、物业公司等）提供小区物业服务乃至社区公共服务、培育社区自治组织、发展社区公共参与的模式。市场主导模式是住房商品化改革后诞生的新模式。这一模式在社区治理的资源配置方面,具有天然合理性,资源配置能力强。但是,市场模式与社区治理存在基本的矛盾,市场强调交易双方的平等交换,而社区治理具有公共产品性质,因此业主与开发商、物业因经济利益产生纠纷、冲突的现象屡见不鲜。当市场原则与社区公共服务原则发生冲突时,市场主导模式的不足就会显现出来,老旧社区、中低收入群体聚集的社区普遍存在不同程度的市场失灵现象,这些社区的社会整合能力较弱。

3. 社会自治模式

从法理上说,社区居民委员会是居民自治组织,但在实际运营中,居委会对街道资源严重依赖,居委会像是"街道的下属机构,居委会成员的工资由街道支付,他们每天上班完成上级交付的任务,日常工作十分繁忙,也实在没有能力组

---

① 葛天任、李强:《我国城市社区治理创新的四种模式》,载《西北师大学报》(社会科学版)2016年第6期。

织居民实现自治"①。因此,这里的社会自治模式主要不是指居委会的自治,而是指社会力量尤其是社区居民自发组织起来的社区自治模式。

在社会自治模式下,社区成员依靠自己和社会建立社区自治组织,推动社区社会组织的发育,处理社区公共事务,完善社区公共服务。但这一模式目前仍受到诸多体制性限制,缺少基本社会条件的支撑(包括体制认可、社区认同、社会组织发育、接受捐赠机制、人力资源管理方式、组织可持续发展能力等方面),发展遇到的难题较多。因此,在绝大多数社区中,比起政府机制和市场机制,社会机制还没有充分发挥作用,社区成员的自组织能力并不强,这一模式的成功案例并不多。

4. 专家参与模式

专家学者参与推动的社区治理创新又被称为专家参与模式。本质上,专家学者属于社会机制的组成部分,但这一模式又不同于社会自治模式,因为他们属于外部专业力量介入社区治理的范畴。这一模式的主要内容是,专家学者们通过提供咨询,或者通过直接参与到社区事务之中,为社区治理创新提供合法性论述及变革动力,并为社区发展带来诸多体制资源和社会资源。无论是出于现实研究需要,还是出于历史传统中的"士大夫精神",或者近代以来逐渐形成的社会改造和社会干预传统,学者参与的社区治理模式在中国都有着深厚的价值感召力和一定程度上的资源动员力。比如,目前,清华大学社会学系在海淀区清河街道开展的"新清河实验",就是在学术传承方面接续了社会学家于20世纪30年代在清河地区所开展的"清河实验"。

这一模式的优势在于学者们熟悉社会治理的发展趋势和脉络,可以做出较好的制度设计、顶层设计,学者们的立场也相对客观,有利于探索改革方向。其不足则在于,社区运营容易产生对专家的外部依赖性,一旦专家撤出,治理是否能够延续会受到质疑,可持续性较弱。

第二节 社区治理的变迁与重构

一、社区治理理念的演变

(一)社区建设的提出

中华人民共和国成立以后,我国在城市基层社会逐步建立了以单位制为主、

---

① 郑杭生、黄家亮:《论我国社区治理的双重困境与创新之维——基于北京市社区管理体制改革实践的分析》,载《东岳论丛》2012年第1期。

以街居制为辅的管理体制。"街居制"以街道办事处和居民委员会为基本组织形式,以自上而下的行政指令为管理方式,即政府部门通过行政等级将上级命令逐层传达到街道,街道再传达到居民委员会,最后由居民委员会传达给居民。在街居制管理体制下,街道和居委会是代表政府对社区进行治理的唯一合法行为者。[①] 然而,1978年改革开放以后,我国城市基层管理出现了一些新情况:一是随着大批国有企业破产、转制,单位制这一组织形式逐步瓦解。原本由单位承担的住房、教育、文化、医疗、养老等服务职能逐渐向社会转移。户籍制度以及人事制度改革将劳动力推向市场,个体对单位、集体的依附关系减弱,大规模的社会流动开始出现,大量"单位人"流入社区。社区作为个体的生活场域以及社会的基础单元,需要承担起管理与服务的职责,满足个体多方面的需求。[②] 二是街居制面临职能超载、职权有限和角色尴尬等方面的难题,特别是居民委员会作为群众性自治组织的地位被虚化。居委会除了要处理法定事务外,还要承担区、街道各部门交办的名目繁多的工作任务,实际上变成了各级党委、政府部门工作的承受层、操作层和落实层。这样一来,居委会的自治功能得不到发挥,导致居委会不能体现居民的主体意识和参与意识,因而也就很难赢得居民的认同。

在这样的背景下,国家于1991年提出"社区建设"的思路,强调社区的事情不能光靠政府,还要充分发挥社区居民的力量,通过培育公民自助、互助和他助,增进居民对社区的归属感和认同感,逐步实现社区自治。[③] 2000年,《中共中央办公厅、国务院办公厅关于转发〈民政部关于在全国推进社区建设的意见〉的通知》指出,大力推进社区建设,是新形势下坚持党的群众路线、做好群众工作和加强基层政权建设的重要内容。为此,民政部首先在北京、上海、天津、沈阳、武汉、青岛等城市设立了26个"全国社区建设实验区"。经过几年的实践总结,不同城市根据自身属性探索了各具特色的社区治理模式,较有代表性的有上海模式、沈阳模式、江汉模式和青岛模式等。[④]

[①] 何海兵:《我国城市基层社会管理体制的变迁:从单位制、街居制到社区制》,载《管理世界》2003年第6期。
[②] 向德平、华汛子:《中国社区建设的历程、演进与展望》,载《中共中央党校(国家行政学院)学报》2019年第3期。
[③] 冯玲、李志远:《中国城市社区治理结构变迁的过程分析——基于资源配置视角》,载《人文杂志》2003年第1期。
[④] 夏建中:《从街居制到社区制:我国城市社区30年的变迁》,载《黑龙江社会科学》2008年第5期。

与街居制相比,社区建设在建设理念、建设主体、建设方式等方面都有了很大改变:一是在建设理念上,社区建设面向全体居民,以人为本,变管理为服务。社区不再是单位制下的剩余,而是面向全体居民;社区建设不再强调行政控制,而是关注社区资源的合理配置和社区问题的解决,注重提升社区服务能力,努力为居民营造管理有序、服务完善、环境优美、治安良好、生活便利、人际关系和谐的新型现代化社区。二是在建设主体上,改变了过去政府唯一主体的地位,加强政府与社区的合作。社区内已经不是党和政府包办一切的局面,除了党组织和政府派出机构外,还出现了越来越多的居民自治组织、志愿者组织以及专业化的社区服务和社会工作机构等。社区管理主体的多元化是必然要求,不同主体之间已经逐渐建立起相互依存、分工合作的伙伴关系,利用社区协商议事等形式,组织发动各方力量,搞好社区共治。三是在建设方式上,强调自下而上的居民参与,而不仅仅是依托自上而下的行政命令。有关社区发展的各项规划、社区建设的实施以及社区事务的处理等都必须体现社区居民的广泛参与,与居民的要求相适应。在社区内,居民是主体,是社区发展的动力源。

(二) 从社区建设到社区治理

从实践经验看,社区建设一直在平衡两种取向,一是基层政权建设取向,强调自上而下的过程和国家力量的渗透;二是基层社会发育取向,强调自下而上构建社区共同体的过程。[①] 然而,受制于社区自组织发育不足、社区成员参与主动性较差、参与意识不强、社区整合功能空洞等主客观因素,在社区建设阶段,社区的"共治"属性仍然没有充分体现出来。政府、市场、社区自组织的多元参与还有很大的进步空间。伴随我国住房制度改革、社会阶层分化等一系列社会经济变革,社区类型日益多样化,社区利益关系变得复杂,社区治理格局亦发生深刻变革,业主委员会、物业公司作为新的社区治理主体,与居民委员会共同组成社区治理的"三驾马车",而如何加强不同社区治理主体之间的沟通和协调,避免社区治理的寡头化和碎片化成为亟待解决的问题。[②] 表 9-1 说明了不同类型社区面临的具体主要问题。表 9-2 说明了社区治理主体的行动逻辑。

[①] 李友梅:《社区治理:公民社会的微观基础》,载《社会》2007 年第 2 期。
[②] 陈鹏:《城市社区治理:基本模式及其治理绩效——以四个商品房社区为例》,载《社会学研究》2016 年第 3 期。

表 9-1　不同类型社区面临的主要问题

社区类型	主要问题
商品房社区	产权及物业纠纷;公共空间收益纠纷;维修资金使用问题
老旧社区	物业管理水平有限,物业费收取难;违章搭建;群租房;基础设施老化,配套不足
拆迁安置社区	流动人口服务问题;城市融入问题;违章搭建;群租房问题;基础设施配套差
保障房社区	房屋质量问题;社区归属不强;公共空间不足;基础设施配套不足
农村社区	空心化;老龄化;集体经济薄弱;公共服务不足;治理组织能力弱

表 9-2　社区治理的主要参与者及其行动逻辑

维度	治理主体	行动逻辑
国家维度	以街居系统为代表	科层逻辑
市场维度	以物业公司为代表	契约逻辑
社会维度	以社区自组织为代表	志愿逻辑

2012年,党的十八大召开,社区治理第一次被写入党的纲领性文件。2013年,党的十八届三中全会将推进国家治理体系与治理能力现代化作为全面深化改革的总目标,并正式提出了"社会治理"的命题。从"社会管理"到"社会治理"的变化,意味着社区治理将要发生变革。2017年,党的十九大报告明确提出要"打造共建共治共享的社会治理格局",同时强调"加强社区治理体系建设,推动社会治理重心向基层下移",进一步指明社区治理是实现治理现代化的基本着力点。

一方面,推动社会治理创新,在基层重塑国家与社会的关系,是社区治理体系和治理能力现代化得以落实的前提。社区治理是国家治理的基本单元,在宏观层面深受国家—社会关系的影响。国家基层政权及其派出机构依法要求社区(居委)协助行政,始于20世纪90年代的"社区建设"。这一时期为重建社会安全和福利供给机制、加大社区服务力度,街道向社区居委摊派了大量行政任务,社区行政化的现象由此产生。因此,社区治理现代化离不开基层政权建设的转型。[1] 2015年,上海市在市委一号课题调研成果的基础上出台《关于进一步创新社会治理加强基层建设的意见》,形成"1+6"系列文件,涉及街道改革、居民区治

---

[1] 胡晓燕、曹海军:《社区治理体系和治理能力现代化的思考——基于国家基层政权建设的微观视角》,载《经济问题》2018年第1期。

理体系完善、村级治理体系完善、网格化管理、社会力量参与、社区工作者6个方面的工作。其中最重要的是给街道赋权,明确街道将工作重心转移到公共服务、公共管理和公共安全等社会治理工作上来。上海市所有街道内设机构统一按照"6+2"的模式设置,即设党政办公室、社区党建办公室、社区管理办公室、社区服务办公室、社区平安办公室、社区自治办公室,以及2个由各区根据实际需要增设的工作机构。除上海外,其他地区也采取了一系列改革措施,形成了社区治理的政策体系,推动了现代社会多元治理结构的形成,比较典型的如武汉市2015年推出的"1+10"系列文件;杭州市2017年推出的"1+8"城乡社区治理政策体系;北京市2018年推出的"街乡吹哨,部门报到"工作机制等。

另一方面,社区治理体系和治理能力的现代化有赖于"一核多元"的社区治理主体结构的完善及多主体协同合作联动机制的建构。社会治理新格局下,社区治理结构必然是多主体组成的架构体系和共同行动体系,但这并不是一个无差别的多元主体平等并立式结构,而是党委领导、政府负责、社会协同、公众参与的"一核多元"结构。① 具体来说,社区治理主体之间的关系包括:(1)以党的领导为核心。在社区层面,基层党组织必须发挥总揽全局、协调各方的领导核心作用,把党的全面领导落实到社会的"神经末梢",从而实现社会治理整合。(2)以基层政府为主导,特别是要探索建立基层政府面向城乡社区的治理资源统筹机制,健全社区治理的协商机制和开放机制,更好地发挥社会力量在社区治理中的作用。(3)以基层群众性自治组织为基础。作为基层群众性自治组织的居民委员会在国家治理和群众自治之间发挥纽带作用,居民委员会既要发挥民意聚合功能,又要发挥国家意志的传导功能。在现实中,这两种功能固然存在一种张力,但应当解决这两种功能均衡发挥的问题,使二者形成治理合力,而不应当是此消彼长或者根本对立的关系。② (4)发挥社会力量的协同参与。这就要求健全社区、社会组织、社工"三社联动"机制,通过委托、购买、授权等形式,鼓励引导集体经济组织、驻社区单位、社会组织和外来人口共同参与社区建设和管理,共推社区治理。同时,要加强社区综合服务平台建设,加快城乡社区服务体系建设,实现群众性互助和志愿服务的制度化,让群众有参与的获利感。

---

① 李永娜、袁校卫:《新时代城市社区治理共同体的建构逻辑与实现路径》,载《云南社会科学》2020年第1期。

② 郝海波:《新时代社区治理的价值内涵、治理结构与行动策略——学习习近平总书记关于社区治理的重要论述》,载《社会主义研究》2020年第3期。

二、新时代社区治理的新特点

(一)强调城乡社区治理

从我国社区建设的历史看,社区建设首先是从城市开始的,它是为解决单位制解体后城市社会管理难题而采取的一种新的组织形式和管理制度。因此,在较长的时间内,社区建设的重点在城市。然而,从某种意义上说,以熟人社会为主要样态的农村社区更接近滕尼斯关于社区的定义。在重塑新型城乡关系、推进城乡融合发展的大背景下,2017年中共中央、国务院出台了《关于加强和完善城乡社区治理的意见》,开启了城乡全面开展社区治理的新时代,成为中国社区发展进程中的一座里程碑。①

统筹城乡社区发展,就意味着在尊重城乡社区建设地域性差异的基础上,消除城乡社区在资源投入、基础设施建设、人才队伍建设上的差别对待,消除对农村社区建设的各种政策性歧视和不平等投入,兼顾城乡社区发展的不平衡性,使城乡社区居民共享全社会发展和国家进步的成果,既为城乡社会协调发展、可持续发展奠定基础,又体现在社会全面发展中尊重不同利益层次要求和不同利益群体诉求的公平正义。② 2016年,《城乡社区服务体系建设规划(2016—2020年)》首次在中央层面将农村社区服务体系全面纳入整体规划,从城乡统筹出发对社区服务体系建设进行统筹部署。2019年,改革开放以来的第一次全国加强乡村治理体系建设工作会议召开,中央有关部委批复115个县级试点单位进行乡村治理体系和治理能力现代化建设。2022年,国务院办公厅印发《"十四五"城乡社区服务体系建设规划》,从完善服务格局、增强服务供给、提升服务效能、加快数字化建设、加强人才队伍建设等方面作出安排部署,特别强调了"服务设施补短板工程",为加速乡村社区服务体系的建设部署新蓝图。

(二)加强治理体系建设

十八大之前,城市社区治理领域涌现出沈阳模式、江汉模式、上海模式等,这些模式大多是在"行政导向"和"自治导向"之间做选择。十八大以来,城乡社区治理被提升至执政战略的高度,被纳入国家治理和社会治理的整体战略中予以规划定位,"加强社区治理体系建设""健全自治、法治、德治相结合的乡村治理体

---

① 张雷:《我国社区发展进程中的一座新里程碑》,载《中国社区报》2017年6月16日第3版。
② 张艳国、刘小钩:《十八大以来我国社区治理的新常态》,载《社会主义研究》2015年第5期。

系"成为新时代社区治理的重要目标。① 为此,在中央层面,国家于2014年建立了"推进新型城镇化工作部际联席会议制度",以强化部门之间的协调与配合。在地方层面,典型城市也更加注重社区治理的政策体系建设,体现出主动改革、建构体系的新特点。并且,在层级上还打破了以往由区级党委政府主导的局限,政策体系建设被提升到市级党委统筹领导的层面上。

社区治理涉及社区基层民主、城乡社区服务、社区文化娱乐、社区环境保护、社区治安综合治理、社区卫生与体育、社区教育等诸多方面,有相对独立的价值取向、要素构成、制度安排和运作逻辑。因此,推进社区治理的各项工作,要打破"头疼医头、脚疼医脚"的应急式思维方式和行为模式,要打破"见树木、不见森林"的片面思维方式和局限性行为模式,要以前瞻性、全局性的指导思想和工作魄力来谋划社区未来发展规划和发展目标。

2017年中共中央、国务院《关于加强和完善城乡社区治理的意见》对社区治理体系做了"四大主体""六大能力"的部署,其中"四大主体"涉及:充分发挥基层党组织领导核心作用,有效发挥基层政府主导作用,发挥基层群众性自治组织基础作用,统筹发挥社会力量协同作用。"六大能力"包括:增强社区居民参与能力、提高社区服务供给能力、增强社区文化引领能力、增强社区依法办事能力、提升社区矛盾预防化解能力、增强社区信息化应用能力。按照意见要求,到2020年,基本形成基层党组织领导、基层政府主导的多方参与、共同治理的现代城乡社区治理体系。

(三) 突出党建引领作用

党的十八大以来,党委领导的社区治理格局日益受到重视。党的十九大提出,"党是领导一切的"。2018年公布的《中国共产党支部工作条例(试行)》规定,"社区党支部,全面领导隶属本社区的各类组织和各项工作"。2019年5月,中共中央办公厅印发《关于加强和改进城市基层党的建设工作的意见》,再次强调"城市基层党组织是党在城市全部工作和战斗力的基础",要求增强街道社区党组织的政治功能和战斗力。2019年,中共中央、国务院《关于加强和改进乡村治理的指导意见》,要求更好发挥农村基层党组织战斗堡垒作用,村党组织书记应当通过法定程序担任村民委员会主任和村级集体经济组织、合作经济组织负责人,村"两委"班子成员应当交叉任职。

---

① 吴晓林:《从本位主义到体系研究:十八大以来城乡社区治理的研究走向》,载《江苏社会科学》2020年第4期。

新时期,社区党建作为一项政治任务的重要性逐步增强,全国重视社区党建的政治环境已经形成。以党的领导为核心,首先是要发挥党的政治引领功能。政治引领在政党动员能力中处于关键地位,其作用机理是通过塑造价值认同和情感认同,进而实现政治认同。落实到社区治理的具体场景,就是基层党组织要在社区治理中发挥方向引领和原则引领,以此保证社区治理与执政党的理念、道路、立场和方向的一致性。此外,还要发挥党的社会整合功能。党的基层组织扎根于基层社会和群众之中,其主要工作就是把各方力量真正凝聚起来,通过组织动员、资源链接、服务链接等机制进行社会动员,解决集体行动的困境,实现社区共建共治共享。

(四)更加突出技术支撑

伴随时代的发展,智慧社区、大数据、社区治安防控网建设等新技术、新方法越来越多地被应用到社区治理领域,技术治理可以从政府机构、业务流程、信息资源和沟通渠道等方面对资源进行整合,提升社区治理的智慧化水平,降低社区治理成本。从政府的角度看,在日常治理过程中,通过即时通信、整合式数据系统等大数据技术手段的赋能,细化社区网格管理内容,明确各类事务的责任部门,加强部门间信息的互通整合、协调沟通、分拨调度,提高了社区问题处理的速度和效率。对社区居民而言,大众媒体和社交网络提供了在地化议题和事件,居民可以直接利用大数据平台为社区治理提供信息,这既强化了监督刚性,使居民更愿意参与社区公共事务,又可以快速交互解决信息共享问题,大大节省了居民参与的成本,提升了居民社区参与的获得感和效能感。[①]

第三节 城乡社区治理的新探索

经历了从"街居制"到"社区建设",再到"社区治理"的多个阶段探索,"共建共治共享"为破解社区治理共同体的困局提供了新的方向和理论指导。以"人人有责、人人尽责、人人享有"为原则,各地在健全社区治理体系、提升社区治理能力方面进行了一系列探索,获得了新时代社区治理的创新经验。

---

① 江小莉、王凌宇、许安心:《社区治理共同体的动力机制构建及路径——破解"奥尔森困境"的视角》,载《东南学术》2021年第3期。

一、从"三社联动"到"五社联动"

民政部在结合上海等地实践经验的基础上,于 2013 年首提"三社联动"概念,即在明确"党委领导、政府负责、社会协同、公众参与、法治保障"的社会治理体制基础上,[①]突出群众需求导向,构建以社区建设为基础,社会组织为载体,社会工作者为支撑的社区治理模式。在政策推动下,各地结合自身工作实际开展了多种形式的探索,形成了内生型、嵌入型、联动型等各具特色的"三社联动"模式。[②] 其中,嵌入型是指政府向社会组织购买公共服务,引导社工机构嵌入社区,为居民提供专业化和多样化的服务,较为典型如上海的自强社会服务总社、阳光社区青少年事务中心和新航社区服务总站,它们由专业社工介入社区开展社区服务;"内生式""三社联动"通过加强居委会的能力建设,引导社区工作者根据社区实际问题、需求、资源创设项目,培育社区社会组织,如湖北省于 2014 年、2015 年、2016 年连续举办三届公益创投大赛,累计投入千万元资金,扶持 506 个社区公益项目。"融入式""三社联动",以居民需求为导向,由社区居民委员会、社区社会组织、专业社会组织共同策划、运作项目,如广东以街道、社区为平台,出资委托社工机构承接运营,培育社会组织孵化器,从而避免社区居委会、社区社会组织、专业社会组织三方的资源耗散与功能失衡,推动了联动主体之间的深入合作。

针对如何联、如何动的难题,各地"三社联动"从街道—社区两个层面共同发力,建立街道(街道党工委、街道办事处)与社区党委、居民委员会、社区工作站、社区社会组织(内生型)、社区社会组织联合会和枢纽型或支持型社会组织之间的协作机制,形成包括社区公共服务管理平台(社区服务中心)、社区服务项目对接平台、社区综合信息联通平台、社区服务需求反馈平台在内的多层次基础平台,整合资源要素,不断提升社区治理水平,完善社区服务体系。

党的十九届四中全会后,对深化城乡社区、社会组织、社会工作"三社联动",加强社区治理和服务创新实验区建设,提高社会组织、社会工作者参与基层治理能力有了更新的要求。2021 年公布的《关于加强基层治理体系和治理能力现代化建设的意见》指出,要"完善社会力量参与基层治理激励政策,创新社区与社会组织、社会工作者、社区志愿者、社会慈善资源的联动机制"。湖北省民政部门在

[①] 2019 年十九届四中全会关于社会治理体系的最新论述中增加了"社区协商""技术支撑"的要求。
[②] 陈伟东、吴岚波:《从嵌入到融入:社区三社联动发展趋势研究》,载《中州学刊》2019 年第 1 期。

"三社联动"基础上,率先启动"五社联动"社会工作服务项目,增强基层社会治理,①并提出了社会组织卷联型、社区志愿者卷联型、社会慈善资源卷联型三种实践模式。②

相比"三社联动","五社联动"的治理主体更加丰富,资源可获得性更强。一是通过吸纳社区志愿者和社区慈善资源力量,为社区注入更多的人力和资源力量;二是改变三社联动中政府单一"输血式"资源投入模式,减少政府资金短缺给社区建设带来的制约,增强社区自身活力。三是强调发挥社会工作的专业支撑作用,如何有效联动"五社"以服务于社区治理,需要发挥社工专业优势进行机制设计。③ 社区社会组织的蓬勃发展、社区志愿者队伍的状态、社区公益慈善资源的注入,都将促进社区居民的广泛参与,提升社区治理能力和治理水平。

二、社区民主协商的进展

党的十八大以来,各地积极完善社区民主参与制度,加强社区民主协商,健全社区事务监督机制,社区治理实现了从多样参与向多向协商的扩展。④ 2015年,中共中央、国务院《关于加强城乡社区协商的意见》,对城乡社区协商做出整体部署,把社区协商制度化。2016年,民政部《关于深入推进城乡社区协商工作的通知》,将城乡社区协商进一步制度化、规范化、程序化。至此,我国中央层面的社区协商制度设计完成。2019年,党的十九届四中全会将民主协商纳入社会治理体系,既是新时代中国社会发展的内在要求,也是创新完善社会治理体系的现实需要。⑤

在党和国家的积极倡导下,各地涌现出了一批社区协商治理的典型案例。如浙江温岭的"民主恳谈会"、河南邓州的"四议两公开"、成都的"院落民主协商"、上海普陀区的"同心家园"、天津宝坻区的"村民主协商议事会"、南京秦淮区的"民生工作站"、杭州上羊市街社区的"邻里值班室"、河北邢台的"管家议事会"、安徽天长的"11355社区协商"等。总结起来,尽管形式和名称各样,社区民

---

① 闫薇、张燕:《"五社联动"增强社区治理力量》,载《中国社会报》2021年1月15日。
② 湖北省民政厅课题组、孟志强:《五社联动助推基层治理体系和治理能力现代化》,载《中国民政》2021年第17期。
③ 杨乐、邓亚情、李艳荣:《奏响社区治理协奏曲——湖北省武汉市汉阳区琴断口街七里一村社区的"五社联动"探索》,载《中国社会工作》2021年第3期。
④ 王木森、唐鸣:《社区治理现代化:时代取向、实践脉向与未来走向——十八大以来社区治理"政策—实践"图景分析》,载《江淮论坛》2018年第5期。
⑤ 谢飞:《发挥民主协商在基层社会治理中的作用》,载《学习时报》2020年3月18日。

主协商的内容主要涉及四大类:民情恳谈会、民主听证会、工作评议会和议事协调会。社区协商的形式有会议式、视察式、调研式、恳谈式等具体形式。

社区民主协商以社区问题的解决为中心,并没有固定的实践形式,要根据不同主题、不同主体、不同条件、不同环境创设不同的协商组织体系,完善协商民主程序机制,解决民主协商中"议什么、谁来议、怎么议、议而决、决而行、行而评"等各具体环节的规范运行。如河北邢台的"管家议事会"建立了"金字塔式"协商组织体系,组建"区—街道—社区—小区"四级协商议事机构,各区社区办统揽全区社区协商共治工作;街道社区建设领导小组负责研究本辖区重大事项和社区提请的共同议题;全区全部 90 个社区成立了"管家议事会",在社区党支部的领导下,指导和监督本社区议事协商事务。① 安徽天长的"11355 社区协商"治理模式,即 1 个主体,村(社区)协商委员会;1 套目录,围绕乡村振兴战略设立的协商参考目录;3 个层级,乡镇(街道)、村(社区)和自然村(村民小组)三级协商机制;5 步 5 单,即协商事项的采集、交办、办理、公示、评议及对应的处理清单。②

社区民主协商在一定程度上促进了社区居民参与社区公共事务,激发了基层自治能力,但也存在一些问题。具体而言,一是社区协商主体浅表参与及能力不足,浅表参与既体现在参与的积极性方面,也体现在参与者的代表性与广泛性、参与的广度与深度等方面。协商能力按照协商发起—协商过程—协商结果的标准,依次可划分为发起协商的能力、言说沟通的能力以及影响结果的能力。协商能力的不足主要体现在部分社区干部、社区群众、社区工作者、物业等组织性主体因缺乏足够的协商训练而不习惯协商或者不具备应有的协商素质。二是社区协商形式固化,尽管现有的理论讨论为社区协商提供了很多可选的形式,《关于加强城乡社区协商的意见》也提出"拓展协商形式"以便"开展灵活多样的协商活动",但实践中很多事情大多数时候采用还是书面征求意见、座谈会、会议等相对稳妥的方式,缺乏突破与创新。三是社区协商制度不健全,近年来社区民主协商的发展多得益于从中央到地方的制度设计,呈现出宏观制度多而具体制

---

① 《"管家议事会"推进社区协商共治》,https://www.mca.gov.cn/article/xw/mtbd/202007/20200700028784.shtml,2023 年 4 月 30 日访问。
② 陈涛:《民主协商启动社区治理"新引擎"》,https://preview.mzzt.mca.gov.cn/article/zt_19jszqh/mtbd/202001/20200100022942.shtml,2023 年 4 月 30 日访问。

度少的状态,①关于协商内容、协商环节、协商形式、协商结果的规定多是原则性的表述而可操作性不强。② 四是社区公权力介入过度,在大量的社区公共事务中,哪些需要协商,如何进行协商,往往取决于公权力部门的意愿、决心以及行动。由公权力主导的社区民主协商虽然在短期内可能取得一定成效,但从长远看,会抑制社会主体的积极性和自主性,而长期缺少社会主体积极参与的协商往往会陷入创新不可扩散的困境。③

未来,社区民主协商还需要在长期坚持实践的过程中不断完善,特别是应当完善民主协商程序机制、完善上下信息畅通机制、完善基层各组织共治联动机制、完善民主协商监督机制、完善社区治理主体教育培训机制、完善民主协商评价机制,④为民主协商在社区治理中的科学运用提供坚实的保障。

三、"互联网+"城市社区治理的探索

近年来,城市社区发展深受物联网、云计算、大数据等多种形式的"互联网+"产品的影响。一方面,作为国家治理体系与治理能力现代化在基层的重要抓手和实现平台,作为智慧城市的基础,城市社区治理理念的转变和治理模式的优化升级如何通过现代化技术手段实现,受到从中央到地方各级政府的重视。另一方面,市场化力量对于社区数字化与智能化的升级也起到强有力的推动作用。近年来,大量互联网技术企业、物业公司及其他市场化主体也纷纷将目光投向社区领域,针对社区管理、社区医疗、社区卫生和社区养老等议题推出不同的产品方案。根据主要推动力量及发展目标的差异,可将我国"互联网+"时代社区治理的探索分为旨在提升政社间、社区间协同的"网格化社区治理模式"和提升社区内服务水平的"智慧社区治理模式"两大类别,具体如表9-3所示。

---

① 王天夫、郭心怡、王碧妍:《城市社区协商民主的机制、价值和发展路径》,载《东北师大学报》(哲学社会科学版)2021年第1期。
② 杨守涛:《实践者认知中的社区协商行动挑战与推进路径——基于对北京市78名社区工作者的访谈调查》,载《中国行政管理》2020年第8期。
③ 徐行、王娜娜:《社会治理共同体视域下社区协商治理的梗阻与突破路径》,载《北京行政学院学报》2021年第2期。
④ 潘凤焕:《社区治理须完善民主协商机制》,http://theory.people.com.cn/n1/2021/0922/c40531-32232714.html,2023年4月30日访问。

表 9-3　"互联网+"城市社区治理的两大类别

模式类别	推行时点	突出特征	解决核心问题	实践案例
网格化社区治理模式	2004年	覆盖全面、联动协调	横向到边、纵向到底的社会治理,整合资源与信息,在供给与需求之间建立桥梁	上海杨浦区殷行街道"二级政府,三级管理";辽阳白塔区"一会一本一单运行模式";山西长治"三位一体管理模式";舟山模式
智慧社区治理模式	2014年	过程的综合性,服务的全面性	社区内部软硬件的信息化与智能化	北京西城区智慧社区服务管理凭条;上海陆家嘴街道的"一库、一卡、两平台、多系统";广州天河区智慧社区的"一卡一页"系统

2004年,北京市东城区城市管理部门集合十几项信息技术、地理编码及网格地图技术,创设了一套"万米单元网格"的城市管理模式,拉开了全国各地建设网格化治理体系的序幕。经过多年实践和探索,我国基层社区网格化已经积累起比较成熟的经验,无论是北京的"数字化管理模式"、浙江舟山的"组团式服务模式"、湖北宜昌的"一本三化模式"、山西长治的"三位一体管理模式",还是上海、南京等地的"城乡一体化模式",均是依托网格平台开展全方位的管理服务。从纵向维度看,网格化重塑基层社会治理体系,实现了"区—街道—社区—网格"之间信息和服务的实时反馈;从横向维度看,网格化捏合了包括社区党政组织、社区居委会、业主委员会、物业公司、社会组织、社区居民等参与主体,实现了信息交流与资源整合。

社区网格化作为城市基层治理的神经末梢,凭借其"纵向到底、横向到边"的功能特点,被广泛应用于基层治理的各个领域。2013年,网格化管理首次出现在党的十八届三中全会上,被表述为"坚持源头治理,标本兼治、重在治本,以网格化管理、社会化服务为方向,健全基层综合服务管理平台,及时反映和协调人民群众各方面各层次利益诉求";党的十九届四中全会对"网格化管理"的要求更加具体,提出"健全社区管理和服务机制,推行网格化管理和服务"。中央层面对网格化管理的重视,为基层社会治理的网格化取向提供了依据,各地政府纷纷着眼于构建本土化的网格化管理模式,甚至呈现出"无网格,不治理"的发展趋势。[1]

---

[1] 陈荣卓、肖丹丹:《从网格化管理到网络化治理——城市社区网格化管理的实践、发展与走向》,载《社会主义研究》2015年第4期。

针对社区公共事务，网格化打破了感知问题与处置解决问题之间的条块分割与碎片化等困局，使分散的条块、层级组织、跨部门乃至社区、社会组织多元治理主体实现了协同共治，有效提升了基层治理的绩效。[①] 但是实践中也反映出网格化存在的一些问题，集中体现在三个方面，一是基层治理网格的行政化倾向，权责不对等、治理资源不足、行政事务繁重，以及层层加码带来的考核压力，严重消解了社区网格的治理效能。二是社区利用"互联网＋"、大数据、云平台等信息化手段搭建的数字化智能平台无法自动破除不同部门、社区之间的数据隔离，这制约了网格治理效能的提升。三是社会力量参与网格化治理的空间受限。[②]

针对网格化的弊端，智慧社区的理念和治理模式应运而生。"网格化治理＋智慧社区"作为社区治理制度创新和信息技术创新的融合，将互联网、物联网、区块链技术以及各类算法技术应用于社区，除强调建立网格化管理的周密组织体系、责任分明的网格管理队伍外，依托大数据和人工智能等技术，智慧社区做到了信息传递过程和服务流程的简化便捷，在加强主体间协作的同时更强调"以人民为中心"的服务功能。[③] 例如，天津河西区和京东科技集团开展了"一库一网一平台"的管理体系建设，搭建了老年人口数据库、养老服务网和智慧养老服务平台，用科技赋能居家养老。其中，智慧养老服务平台建立起应急救援机制，为许多独居老人免费安装"一键通"呼叫设备，开展全天候的应急帮扶。不仅如此，也为有需求的老年人开展智能外呼服务，如果呼叫两次联系不上老人，就会通过联系亲属、社区工作人员、志愿者等方式，确保老人安全。再如，在京东云的技术底座支持下，北京书院社区将屋内的智能照明、智能环境、智能用水、智能烹饪、智能健康等，以及室外的智能梯控、智能门禁、智慧停车、AI安防、电子巡更等进行充分一体化深度融合，成为北京市首个包含社区及全屋智能、软件平台以及丰富生态的全场景智能社区，为居民提供了优质的居住体验。[④]

当前，不少城市正在加速推进智慧社区建设，2020年9月，山东青岛市印发《关于加快推进智慧社区、智慧街区建设的实施意见》，提出了青岛市智慧社区、

[①] 孙柏瑛、于扬铭：《网格化管理模式再审视》，载《南京社会科学》2015年第4期。
[②] 朱正威：《网格化治理应着力加强"韧性"建设》，载《国家治理》2020年第29期。
[③] 邵新哲、计国君：《城市网格化管理与智慧社区协同运作机制研究——以四川省S市社区网格化管理为例》，载《软科学》2021年第2期。
[④] 周姝芸：《"智慧社区"带来宜居新生活》，https://www.mca.gov.cn/artical/xw/mtbd/202202/20220200029704.shtml，2023年4月30日访问。

街区建设的四项主要任务,即加快部署智慧社区基础设施、推进提升智慧社区服务水平、加快提高智慧社区治理能力、推动特色化智慧街区建设。该文件提出,到2020年,青岛市将打造不少于28个智慧社区试点、14个智慧街区试点。到2022年,全市40%的城市社区将建成智慧社区、具备条件的主要城市街区将基本建成智慧街区。四川成都2020年共选择了30个小区推进智慧小区试点建设,计划打造智慧应用场景400余个,形成小区(院落)线下治理和线上治理同步推进的工作格局。安徽省合肥市积极推动智慧平安小区建设提速增效。2020年,合肥市将智慧平安小区建设纳入市政府"为民办实事"项目,计划完成557个智慧平安小区建设。[①] 2022年5月,民政部等多部门印发《关于深入推进智慧社区建设的意见》,文件明确了智慧社区建设的总体要求、重点任务和保障措施,提出"到2025年,基本构建起网格化管理、精细化服务、信息化支撑、开放共享的智慧社区服务平台,初步打造成智慧共享、和睦共治的新型数字社区,社区治理和服务智能化水平显著提高,更好感知社会态势、畅通沟通渠道、辅助决策施政、方便群众办事"。智慧社区能够带来宜居生活,中央及各部委的推动将进一步提升智慧社区的建设水平,为智慧社区发展注入新动力。

---

① 潘旭涛:《智慧社区——科技很贴心 生活很舒心》,https://www.gov.cn/xinwen/2020-10/13/content_5550804.htm,2023年4月30日访问。

第十章 社会项目治理

长期以来,技术和基于技术的治理范式被广泛应用于政府治理,公共治理技术化已成为现代国家治理的重要趋势。基于对技术在社会治理领域的希冀,技术化的浪潮持续渗入社会治理的各个节点。① 项目是组织化社会技术中的一个重要手段,它集中体现了理性化的目标管理和过程控制。因而,项目制被视为组织化社会技术的典型机制,宏观上可以作为国家治理的一种体制,微观上可以被细化为通过技术治理社会的一整套工具。本章采用微观的视角,聚焦于"聚社会"层面,关注运用治理理念和治理架构对诸如社会投资、社会事业、社会服务等有关社会项目进行的策划组织、运营管理和社会评价。

第一节 社会技术与社会项目治理

一、社会技术与技治主义

通俗而言,社会技术就是人们为改造社会世界而"发现"的一种特殊技术。② 区别于自然技术对于自然界的作用,社会技术是人类调整、改造社会世界的重要工具和知识体系。从历史上看,早期的社会技术关心的是创新社会管理制度与规则,使社会管理更加科学、更加规范、更加稳定,程序化、可计算性和讲求效率构成了社会技术的主要内容。正如文森特·奥斯特罗姆所说:"人们普遍相信,可以用技术方案来解决公共问题,所有的行政目标也都可以转变为一个专业行政知识范围内的技术问题。"③ 这样的技术乐观主义情绪催生了一种被称为"技治主义"(technocracy)的思潮并影响至今。

"技治主义"一词为美国工程师史密斯于1919年所创,用来指代通过雇佣科

---

① 陈友华、邵文君:《技术化与专业化:社会治理现代化的双重路径》,载《南开学报》(哲学社会科学版)2022年第2期。
② 田鹏颖:《社会技术哲学》,人民出版社2005年版,第53页。
③ 〔美〕文森特·奥斯特罗姆:《美国公共行政的思想危机》,毛寿龙译,上海三联书店1999年版,第15页。

学家和工程师代理社会事务以提高效率的原则。① 技治主义凭借科学主义和工具理性来提高社会管理效率,主要特征是采用科技管理的手段,实施专家治国的政治。② 从历史上看,技治主义发端于欧美国家,之后逐渐延伸至那些致力于经济赶超的后发展国家,与现代工业文明、行政国家和风险社会的出现相伴随,它一度成为复杂社会下提高政策合理性与科学化水平并进而巩固其合法性的重要法宝。③ 在技治主义看来,社会管理、公共管理和行政事务都是某种技术性事务,可以通过技术化操作来实现社会有效管理。在其批评者看来,技治主义以社会技术为依托,试图用技术原则、方法和规范来控制整个社会,使技术成为压制人的异己力量,需要引起高度的警惕。

从工具层面看,技治主义呼应了社会发展趋势,公共管理和行政系统的技术化大大提高了效率和效能。然而技治主义的机械主义和精英主义色彩比较明显,在制度层面受到广泛质疑,在实践层面也因面临巨大风险而受到批评。在后续的发展中,技治主义淡化了制度主义色彩,转而强调工具主义效能,强调将社会问题转化为可以直接管理和解决的技术问题,以社会技术赋能国家治理而维系其社会合法性。

二、技治主义路径下的社会治理

相比于统治,治理更加强调多主体合作共同参与公共事务,而社会技术在这一过程中可以扮演重要的辅助者角色。依托技治主义路径,社会治理在权力的分配与行使、多主体合作、公共事务任务下发与执行等方面进行复杂和精细化设计成为可能。作为管理社会的权威主体,国家如何以"技术性"的方式提升治理效能,从而强化权力向社会的辐射,最终达到对社会的有效治理,成为技治主义路径下社会治理的重要主题。

国家以技术性的方式提升治理效能,重点在于国家对参与社会治理的社会技术的选择性偏好。在这一点上,社会技术的工具性色彩特别明显,国家对社会技术的选择具有合法性地位赋予的意涵。同时,现代国家也有通过社会技术实现自身统治合理性的目标,这些目标催生了"项目"和"创意",这些"项目"和"创

---

① 刘永谋:《论技治主义:以凡勃伦为例》,载《哲学研究》2012年第3期。
② 史晨、蔡仲:《从统治到治理——智能社会新型技治主义的问题与出路》,载《自然辩证法研究》2022年第2期。
③ 肖滨、费久浩:《政策过程中的技治主义:整体性危机及其发生机制》,载《中国行政管理》2017年第3期。

意"论证了技术治理使用的必要性,如项目制等标准化、程序化的管理技术和手段都是把难以驾驭的社会现实转化为可以进行计算的数据和信息,进而促进国家对社会的管理和控制。①在这一过程中,社会技术在自身不断发展和运作中得以强化,并使得社会治理对它形成一定程度的路径依赖。

社会治理对社会技术的依赖,使得社会治理的技术化成为一个重要趋势。这一趋势通过信息通信技术的加持,已经成为现代社会治理的重要特征。随着社会治理的展开,社会一方面需要科学规划来引导资源的分配,另一方面则需要专家政治来分配资源以实现其价值,而这两个特征均是技治主义的核心立场。从技治主义路径看,在社会赋权、社会建设任务分流以及基层治理层级管控和间接治理方面,项目制成为社会治理领域中重要的社会技术。

三、社会项目治理

所谓项目,一般指"为了创造独特的产品、服务或成果而进行的临时性工作"②,它是"一个被分配了一定资源的临时性组织,为了实现有益的变化而进行工作"③。特纳最早提出了项目治理概念,认为这"是一种可以获得良好秩序的组织制度框架,通过这种制度框架,项目的利益相关者可以识别出威胁或机会中的共同利益"④。可见,项目治理针对的是"一次性努力"和"临时性组织",强调项目利益相关方的行为和期望因素,体现了项目治理的临时性和特殊性。近些年来,沿着这一路径,针对项目治理的表述逐渐形成以下比较成熟的观点:(1)所有项目都有生命周期,在生命周期不同阶段会有不同的利益相关方进入或退出项目,因此不同阶段项目治理的结构也是不同的;(2)项目治理是基于参与项目的各利益相关方构成的协同工作的社会网络,每个利益相关方要想获得收益,都必须通过在完成项目任务中投入具有互动性的"劳动"来换取;(3)项目利益相关方的权利是对其所承担的治理角色责任的补偿,项目利益相关方之间治理角色关系的建立是为了降低角色承担责任兑现的风险。⑤

---

① 陈天祥、徐雅倩:《技术自主性与国家形塑:国家与技术治理关系研究的政治脉络及其想象》,载《社会》2020年第5期。
② 〔美〕Project Management Institution:《项目组合、项目集和项目治理实践指南》,何国勋等译,电子工业出版社2016年版,第113页。
③ 〔英〕Rodney Turner:《项目管理理论及其架构》,杨伟、杨玉武译,载《项目管理技术》2006年第10期。
④ J. R. Turner, Anne Keegan, The Versatile Project-Based Organization: Governance and Operational Control, *European Management Journal*, 1999, 17(3):296-309.
⑤ 丁荣贵:《项目治理:实现可控的创新》(第2版),中国电力出版社2017年版,第318页。

社会项目往往被视为通过社会干预来改善社会环境的活动,①它是有计划、有组织、持续的,以改善社会环境条件为目标的活动,主要通过服务来改善社会问题或满足人类的需要。从一般意义上讲,社会项目的目的是生产社会效益。与经济项目相比,社会项目的根本目标是以福祉和公正为核心的社会价值。②在这个框架下,社会项目可分为社会投资项目、社会事业项目和社会服务项目。社会投资项目包括关乎社会发展的基础设施和民生设施建设。社会事业项目包括教育、文化、卫生、计生、环境、社会安全等部门的项目。社会服务项目指的是针对特定人群(如老年人、残疾人、妇女儿童、低保户)而开展的项目类型。对于社会项目治理的理解,学术界存在三种解读视角:

第一,社会项目治理是国家通过专项财政转移支付而开展的一种新型治理体制。这种治理体制有时候也被称为"钓鱼式治理",即认为上级政府通过项目的方式把任务发包、打包和甩包,打破原有的科层体系,通过项目实现条线控制。在这种视角下,项目是基于事本主义原则,根据限定的时间、资源"为创造独特的产品、服务或成果而进行的临时性工作"③,项目治理模式以突破原有官僚体系,自上而下的政治动员方式来调动资源,形成合力。项目制是在分税制下,资金分配在"条线"体制外的灵活运作,即财政转移支付的项目制在科层制层级体制的运作。④ 在治理模式上,项目治理是实现公平竞争和技术治理的专业化,还是遵循路径依赖和结构再制,取决于项目制与传统科层制的复杂关系。项目制和科层制是国家治理和政府组织管理的核心概念,科层制的特征主要体现为规章制度、专业分工和等级权威,而项目制的特征主要表现为临时性、目标导向、新机构和规划。在项目执行过程中,两者存在着融合和张力,往往体现为"科层为体,项目为用"的治理逻辑。⑤

第二,社会项目治理是一种制度框架,体现了项目参与各方和其他利益相关方之间权、责、利关系的制度安排,并在此框架下完成一个完整的项目交易。⑥其治理结构不同于常规组织结构,它是为完成特定目标而形成的组织单位,类似

---

① 〔美〕彼得·罗西、〔美〕霍华德·弗里曼、〔美〕马克·李普希:《项目评估:方法与技术》(第6版),华夏出版社2002年版,第18页。
② 方巍等:《社会项目评估》(第二版),格致出版社、上海人民出版社2020年版,第4页。
③ 〔美〕Project Management Institution:《项目管理知识体系指南:PMBOK指南》(第5版),许江林等译,电子工业出版社2013年版,第3页。
④ 渠敬东:《项目制:一种新的国家治理体制》,载《中国社会科学》2012年第5期。
⑤ 史普原:《科层为体、项目为用:一个中央项目运作的组织探讨》,载《社会》2015年第5期。
⑥ 严玲、尹贻林、范道津:《公共项目治理理论概念模型的建立》,载《中国软科学》2004年第6期。

于"临时委员会"的组织形态。有学者认为,项目治理不仅是一种体制,也是一种能够使体制积极运转起来的机制,决定着国家、社会集团乃至具体到个人如何建构决策和行动策略。它发掘于体制内部,但又进一步调整了政府与市场的关系。① 以理性化、专业化、技术化和效能化为特征的项目制已经成为政府运行的主导模式。②

第三,社会项目治理是指作为"技艺"的社会治理。它指的是社会项目主要涵盖的公共产品与公共服务的项目化运作。"技艺"代表着治理方式的规范化、技术化和标准化。其典型代表是三峡移民项目、亚行开发项目、美丽乡村运营项目。在治理过程中,各部门职责明确、监督到位,运营机构设计合理,分工明确且遵守程序规则。通过项目化的手段把人聚合起来,采用较为技术化的方式来进行社会治理。不同于国家统治、多主体协同治理模式,它更加关注一种社会技艺型的治理形态。

本书采纳第三种观点,认为社会项目治理是以改善社会环境条件为目标的治理活动,主要涵盖的是公共产品和公共服务的项目化运作。社会项目治理带有社会工程和技术治理的色彩,以具有一定科学理性的社会技术为中介来改善社会问题或满足人类的需要。社会项目治理的目标在于通过社会技术构建新的社会结构与过程模式并以此促进社会发展。在一定意义上讲,社会项目治理的突出特征就是把社会目标和社会技术落到实处。

四、项目管理的一般操作方法与社会项目治理借鉴

20世纪80年代以来,项目管理工作者根据理论指导与实践修正,对项目管理的理解逐渐知识化和体系化,发展出诸多项目管理标准,这些标准构成了日常项目管理实践的指南。

当前国际上流行的项目管理指南有美国项目管理协会(Project Management Institute, PMI)颁布的"项目管理知识体系"(Project Management Body of Knowledge, PMBOK)指南和英国商务部出台的项目管理标准"受控环境中的项目"(Project in Controlled Environment)。"项目管理知识体系"指南是一套项目管理的标准术语和指南,被视为行业标准的最佳实践、惯例和技术;"受控环

---

① 燕艳华、齐顾波、初侨:《多主体参与项目治理:行政干预还是市场调节?——以农业标准化示范项目为例》,载《中国农业大学学报》(社会科学版)2020年第1期。
② 关晓铭:《项目制:国家治理现代化的技术选择——技术政治学的视角》,载《甘肃行政学院学报》2020年第5期。

境中的项目"被称为"王者认证",由于具有相当的灵活性,亦被视为项目管理的最佳实践。①

"项目管理知识体系"指南在"大多数时候适用于大多数项目",具有很强的通用性,尤其是其项目管理五大过程更是被视为管理任何一个项目都必须经历的流程,被当作项目管理的一般操作方法。然而,该指南所规定的项目启动、规划、执行、监控、收尾这五大过程过于通用化和一般化,更加偏向于企业内部项目管理。对社会项目而言,不但要考虑项目的管理,还要考虑项目的治理特征。因此,本书将重点介绍更加适用于社会项目治理的"项目组合、项目集和项目治理实践"指南②,它是美国项目管理协会基本标准的补充文档,更加适合参与项目治理的政府组织、非政府营利性组织以及非营利性私人和公共实体使用。

该指南在给定的项目生命周期内对治理流程进行了梳理,四个步骤分别是评估、规划、实施和改进,每个步骤都有各自的活动和交付成果,具体如图 10-1 所示:③

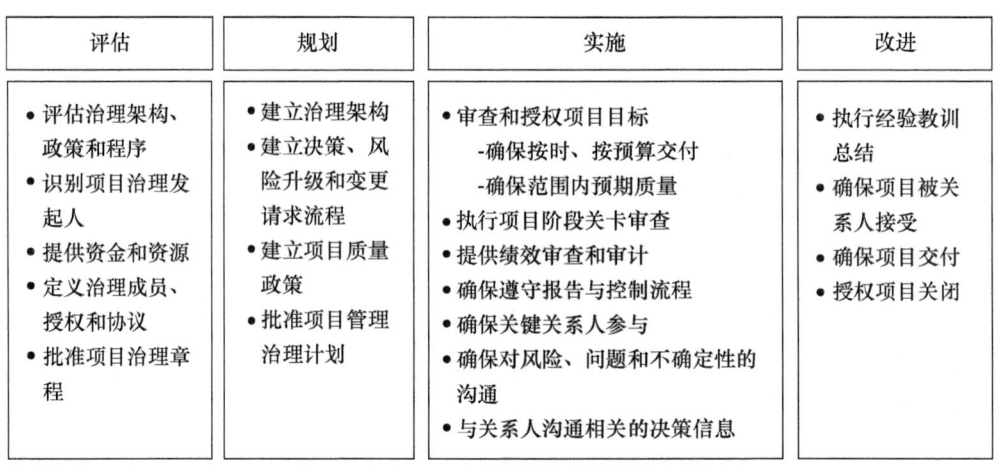

图 10-1 项目治理实施步骤

美国项目管理协会的项目治理步骤为社会项目治理的开展提供了借鉴。从某种程度上讲,如果社会项目的目标是通过改善社会环境来解决社会问题,那么

---

① 〔西班牙〕安东尼奥·涅托—罗德里格斯:《哈佛商业评论项目管理手册》,傅永康等译,电子工业出版社 2022 年版,第 32—33 页。

② 〔美〕Project Management Institute:《项目组合、项目集和项目治理实践指南》,何国勋等译,电子工业出版社 2016 年版。

③ 同上书,第 77 页。

社会项目治理就可以分为价值内容和技术内容,前者指向的是公共项目的社会评价(评估),后者指向的是社会项目的组织和运营。

第二节 公共项目的社会评价

公共项目的社会评价是从社会学角度分析、研判该项目的建设与运行,对社会经济和社会环境等方面的正负社会效益与影响的综合分析与评价。[①] 它有时候也被称为"社会评价",主要内容是评价项目对当地社会的影响、项目与当地的发展规划是否匹配等。公共项目的社会评价历史可以回溯到1970年1月1日实施的《美国国家环境政策法》(NEPA),该法第102条规定在进行项目评价时不光要考虑环境影响,还要考虑项目的社会影响,由此产生了社会评价的概念。随后在其他西方发达国家和国际组织得到应用。发展到现在,社会评价已经成为发达国家和国际组织项目评价的一种重要类型,和环境评价、技术评价、经济与财政评价一起成为影响政府和公司决策的标准程序。一些重要的国际机构,如世界银行(WB)、国际金融公司(IFC)、亚洲开发银行(ADB)、国际水电协会(IHA)对机构贷款项目或者行业内项目会要求进行社会评价或社会影响评价。[②] "如世界银行业务导则 OP/BP4.12 对非自愿移民的权益有一系列的规定,包括信息公开、公众参与和协商、抱怨和申诉;国际金融公司的《环境、健康与安全通用指南》(《EHS指南》)对劳工权益作了明确的规定,包括员工的职业健康、疾病预防、交通安全等;国际水电协会的《水电可持续性评估范本》对土著居民(少数民族)、移民、文化遗产、公众健康等都作了明确的规定。企业在外进行投资经营活动时,应当符合国际框架和准则对社会评价的要求。"[③]

我国项目评价起源于20世纪50年代,伴随着156项重大工程项目的建设,我国开始学习运用苏联经验对这些大型建设项目进行技术经济分析论证。[④] 改革开放后,无论是冶金、化工、机械等行业重大装备及关键技术的引进,还是三峡工程、南水北调、高速铁路、载人航天等跨世纪重大工程建设,项目的可行性研究

---

① 司静波、许纹齐:《公共项目社会评价指标体系研究》,载《学习与探索》2015年第2期。
② 张锐连、施国庆:《"一带一路"倡议下海外投资社会风险管控研究》,载《理论月刊》2017年第2期。
③ 施国庆、周君璧:《"一带一路"倡议下行业社会评价指标研究》,载《广西社会科学》2018年第3期。
④ 王宏伟:《国家重大建设项目区域经济影响评价研究——以三峡工程建设为实证基础》,载《数量经济技术经济研究》2020年第4期。

都发挥了重要的决策支持作用。20世纪80年代我国引入了社会评价,但它在国内的项目中未受到足够的重视,直至今日依然存在法律规定缺乏、评价机构和人才队伍建设不足、缺乏统一的评价标准和评价方法等问题。① 在研究层面,也存在发文量较少,经验性的社会评价未提升到抽象层面的窘境。

一、公共项目社会评价的基本内涵

国际上,一般把项目定义为:一种临时性的、创造一项唯一产品和服务的任务。公共项目则是指各种提供公共物品或公共服务的一次性和独特性的任务,是提供公共物品和公共服务的途径和载体,公共项目成果就是公共物品和公共服务。因此,公共项目具有典型的社会性特征。

在一些学者看来,项目的社会评价分为狭义和广义两个层次:狭义上指从国家或社会整体发展目标出发,既考虑项目对经济增长的直接微观作用又考虑对收入分配的有关影响等宏观经济影响的评价方法。广义上指从国家或者社会整体发展目标出发,除了在经济学范围内对项目产生的社会影响进行评价外,还进一步分析评价项目对实现国家各项社会发展目标所做出的贡献与影响,包括项目与当地社会环境的相互影响等。公共项目由于具有代表公众意志、体现政府理念、推动政府政绩、投资风险高、社会影响深远等特殊性质,其社会评价因此兼具广义和狭义评价内涵,是识别、监测和评估项目的各种社会影响,促进利益相关者对项目投资管理活动的有效参与,优化项目实施方案,规避项目社会风险的重要工具和手段。②

也有学者提出不同的看法,认为社会评价可以分为三类:第一类侧重认为社会评价是评价项目的社会影响和后果,以区别于其他如环境评价、经济评价、技术评价等;第二类强调为了保证项目成功,社会评价应贯穿于整个项目周期的各个阶段,并且根据评价结果及时调整项目;第三类强调社会评价是在项目过程中促进利益相关者有效参与项目活动的项目行动。③

还有学者总结了一些关于社会评价的代表性观点:一是考察项目对于当地社会公平公正的促进作用,其主要代表是亚洲开发银行和世界银行;二是考察项目对地区自然环境的影响程度,其代表是美国的环境与社会影响评价;三是英国

---

① 饶静:《土地整治社会评价内涵、原则及框架方法》,载《中国土地科学》2017年第12期。
② 司静波、许纹齐:《公共项目社会评价指标体系研究》,载《学习与探索》2015年第2期。
③ 饶静:《土地整治社会评价内涵、原则及框架方法》,载《中国土地科学》2017年第12期。

的社会环境评价;四是我国提出的对项目的国家宏观经济分析,侧重的是项目的经济分析。①

本书认同亚洲开发银行和世界银行的划分标准,并认为公共项目的社会评价不但是考察项目对当地社会公平公正的促进作用,更应该在宏观的社会发展层面上考察项目的效果。

二、公共项目社会评价的原则和内容

根据公共项目社会评价的内涵,我们可以对公共项目社会评价所应共同遵守的原则和特点进行分类:

(一)公共项目社会评价的原则

第一,促进社会发展。公共项目社会评价应当以促进社会发展为基本原则,全面分析项目对当地社会发展的影响。在评价过程中要注重当地对项目的接受程度,使项目能和当地已有产业有机结合,相互促进、共同发展。

第二,追求社会公平。公共项目社会评价不仅是一项研究工作,还是一种政治活动。公共项目涉及政府在公共事务中应该做什么和不做什么,政府选择做还是不做意味着公共资源流入哪个领域。因此,公共项目的受益群体应该锚定的是需要特别照顾的社会群体,而不是在原有的社会不平等基础上继续扩大差距。因此,公共项目社会评价与社会保障、社会福利息息相关,需要体现出社会公平的原则。

第三,以人为本。在公共项目社会评价体系中,项目利益和当地居民的利益应当同等重要,要深入掌握当地居民对项目的反应,对损害当地居民利益的项目要及时处理,保证公共项目的公益性。

第四,注重实证性和技术性。作为一项技术,尤其是作为一套评估体系,公共项目社会评价需要如实地对被评价对象进行评价。所设计的相关指标应该拥有可比性和可操作性,在保证科学客观的情况下,为可重复研究和评价提供一些基本标准。因此,公共项目社会评价应当采取科学的、实证的方法来进行,并且采取技术性比较强的评价方法来开展工作。

第五,注重参与性和建设性。公共项目建设的目的在于增进社会公共利益,只有民众参与下的公共项目建设决策才能贴近人民的愿望,反映社会的实际需

---

① 方涛:《精准扶贫视角下扶贫车间项目社会评价研究——以寿县为例》,安徽财经大学 2019 年硕士学位论文.

求。在公共项目社会评估框架内,参与式评估方法特别注重知识共享,当地人有当地人的知识,专家有专家的知识,在评估过程中应注意二者的融合,站在当地人的角度去考虑问题的解决。这样的评估才能提升参与性和建设性。

(二)公共项目社会评价的内容

公共项目社会评价的内容主要包括:

第一,社会影响评价。可从诸多层次(国家、项目、社区)评价公共项目带来的社会影响。国家层次指的是公共项目在国家发展战略等方面产生的影响;项目层次是指公共项目对所服务区域产生的影响;社区层次指的是公共项目给所在社区(乡镇)带来的影响。

第二,社会互适分析。互适分析指的是对公共项目与当地的发展相互适应的分析。在公共项目开展前的可行性分析里,尤其要注重项目的因地制宜,避免机械搬运所谓的某种经验来开展项目。比如,产业扶贫项目适合山区农业,挪用到平原地区就可能产生问题。社会互适分析还包括社会可持续分析,指的是公共项目在当地的可持续性,具体指的是项目周期的可持续性、项目运行的可持续性和项目后续运营的可持续性。

第三,社会分析。公共项目的社会分析包括利益相关者分析、社会性别分析、民族和族群分析等。利益相关者分析可以识别出公共项目的支持者和反对者,从而为公共项目的运营提供重要的参考;社会性别分析可以告诫项目建设方注重对女性权益的保护,比如某些产业扶贫项目,只适合男性参与,这将使原本就不平等的两性关系更加失衡;民族和族群分析要考虑到公共项目参与和运营过程中的民族和族群差异,如果运营不当,也将增大少数民族和主体民族之间的经济社会差距。

三、公共项目社会评价的基本类型

(一)需求评价

社会项目领域有一个默认的假设,即认为有效的项目是改善社会条件的工具。因此,这样的社会项目的设立和实施是必要且合适的。但是,这样的"必要"并不是一个自然前提,而是一个需要论证的议题。因此,项目的需求评价往往是为了说明项目执行的必要性,目的是判定目标人群是否存在需求。如果一个项目没有相应的需求作为支撑,那么这个项目的必要性就会大打折扣。进行项目需求评价,既是展开项目后续设计的必要环节,也是说服资源提供者进行项目资助的一个必要环节。需求评价一般包括以下四个步骤：

1. 界定社会问题

社会问题常被通俗地解读为"公众的麻烦"。在社会问题的判定上，存在着客观主义与建构主义两种视角。客观主义强调社会问题的客观性，有意剥离主观因素和复杂情境，专注于对经验现象与客观规律的把握，努力以严密的科学分析来追求政策方案的有效。建构主义则认为社会问题不是一种客观存在，而是与社会环境及其政治卷入有关联，是特定时空内人类社会对重要社会问题或政策现象（如教育问题）所作的意识阐释及价值判断。社会评价研究倾向于采取建构论的视角，认为社会问题是卷入特定争论的项目各方逐步建构出的一个公认的社会事实。

比如，贫困被公认为是一个社会问题，可以根据各种客观标准进行界定。然而，这些客观标准只能描述某个群体的社会生活状况，而不能把贫困提升到社会问题的程度。在社会评价的框架下，对社会问题的识别需要保持高度敏感性，不同的利益相关者更可能以他们自己为参照点来建构"社会问题"，很多时候，不同群体是用数据来争论某个社会问题是否存在，其性质如何，严重程度如何，以及讨论开展项目的必要性。

2. 将社会问题具体化

虽然界定社会问题很不容易，但是要对社会问题赋予时间、空间以及社会意义上的定位，同样也不简单。将社会问题具体化，就是采取特定的研究方法来估计社会问题的分布与发生情况。常见的方法是利用现有的资料来源做估计，如果现存资料没有提供某个社会问题的程度和分类估计，便需要考虑搜集新的资料。新的资料的搜集相比于日常的调查要难得多，因为调查对象往往被认为是陷入麻烦的某类人群，这些人群往往无法采用常规的抽样方法去调查。在实际操作中，为了节省资源，往往会调查"主要知情者"，让那些熟悉情况的人对某个社会问题作具体化的描述，如果经费充裕则配合一些抽样调查，以便对该社会问题有初步的概括性认识。

3. 识别项目对象

正确识别项目对象对于社会项目的成功至关重要。项目对象可以是个体，也可以是群体、社区。如果是个体，需要根据社会和人口学特征、存在的问题等因素来识别对象；如果对象是群体，则要根据群体的关键特征来识别对象，如他们共同在某一指标上的状况以及存在的问题。针对社区的对象识别则还要考虑环境因素,比如在易地扶贫项目中,社区居民的生计资本(耕地面积、健康情况、家庭资产等)与生计环境(是否靠近自然保护区、是否遭受负面冲击、到镇上的距离等)①都是重要的指标。

项目对象还分为直接对象和间接对象。直接对象指的是项目服务即刻影响到的目标群体,间接对象是通过直接对象接受服务的其他人,比如乡村医生项目的直接对象是培训合格的基层医疗卫生服务人员,间接对象则是广大的基层农民。

4. 识别项目对象的需求

识别项目对象的需求是需求评估的最后一个程序,也是决定社会项目是否有效的重要因素。为了获得某种特定需求详尽且结构化的资料,可以采取常见的定性研究方法。定量研究方法则特别适合锚定需求,但不能涉及一些"暗含"的环境因素。而定性研究不但可以锚定需求,还可以探究某些项目服务运转时可能遭遇的文化和社会障碍。比如,农村的清洁能源项目在开展需求评估时,定性研究明显更为合适。

(二) 影响评价

影响评价有时候又被称为社会影响评价,它指的是公共或私人行为改变人们生活、工作和休闲方式所带来的后果,以及引导和规范与社会认知有关的习俗、价值观和信念等的改变,涉及就业、收入、生活方式、文化、社区参与、政策体系、环境、健康与财富等多方面,分为正面影响和负面影响。学术界对社会影响评价的定义尚未达成共识,但公认的是,社会影响评价关注人类发展问题及其解决方案,为整合地方的知识、文化和价值观提供新机制;保证解决可能造成的社会影响,或通过补偿居民和社会损失,增加福利,避免冲突;有助于决策者选择实施规划或项目的程序,实现地方、区域和国家利益最大化。②

社会影响评价起步于20世纪60年代,目前已经形成了比较完整的评价体系。在社会影响评价指标体系的研究框架方面,目前有三类指标体系。第一类是针对影响效果设计评价体系。此方法以问题为导向,将社会影响评价和社会计划、社会发展相结合,注重公众参与。第二类是过程评价,将政策实施后的实际情况与假定无干预情形进行对照,是形成"跨时期比较分析"(inter-temporal

---

① 刘伟、徐洁、黎洁:《易地扶贫搬迁目标农户的识别》,载《中南财经政法大学学报》2018年第3期。
② 滕敏敏、韩传峰、刘兴华:《中国大型基础设施项目社会影响评价指标体系构建》,载《中国人口·资源与环境》2014年第9期。

comparative analysis)的基础。第三类是逻辑框架评价。此类评价始于美国国际开发署(United States Agency for International Development,USAID)提出的方法,后来被国际影响评价协会(International Association for Impact Assessment,IAIA)等众多机构采用。① 逻辑框架包括纵向逻辑和横向逻辑,前者侧重因素分析,后者聚焦资源与结果。由于该方法具有意图清晰、层次明确等特点,目前已成为社会影响评价的主要方法。② 当前,联合国粮农组织、联合国评估小组、联合国环境规划署、世界银行、亚洲开发银行、欧盟和南部非洲开发银行相继推出了社会影响评价的详细程序和手册,并在实践中不断予以完善。这推动了社会影响评估在立法、重大公共政策、大额项目贷款、重大基础设施建设和环境项目等领域的广泛应用。从国别看,美国、英国、爱尔兰、澳大利亚和新西兰等国是第一梯队的践行者。③

我国的社会影响评价起步较晚,通过借鉴国外经验,国内的社会影响评价框架也逐渐取得统一意见。在指标体系构建中,我国着重关注社会层面的影响,诸如人口影响、社会资本、劳动与就业、生活设施与社会服务、社会适应性等。在研究领域方面,多关注大型基础设施(水利设施、大型居住区)、大型社会服务项目(扶贫易地搬迁、教育政策)、区域发展(西部大开发)等。

社会影响评价一般采取定性与定量分析相结合、多目标综合评价的方法。从收集社会基础数据和对项目进行社会影响评价具体操作的角度,评价方法大致可分为科学主义方法和参与方法两大类。无论哪种方法,都包括了指标的评价方法和各项指标,采用定性和定量两条途径分别评价项目的社会影响,然后集成评价结果,得出最终结论。④ 近些年来,建构主义路径对社会影响评价产生较大影响,在实证调查的基础上,通过公众参与社会评价,由当地居民和专家协商、共同推动的社会评价体系逐渐得到重视。

(三)效能评价

"效能"一词在英文中并没有完全对应的概念,国际上较为多用的是"有效性"(effectiveness)、"绩效"(performance)及"满意度"(satisfaction)等概念。从

---

① 唐勇、徐玉红:《国外社会影响评价研究综述》,载《城市规划学刊》2007年第5期。
② 严荣、颜莉:《大型居住社区的社会影响评价研究——以上海三个大型居住社区为例》,载《同济大学学报》(社会科学版)2017年第5期。
③ 王荣党、张宗敏:《2020年后贫困与社会影响评估体系的建构:影响维度、主体和指标体系》,载《贵州社会科学》2020年第12期。
④ 严荣、颜莉:《大型居住社区的社会影响评价研究——以上海三个大型居住社区为例》,载《同济大学学报》(社会科学版)2017年第5期。

管理学视角看,效能指向"做正确的事"和"以相同的投入做更多的事",强调效果、效益、目标实现程度与能力并重,效能的取得在很大程度上取决于管理及执行能力。而从组织学视角看,效能指向绩效和功能,强调数量、质量、作用与效率、效益并重,效能的取得更多取决于组织的结构性要素、人员、管理模式、环境和技术。社会学则提供了比较新颖的视角:效能指向一种关系网络的嵌入性建构及运行的顺畅高效,强调的是形成利益和价值的共识并为之展开共同行动,其表征是共同体的建立。① 由上述对效能的不同理解,学术界大致形成了三种效能评价路径:

1. 目标效能评价

回到社会项目治理的语境中来,实现目标任务就是要通过正式程序把目标规定下来,然后把目标分解成项目并切实完成。目标效能评价就是假定项目具有实现既定目标的能力,并通过最终实现的情况来检查项目的效能。因此,在整个评价体系中,目标效能评价是比较常见的方法,同时,它也为项目的实施提供了方向。

2. 成本效能评价

产出效益是项目运行的基本目标。成本效能分析是指通过对项目投入与项目产出之间比例的分析,确定项目的合理程度。它主要分析项目在支出了各项成本之后是否获得了充分的效益。与其他评价路径相比,成本效能评价更加偏重项目的经济性,即投入产出比。在进行成本效能评价时,定量的评价体系比较好操作。比如在学校成本效能指标中,学校基本建设费和教育事业费通常被视为投入,学生成绩(正向)、犯罪率(负向)、教师科研成果数量(正向)、教学事故发生率(负向)等常被视为产出。

3. 关键人群满意度评价

关键人群原指商业营销中的客户。引申到项目评价领域,指的是项目利益相关方中的服务对象。在这一评价体系中,服务对象对服务的期望与服务的真实情况之间的比较是满意度的核心内容。

一般而言,评估领域的满意度通常有两种测量方法。一种是整体满意度,即通过询问服务对象单一的问题来测量他对社会项目服务的主观感受。另一种是针对服务过程和内容的满意度,即要求服务对象从服务的可及性、连续性、工作

---

① 周晶、王斯迪:《职业教育产教融合效能评价:概念基础、价值遵循与指标选择》,载《现代教育管理》2021年第10期。

者服务能力、服务环境、服务结果等方面进行满意度评价。后一种测量方法催生出许多满意度量表。虽然两种测量方法在内容和形式上差异较大,但是二者本质上同为服务对象根据接受服务的主观经历(或经验)进行评价。当前,我国社会服务评估最常用的是整体满意度测量方法。实务工作者或评估者通常会询问服务对象对机构提供的服务在总体上是否满意,回答选项通常包括非常不满意、比较不满意、一般、比较满意、非常满意。[1]

但是,关键人群满意度评价有时候并不能作为效能评价的关键指标。作为一种主观评价指标,满意度评价对项目服务效能具有高敏感性,有助于促进项目实施者更加关注项目的回应性。但是,由于项目嵌入在错综复杂的利益格局中,较高的满意度只能说明关键人群的主观看法,并不能完全说明项目运行质量较高,因此关键人群满意度评价更多是作为一个补充性的角色,这一点需要研究者和评估者保持敏感性。

第三节　社会项目的组织和运营

项目治理是为了有效地完成项目的既定目标,具体涉及针对项目所进行的计划、组织、领导、协调和控制等管理活动。而从组织的观点看,项目运营是通过对组织内资源进行有效整合,实现投入到产出的转化增值,在满足需要的同时,创造出附加价值。

一、社会项目的组织

如前所述,在诸如大型基建和大型社会服务领域中,项目化运作是经常采用的一种方式。这种涵盖公共服务与社会服务的项目化运作,是社会项目的最常见形式。从组织形式层面考察项目化治理是一个重要的研究维度。所谓组织形式,指项目制在运作过程中所依托的组织结构。[2] 因为项目制是一种典型的权力配置方式,具体包含项目设定、组织实施、督查督导、结项审核等环节。在其组织形式上,有的项目上级包揽,有的项目是地方完全自主,有的项目审批严格,有的则灵活多变。

---

[1] 刘江、顾东辉、肖梦希:《满意度能作为社会服务效果评价指标吗?——基于一项政府购买社会服务项目的量化分析》,载《华东理工大学学报》(社会科学版)2022年第1期。

[2] 〔美〕Project Management Institute:《项目管理知识体系指南:PMBOK指南》(第5版),许江林等译,电子工业出版社2013年版。

项目化治理的引入对既有的科层组织体系产生了影响,重构了上下级政府间权力与责任的分配机制;同时,科层组织结构也形塑了项目化治理的组织形式选择。一些研究者看到,项目制作为一种竞争性资源授权,改变了科层化的分配模式,让项目发包部门有更直接、更强力的部门意志实现渠道,极大提升了自上而下的动员力、控制力。[①] 陈家健从组织结构的分析维度考察项目制的运作逻辑,发现在项目制中,上下级政府间不同的组织关系会极大地影响项目制开展的方式与成效。项目化治理的组织形式与一般性的政府间组织形式有相通之处,但也有特殊性。项目制具有专项的目标管理和资源配置,上下级部门间的权力和责任分配多样,可以出现直控式、承包式、连带式这样差异极大的组织结构,并导向不同的项目执行方式。[②] 在直控式组织机制下,项目实施的主要意图是"规范";在承包式组织机制下,项目实施的主要意图是"灵活";而在连带式组织机制下,项目实施的主要意图是"责任"。这三种不同组织类型所带来的不同项目执行方式,扩展了社会项目组织的研究深度。

作为典型的社会项目,体育项目治理的组织形态也备受关注。近些年来,欧洲体育组织治理和政策体系在宏观层面分为四种类型,这四种组织类型各有特点:(1)科层制的组织形式,其特点是国家对体育的干预程度比较高,公共机构在管理竞技运动项目上扮演了很重要的角色,比较典型的国家包括比利时、法国、波兰等15个国家,这些国家通常都具备管理体育的法律框架,政府在政治或民主的合法性框架内参与体育事务。(2)企业型组织形式,该类型以市场为导向,鼓励发挥自由市场中"看不见的手"的作用,政府在提供体育政策时更加注重签订契约与合同,通过购买服务进行公私合作,属于该类型的国家有爱尔兰和英国。(3)使命型的组织结构,其主要特点是以高度自治性和志愿性的体育俱乐部、协会和"草根组织"为主导,非政府组织被授予更多的管理运动项目的权力,政府在制定体育政策时给予各协会自主权,符合该特点的国家有德国、意大利等。(4)社会型的组织形式,该类型则强调合作伙伴间的互动,荷兰是该组织类型的典型代表。以上四种类型对欧洲各国竞技运动项目的组织治理和政策实践具有直接影响。社会型组织的政策目标是追求效率和能力的建立,使命型组织

[①] 渠敬东:《项目制:一种新的国家治理体制》,载《中国社会科学》2012年第5期。
[②] 陈家健:《项目化治理的组织形式及其演变机制——基于一个国家项目的历史过程分析》,载《社会学研究》2017年第2期。

追求适应性,科层制组织注重问责,而企业型组织则以效率和产出为目标。①

国内管理学界对项目组织的认识开始于鲁布革工程。1981年6月,我国批准建设60万千瓦的鲁布革水电站,并将其列为国家重点工程,其中的引水系统工程是获得世界银行贷款的工程项目,需要按照世界银行的规定进行国际招标。该项目由日本大成公司中标,日本大成公司选择30个人组成了"鲁布革工程事务所"对项目进行管理,施工人员则来自中国水电十四工程局,结果工程提前4个月竣工,最终合同结算控制也在合理的价格范围。该项目无论是在质量还是速度上都为我国的建筑施工企业做出了示范,并引起了国务院的高度重视。鲁布革工程的成功,使国内认识到国有建筑企业旧有体制的弊端。于是,国内总结鲁布革经验提出了"项目法施工"的概念。"项目法施工"概括出了建筑施工企业组织结构应具备的特点,对我国建筑施工企业的改革发展起到了重要的作用。②此后,三峡工程、北京奥运会、上海世博会等项目中,均能看到项目组织的特征。这些大型社会工程项目侧重的是提升工程效能与所在组织的治理水平,③而在社会项目的另外一个重大领域——社会事业项目中,项目的组织实践与研究更多是探究组织形态与治理绩效之间的动态平衡问题。

二、社会项目的运营及优化

运营本来属于生产管理的概念。随着制造业和服务业的界限逐渐变得模糊,无论是工厂、银行还是超市,不但都需要向用户提供有竞争力的产品,还需要对设备和作业进行计划和控制,使之成为有效的系统。面对这种新的情况,西方学者把与工厂联系在一起的有形产品的生产称为"production"或"manufacturing",而将提供服务的活动称为"operations"。现在常将两者均称为"operations",即"运营"。

一般意义上,有形产品的转换过程被称为生产过程,无形产品的转换过程被称为服务过程,现在两者统称为运营过程。像汽车厂这样的企业更侧重生产,而医院、高校、政府等则倾向于服务。这些公共事业部门投入的是设备和人员,在

---

① 纪成龙、杨国庆:《文化治理与政策实践:竞技运动项目组织文化建设的挑战与应对》,载《武汉体育学院学报》2020年第1期。
② 刘晓春、赵坚:《基于项目的组织与复杂产品系统——企业能力理论视角的分析》,载《经济与管理研究》2011年第4期。
③ 王道杰:《我国国家级体育项目管理组织治理水平评价实证研究》,载《北京体育大学学报》2021年第2期。

运营过程中提供的是医疗护理治疗、知识传授、公共服务,最终将这些服务转化为康复的病人、大学毕业生和民众的满意。

具体到项目运营领域,在人类历史上,任何精神和财富的创造工作都是先有项目而后有日常运营的,即都必须是先将项目建成以后才会进入日常运营的状态或阶段。① 不过,有人认为广义的项目本来就包括了运营阶段或过程,尤其是当前生产与服务的界限日渐模糊,项目建设甚至项目开始前的评估工作都充满运营设计的考虑。因此,本章从广义的角度来理解项目运营,即项目运营是贯穿项目始终的过程。社会项目往往具有公共产品和服务的性质,因此社会项目运营可被视为以项目的方式向民众提供有效公共产品和服务的活动。借鉴企业运营经验,社会项目运营可分为社会项目运营设计、社会项目运营运行与社会项目运营优化三个方面。

(一) 社会项目运营设计

受制于政府能力和财政预算约束,完全由政府运营的社会项目很少,大多都采取公共部门和私有部门合作的开展模式,也因此存在着不同的运营设计模式:

1. 社会项目运营的 BOT 模式

BOT 是 Build(建造)、Operate(运营)、Transfer(移交)的缩写,其含义为:投资者(非国有部门)从委托人(通常为政府)手中获取特许权,单独或与政府公共部门合作共同成立特许经营公司,然后从事该项目的融资、建设和经营,并在特许期内(一般为 15—20 年)拥有该项目的所有权和经营权,通过对项目的经营取得合理利润收入,特许期结束后将项目无偿转让给委托人。BOT 项目属于我国通称的特许经营项目之一,在我国主要分为两种形式:一种是项目法人负责项目的投资、设计、运营和管理、移交,因此也被称为 DBFO(设计、建设、投资、营运);另一种是由政府负责组织项目的规划和设计,项目人只负责建设、营运和移交。以国家体育场"鸟巢"为例,"鸟巢"的中标人中信联合体出资 42%,同时也获得了"鸟巢"30 年的特许经营权。② 由于前期的运营是由私有部门进行的,因此运营和维护阶段的风险主要由私有部门承担。BOT 模式面向使用者收费,给予了消费者自由选择服务的权利,因而私有部门在 BOT 项目中面临较高的收入风险。

---

① 戚安邦:《论组织使命、战略、项目和运营的全面集成管理》,载《科学学与科学技术管理》2004 年第 3 期。

② 张广德、马良:《北京奥运场馆投资及运营机制风险分析》,载《西安体育学院学报》2008 年第 5 期。

在 BOT 模式中,政府负责前期的规划,企业负责后期的建设和运营,两者之间分工明确。这种模式在不同的国家有不同称谓,我国一般称其为"特许权",因为存在时间限制,有时也会被形象地形容为"暂时私有化"。BOT 模式主要用于公共基建项目,如建设收费公路、发电厂、铁路、废水处理设施和城市地铁等基础设施项目、公用事业或工业项目。大家熟知的国家体育馆、国家会议中心、北京奥林匹克篮球馆等项目采用的都是 BOT 模式。

2. 社会项目运营的 PFI 模式

20 世纪 90 年代,在新公共管理思潮的影响下,以竞争、效率与合同管理等概念为指引的 PFI(Private Finance Initiative,英文原意为"私人融资活动",在我国被译为"民间主动融资")模式应运而生。PFI 模式遵循较为标准化的流程。在融资结构方面,私有部门承担融资的主要责任,政府部门一般不参与融资。私有部门一般出资项目总值 10%左右的股权资本,向其他机构借贷剩余的 90%。在私有部门回报方面,当且仅当公共设施建设完成且可以提供服务后,政府才开始对 PFI 项目的建造和运营进行一揽子付款(Unitary Charge)。政府付款金额由事先签订的合同协议决定。如果私人承包商的建筑或公共服务质量没有达到合同标准,根据合同规定,政府可以降低付款金额。私有部门回报率一般为 12%—15%,项目时长为 20—30 年。项目结束后,根据项目内容特性,政府可以选择收回或不收回公共设施。上述 PFI 模式的合同安排决定了风险分配模式。在设计、建造和维护阶段,风险由私有部门承担。在运营阶段,由于政府根据合同向私有部门支付固定费用,因此收入风险主要由政府承担。[1]

和特许经营的 BOT 模式相比,PFI 模式能释放出更多的主动性给私有部门,迎合了新公共管理思潮的要求。在社会项目运营上,风险主要由政府承担,这一点是 PFI 模式与 BOT 模式很大的不同点。

3. 社会项目运营的 PPP 模式

PPP 是英文 Public Private Partnerships 的缩写,有多种译法,如公私伙伴关系、公私合作伙伴模式、公共/私人合作关系、公私机构的伙伴合作、官方/民间的合作、民间开放公共服务、公共民营合作制等。[2] 关于 PPP 的概念目前还没有一个公认的说法,不同的人从不同的角度会有不同的理解。

---

[1] 谈婕、赵志荣:《政府和社会资本合作:国际比较视野下的中国 PPP》,载《公共管理与政策评论》2019 年第 3 期。

[2] 贾康、孙洁:《公私伙伴关系(PPP)的概念、起源、特征与功能》,载《财政研究》2009 年第 10 期。

社会项目的 PPP 模式已经被广泛应用到各种公共产品和服务的提供中。从项目运营的角度看，政府授予私营部门在较长时间内按照政府设定的服务标准运营和维护公共产品和公共服务，政府保留对原始资产的所有权，而私营部门则拥有特许经营期间对资产部门的所有权。虽然看起来和 BOT 模式很像，甚至有些学者把 BOT 模式视为 PPP 模式的一种，[①]但是 PPP 模式和 BOT 模式还是存在较大的区别。PPP 模式最大的特点在于公私合作，常见的形式是政府和企业一起组成新的公司负责建设和运营某个社会项目。因此在社会项目运营方面，PPP 模式的最大特色是公私合作运营。

在我国公用基础设施建设项目领域，之前比较流行的区分标准来源于项目区分理论。上海市政府相关部门最早提出相关概念，如 1999 年《上海市人民政府批转市计委制订的〈关于加强固定资产投资项目国有资本金管理试行办法〉的通知》，对项目的投资作了较细的分类，分为政府投资项目、政府定期政策支持项目和政府不投资项目。在 2000 年上海城市信息发展研究中心发布的《基础设施产业划分标准》中，基础设施产业按照项目区分理论具体划分如下：[②]

(1) 经营性基础设施项目。此类项目有收费机制和资金流入，其投融资主体应该不作限制，国有企业、民营企业以及外资企业等都可以参加，并且投融资主体享有自主决策权，决策结果由投资方自己承担。政府只进行适当管制，在服务价格、服务质量、数量等方面进行管制。此类项目包括基础设施领域的一般竞争性项目，如电厂、发达地区的高速公路、桥梁等的建设和运营。

(2) 准经营性基础设施项目。此类项目有收费机制和资金流入，具有潜在的利润但同时带有部分公益性，单靠项目的现金流不能收回投资成本或收益相当低，如果完全采取市场化运作将很难吸引社会资本从而形成资金缺口。因此，这些项目需要政府提供资助以维持营运，如煤气、轨道交通、生态环境维护系统和水资源系统等的建设和运营。

(3) 非经营性基础设施项目。此类项目无收费机制、无资金流入，但有较高的社会效益和环境效益。这类项目须由政府通过财政进行直接投资，资金来源应以政府财政投入为主，并配以固定的税收或收费作为保障。这一类项目主要指公益性投资项目。

项目区分理论可促使政企真正分离，使政府、企业各尽所能、各司其职，有利

---

① 刘晓凯、张明：《全球视角下的 PPP：内涵、模式、实践与问题》，载《国际经济评论》2015 年第 4 期。
② 熊毅：《轨道交通 PPP 项目运营模式及规制研究》，江西财经大学 2018 年博士学位论文。

于提高运营效率和管理水平。随着奥运会的召开,BOT模式开始成为流行的模式。近年来,中国的PPP模式实践发展迅速。2014年以后,国务院、财政部和发改委出台一系列政策,大力倡导地方政府开展PPP项目,PPP项目数量爆炸性增长,成为当前社会项目融资和运营的主流模式。

(二)社会项目运营运行

近年来,PPP成为中国社会项目运营的主流模式,而且被视为介于公共治理和市场治理之间的、替代传统公共产品供给的治理工具。[1]我们以PPP模式为例,具体展示社会项目的运行特征和类型。

PPP模式的运行具有三个重要特征:伙伴关系、利益共享和风险分担。伙伴关系是PPP模式的第一大特征,所有成功实施的PPP项目都是建立在伙伴关系之上的。可以说,伙伴关系是PPP模式最重要的特征,没有伙伴关系就没有PPP。公共部门之所以和民营部门合作并形成伙伴关系,是因为存在一个共同的目标:在某个具体项目上,以最少的资源,实现最多的产品或服务。民营部门以此目标为实现自身利益的追求,公共部门则以此目标为实现公共福利和利益的追求。利益共享是PPP模式的第二个特征。在这里需要明确的是,PPP模式中公共部门与民营部门并不是分享利润,而是公共部门对民营部门可能的高额利润进行控制,即不允许民营部门在项目执行过程中形成超额利润。其主要原因是,任何PPP项目都是公益性项目,不以利润最大化为目的。[2] PPP模式中的伙伴关系、利益共享和风险分担这三个特征推进了社会项目运营机制改革,在我国的社会项目建设中发挥了重要的作用。

在我国的语境下,PPP被称为"政府和社会资本合作",政府与社会资本按照平等协商原则订立合同,明确责权利关系,由社会资本提供公共服务,政府依据公共服务绩效评价结果向社会资本支付相应对价,保证社会资本获得合理收益。依照私有部门参与程度多寡,中国PPP模式运营包含了三种类型:购买服务、特许经营、股权合作。[3]购买服务是指政府服务外包。政府承担项目投资,而把运营委托给社会资本。社会资本在和政府签订合同的时候,可以选择长期的、只运营不提供服务的合作模式,也可以选择短期的、既运营又提供服务的合作模

---

[1] 龚军姣、程倩萍:《PPP项目控制权转移机制研究——基于探索性多案例的分析》,载《经济理论与经济管理》2022年第4期。

[2] 贾康、孙洁:《公私合作伙伴关系(PPP)的概念、起源与功能》,载《中国政府采购》2014年第6期。

[3] 谈婕、赵志荣:《政府和社会资本合作:国际比较视野下的中国PPP》,载《公共管理与政策评论》2019年第3期。

式。特许经营是指所有权的暂时转移,即在运营期间所有权短暂归社会资本所有,在运营结束后再把资产和所有权移交给政府。股权合作则是指私有化,即政府将公共设施所有权转让给私有部门。它与特许经营的区别在于,在项目期满后不需要把社会项目移交给政府,私有部门可以拥有社会项目的所有权。这三种运营类型与传统社会项目运营中的"公有公营、公有私营、私有私营"类型[①]相比有着明显的机制创新,也可以说,PPP项目灵活的运营模式扩展了社会项目的范围,增加了公共产品和服务的多样性。

(三)社会项目运营优化

在国家治理体系和能力现代化背景之下,我国政府将越来越依赖PPP模式运营社会项目,这不仅将深刻地改变我国公共投资结构,也将对地方治理格局产生深远影响。

当前,大多数研究和实践把重点放在了PPP项目的管理层面,对PPP项目的政策过程和治理效能关注不够。这也和PPP模式在中国推进的主要推动力量有关。在一些人的眼中,PPP模式只是一个弥补地方财政不足的融资手段,它额外承载了打破土地财政模式、缓解地方债务危机的替代性融资功能。但这不仅是对PPP模式的片面看法,还不符合当前社会治理走向成熟和稳健的大趋势。

社会项目运营的优化就是打破这一偏见,从更为本质和基础的角度来理解和实践PPP模式。PPP模式不但是一种融资方式,更是一项重要的社会治理技术和工具。在PPP模式日渐成为公共产品和服务供给主要模式的情景下,研究和实践要重点关注PPP模式能否在我国以超越官僚制的方式实现对集权化层级节制体制的超越。[②] 在公共产品和服务供给方面,有一个困扰已久的难题:公共产品和服务离不开政府,但政府却无法提供最优化的产品和服务供给。当政府以市场失灵的理由出台社会政策时,由于政策过程存在复杂性,因而常常导致政府陷入失灵的窘境。因此,引入PPP模式,改进公共产品与服务供给的善治方式,成为整个社会治理以现代化升级为取向的制度体系创新。

公共领域中的服务供应网络往往利用公共和私人机构的力量,使公共政策

---

① 陈晓原:《外国大城市基础设施产权结构、经营模式和政府管理》,载《上海行政学院学报》2013年第4期。

② 欧纯智、贾康:《PPP是公共服务供给对官僚制范式的超越——基于我国公共服务供给治理视角的反思》,载《学术界》2017年第7期。

得益。这些"联合起来"的服务提供比传统官僚所提供的更好,有时甚至更为廉价。① 这样的模式不但解决了具体的目标,更为重要的是实现了治理的目的:在伙伴关系、协约、共同管理委员会和当地发展组织当中协作行动的形式通常会创造出可持续的治理新形式,其中包括在地区、区域和政策领域内刺激社会资本。换言之,他们既寻求提供实际的服务,又寻求建立未来的能力形式。②

从改进治理形式和能力的角度看社会项目运营,可以提出以下几点优化建议:第一,通过增加各方的连通性塑造更大的冗余性和可靠性。已有研究发现,随着PPP领域的发展和政策演化,越来越多的治理机构进入网络,机构间的合作关系更加密切。③ 与此同时,冗余性和可靠性的增强,也会鼓励社会项目运营模式创新,容忍创新失败,激发再创新意愿。有研究表明,关系性承诺(承诺优先合作、承诺助力成长)对PPP项目的商业模式再创新起着显著的调节作用。④ 第二,通过治理生产出一系列嵌入性资源,如建议、信用、支持、知识和战略等,这些嵌入性资源使治理不再是简单的权力分配和分工合作的工具,而是发展出一些重要的潜在功能。这些嵌入性资源抵消了短期利益对合作的冲击,增强了长期规划的动力。而各主体的关系嵌入性和结构嵌入性可以使社会项目各方采取长期观点看待项目运营,从而跨越某些制度上的障碍,把长久运营作为更为重要的目标。第三,治理不但是一种简单的合作形式,还会增强认知互动,参与一方的信息、知识和理念会改变另一方的认知,从而促成跨越私人和公共部门的相互学习。社会项目运营过程中参与各方不但是简单的合作关系,还成为相互学习的对象。社会资本或私营部门学习公共部门的合法性保障标准,公共部门则学习运营管控与成本效益理念。

第四节 案例:浙江省宁波市世行贷款厨余垃圾处理厂项目

根据党的十八届三中全会《关于全面深化改革若干重大问题的决定》重要举

---

① 〔澳〕马克·康斯戴恩:《治理网络和转型问题》,载王浦劬、臧雷振编译:《治理理论与实践:经典议题研究新解》,中央编译出版社2017年版,第293页。
② 同上书,第294页。
③ 胡文伯、王歌、宋钰、黄宸、吴余超:《公私合作模式政策量化研究:治理机构合作关系的演化与变迁》,载《中国科技论坛》2021年第12期。
④ 杜亚灵、李倩、邓斌超:《合同激励、失败学习与PPP项目商业模式再创新意愿的关系——失败容忍度的调节作用》,载《公共管理与政策评论》2022年第2期。

措分工方案,财政部是落实"允许社会资本通过特许经营等方式参与城市基础设施投资和运营"改革举措的第一责任部门。按照党中央、国务院的统一部署,财政部在基础设施及公共服务领域大力推广运用PPP模式,从制度建设、机构能力、政策扶持、项目示范等方面开展了一系列工作。2014年12月,财政部政府和社会资本合作中心(CPPPC)正式获批。除了承担政府和社会资本合作相关的政策研究、咨询培训、融资支持等工作外,PPP案例分析也是其主要职责。该中心发布的示范项目案例,完美地涵盖了社会项目运营的诸多细节,其资料权威性、代表性、完整性要优于网络资料和大部分学术资料,因此,我们以该中心发布的"浙江省宁波市世行贷款厨余垃圾处理厂项目"[①]为例,来呈现社会项目运营的全貌。

一、项目概况

"宁波市世行贷款厨余垃圾处理厂项目"作为"世行贷款宁波市城镇生活废弃物收集循环利用示范项目"的子项目,提供宁波市生活垃圾分类后产生的厨余垃圾和农贸市场垃圾资源化利用及无害化处理服务,实现真正意义上的循环利用,是宁波市生活垃圾分类顺利推进的重要项目保障。

该项目运营服务范围为厨余垃圾处理厂800吨/日的厨余垃圾处理、设施的维护保养、易损易耗品的更换等。运营标准为在厨余垃圾保质保量处理的前提下,项目运营过程中所产生的废气、废水、沼渣、臭味均须达到产出标准所规定的考核要求。

二、项目评估

(一)需求评估

宁波是中国东南沿海重要的港口城市,经济发达。随着城镇化进程快速推进,宁波市中心城区生活垃圾量持续增长,处理压力越来越大。传统的垃圾焚烧和填埋方式不科学、不经济。因此,自2011年起宁波市政府开始研究城镇生活废弃物收集循环利用的方法,以提升生活垃圾减量化、资源化、无害化处理的能

---

① 详见《PPP项目良好实践分享——案例选编:固废行业》,https://www.cpppc.org/PPPsj/1001460.jhtml,2022年10月16日访问。为更好呈现社会项目运营的标准化程序,本案例结构有较大改动,内容也根据官方正式报道有额外补充。

力和水平。

就处理工艺而言,国内厨余垃圾处理技术路线五花八门,有干式、湿式、高温、中温、低温等。如何在巨大压力下寻求更好的处理厨余垃圾的方案,是摆在政府和社会面前的一个重要问题。在这一问题上,政府擅长的是规则的制定和监管,技术则由市场上实力雄厚的公司所掌握。

因此,在政府的严格监管下,选择拥有先进厨余垃圾处理技术的 PPP 项目对宁波市而言是必要的。该项目的开展符合宁波市经济社会发展需要,符合当地人民对公共服务的需求,符合行业和领域均衡性的要求。

(二)可行性(规范性)评估

2014 年,宁波市规划局出具了该项目的《建设项目选址意见书》。

2015 年,宁波市国土资源局对该项目的用地预审出具了意见,同意由宁波市生活垃圾分类管理办公室负责该项目拟建地址的选择。

2015 年,宁波市环保局对该项目的环评报告进行了批复,认为该项目的实施从环保角度是可行的。

2016 年 2 月 6 日,宁波市人民政府对该项目的实施方案进行了批复。同意市城管局提交的《宁波市世行贷款厨余垃圾处理厂 PPP 项目实施方案》。

2016 年 4 月,"首创环保"以综合评分第一名中标"宁波市世行贷款厨余垃圾处理厂项目"。

2016 年 6 月 24 日,宁波市政府与"首创环保"举行了项目的合同签约仪式。

2017 年 8 月 30 日,宁波市生活垃圾分类管理中心办理了不动产登记证,后期再由其将土地通过行政划拨转出让,再行按照招标阶段约定的土地价格转让给项目公司。

(三)物有所值评估

物有所值(Value For Money,VFM)评估是判断是否采用 PPP 模式代替政府传统投资运营方式提供公共服务项目的一种评价方法。由于项目启动前定量数据较少,因此该项目的物有所值评估以定性评估为主。

该项目开展的物有所值定性评估主要包括生命周期整合(15%)、风险识别与分配(15%)、绩效导向(15%)、潜在竞争程度(15%)、鼓励创新(5%)、政府机构能力(5%)、融资可行性(10%);补充评估指标包括项目规模(5%)、全生命周期成本估计准确性(5%)、循环经济目标(5%)和世行贷款(5%)。

评估结论为:在 PPP 模式下,项目公司通过较高的资源整合能力,以及多途径的融资组合,降低了资金成本,通过采用先进技术等途径控制成本,可实现合理利润最大化。

(四)财政承受能力评估

该项目为宁波市第一个PPP项目,当前及今后年度的该项目财政支出金额占一般公共预算支出的比例很小,宁波市财政对该项目的财政承受能力较强。因此,该项目财政承受能力论证的结论为:通过财政承受能力论证。

三、项目运营

当前我国大型社会项目采用较多的是BOT模式。"宁波市世行贷款厨余垃圾处理厂项目"采用的是BOT模式的一个扩展变种,具体为Design(设计)—Build(建设)—Finance(融资)—Operate(运营)—Transfer(移交),简称DBFOT。

(一)设计

为有效达成项目目标,宁波市政府聘请国内PPP领域专家组建智囊团,全程参与项目策划、物有所值评估、财政承受能力论证、实施方案编制、社会资本资格预审、合作伙伴招标、项目公司组建等PPP项目相关工作。

在融资设计上,为了以最优化的方式嵌入世行贷款,项目公司成立后采用世行采购原则公开招标土建及设备承包商,采用两步招标的方式,既满足了PPP模式的需求,又符合世行的采购原则。

在交易结构设计上,若项目公司向厨余垃圾供应商直接收购,不仅在完成收集、运输过程中会有许多阻力,且厨余垃圾可能从其他渠道流失。因此,该项目设计由政府向项目公司提供厨余垃圾,解决了项目公司的后顾之忧,也体现了行业管理的工作由政府承担,风险由最能控制它的一方承担的原则。

该项目的另一设计创新点为项目公司需处理邻近餐厨垃圾处理厂的废水和沼气。针对项目公司与餐厨垃圾处理厂可能由于废水及沼气处理产生争议的风险,项目设置了特殊的合同,作为主合同的附件之一。

(二)建设

项目公司以有偿受让的方式取得项目设施建设用地的使用权,在合作期内,土地使用权归属项目公司。由市城管局完成项目用地的征拆迁工作,完成项目的通水、通电、通路等配套工程,并协助项目公司在施工和运营期间的用水、用电接入。

PPP合作期内,项目公司根据合同的规定提供垃圾处理服务,并向政府收取厨余垃圾处理服务费用,以收回投资。

(三)融资

市政投资公司与社会资本成立合资公司,负责该项目的设计、融资、投资、建设、运营及维护。在合资公司中,市政投资公司占40%股份,社会资本占60%股份。

根据惯例,PPP项目的融资是社会资本投资人及其设立的项目公司承担的主要合同义务。为了降低融资成本,宁波市政府在投资人招标阶段就将世界银行贷款的优惠,以及全球碳减排基金贷款的优惠政策作为项目招标的条件在招标文件中明确,为社会投资人减轻了融资的压力,社会投资人可以将全部精力集中在项目的设计及施工优化上。这在解决项目融资问题的同时,充分发挥了社会投资人的智慧以及先进管理经验,以提供高品质的项目产品和项目运营服务。

(四)运营

从正式开始商业运营之日起,整个运营期内的日基本垃圾供应量应为该项目垃圾处理厂一期设计规模的60%,垃圾处理量按日进行结算。

当该项目垃圾处理厂实际垃圾处理量达到一期设计能力的80%时,应启动二期扩建研究。

当垃圾处理量达到一期设计能力的90%时,应立即实施二期扩建。

垃圾处理量按月进行结算,市城管局应从开始运营日起每月向项目公司支付厨余垃圾处理废物费,市城管局亦可指定机构履行支付职责。

市城管局作为项目运行情况、绩效考核的组织部门,要定期对项目公司的运营过程进行考核。考核分为环境指标考核与循环经济指标考核,具体的考核方案将按照最终的项目考核方法执行。

(五)移交

PPP合作期内,项目公司根据合同的规定提供垃圾处理服务,并向政府收取厨余垃圾处理服务费用,以收回投资,并获取合理回报。PPP合作期届满后,项目公司应将该项目所有设施完好、无偿地移交给实施机构或其指定机构。

四、案例评价

该项目作为中国第一个真正意义上配套垃圾分类的厨余垃圾专项处理终端,具备完备的生产技术工艺,是中国首个采用世行贷款的PPP厨余垃圾综合处理项目、首个获得"绿建三星运行"的市政项目,也是国家发改委第二批PPP试点项目、财政部第二批PPP试点项目。目前已成为国内固废行业PPP项目的示范标杆。

第十一章　网络与智慧社会治理

网络治理主要包括互联网应用治理、网络内容治理等,其中的每一部分都有别于现实社会治理。为了深入理解网络治理的本质和内容,还需要厘清网络治理的概念前提、基本内涵、核心议题等基本问题。

第一节　什么是网络治理

在信息化进程中,技术进步与网络治理一直是相伴而行的两个主题。相对于技术进步的高速度,网络规制不仅滞后而且已成为社会治理的一大难题。为此,需要从互联网技术的内在逻辑出发,分析网络治理的概念前提。

一、网络治理的概念前提

由于网络治理附加于互联网工具逻辑之上,具有虚实共生的混合特性,并且在一定程度上超越了国家疆域,因此它不是现实社会治理的自然延伸。

（一）网络工具确立了网络治理的技术基础

人类社会一直行走在逐渐摆脱时空约束的进化之路上,其中的每一次成功都依赖于"工具脱域"才得以实现。所谓"工具脱域",就是新一代工具不断打破旧工具的时空限制,未来的工具总是以进一步脱域为发展方向。李伯聪认为,古希腊神话中有"一个天才的猜测",就是把人认定为"是工具的使用者"。于是,工具的形态也就成了表现和标志人类历史发展阶段最直接的证据。也就是说,"工具进化史是人性和人类社会进化史的直接体现和深层基础"[①]。

人类发展史表明,生产方式的物质形式生产力与其社会形式生产关系之间的矛盾运动是社会历史演进的根本动力。在这一历史进程中,生产工具是社会生产力性质的决定性因素,而与生产工具相对应的生活工具则是人类生活方式的决定性因素。这就是说,对于一个具体社会(社区)而言,其成员的生活范式与合作模式是依赖于相应的"工具"而得以建构、维持和不断完善的。进而言之,社

---

① 李伯聪:《社会形态的三阶段和工具发展的三阶段》,载《哲学研究》2003年第11期。

会治理的具体形态在很大程度上要取决于工具的性质。

那么,在网络社会架构下即互联网与人类行为耦合之后,人类生活范式与合作模式会出现哪些趋势性的变化呢?从工具的角度看,互联网作为巨型生活工具,使人类工具的内在规定性发生了革命性变化,也奠定了网络治理的技术基础。事实上,互联网就是一个高技术符号交换系统,它提供的基本功能就是所谓的"在线沟通"。由于社会由相互沟通的社会成员整合而成,因此互联网这一巨型沟通工具就成了推动人类生活进步的革命性"杠杆"。人们利用这一巨型沟通工具,可以有选择地进行人对群、群对群、群对人的互动,从而实现了点面交织的网状沟通。这样,人类就由实态生存演进为虚实兼在的生活样态,从而奠定了网络治理的技术基础。

(二)虚实共生范式决定了网络治理的混合特征

在互联网出现以前,人类使用不同的工具形成相应世代的实态生活范式。但网络工具是一种人机交互系统,这种人网合一的生存方式超越了人的自然能力,具有非线性思维方式和行为能力,从而使人的"心智"与计算机的"高性能"很好地嵌合起来。这种嵌合不是量的叠加而是质的飞跃,它使人类社会实践不再单向度地在使用工具中完成,而是在人与工具的交互作用中实现。在此基础上,人类的相互合作模式也出现了明显的人人共生特征。进入网络时代后,人网合一的嵌合结构使人类的日常生活和相互合作必须要借助互联网这一巨型工具才能实现,于是社会治理的任务也必须以某种共在的方式去完成,这就从根本上动摇了以往社会治理的根基。

关于网络治理的基本观点有两种:一是网络空间(cyber society)本位观,二是网络社会(network society)本位观。在网络空间本位观下,网络虚拟行为与现实生活实践是分离甚至对立的。在网络社会本位观下,"虚拟"与"现实"是互联网环境下人类最基本的两种存在样态。从哲学高度看,一方面,"'在线'与'在世'是一个生物实体在两种截然不同的生活世界中的存在方式";另一方面,"'在线'与'在世'形成了一种相互嵌入的生存关系"。[①] 由此而决定,网络世界中的虚与实是一种共生关系。为此,"我们需要确立一种以'共生'为导向的理念,即以寻求虚拟和现实的共生作为设计和建构人类未来生活世界的一种基本价值和理想,并以此为基础,去建立一种能够展现和支撑人类未来生存方式之合理前景

---

① 何明升、白淑英:《论"在线"生存》,载《哲学研究》2004年第12期。

的行动平台。"[①]基于虚实共生范式,网络行为呈现出虚拟与现实共生的存在状态,它要求网络治理也具备这种混合禀赋。

(三) 国际政治生态影响着网络治理的政府行为

网络治理模式不仅要具备世界特征,还要具备国家特色,但获得这两种禀赋则需经历一个相当复杂的社会过程。学术界在讨论这类治理经验时,或强调其普适性,或分析其特定的政治、经济、文化背景,但却忽略了另一个重要方面,那就是影响政府治理行为的国际政治生态。网络治理固有的跨国性,既是其特色所在也是其难点之一。2003年12月,联合国工作组曾下过一个工作定义:互联网治理就是各国政府、企业界和民间团体从他们各自的角度出发,对于公认的那些塑造互联网的演变及应用的原则、规范、规则、决策方式和程序所做的发展和应用。此后,各利益相关方陆续就互联网国际治理的含义达成了一些共识:互联网治理的范围涵盖技术和公共政策等问题,包括政府在内的各利益相关方均应参与治理;互联网治理过程应是开放和包容的,多边的、透明的、民主的;与互联网治理有关的公共政策问题是各成员国主权范围内的事情,成员国政府有权力和责任对与互联网有关的国际公共政策事宜进行治理。

但在各国实践中,政府怎样定义网络治理仍需要在具体的国际政治生态中细细权衡。第一,网络文化生态中的民族文化态势是政府选择其治理行为的重要考量。虚拟社会在一定意义上应验了"地球村"式的猜想,也引发了一些人对"大一统文化"的预言,甚至形成了声势极大的所谓普遍主义主张。应该说,普遍主义关于人类文化存在共同结构和普遍规律的说法一定程度上符合"工具脱域"所带来的文化交融趋向。但各国政府在定位网络治理时所思虑的是,在网络社会架构下,普遍主义获得了几乎唯一的合法化地位,这使得全球化、西方化、普世文化获得了某种意识形态霸权。第二,国家实力从根本上决定着政府在网络治理中的定位。应该看到,目前的世界仍处于强权时代,主义和价值的推行也是依附于国家实力之上的。因此,无论理论上如何论证、意识形态上如何纠结,各国政府在定位网络治理时都不得不考虑自己在国际舞台上的硬实力。从这个意义上说,民族自信、文化自信都是以国家实力为基础的,普遍主义的具体内容也会因国际政治生态的变迁而有所变化。

---

① 冯鹏志:《从混沌走向共生——关于虚拟世界的本质及其与现实世界之关系的思考》,载《自然辩证法研究》2002年第7期。

二、网络治理的基本内涵

网络治理是以互联网工具逻辑为基础,为实现合秩序网络状态和有序化网络行为而进行的制度安排和实践活动,其逻辑起点是对网络工具的理性选择,微观上表现为网民生活样态的范式化,宏观上表现为网络合作关系的模式化,历史形态上表现为自由与秩序在互联网时代的新均衡。

(一)网络治理的逻辑起点是对网络工具的理性选择

科学与社会的互助使科学在某些确定类型的社会中获得重大而持久的发展,[1]也使社会在某种确定类型的技术推动下获得巨大而持久的进步。现实中,网络技术与当代社会恰好形成了这样一种良性互助关系,而这种关系又代表着我们这个时代的重要特征。时至今日,互联网似乎是一个无须讨论的既存系统,极少有人问及它得以存在的缘由。其实,互联网在问世、发展并表现出扩张特性的同时,也在被社会所选择和改造着,这就是学者们所说的"技术与社会互相生成"过程。随着这一进程的加快,互联网的普及应用逐渐演化为一种具有技术—经济—社会复合色彩的信息化进程。此时,人们在由"工业人"向"信息人"转化,文明在由"工业型"向"信息型"迁移。

循着这个思路,网络治理的逻辑起点不应该被设定为如何在一个既有的互联网平台上规范网络行为,而应该前置在如何对网络工具进行理性选择。这是因为,人的生活范式与合作模式受制于他所拥有的生活资源,并且以他选择的生活工具为物质基础。如果说,生活工具信息含量的不断提高是人类生活范式与合作模式跃迁的前提条件;那么,对网络工具的理性选择,则机制性地制约着网络治理的性质和走向。因此,信息化进程中的"工具选择",是网络治理需要优先考虑的基础性工作。以此为基础,互联网将在受控于社会的状态下渗透于人类生活的各个方面,并且通过网络工具的功能发挥不断提升人们衣、食、住、行及精神文化生活的信息含量和网络化水平。

(二)网络治理的微观形态是网民生活样态的范式化

微观形态的网络治理主要是网民个体对其网络行为的自我管理,表现为网民生活范式的生成、维持和不断完善,实质上是网民生活样态的范式化过程。在此过程中,单个网民的生活样态是自主产生的,而网民生活范式的生成和演化则

---

[1] 〔美〕R.K.默顿:《十七世纪英国的科学、技术与社会》,范岱年等译,四川人民出版社1986年版,第20页。

是经由互动完成的,其内在规律将是网络治理的实践基础。从这个角度看,网络治理可以被理解为如何在网络空间确立网民生活范式及其行为规则,并以此为基础保持有序的网络实践状态。理论和实践都表明,这一复杂过程的实现要依托于网络社会固有的自组织能力。

经验表明,任何"网中人"都对其"下一步"行为的结果无从预期,这要由"超链接""Re""赞"等网络情境变化和交互行为而定。由于所有的网络行为都是自主的、具有个人目的性的,因此作为总体的"网络行为集合"并无外界干扰。但是,网民生活样态的范式化过程却自动地进行着,众多网民一系列自在的随机过程最终会产生一些未经预设的标准化生活范式。也就是说,通过网络社会的自组织功能,基于互联网工具的网络行为(如微博、微信)对于个体而言始终是自主的,但经历了与同类网络行为的交互作用后会出现某些协同和默契,最终导致该类行为的有序化。在这个从无序到有序的过程中,"混沌"与"秩序"的临界点就是出现网络秩序的新质元素以及以此为内核的新结构。从这个意义上说,不同网民生活样态的交互、融合和范式化,是互联网自组织能力的创造性成果。

(三)网络治理的宏观形态是网络合作关系的模式化

网络社会实践并不是"网"与"人"的简单相加,而是像现实社会一样依托于特定的组织单元。为此,人们创造性地形成了一种被称为"群"的组织形态。随着网络社会的自身发展,"群"已经成为实现互联网工具功能的机制性构件,而"物以类聚,人以群分"也成为网络生活的常态,或是网络实践的标准模式。"群"组织模式在表现形式上非常丰富,任何一类网民都可以基于特定的需求、兴趣甚至行为偏好聚合成属于自己的"群",每一个"群"都是一个相对独立的网络生活单元,如目前常见的"QQ群"、游戏群、新闻组、社区等。

就本质而言,"群"是一种网民合作共同体,其成员之间的互动结构与行为规则是一种模式化了的网络合作关系。在工具发展史中,关键性的"工具脱域"往往依赖于全新的技术框架,并且会引起人类合作模式的革命性变化。工业社会以前,工具的物理性状是确定的,人类合作的主客体关系也是明确的。但在互联网时代,互联网工具的物理性状是模糊的,人类合作关系也存在着多主体并存、互为主体等现象。人们可以有选择地使用不同的互联网工具,并能够在网络中同时维持着多个"主体"。海量网络行为的直接后果是自动凸现出一种意料之外的整体效应,即网民合作的关系结构与模式。

(四)网络治理是自由与秩序在互联网时代的新均衡

在人类历史尤其是西方历史进程中,自由与秩序的均衡一直是社会治理所隐含的主题,人类所取得的每一项划时代技术创新都会带来工具跃迁并被转化为社会治理形态演进,而每一种社会治理形态的确立都是自由与秩序关系的历史性均衡。

早期阶段,人类借助手工工具从事初级、简陋和彼此孤立的社会实践,那时的工具仅仅是人手的简单延长,因而其社会治理方法是传统且有价值理性的。工业革命使人类进入机器时代,越来越庞大、越来越复杂的"机器"工具似乎可以把人类之手延长至无限远处,彼时的社会治理方式是以"主体性""工具理性"等所谓现代性为内核的。"西方在英国和法国革命后,随着自由的成长,建构相应的新秩序便成为不能不完成的主题。"[①]通过一次次社会转型,人类确立了"现代性"的价值取向和社会禀赋,自由与秩序在城市生活方式中找到了一种新的均衡样态。

互联网在短短几十年内就带来了社会生活范式和人类合作模式的颠覆性变革,网络作为笼罩全球的巨型工具已不再是人类之手的继续延长,而是人类之脑的扩展和增量。这就意味着,与过去一切世代所创造的全部人类工具相比,互联网的内在规定性发生了革命性的变化。因此从历史形态上说,网络治理是自由与秩序在互联网时代的新均衡。它要求我们不仅要在网络语境中理解社会治理问题,而且要在新工业革命的历史条件下去寻找自由与秩序的时代坐标。

三、网络治理的核心议题

互联网所在之处,国家干预和政府管理都曾遭遇"合法性危机",这使得网络治理论者不能不把网络规制的正当性作为分析起点。与此相联系,还要说明网络治理的边界划分、权力结构以及国家民族特色等基本问题。

(一)网络治理的正当性

网络无政府主义(cyberspace anarchism)特别强调网络空间自我发展的有效性、电子空间的独特性,认为现实法律规则缺乏管理电子空间和网络行为的可能性与合法性。近年来,由于网络世界出现了太多的麻烦并且在很大程度上影响了社会秩序,因此网络治理逐渐成为国家政治的重要议题,越来越多的人开始

---

① 张旅平、赵立玮:《自由与秩序:西方社会管理思想的演进》,载《社会学研究》2012年第3期。

认同政府在网络治理中应有的作用。

首先,互联网是一个高技术集成物,而对高技术及其社会效应的预判和规制不仅是当下"风险社会"最紧要的事情,而且对人类社会的未来走向至关重要,克隆技术如此,纳米技术如此,网络技术更是如此。

其次,互联网是一个多主体交互平台,必须顾及公共利益和社会秩序。"事实上,没有哪个国家真正放弃了对网络信息的管理。出于教育引导青少年、阻止恐怖活动、保护国家权益、限制不正当竞争等方面的考虑,从政府部门到单位机构,都从不同的层面管理着网络信息,将对网络的控制与管理视为自己义不容辞的责任和义务。"[①]

最后,互联网具有极强的外部性,网络实践不仅仅是网络空间的狂欢,而且对整个社会生活造成了直接影响。正如有学者所言,"第一,网络空间或称'虚拟实在'(Virtual Reality),在其本质上仍然是现实世界(Reality)的虚拟,'虚拟实在'不是另类社会,不是'天堂',而是人类的作品。第二,对网络越轨判定适用的是现实社会中的准则或价值判断"。[②]

(二)网络治理的边界

一般而言,可以从三个层面来理解网络治理的边界,即网络空间、网络与现实的关系,以及互联网国际治理。

从网络空间层面看,由于互联网构筑了一个赋予人类生命新内涵的时空环境,因而网络可以被视为某种相对独立的生活场域。许茨认为,人的生活世界是具有多种维度的,"只要主体之某一部分经验表现出特定的认知风格,并且就这种风格而言前后一致且彼此相容",那么它就构成一个"有限意义域"。从这个意义上说,网络实践是互联网环境下人类的一种新型生活方式,它为人类生活及其相互合作提供了更加丰富和更加多样化的条件与可能。事实上,这个"有限意义域"就是狭义的网络社会概念,此种意义上的网络治理本质上是在网络空间内生成网络行为规则并以此来保持一种有序的网络实践状态。

从网络与现实关系层面看,网络世界应该是信息网络技术主导下的一种社会亚形态,而网络实践则是信息时代特有的行为方式。站在这个层面上看,网络空间并不是孤立封闭的,它不过是现实社会的延伸,是信息社会发展到网络化阶

---

① 陈华栋、于朝阳、胡薇薇:《国内外网络文化建设管理模式比较分析与借鉴思考》,载《思想理论教育》2010年第17期。

② 胡新华、陈晓强:《大学生网民群体的越轨及其社会控制》,载《中国青年政治学院学报》2002年第5期。

段的一种现实性社会结构形式。其实,这是一个广义的网络社会概念,此种意义上的网络治理就是对网络行为和网络实践的有效规制,而网络规制的焦点则是聚集了诸多虚拟与现实关系问题的虚实界面。

从互联网国际治理层面看,网络治理既具有跨国性也体现国家意志。近年来,网络安全、垃圾邮件、网络立法、内容管制、知识产权以及美国对DNS(域名系统)根区文件的单边控制等互联网国际治理问题日渐升温,逐渐汇聚成网络治理的国际界面。在这个界面上,互联网国际治理问题很多也很复杂,但绝大多数国家的核心诉求是主权公平问题。因此,国际治理层面的网络治理需要建立一个主权公平的跨国治理机制。

(三)网络治理的权利主体

网络治理的权利主体应该是多元的。通过这种多主体互动框架,网民个体、网络群体以及政府部门将形成一种协同治理结构,借以建构、维持和不断完善特定形态的网民生活范式和网络合作关系。互联网虽具有自组织功能,但网络治理并不是由无数个网民"自动"完成的;同样,网络实践也当然地需要规范和约制,但网络治理目标的达成还是要靠全体社会成员在日常生活和互动合作中得以实现。在此过程中,任何主体都不能有先验的价值霸权,每一个主体都只能在与其他主体协同发展的过程中去显现自我成长的价值合理性。这样,多元权利主体之间就以互联网为平台形成了一种共建共治共享的关系结构。

在多主体权利结构中,网络治理不仅限于政府职能,还包括其他主体以及社会自身的自我管理,它应该是多元主体以多样化形式进行的协调活动和秩序化过程。由于多主体权利结构能够在相互作用中产生协同效应,因此比现行的科层体制具有更大优势。基于这种权利结构,政府管理主体将致力于形成一种承认、保护和促进自主性网络社会的大环境;网民公众、网络组织也要通过自我完善而形成高水平对话能力和高效协调机制。

(四)网络治理的国家与民族特色

真正使用互联网工具的不是作为"类"的人,而是现实中的自然人,他们在网络实践中又往往是"群"而居之地,这就是前文说过的群组织模式。实践中,恰是这些无所不在的网络之"群",奠定了网络治理的国家与民族特色。

第一,群组织模式为网民生活范式和网络合作关系打上了国家(地方)印记。互联网只是一个为所有人提供创造性体验的公共平台,而人们在网络实践中得到的都是具体的、经验的个性化知识,网民正是通过各种技术体验创造了地方化、个性化的网络生活范式。更重要的是,群组织模式的具体形态与网民的"惯习"关系极大,而惯习当然是个性化的。这些个性化惯习在相互作用、相互影响中可以汇聚成网络中的地方性知识,其中的一部分还可能被标准化为局域性的网民生活范式和网络合作模式。

第二,群组织模式富集了特定的民族文化元素。互联网工具的任何功能都要依赖于相应的共享符号系统,这就注定了网络实践行为的虚实共生性。其实,网络行为人并不是"自在之物",而是虚实共生的在线者,其网络生活范式必然脱胎于现实的民族文化。网络合作更是如此,意义交换要在同一个符号系统中才能实现,而同一个符号系统内必然富集了特定的民族文化元素。在这个意义上说,网络主体的虚拟性是扎根于现实主体的实在性的,它不过是现实主体在网络生活中的一种形态。如此一来,一个具体的"群",一定是富集了特定民族文化元素的组织单元。

综合起来看,活跃在网络实践中的众"群",都具有地方元素和民族元素双重富集特征。以此为基础,网民生活范式和网络合作关系就会呈现出特定的地域、民族之风,从而使一国的网络治理具有不同于他国的个性特点。

第二节 互联网应用治理

互联网应用(internet applications)就是以网络为平台所提供的产品及相关服务,可具体化为网络应用软件和服务功能。

一、互联网应用里程与分类

在一定意义上说,网络应用的发展反映着整个互联网的演进过程。自1969年斯蒂芬·克罗克发明第一份"请求注解"(Request For Comments,RFC)标准后,互联网应用的主要类型都被写进RFC文档,进而成为互联网标准。2009年,列瓦通过梳理以往40年的RFC文档,绘制了互联网应用里程表(表11-1)。[①]

[①] Tapio Leva, *Analysis on Internet*, Helsinki University of Technology, 2009.

表 11-1 互联网应用里程表

时代	里程碑		核心 RFC	
	描述	年份	编号	名称
科研时代	文件传输协议	1971	765（—82）	FTP
	电子邮件兴起	1973	822（—82）	SMTP
	≈			
商业时代	Web 网页兴起	1993	1866（—95） 1738（—94） 2068（—97）	URL,HTML,HTTP
	搜索引擎改变 Web 网页浏览方式	1995	2068（—97）	HTTP(AltaVista 及 Google)
	隐私与电商开始发展	1996	2246（—99）	SSL,TLS
	P2P 兴起	2000	1958（—96）	互联网架构设计原则(Napster)
	在线视频激增	2005	2616 3550	HTTP,RTP(Youtube)

近年来,互联网应用迅猛发展,仅 App Store(苹果应用商店)中的应用软件就数以万计。面对数量极大的互联网应用软件和服务功能,科学的分类和有针对性的治理是十分必要的。2004 年,《中国城市居民互联网应用研究报告》将互联网应用划分为信息获取类、沟通交流类、休闲娱乐类、电子服务类、电子商务类。① 美国某网站创始人史蒂文·卡朋特归纳了互联网公司的 13 种业务模式,分别是:搜索(search)、游戏(gaming)、社交网络(social network)、新媒体(new media)、市场(marketplace)、视频(video)、商务(commerce)、零售(retail)、订阅(subscription)、音频(music)、销路拓展(lead generation)、硬件(hardware)、支付(payments)。② 中国互联网数据中心在《2010—2011 年度中国互联网细分市场数据发布》中将互联网应用细分为 18 种,即电子商务、搜索引擎、综合门户、即时通信、网络游戏、网络社区、网络视频、网络团购、LBS、旅游预订、网络招聘、网络教育、电子邮箱、房产网站、汽车网站、财经网站、IT 数码、广告联盟,其中用户

---

① 《中国城市居民互联网应用研究报告(全文 2)》,https://tech.sina.com.cn/i/w/2004-08-13/1401404300.shtml,2022 年 10 月 20 日访问。
② 《互联网公司的 3 种类型和 13 种业务模式》,https://www.docin.com/p-90262981.html,2022 年 10 月 20 日访问。

到达率最高的是综合门户、搜索引擎、网络社区、电子商务4类。① 事实上,各种互联网应用的用户行为和服务商特性是不同的,据此可以对互联网应用类型进行大大的简化,具体如表11-2所示。②

表11-2 互联网应用分类表

类别	信息获取类	沟通交流类	休闲娱乐类	电子商务类	电子服务类
用户行为	利用互联网上丰富的信息查找自己感兴趣的内容,获取知识或消息。	通过网络无时差、无边界、廉价的传输方式进行一对一或一对多的交流沟通。	通过网络资源获得听觉、视觉的快感,无任何功利目的。	利用网络的便利和便捷获取有形或无形的商品,是互联网和传统产业的结合点。	利用互联网无时空差距来提供服务项目。
服务商特征	使用主体为一到多的关系,以提供信息和专业知识为主要吸引手段,通过广告和付费独家信息来营收。	使用主体为一对一的交流,以提供良好的沟通平台或氛围,通过集群效应来吸引网络用户,主要按交流信息量或时间收费。	沟通交流的必然升级,电子服务的娱乐服务特例。以娱乐快感满足为主要方式,通过月费、流量计费等方式收费。	通过互联网完成有形商品的交易过程,有别于电子服务的无形,以销售商品的利润和一部分佣金为盈利来源。	通过互联网平台完成传统服务必须面对面才能完成的虚拟服务。以满足人们的各类服务需求为目标,按所提供服务的内容收费。
具体服务种类	新闻,与个人有关的信息获取,与工作有关的信息获取,搜索引擎,电子杂志,网上查分,浏览网页,阅读资料,网上阅读。	网上聊天,电子邮件,短信服务,BBS论坛,社区,讨论组,免费个人主页,网络电话,移动梦网,校友录。	网络游戏、多媒体娱乐（MP3、FLASH）,视频点播,网上直播,网上图书馆。	网上购物或商务活动,网上炒股,网上交易,网上房地产,网上金融,旅游服务。	网上教育,软件上传、下载服务,网上医院,网上银行,网上设计。

中国互联网络信息中心(CNNIC)每半年发布的《中国互联网络发展状况统计报告》也体现了这种简化分类方法,在2019年8月发布的第44次报告中,将互联网应用划分为基础应用、商务交易、网络金融、网络娱乐、公共服务五大类。

---

① 《2010—2011年度中国互联网细分市场数据》,https://www.doc88.com/p-6012955442847.html,2022年10月20日访问。

② 董富强:《网络用户行为分析研究及其应用》,西安电子科技大学2005年硕士学位论文。

考虑到对社会生活的影响以及网络治理的成熟度,本书将重点分析互联网信息服务、电子商务、网络游戏及"网约车"的治理问题。

二、互联网信息服务

互联网信息服务是一个常用但不确定的概念,存在"名实不符""边界模糊""责任不清"等问题。① 实践中,各国在使用上存在较大差异,与此相关的治理理念和制度设计也自成体系、各有特点。

美国将"交互式计算机业务"归入互联网应用范畴,并对其实行"自由放任主义原则"。美国《1996年电信法》将所有的"扩展服务"(enhanced service)与互联网信息服务一并归为"信息服务",政府倡导互联网内容提供者(ICP)的行业自律,联邦通信委员会(FCC)②对互联网服务提供者(ISP)也不直接实施行政管理措施。③ 互联网新型融合业务的监管在美国是一个长期争论的问题。2006年,联邦通信委员会发布行政规范通告,明确禁止各州地方政府专门特许机关不合理限制或拒绝竞争性视频业务的经营许可申请。④

英日韩等国都对互联网应用实行"分类、分层监管原则"。英国将语音呼叫、邮件、短信等没有编辑控制的互联网应用归类为"电子通信服务",而将点播服务、视听服务等需要编辑的应用归类为"内容服务",并且对它们实行区别监管政策。具体来说,对"付费语音信息服务"实行严格核准主义原则;对互联网信息服务实行自由放任主义原则;针对互联网新型融合业务,只在传输环节对广电业务进行政府监管,而在制作、集成和播放层面实行"不分类、不管理的自由放任主义"。日本将互联网信息服务归入"其他电信服务",对其实行"事后申告"的市场准入监管,主要依靠行业自我调节;对互联网新型融合业务采取"上游严格管制、下游放松管制"的原则,即对传统广电业务实行核准主义的严格管理,而对与互联网服务提供者的融合业务实行申告主义的宽松政策。韩国将互联网信息服务归入"增值业务",对其进行事后申告主义的宽松监管,要求经营者在开业以后向韩国通信委员会申告其业务经营相关情况,并且取得韩国通信委员会(KCC)的

---

① 许长帅:《互联网行业管理的切入点——评"互联网信息服务"》,载《通信管理与技术》2017年第4期。
② 美国联邦通信委员会是一个独立的联邦政府机构,由美国国会授权创立并由国会领导,是影响美国通信政策的一个重要机构。
③ 马志刚:《中外互联网管理体制研究》,北京大学出版社2014年版,第44页。
④ 汪卫国、闫石:《管制政策对IPTV发展的影响分析》,载《电信科学》2007年第4期。

申告证书;对互联网多媒体广播业务,采取严格核准主义管理,申请必须取得KCC的审查批准;对其他"基于服务的业务"如博客、社交网站等,采取准则主义管理,要求经营者进行申请注册登记。①

中国将互联网信息服务归类为"增值电信业务",实行严格核准主义管理,具体表现为密集分类和多层审批。密集分类就是对互联网应用进行高密度分类,我国将"互联网专项信息服务"与政府各部门的行政职权相对应,具体划分为互联网新闻信息服务、互联网视听节目服务、互联网文化信息服务、互联网出版信息服务、互联网教育信息服务、互联网医药信息服务、互联网卫生信息服务、互联网地理信息服务、互联网金融信息服务等,每一种应用都有其现实主管机关。多层审批就是对同一互联网应用进行多部门监管,我国对互联网移动短信息服务、即时通信服务、社交网络服务、微博客服务等新型业务形态,实行前置审批的管理;履行完前置审批程序之后,还要向互联网行业主管部门申请取得《增值电信业务经营许可证》以获得最终的市场准入行政许可。对非经营性互联网信息服务进行多层登记备案管理。②

三、网络游戏

在网络治理体系中,网络游戏业务被视为"信息服务"的一种,通常沿用互联网信息服务的一般原则制定其具体管理办法。

在美国,针对网络游戏的治理方式主要有市场欺诈调查执法、产品质量监督管理、行业自律分级管理等。美国联邦贸易委员会是网络游戏产品的市场监管和反欺诈执法机关,负责网络游戏欺诈事件的调查和处罚,对向未成年人销售暴力等娱乐产品情况进行评估并向国会报告。美国联邦消费品安全委员会是网络游戏产品的质量监管部门,负责就游戏产品是否危害儿童身心健康等事务进行评估,主要负责游戏标识管理、产品目录管理、联邦分级管理体系管理、地方分级管理体系管理、检测认证管理、产品召回管理等。美国娱乐软件分级委员会(ESRB)是对网络游戏产品实施内容分级、行业自律管理的行业组织,其游戏分级体系分为两个部分:一是位于游戏产品包装背面的内容描述,用特定的词组描述游戏画面所涉及的内容,如暴力、血腥以及游戏中人物对话是否粗俗等;二是

---

① 马志刚:《中外互联网管理体制研究》,北京大学出版社 2014 年版,第 67—83 页。
② 同上书,第 93—106 页。

位于游戏包装正面的等级标志即 ESRB 游戏分级系统,[①]以年龄划分为 7 个级别(见表 11-3)。

表 11-3　美国娱乐软件分级委员会游戏分级系统

等级	图标	说明
EC		适合 3 岁及 3 岁以上的人群,主要面向学龄前儿童,并且不包括任何让家长认为不合适的内容。
E		适合 6 岁及 6 岁以上的人群,软件中可以包含最低限度的卡通、幻想,或者有轻微暴力和/或很少出现的轻微粗话。约有 54% 的游戏属于此类。
E10+		这一级是在 2005 年新增加的,属于老少皆宜的游戏,但适合年龄提高到 10 岁及 10 岁以上。与 E 级相比,E10+ 的游戏含有更多的卡通、魔幻或者轻微暴力、轻微粗话,以及最低程度地包含(或者很少有)血腥和/或最低限度的暗示性主题。
T		适合 13 岁及 13 岁以上的消费者,可以包含暴力、暗示性主题、未加修饰的幽默、最小限度的血腥、模拟赌博和/或很少出现的非常粗俗的语言。约有 30.5% 的游戏属于此类。
M		适合 17 岁和 17 岁以上的玩家,可以包含激烈暴力、血腥、色情和/或粗话。约有 11.9% 的游戏属于此类。
AO		仅适合成年人,可以包含长时间的刺激暴力场面和/或图形色情内容以及裸露镜头。
RP		带有该标志的产品已经向 ESRB 提交定级申请,正在等待最终结果。这个符号只在游戏发行之前的广告和/或演示中出现。

目前,网络游戏分级管理已成为普遍运用的治理手段,如泛欧洲游戏信息组织(PEGI)制定的网络游戏分级体系已在奥地利、比利时、保加利亚、塞浦路斯、捷克、丹麦、法国、希腊、德国、意大利、西班牙、瑞典、瑞士、英国等 31 个欧洲国家,以及以色列、南非等国家使用。韩国的网络游戏也较为发达,专门设置了"游戏产业振兴院"并制定《游戏产业振兴法》实施各种鼓励性的政策,同时设立了游戏分级委员会对网络游戏内容进行审查与分级鉴定。在日本,所有游戏软件均须嵌入"家长控制"功能,计算机娱乐供应商协会(CESA)负责制定"计算机娱乐分级机构(CERO)伦理规定"和"日本游戏分级管理体系",并对网络游戏业务实

---

① 朱立峰:《美国网络游戏管理的启示》,载《新闻爱好者》2011 年第 15 期。

行行业自律管理。

我国网络游戏起步于1995年发行的第一款中文版"泥巴"游戏(Multi-User Dungeon,Mud)《侠客行》,目前已形成分工明确的产业链(见图11-1)。我国的网络游戏政策包括产业扶持政策、市场准入政策、网吧政策、内容监管政策、虚拟财产保护政策、外挂和私服整治政策、青少年保护政策、玩家权益保护政策、归口管理政策等,政策效果"既蓬勃发展,又饱受诟病"[①],还需要进一步完善。

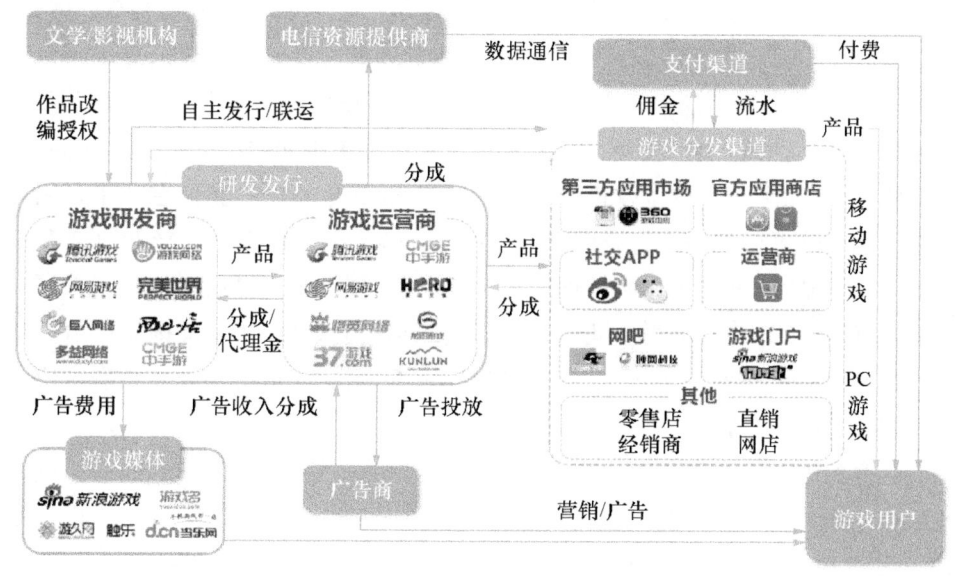

图11-1　中国网络游戏产业链

四、电子商务

目前,主要有两种各具特色的电子商务治理模式,一是以美国为代表的行业自律主导模式,二是以欧盟为代表的立法规制主导模式。

美国于1997年发布的《全球电子商务框架》是美国电子商务政策的纲领性文件,也是其行业自律主导模式的基石。根据此框架,美国电子商务发展有五大基本原则,即"电子商务应是市场导向并由私人部门发挥领导作用;政府应避免对电子商务施加不当限制;政府干预的中心应是建立一个可预见的、干预最少

---

① 陈党、冯白帆:《中国网络游戏政策发展轨迹与形成逻辑探究》,载《吉林工商学院学报》2016年第1期。

的、一致的、简明的电子商务法律环境;政府应承认因特网独一无二的特性;应在全球范围推动电子商务"。根据以上原则,美国电子商务的政策框架包括:① 税收。美国主张对网上交易免征一切关税及新税种,各国对电子商务的既有课税应该一致、简明、中性、非歧视,以便于理解和操作。② 电子支付系统。美国认为过分明晰和僵硬的规章不切实际,且有妨碍技术进步的潜在危机,合适的做法是对电子支付试验进行个案监督。③ 建立统一的电子商务通则。该通则应鼓励政府承认电子契约的效力,鼓励国际上接受电子签名和其他认证程序。④ 保护知识产权。强化知识产权国际保护措施的延续和发展,包括单边、双边和多边措施。⑤ 隐私。网络隐私不仅是商业问题,也是公民权利问题,美国要主导建立国际网络隐私保护制度。⑥ 安全。政府与产业界共同推动建设关键公共基础设施,通过加密技术进步改进网络安全。⑦ 电信基础设施和信息技术。完整的现代化全球电信网是全球电子商务的物质基础。⑧ 内容。以行业自律和技术进步为基础,鼓励实施竞争性的内容评级制度,鼓励开发界面友好的信息过滤技术,以便于父母和教师防止儿童接触不良网络信息。⑨ 技术准则。政府立法步伐难免滞后于技术进步,有妨碍技术创新之虞,因此应由市场而非政府来决定因特网技术标准。①

欧盟的电子商务治理以立法规制为主导,致力于协调各成员国的利益、规范各国经济活动,以建立完善的法律体系。与美国相比,其主要特点是:① 电子签名。欧盟1999年的《电子签名指令》原则上接受一切形式的电子签名,但存在对严格的先进电子签名的立法偏好,体现了管制主义的特点,力图通过法律来鼓励采用更为先进、更为安全的电子签名技术。② 数据和隐私权保护。欧盟对个人数据的保护极为重视。1998年生效的《数据保护指令》不仅内容丰富全面,几乎涵盖个人数据处理的所有问题,而且设定了很高的数据保护标准,被认为是目前世界上最全面、最严格的数据保护法律。③ 网络服务提供者的法律责任。2000年通过的《电子商务指令》对互联网服务提供者规定了较严格的法律责任,欧盟成员国对待此类案件的判决也采取了严格的管制态度。④ 消费者保护。欧盟采取积极的立法政策制定了包括1997年《远程销售指令》在内的全方位消费者保护法律制度。②

---

① 梅新育:《横跨国境的"网络新政"——美国政府的电子商务发展政策》,载《国际贸易》1999年第1期。
② 宋玉萍:《美国和欧盟的电子商务法律竞争》,载《特区经济》2007年第12期。

我国电子商务发展迅猛但治理滞后。2019年1月1日开始实施的《电子商务法》确立了政府、行业、电子商务经营者、消费者等共同参与的协同治理模式以及行政监管体制的分工监管模式。在协同治理模式下,政府虽然不是唯一的责任主体,但仍然在治理中处于主导位置。分工监管虽然有其现实合理性,但存在部门职责交叉,有可能出现监管重叠或漏洞、沟通和协作效率不高等问题。有专家认为,明确规定电子商务经营者在协同治理体系中的地位和作用,是我国电子商务法的重要特色之一。电子商务经营者参与电子商务市场治理,主要体现为电子商务平台经营者作为治理主体承担相应的监督管理职责。①

五、"网约车"问题

2010年,美国出现第一款"网约车"软件Uber(优步),可提供高端商务车服务,2011年推出预约出租车服务,2012年又推出私家车共乘服务。2015年以来,滴滴、易到、神州、优步开始在中国发展,其中滴滴占据80%以上的市场份额。② 实践中,各国的网约车治理方式差别很大,主要有四种代表性模式。③

(一)美国的专项立法模式

美国认为网约车是一种模式创新,因此需通过立法设置新的监管路径。2013年9月,加利福尼亚州承认网约车服务的合法性,并特别制定了被美国各州普遍效仿的专项立法模式。一是承认网约车的法律地位,并为其创设了一个新概念"交通网络公司";二是允许私家车接入互联网平台作为网约车进行运营,并且只需向监管部门购买一种特用于"交通网络公司"的运营牌照;三是实施新型的"政府+企业"网约车监管模式,政府对车辆和司机设置详细的准入标准、责任保险要求和运营要求等,网络平台承担管理车辆和司机准入以及日常监管的责任;四是对交通网络公司实施严格的过程监管,公司必须按规定向监管部门提交明确的运营数据报告,包括网约车运行的小时数、里程数、收费标准,接到多少约车请求,乘客搭车的时间、地点,完成接送乘客的数量,车费如何支付,有多少残障乘客以及司机定期接受培训的证明等;五是注重对消费者权益和弱势群体的保护,约车时必须向乘客显示前来服务的司机及其车辆(包括车牌号码)的照片,保证残疾人等弱势群体享用服务的权利等。

---

① 吕来明:《我国电子商务法确立的协同治理模式解析》,载《中国市场监督研究》2019年第1期。
② 胡承华:《互联网时代城市出租车行业治理的国外动态与启示》,载《城市》2016年第1期。
③ 侯登华:《网约车规制路径比较研究——兼评交通运输部〈网络预约出租汽车经营服务管理暂行办法(征求意见稿)〉》,载《北京科技大学学报》(社会科学版)2015年第6期。

（二）英国的网约车监管模式

英国将网约车纳入私人约租车范畴,设置了较低的准入门槛。一是由司法机构确认网约车的合法性,并将其纳入准入较宽松、门槛较低的约租车范畴。2015年10月16日,英国高等法院判决打车软件所依赖的智能手机不属于出租车计价器(taximeter)。法官认为,出租车计价器与智能手机打车应用的计费机制是不一样的,因为计价器计费并不基于GPS信号,同时它也没有体现出打车应用计费所使用的其他新技术。二是将网约车纳入已有的约租车监管体系,虽然网约车也需要申请执照方能运营,但网约车平台公司、车辆和司机拿到的是专门的约租车执照,且申请条件颇为宽松。三是允许私家车接入营运,只要符合政府设定的准入门槛并申领"网约车执照"即可。四是加强过程监管,平台与司机都有保险义务。营运时,司机必须在显眼位置佩戴专门的网约车司机徽章,必须允许导盲犬等上车,有足够的空间和设施安置残疾人轮椅等。

（三）法国的出租车监管模式

法国政府将网约车纳入出租汽车范畴,要求经营者必须在获得出租汽车许可和出租汽车牌照的情况下才能从事网约车经营。在法国,出租车准入十分严格,其经营、价格、数量、司机培训考试等均有严格的管控。由于不具有出租汽车牌照,法国政府宣布从2015年1月1日开始对Uber约车服务进行全面封锁和禁止。2015年9月,法国最高法院维持了这一禁令。

（四）新加坡的"一监督、二放开"模式

新加坡不设准入门槛,对网约车实施注册备案管理。在新加坡,出租汽车实行完全的市场化运作,实行"一监督、二放开"的管理模式。只要持有"拥车证"即可批准入行,总量不控制,经营公司自行定价并向政府报备,政府监管部门只对服务质量进行监管。基于此,新加坡的网约车监管是最为宽松的,政府一直积极推动私家车自驾共享平台的发展,旨在中长期有效地降低居民购车需求,解决城市交通拥堵问题,为科技创新和共享经济创造宽松的监管环境。

2016年7月27日,我国发布了《网络预约出租汽车经营服务管理暂行办法》并于2019年和2022年进行了两次修正。该暂行办法一是明确了主体责任和准入条件,规定网约车经营需向通信主管部门申请"网络预约出租汽车运输证"和"网络预约出租汽车驾驶员证"。二是规定了驾驶员及车辆条件,如驾驶员需进行相关考核,车辆需安装卫星定位系统等。三是对网约车经营行为提出了规范性要求,要求多部门建立联合监督。此后,北京、上海、广州等城市相继出台

了具体管理办法,如北京要求车身张贴网约车专用标识等。总体来看,我国的网约车监管偏重硬性指标,对乘客安全、服务质量等治理难题的解决尚在探索中。

第三节 网络信息内容治理

网络信息内容治理简称网络内容治理,也称为互联网内容管理、互联网信息内容管理、网络信息内容生态治理,是网络治理的重要组成部分。自党的十九大报告提出"加强互联网内容建设,建立网络综合治理体系,营造清朗的网络空间"后,网络信息内容治理已成为一个持续性的热点话题。

一、网络信息内容治理的含义

为维护互联网的正常运行,需要通过一系列"管理链"对其中的信息内容进行既保有距离又有效干预的监管。而为使"管理链"能够协同运作,需要准确理解网络信息内容、网络信息内容治理等基本概念。

(一)什么是网络信息内容

"内容"是传播学的一个常用概念,著名的"拉斯韦尔5W模型"将传播过程描述为:谁(Who)→说什么(Says What)→通过什么渠道(In Which Channel)→对谁(To whom)→取得什么效果(With What Effects)。其中,说什么(Says What)指传播的信息内容,它是由特定意义的符号组成的信息组合,包括语言符号和非语言符号;通过什么渠道(In Which Channel)指信息传递所经过的中介或借助的物质载体,包括信件、电话等人际传播媒介和报纸、广播、电视等大众传播媒介。因此,可以把网络信息内容理解为:以网络为中介或借助网络载体传播的信息内容,即在网络产品、网络传播和网络交流中所传递的文字、图片、音频、视频等信息符号。

1. 网络信息内容是一个统称性概念

严格来说,"信息内容"并不是一个严谨、确切的称谓。在传统媒体时代,信息内容是媒体刊登出来的新闻报道的统称。进入数字媒体时代后,信息内容的内涵不断发展变化,从报纸的文字、图片,到广播的声音,到电视的视频画面,再到如今网络媒体的多种数字化形态,信息内容具有了更加丰富的含义。由此演化而来的网络信息内容概念具有更强的统称性特征,一切以网络为中介或借助网络载体传播的信息或售卖给网络受众的信息及产品都可以被称为网络信息内容,无论是互联网企业、政府门户、新闻网站还是私人传播者都可以是信息内容提供者。

2. 网络信息内容的主要意义在于其容纳之物

随着互联网的升级换代,人们越来越感觉到内容的重要性。2002年7月30日,世界最大的国际传媒集团之一的美国维亚康姆集团时任董事长兼首席执行官萨默·雷石东在北京作了题为《世界传媒业的过去、现在和未来》的主题演讲,他认为:任何媒体的基础,应该是内容。"好的内容、好的节目、好的材料可以带来充满价值的业务,我们一直在坚持这么一种理念,这种理念就是我们为听众提供非常忠诚的内容,内容就是国王。"①事实上,网络信息内容的主要意义在于其容纳之物,亦即所传递的事实和思想内涵。正因为如此,"内容为王"才成为互联网业界普遍接受的口号,网络信息内容才成为一种核心竞争力。

3. 网络信息内容与其表现形式的相辅相成

内容与形式是"灵与肉"的关系,二者相辅相成,在微观上统一于网络产品,而在宏观上则汇聚为网络产业。早在1955年,西方七国信息会议就提出了"内容产业"(Content Industry)概念。1996年,欧盟在"信息社会2000计划"中规划的数字内容产业(digital content industry)包括制造、开发、包装和销售信息产品及其服务的产业,其产品范围包括各种媒介的印刷品、电子出版物和音像传播制品。无论是产品还是产业,都强调以内容为核心,视内容为灵魂,这些网络信息内容包括一系列经过分类组合的信息,它对于每一个使用者而言都是特定的和独一无二的,是满足其特定需求的信息组合。形式当然是重要的,它甚至可以决定产品的兴衰和行业的涨落,但本质上仍然是为思想服务的工具。

4. 网络信息内容具有消解不确定性的能力

在信息论创始人香农看来,信息就是"用以消除随机不确定性的东西"。如果人们对客观事物不了解或缺乏必要的知识,就会出现信息不确定。反之,如果人们获得有关事物的知识则可以消除对事物的不确定性,如网络新闻可以帮助人们减少或消除认识上的不确定性。目前,不同学科对信息的理解差别很大,对网络信息内容的认识也存在多种角度,可以把它"视为一个客体、一种商品、一种

---

① 魏和平:《世界传媒巨子萨默·雷石东坦言:传媒未来,内容为王》,http://www.china.com.cn/chinese/2002/Jul/181124.htm,2019年11月8日访问。

中介、一种资源,但最关键的要素可能是其承载的'消解不确定性'的能力"①。

(二)怎样理解网络信息内容治理

所谓网络信息内容治理,核心是对互联网信息的质量监管,即对网络信息内容的生产、传播、使用各环节进行质量把关,对互联网信息内容进行定向扬抑。在我国,一般使用网络信息内容生态治理的概念,指政府、企业、社会、网民等主体,以培育和践行社会主义核心价值观为根本,以网络信息内容为主要治理对象,以建立健全网络综合治理体系、营造清朗的网络空间、建设良好的网络生态为目标,开展的弘扬正能量、处置违法和不良信息等相关活动。②

网络信息内容治理存在广义和狭义之别。从广义上看,它是对全部互联网信息的质量管控,既包括互联网信息内容的生产、传播、使用等所有环节,也包括保护优质信息内容、抑制劣质信息内容等多重目标。从信息内容的流通过程看,治理首先要把住生产关,尽可能减少"不合格"产品即违法和不良信息;此后,要通过阻断违法和不良信息的传播来降低其负效应;此外,还要通过监护人等责任主体控制青少年等特定对象对这类信息的接触和使用。从信息内容的性质看,除海量无须控制的产品和信息外,还有些是需要特别保护的,如具有知识产权的产品和涉及个人隐私的信息;有些则是需要极力抑制的,如垃圾产品和虚假信息。

狭义的网络信息内容治理,仅强调对违法和不良信息的监管,特别针对互联网中劣质产品的生产、非法和不良信息的传播,以及网络信息内容使用中的问题。这种狭义的网络信息内容治理,不仅在理论上更容易与"网络治理""网络文化建设"等广谱性概念相区分,而且在实践中更容易进行操作化。现实中,世界各国大多将网络信息内容治理理解为对违法和不良信息的监管,并在这个意义上构建自己的监管体系,进而形成各具特色的监管模式和法律文本。

二、违法和不良信息

互联网是一个依靠信息内容的生产和传播才得以存续的交互平台,其中的绝大多数信息是不需要限制也不应该被限制的。因此,网络信息内容治理首先

---

① 张光照:《媒体融合进程中的内容价值体系重构——基于对我国报业十年转型的内容生产实践考察(2005—2015)》,暨南大学 2015 年硕士学位论文。
② 《网络信息内容生态治理规定》,http://www.cac.gov.cn/2019-12/20/c_1578375159509309.htm,2022 年 12 月 28 日访问。

要解决的问题是：含有哪些信息内容的网络产品不能生产、哪些信息内容不能传播、哪些信息内容不能使用。实践中，世界各国一般采用狭义的网络信息内容治理概念，即强调对不合格信息的监管，并且大多推出了违法和不良信息清单。

在美国，"言论"被分为三类即政治性、商业性和不受保护的言论，其中政治性言论受保护程度最高，商业性言论次之，而一些特定的挑衅、诽谤、猥亵、教唆犯罪和引起"明显且即刻危险"的言论则不受保护。基于此，美国的网络信息内容监管主要针对儿童色情和淫秽信息。但是根据其《国土安全法》，只要认定网络信息内容威胁到国家安全，发布者就会受到政府的严格监视。① 英国对网络信息内容的分类标准做了详尽规定：一是将煽动种族仇恨等网络言论和信息内容明确为"非法"，使网络没有成为法外"自由"之地；二是对不违法、但可能引起用户反感或涉及敏感问题的信息内容进行分级和标注，由用户自愿选择接受或是拒绝。同时，针对网络恐怖主义及一些典型的具体网络问题进行专项监管和治理。日本政府将网站、个人网页、网站电子公告服务、网络服务提供者和网络内容提供者都纳入法律规制范畴，明确规定网站有义务对违法和不良信息进行把关，如果信息发送者通过互联网站发送违法和不良信息，登载该信息的网站也要承担连带民事法律责任。德国完全禁止纳粹思想、种族主义和暴力色情等信息内容在互联网上出现，并依据德国《多媒体法》设立了网络警察，专司监控危害性内容的传播，禁止制作或传播对儿童有害的网络内容。② 新加坡《互联网行为准则》规定的"禁止内容"包括违反公共利益、公共道德、公共秩序，危害公共安全和国家和谐，以及新加坡其他现行法律明令禁止的内容。③

我国在媒体管理中实行严格核准主义，与此相对应，对网络信息内容的限制也较为严格。国家互联网信息办公室于 2019 年 12 月 15 日公布了《网络信息内容生态治理规定》，其第 6 条规定，网络信息内容生产者不得制作、复制、发布含有下列内容的违法信息：（一）反对宪法所确定的基本原则的；（二）危害国家安全，泄露国家秘密，颠覆国家政权，破坏国家统一的；（三）损害国家荣誉和利益的；（四）歪曲、丑化、亵渎、否定英雄烈士事迹和精神，以侮辱、诽谤或者其他方式侵害英雄烈士的姓名、肖像、名誉、荣誉的；（五）宣扬恐怖主义、极端主义或者煽动实施恐怖活动、极端主义活动的；（六）煽动民族仇恨、民族歧视，破坏民族

---

① 王靖华：《美国互联网管制的三个标准》，载《当代传播》2008 年第 3 期。
② 刘恩东：《国外对网络内容的监管与治理》，载《理论导报》2019 年第 6 期。
③ 黄先蓉、储鹏：《新加坡网络内容治理及对我国的启示》，载《数字图书馆论坛》2019 年第 4 期。

团结的;(七)破坏国家宗教政策,宣扬邪教和封建迷信的;(八)散布谣言,扰乱经济秩序和社会秩序的;(九)散布淫秽、色情、赌博、暴力、凶杀、恐怖或者教唆犯罪的;(十)侮辱或者诽谤他人,侵害他人名誉、隐私和其他合法权益的;(十一)法律、行政法规禁止的其他内容。其第7条规定,网络信息内容生产者应当采取措施,防范和抵制制作、复制、发布含有下列内容的不良信息:(一)使用夸张标题,内容与标题严重不符的;(二)炒作绯闻、丑闻、劣迹等的;(三)不当评述自然灾害、重大事故等灾难的;(四)带有性暗示、性挑逗等易使人产生性联想的;(五)展现血腥、惊悚、残忍等致人身心不适的;(六)煽动人群歧视、地域歧视等的;(七)宣扬低俗、庸俗、媚俗内容的;(八)可能引发未成年人模仿不安全行为和违反社会公德行为、诱导未成年人不良嗜好等的;(九)其他对网络生态造成不良影响的内容。

三、对网络信息内容的监管

对网络信息内容的监管,需要由一个多主体"管理链"协同完成。其中,政府应该在"发展"与"安全"之间找到合适的定位并发挥主导作用,其他主体则要依据其在"管理链"中的地位各司其职。

(一)政府监管

政府监管是通过政府各部门的分工与合作共同实现的,有关部门的具体职责和协同关系则要看政府在"发展"与"安全"之间的定位情况。静态地看,政府定位需要在既有国情下对"安全"与"发展"进行权衡;动态地看,随着国家实力的不断增长,政府定位会从"安全为大"逐渐调整为"发展优先"。一般说来,各国政府都设有网络安全管理部门如行政司法部门、公共安全部门、国家安全部门等,同时也设有网络发展管理部门如电信部门、文化部门、广电部门等。在网络信息内容监管实践中,依据"谁来管什么",尤其是网络安全管理部门何时介入、介入到什么程度,会形成不同的政府监管体制。

如果政府定位偏于"发展",其"安全"管理部门应该是后置的,即在惩治阶段拥有较多职能,此前的网络安全主要借助有关部门的预防措施来实现。美国是这种监管模式的典型国家,在惩治阶段的主导部门是以司法部联邦调查局(FBI)为核心的安全部门,负责非法有害网络信息调查、惩处和司法救济。商务部国家电信和信息管理局(NTIA)、联邦通信委员会(FCC)等管理部门则负责制定、实施有关预防措施,如推广"电子分级过滤计划"(E-Rate Program)等。这样,网络发展管理部门在网络信息内容治理中的作用会更加明显。其他发达国家如英国、日本,大体上也采用这种后置型"安全"管理设置,体现出发展优先的监管理念。

如果政府定位偏于"安全",其"安全"管理部门应该是前置的,不仅在惩治阶段拥有较多职能,而且要贯穿于网络信息内容管理的全过程。采用这样的监管模式,可能是因为"安全"压力较大,也可能是因为有关部门的预防措施不到位。在我国,工信部、公安部、新闻办等政府部门共同负责违法和不良内容的举报受理、发现报告、审计检查和惩治处理,事实上形成了"安全"管理部门全程介入、多部门齐抓共管的局面。客观地看,这在很大程度上是由于我国尚没有出现完善的预防措施和政策法规。近年来,我国在网络信息内容治理上提倡"源头治理""关口提前",进一步强化了"安全为大"的监管理念。

(二)企业责任及附条件免责

网络内容服务者(ICP)和网络服务提供者(ISP)是网络信息内容治理最直接的责任主体。但在不同的监管体系中,他们需承担的具体责任是不一样的,有的国家还存在有条件免责等法律规定。

网络内容服务者是网络产品的生产者,因此对网络信息质量负有主要责任。现实中,各国根据其发展与安全的需要对网络企业实行不同的责任制度和制度安排。美国立法除对可视内容以及接受美国普遍服务基金(USF)补贴的学校、公共图书馆设限外,并无对网络企业的责任要求。因此,网络内容服务者只需对信息内容进行相应的分类分级并运行"互联网内容分级管理系统"即可尽责。欧盟、日本的网络内容服务者需要承担更多的责任,如"发现报告""举报受理""确认身份""提示儿童禁止浏览""记录留存""内容检查""通知删除"等,同时也存在附条件的免责制度。比较而言,中国、韩国的网络内容服务者都承担着较高的企业责任,比如我国不但规定了"通知删除机制",还规定了"发现删除机制",而且中韩两国都没有关于网络内容服务者的附条件免责制度。

网络服务提供者是传播通道的提供者,也对网络信息质量负有重要责任。由于世界各国对"通道角色"的理解不甚相同,因此这类企业在所负有的责任以及是否可以有条件免责方面有着不同的境遇。欧美发达国家很看重网络企业的"通道角色"及可以附条件免责的"安全港"制度,立法仅规定了最低限度的企业责任,如被西方社会普遍公认的"通知删除机制"。相比之下,企业责任及有关制度被放在了第二位。在日韩两国,"通道角色"与企业责任具有同等分量,"安全港"制度与企业责任制度也被同等看待,立法在设立附条件免责制度的同时也规定了相对较重的企业责任,如日本的绿色过滤措施、韩国的发现删除义务等。我国尚未建立附条件免责制度,也没有承认网络服务提供者的"通道角色",有关法律法规和部门规章所规定的信息安全责任较多,因此企业承担着更加严格的责任。

(三)行业监管

在网络信息内容监管的执行层面,行业组织的地位十分突出,往往能在不同的监管模式中充当主力军。目前,"西方社会形成了非常发达的互联网行业自律组织体系,以至于政府管理部门产生特定互联网管理需求时,都需要假手互联网行业自律组织体系,形成了政府指导、行业组织主导,政府幕后、行业组织台前,两者里应外合、联袂互动的互联网管理模式。"[①]行业监管不在于量多面广,而在于功能设计的巧妙嵌合,从而使其出现在最需要、最该出现、最能发挥作用的地方。

美国网络信息内容监管的一个关节点是违宪审查。1996年,克林顿政府签署通过《通讯内容端正法》,试图规制由网络普及带来的未成年人保护问题,但却引起了广泛争议和普遍不满。1997年6月,联邦最高法院以"违反成年人的言论自由基本权利"为由判决该法案违宪。由于屡遭违宪审查,美国政府不但要"少出头"而且要另寻避开违宪审查的途径,这样就逐渐形成了一种"以'自由'之名,强调自律"[②]的行业监管模式。行业协会作为政府和行业的沟通平台,一方面为行业内厂商提供合作机会,采取措施保证其权益不受侵害;另一方面,不断推动行业自律以确保其行为符合法律和道德准则,对于"违规"者,行业协会会采取措施迫使其改正行为。[③]

英国为了解决网络信息内容监管的合力问题,于1996年汇集商贸部、内政部、伦敦警察局以及主要的网络服务提供者共同商讨有关互联网信息内容监管的应对之策,组建了网络监察基金会(Internet Watch Foundation,IWF)。此次会议商讨的重要成果——《"R3"安全网络协议》(Safety Net Agreement Regarding Rating,Reporting and Responsibility),"不仅是国际上第一部有关互

[①] 马志刚:《中外互联网管理体制研究》,北京大学出版社2014年版,第160页。
[②] 陈华栋、于朝阳、胡薇薇:《国内外网络文化建设管理模式比较分析与借鉴思考》,载《思想理论教育》2010年第17期。
[③] 石萌萌:《美国网络信息管理模式探析》,载《国际新闻界》2009年第7期。

联网内容监管的行业自律规范,也是英国接受度最高、涵盖面最广的行业自律规范"①。目前,网络监察基金会是最具世界声誉的行业监管组织,英国也借此确立了其网络信息内容监管特色。

由于人口众多,我国的互联网行业组织规模较大,如成立于 2001 年的中国互联网协会(Internet Society of China,ISC),由从事互联网行业的网络运营商、服务提供商、设备制造商、系统集成商以及科研、教育机构等 70 多家互联网从业方共同发起成立,现有会员已超过 1000 个。但客观地说,我国互联网行业组织在网络信息内容监管方面所发挥的作用并不大,功能设计也不够合理。

(四) 未成年人监护

目前,几乎所有国家都将未成年人有害信息列为首恶,并且通过立法和政策对未成年人进行监护,如美国《2000 年儿童互联网保护法》、日本《2009 年保证青少年安全安心上网环境的整顿法》。相比于未成年人监护法律、政策等文本之策,可操作、可检验的实践之法显得更具实效性,其中较为成功的做法有内容分级、过滤软件以及细致的场所管理。

美国将网络信息内容分为性、暴力、语言和裸露四个方面,每个方面又有 0—4 级,0 级表示无害,级别越高危害越大。如果网络信息内容超过了使用者所设定的分级标准,有关信息会被自动删除。韩国采取类似的分级标准并且将信息内容分级与年龄分段相结合,还特别制作了未成年人网络信息内容分级设置表。

过滤软件是与信息内容分级配合使用的技术手段,被大量运用于各国的未成年人监护。过滤软件在美国盛行的一个重要原因,是它能够规避违宪的挑战。20 世纪 90 年代以来,美国国会和最高法院一直就未成年人监护问题进行辩论,并逐渐步入所谓的"过滤时代"。根据时任联邦最高法院大法官肯尼迪的说法,这是"因为过滤软件是在用户接收端有选择地限制言论,而不是在源头普遍性地限制。而且过滤软件并不会侵犯成人浏览某些内容的权利。过滤软件并不将发表某些言论视作犯罪,因此不会产生潜在的寒蝉效应"②。

未成年人监护要特别重视场所管理。比如旧金山"要求游戏业者、通路、店家要强制执行游戏分级制度,如果违反将触犯加州刑法第 313 条的'对未成年儿

---

① 黄志雄、刘碧琦:《英国互联网监管:模式、经验与启示》,载《广西社会科学》2016 年第 3 期。
② 《美国互联网管制》,http://www.chinavalue.net/Wiki/美国互联网管制.aspx,2022 年 11 月 19 日访问。

童提供有害内容'的法令,最高将处一年以上的徒刑并罚款 2000 美元"。"为了让未成年儿童不能买到 18 禁游戏,他们还立法强制要求游戏店家必须把 18 禁游戏摆设在高度 1.5 公尺以上,并且不是未成年儿童能够接触到的位置。"① 与此相类似,日本也规定,此类游戏产品应当陈列在 150 厘米以上、儿童无法拿取的地方,不得将其出售给 18 岁以下的未成年人。

第四节 高质量发展阶段的智慧社会及其治理架构

如何推进高质量发展,是我国新时代社会发展的关节点、观察点和入手点。如果说高质量经济发展是解决从"有没有"到"好不好"的问题,那么高质量社会发展则要解决社会样态、体制机制、社会文化的智慧化转型问题,它是现代社会发展到高级阶段的必然结果,隐含着信息技术和网络形态的演进逻辑。

一、高质量社会发展的概念

高质量社会发展的概念,建立在"质量"概念之上。什么是质量呢?"质"是性质或本质,质量是指"质"的"量",即"性质"的多少。在英语中,"quality"(质量)兼有品质、特性、才能之意,同时也可译为优质的、高品质的,口语中可译为"棒极了"。可见,该词带有"良品"指向。站在哲学高度,质是事物的根本性质,质变是由一种性质向另一种性质的突变,而质量是指事物的一组特性以其特定的关系在某一时空的呈现。在质量管理中,质量表现为客体的一组特性所能够满足要求的程度。这里的"特性",表现为可区分的特征,包括物的特征如产品性能,感官特征如色彩,行为特征如礼貌,时间特征如准时,功能特征如速度等;而"要求"就是人们的需求或期望,它可以是明示的,如在文件中阐明的或当事人明确提出的,也可以是隐含的,如组织、当事人和其他相关方的惯例或一般做法,还可以是必须履行的,如法律法规要求的或有强制性标准的。日常生活中的质量,可泛指经济产品、社会成果、人的工作状态、社会运行状况等方面的优劣程度。总之,质量是依存于特定客体的,脱离具体事和物的质量是不存在或无价值的。此外,质量也是相对于特定时空而言的,不同地域、不同时点的质量命题隐含着相对应的国家民族特色和时代背景特征。

---

① 《18 禁与绿色网游的战争:中国为何不实施分级制度》,http://www.gamersky.com/news/201303/228756_3.shtml,2022 年 11 月 19 日访问。

以质量概念为基础，可引申出"社会质量"（social quality）一词。1934年，库兹涅茨提出了著名的GDP指标，此后一直被用作社会进步的测量标准。20世纪90年代，学者们在对GDP进行一系列反思后形成了社会质量概念，用以衡量"公民在那些能够提升人们的福利状况和个人潜能的环境条件中参与其社区的社会经济生活的程度"[①]。它涉及四方面的内容：一是社会经济保障，指人们获取可用来提升个人作为社会人进行互动所必需的物质资源和环境资源的可能性；二是社会凝聚，指以团结为基础的集体认同，即社会关系在何种程度上能保有整体性和维系基本价值规范；三是社会包容，指人们接近那些构成日常生活的多样化制度和社会关系的可能性，人们在何种程度上可以获得来自制度和社会关系的支持；四是社会赋权，指个人的力量和能力在何种程度上能通过社会结构发挥出来，社会关系能在何种程度上提高个人的行动能力。[②] 综合起来看，"如果着眼于社会体系、制度和组织体制等社会环境因素，一个社会的社会质量可以通过该社会为人们生活所提供的社会经济保障的水平和程度反映出来。但如果着眼于个体，该社会的社会质量也可以通过其为个人提供的进入社会体系的机会、开放度，以及个人融入主流社会的可能性来反映。"[③]

当我们从"质量"过渡到"社会质量"之后，就具备了讨论"发展质量"进而定义"高质量社会发展"的前提。有研究指出："发展质量是指在现代化进程的一定时点上，社会在以其所拥有的资源总量满足其自身需要上所呈现的全部功能特性及其社会整体运行的优劣状态。"[④] 比较而言，发展质量是对一定时点的社会发展状态和目标达成度的静态考察，而高质量社会发展则是对一定时段的社会发展过程及其目标契合度的动态考察。立足于当下的"新时代"时空，可提出这样的定义：高质量社会发展是指在新型现代化条件下，社会以智能技术为基础形成先进生产力，实现智慧化转型，获得充沛资源和优质成果，并以其高水平功能特性满足公众需要的演进过程。为准确把握这个概念，需要全面理解以下三点：

第一，高质量社会发展是社会整体在新型现代化条件下的演进过程。很显然，高质量社会发展是一种整体性社会变迁，其不同于以往之处在于新型现代化的时代特征，即以智能技术为主导的驱动机制。就工业现代化和新型现代化的

[①] W. Beck, van der Maesen, F. Thomese, A. Walker (eds.), *Social Quality: A Vision for Europe*, Kluwer Law International, 2001, pp. 6-7.
[②] 张海东：《从发展道路到社会质量：社会发展研究的范式转换》，载《江海学刊》2010年第3期。
[③] 林卡：《社会质量理论：研究和谐社会建设的新视角》，载《中国人民大学学报》2010年第2期。
[④] 王雅林、何明升：《论现代化的发展质量》，载《社会学研究》1997年第3期。

分野而言,虽然二者都以科学技术为第一生产力,但却因主导技术是否智能而有所区分。在非智能技术主导的工业现代化阶段,技术和工具只是人"手"的延伸,以此为基础的发展手段存在"时滞""失真"问题,因而难以应对需要高时效、广覆盖的复杂发展情境。在智能技术主导的新型现代化阶段,技术和工具已成为人"脑"的延伸,从而使"困难选择"不再困难,走上了更加高效和人性化的发展之路。

第二,高质量社会发展要在智能技术基础上形成先进生产力,实现智慧化转型,获得充沛资源和优质成果。所谓智能技术基础,既包括单项智能技术,也包括多种智能技术的集成,由此可形成高质量社会发展的物质基础。在此基础上,高质量社会发展要解决三大任务:一是形成先进生产力,即通过智能技术的开发和应用将工业经济形态升级为智能经济形态;二是实现社会的智慧化转型,即通过智能技术禀赋和优质社会元素的相互生成,实现社会样态、体制机制、社会文化以及生活方式的智慧化转型;三是获得充沛资源和优质成果,即在工业现代化成功解决"有没有"的基础上,进一步解决"好不好"的问题,为社会持续发展提供充沛的物质资源和优质的文明成果。

第三,高质量社会发展应以高水平功能特性满足公众需要。迄今为止的现代化过程本质上是一种工业文明,其核心和基础是经济的持续增长,人们的主要兴趣不在于分配而在于增长,即所谓"人均产出的增加"。20世纪90年代兴起的"社会质量""发展质量"争论使人们认识到:发展并不等于经济增长,经济增长也不会通过所谓"滴漏效应"自然而然地转化为社会发展。但是,由于当时的主导技术仍处于人"手"延伸阶段,经济发展也无法超越工业化形态,因此社会的发展质量依然"指向物"而不是"指向人"。进入新型现代化阶段后,以智能化为基础的新经济机制和以智慧化为特征的新社会形态良性互动,进而耦合成一整套高水平功能特性。在这样的发展情境中,公众需求能够通过更高水平的功能特性得到满足,从而达成高质量社会发展"指向人"的根本目标。

二、高质量社会发展的时代禀赋

每一个时代都有其对应的高质量社会发展,每一时代的高质量社会发展都有其时代禀赋。从历时性看,高质量社会发展的样态表现为不断优化的代内完善和先后继起的代际变迁,其背后的逻辑则是时代禀赋的转换。

贝尔的"中轴理论"认为,社会是由技术—经济、政治、文化三个体系所组成的实体,它们服从于不同的轴心原则。也就是说,社会结构不是某种社会现象的简单反映,而是由技术—经济、政治、文化三大领域复合而成。其中,技术—经济领域包括经济、技术和职业制度,其轴心结构是经济化的资源分配途径;政治领域是进行权力的分配以及个人之间、集团之间的矛盾调解,其轴心结构是经过动员的、有控制的或者是自下而上的参与;文化领域主要是表达象征和意涵,其轴心结构是实现自我并加强自我的愿望。由于每个领域起支配作用的中轴原理均不相同,并且各有其独特的运作模式,因而会形成大相径庭的行为方式和"概念性图示"。① 在社会发展过程中,各种概念性图式的实质是某种中心结构,它是"一切逻辑中作为首要逻辑的功能原理",表现为隐含在经验关系背后的"趋中性"。按照他的理论,前工业社会主要依赖于原始劳动力并从自然界提取初级资源;进入工业社会后,"生产与机器"成为人类活动的轴心;在此后的"后工业社会"中,"理论知识"(theoretical knowledge)被定尊为新轴心,表现出"作为社会革新与制定政策的源泉的中心性"②。

贝尔是在"大社会"语境下提出中轴理论并用以解释社会发展规律的,其社会结构及其概念性图式就是人们通常所言的经济—政治—文化分型。深究下来,中轴理论有两点值得进一步探讨:第一,早期社会发展速度虽慢但契合度高,经济—政治—文化这三个领域是由一个共同的价值体系来维系的(在早期资本主义社会里,是通过一个具有共同特性的结构)。但在当代,这三个方面正日益趋于分裂,而且这种分裂还在扩大。③ 第二,人类社会发展越来越依赖于科学技术,以至于贝尔将经济领域重新定义为"技术—经济"领域。事实上,科学技术既是一种具有独立地位的社会活动,又依存于社会并与其相互生成,其中的一些颠覆性技术极具革命性,不仅会引起巨大的社会变革,而且会给当时的社会发展打上"高质量"印记。以现代化进程中的技术革命为例:18世纪60年代到19世纪中期发生的"蒸汽机革命"将人类带进"工厂"时代,给早期工业化的高质量社会发展贴上了"机械化"标签;出现在19世纪下半叶到20世纪初期的"电气技术革命"则彻底改变了社会生产的能源机制,为新工业化的高质量社会发展打上了"电气化"印记;从20世纪四五十年代开始的"计算技术革命",为能源技术、材料技术、生物技术、空间技术和海洋技术等提供了信息手段,让"先发国家"的高质

---

① 〔美〕丹尼尔·贝尔:《资本主义文化矛盾》,赵一凡等译,生活·读书·新知三联书店1989年版,第26—58页。
② 〔美〕丹尼尔·贝尔:《后工业社会的来临——对社会预测的一项探索》,高铦等译,新华出版社1997年版,第8—9页。
③ 同上书,第12页。

量社会发展增添了"信息化"标识。可见,划时代的颠覆性技术常常会带来更高质量的社会发展并确立与之相应的社会形态,成为提升社会发展质量的动力和代际标识。从这个意义上说,"高质量"总是史上最新、能够代表先进生产力的社会形态,社会发展也就成了人类永恒的未竟事业。

1976年后,以数据通信和网络技术为核心的技术创新持续发展,逐渐演化为移动互联网、人工智能等新一代数字技术革命,将当代社会推进到新一轮更高质量的发展周期。那么,现阶段高质量社会发展的时代标识是什么呢?对应于"机械化""电气化""信息化"三次颠覆性技术,本次技术革命的标识是"智能化"。德国工业4.0战略认为,这是以智能制造为主导的第四次工业革命,它是一种革命性的生产方法,即通过虚拟系统与物理系统的充分结合(Cyber-Physical System),推进制造业向智能化转型,最终建立起高度灵活、个性化、数字化的生产模式。这种高质量发展模式将使传统的行业界限逐渐消失,并产生各种新的活动领域和合作形式。2014年,通用电气发布《未来智造》白皮书,认为工业互联网、先进制造和全球智慧是催生新一轮工业变革、显著提高生产效率的三大核心要素,有望全面重塑人类与技术的交互方式。2015年5月,中国国务院发布《中国制造2025》,提出要契合数字化、网络化、智能化发展趋势,促进信息化与工业化深度融合。总的看,"智能化"正在演化为新一轮发展周期的核心内容,是当下高质量社会发展的时代标识。

三、高质量社会发展的演化逻辑

吉登斯所说的"脱域"现象早已存在,它在物化层面表现为"硬技术"的迭代,在人化层面表现为"软文化"的演进。从技术迭代角度看,人类奇思妙想和社会形态变化都汇聚在"工具"之上,它决定着社会发展方向和更高质量。早在希腊神话时期,就有人对"人是工具的使用者"做过"天才的猜测"。[①] 此后的技术发明和劳动工具,早如斧的出现、犁的发明,晚至计算机、机器人的诞生,虽都是"脱域"之路上的"一小步",却终能汇聚成社会发展的"一大步"。从文化演进角度看,每一次技术进步、每一项工具发明都能触发对人是什么以及人与工具之间关系的思考,直至引发如文艺复兴、启蒙运动、数字人权等新文化思潮的出现。这两方面的交合,促成了"硬技术"和"软文化"的相互生成和迭代式演进,奠定了高质量社会发展的基础条件及核心逻辑。

---

① 李伯聪:《社会形态的三阶段和工具发展的三阶段》,载《哲学研究》2003年第11期。

在持续"脱域"的社会发展中,"高质量"的含义不断转换,而高质量社会发展则大体分为"省力"和"省智"两个历史时期,并且呈现出从"省力"到"省智"的逻辑变换。其中,"省力"时期又分为手工时代、机器时代和电气时代。手工时代处于前工业社会,人的生活和社会发展都被囿定在手工工具上。由于手(或脚)代表着实践能力,因此人们总是通过"硬技术"去延长它,比如竹竿、大刀、长矛、羽箭都是手的延长,马匹、渡船、车具则是广义之手(脚)的延长。通过这类初级、简陋的手工工具和以人力、畜力、自然力做驱动的社会实践,逐渐确立了前工业社会的"高质量"发展模式,形成了与之相应的价值理性和"软文化"。进入机器时代后,人类开启了资本主义早期的快速发展之路,手被越来越能干的机器延长到极致,比如枪炮、汽车、火箭以及各种重型机械。以这些"硬技术"为基础,出现了以福特主义(Fordism)为代表的工业大生产模式,形成了重视分工和效率、强调内部优化和流水线作业的工作体系,确立了主体性、工具理性等现代性"软文化",使社会发展达到了前所未有的高质量。电气时代的来临,将工业大生产推向极致,产生了以丰田主义(Toyotaism)为代表的"精益生产"方式,强调生产的社会化,使机器负荷和利用率达到了更高的水平,为人们提供了高质量社会发展的新样态。

计算机的出现以及信息技术的快速迭代,将人类社会带入"省智"时期,如今已发展出信息时代和智慧时代。1946年2月14日,第一台计算机埃尼阿克(ENIAC)诞生,标志着信息时代的来临。1969年,加州大学、犹他大学和斯坦福研究所的四台电脑按照分组交换原理连成了一个网络,打开了通向网络空间的大门。此后出现的"信息高速公路"将世界变成了"地球村",被誉为是古腾堡发明印刷机以来最伟大的"硬技术",基本上解决了吉登斯所言的"脱域"问题。以温特尔主义(Wintelism)为代表的新一代生产方式,基于"标准"把产品分解为不同模块,在全球范围内实现资源最佳配置和生产最优组合。在信息时代,互联网已不再是人类之手的延长,而是人类之脑的扩展和增容,成了人脑的"外挂"。它使社会发展的主导工具在内在禀赋上发生了质变,建构了信息社会和信息文化的新样态。2000年后,智能化"硬技术"如春笋般涌现,随着智能互联网和各种智能体的广泛应用,尤其是人工智能、物联网、大数据技术的集群式发展,人类"省智"之路再上台阶,开启了新一轮高质量社会发展的智慧时代。

四、高质量社会发展的智慧化之路

信息时代的社会发展,主要依赖于分立的信息技术和互不兼容的信息系统,虽有互联网这种可覆盖全球的信息架构,但因智能不足而处于"省智"的初级阶段。新一轮高质量发展阶段的社会建设,将在人工智能、万联网络、量子计算、人类增强等智能技术的支撑下逐渐走向更加"省智"的智慧社会。这主要体现在三个层面:

第一,在社会整体层面,将形成集海量智能技术于一体的社会架构。这属于"大社会"语境下的智慧社会发展问题,既涉及技术、经济、文化等多个领域,又触动国家政府、行业组织、社会个体等多元主体。有人预测,未来30年将出现一些颠覆性技术。例如,物联网、数据分析以及人工智能这三大技术之间的合作将会在世界上创造出一个巨大的智能机器网络,在无须人力介入的情况下实现巨量的商业交易。再如,由物联网连接的可穿戴设备将会把实时信息直接打入我们的感官中。[①] 这些颠覆性智能技术的集成运用,构成了智慧社会的物质基础,也决定了高质量社会发展的时代禀赋。以此为基础,分散的人和物可以通过各类智能体联结成网,形成人—机—物交互的社会发展样态,实现知识运用和智慧转换的自动化。在智能"硬技术"支撑下,可以生长出智慧社会"软文化",进而构建出智慧社会的总体轮廓。从这个意义上说,智慧社会是一种集海量智能技术于一体的社会架构,而智能体也因其自主性而成为构成社会的新元素。此时,智能体在功能上是人类个体器官的延伸,而人类社会又携带着整体性文化基因,从而使智慧社会呈现出技术与文化的双重优势。

第二,在政社关系层面,将建立以智能体为中介的自主回应式运行机制。兴起于20世纪后期的回应型政府应该"以解决公共问题、社会问题为责任,具有自觉、稳定、可持续的回应性和回应机制,以及有效回应社会所需的回应力"[②]。电子政务出现以后,各国都在尝试政务流程的网络化再造,但均未真正解决自主回应问题。理论上说,基于感知的智慧不一定要来自客观存在,也可以是运用中介系统的认知结果。从中介系统的角度看,口头语言是人类交往的原始中介,文字也属于早期中介系统,经过电报、电话、互联网等中介革命,人类终于摆脱了"f2f"(面对面)的束缚。在社会发展中,"沟通工具的变革反映着科学技术的水平和时代的进步。"[③]目前,以知识自动化为基础的各类智能体已具备一定的自主回应能力,当它与互联网、物联网、人工智能深度融合后,有望获得真正的自主回应能力。着眼于未来,各种智能体会遍布每一个角落,其自主回应能力也会越

---

① 《美国发布重大科技趋势报告:未来30年,这20项技术将彻底颠覆人类生活!》,https://www.sohu.com/a/483591678_120760722,2021年8月20日访问。
② 卢坤建:《回应型政府:理论基础、内涵与特征》,载《学术研究》2009年第7期。
③ 何明升、李一军:《网络生活中的虚拟认同问题》,载《自然辩证法研究》2001年第4期。

来越强大。当智能中介系统逐渐完善并贯通全社会的时候,某种自主回应式运行机制就应运而生了,它将使政社关系发生前所未有的革命性变化。

第三,在日常生活层面,将产生个性化与多样化并存共生的智慧活动场域。无论多么伟大的颠覆性技术,都要转化为工具革命并扎根在日常生活之中,这体现了技术进步和社会转型的终极目标。在社会发展的"省力"时期,人类通过一系列工具革命构建起生活质量越来越高的社会活动场域,在越来越省力的同时确立了人本价值和工具理性,为日常生活世界赋予了所谓的"现代性"。信息革命使社会发展进入了"省智"时期,人类利用互联网建构了具有无限可能的虚拟空间,以微信、微博、"群"为代表的"微生活"逐渐由非常态转变为新常态,成为高质量日常生活的标配。此时,"省力"已成为不必多言的必然要求,"省智"才是高质量日常生活的核心。在即将到来的智慧时代,社会不仅会根据社会成员设定的逻辑分化出巨量个性化场域,而且会在不同场域之间架设起可通约化的自主管理系统,从而使日常生活呈现出个性化与多样化并存共生的智慧特征。

五、智慧社会的人—机—人治理架构

在社会发展进程中,主导技术与制度形态之间存在着特定的对应关系。在漫长的"省力"时期,主导技术是分立发展的,生产、生活也是分隔自洽的,社会制度的功能是调整人—人关系。在手工技术主导下,人类只能制造出彼此分立的简陋工具,与之相应的社会制度也是因地而异、自然多样的,如传统的家庭制度与婚姻制度、生产与工作制度、教育与学习制度以及政治制度、宗教制度等,越是往前追溯就越呈分隔形态,价值理性成为调整人—人关系的伦理基础。而在工业技术主导下,机器大生产造就了大范围规范体系和普遍性制度形态,社会制度越来越具有工具理性,但仍以人—人关系为调整对象。到了"省智"时期的信息时代,代码规则开始介入规范体系,出现了人—机—人关系的雏形,人类开始尝试对"缺场"关系进行规制。在即将到来的智慧时代,借助越来越聪明的互联网和智能体,会形成人与智能体相嵌合的复合主体关系。此时,无以计数的社会主体、形形色色的组织机构被无所不在的智能体勾连起来,终将孕育出可调整人—机—人关系的智慧制度形态。为迎接这一充满未知的制度转型,至少要做到如下诸点:

第一,重视智能技术和智慧工具的政策引导。在国家层面,要特别重视技术政策的引导作用,运用技术评价、技术控制等手段对智能技术和智慧工具进行方向性调控。从技术评价角度看,智能技术包括智慧性、安全性、创新性以及合伦理性等多重属性,相关指标的内容、权重和位次可体现国家层面的价值导向。从技术控制角度看,不仅要保证智能技术和智慧工具符合公序良俗,更要确保所有智能体的"人造物"本质。为此,应坚守人类中心主义的底线,尽快制定如"机器人三原则"那样的智能技术守则。

第二,探索新生产方式下的市场规则和工作模式。目前,温特尔主义被认为是最"省智"的生产方式。由于市场总能把先进技术纳入增殖轨道并适时确立新规则,因此温特尔生产方式有两种可能:一是被智能技术改造成与智慧时代更加适配的生产方式,如以标准为核心的智慧模块生产方式;二是被新一代生产方式所取代,创新出某种以智能体为基础的智慧生产方式。无论哪种可能,都需要积极探索新生产方式下的市场规则,造就一批新企业制度下的顶级公司。同时,还要对智慧时代的工作模式进行前瞻性思考,如哪些行业正在被颠覆、哪些工作可能被取代等,探索能够与智能体共事的新工作模式。

第三,确立人—机—人场域的日常生活规范。在"省智"阶段,人—人两端型生活场域正在转换为人—机—人三端型新场域,因此要确立相应的日常生活规范。近年来,智慧程度不一的智能体频繁出现在日常生活中,人们在不知不觉中已开始适应这类"不速客"的加入,从简单的智能违章执法、楼宇人脸识别,到复杂的智能客服、订票系统,各种人—机—人场域正以前所未有的速度改造着社会生活。为此,应尽快协商出最基本的智慧生活伦理,建立最大公约化的"三端生活准则",进而确立新生活模式下的日常生活规范。

第四,构建"智慧时代、中国特色"的国家治理体系。目前,互联网已成为国家政治生活的重要议题,网络治理也已进入国家治理体系之中。在智慧时代,由于智能体的不断加入,治理体系将越来越智慧化,势必形成"智能体+国家治理"新架构,它会将原有的主体间(人与人)关系转换为人机耦合的多元治理体系。从演化的角度看,这是运用智能技术再造而成的国家治理新形态,而如何构建"智慧时代、中国特色"的新型国家治理体系,将是我国走向智慧时代的巨大挑战。

后　记

　　社会治理是华东政法大学社会发展学院的主要教学与科研领域，2012年列入本科教学计划时被称为"社会管理概论"，在2014级硕士研究生培养方案中被称为"社会管理理论"。而后，伴随国家治理和学术研究的话语转向，"管理"一词转换为"治理"。历经多年的教学科研实践，团队成员多多少少都有一点体会和想法，恰逢学校能提供出版教材的机会，就产生了编写本书的冲动和初心。现在看来，从一时冲动到"码字"成书还有很长的路要走，初心虽好而成事非易。本书自2019年立项后写写停停，其间承受过新冠疫情的磨难，也曾有过放弃的念头。俗话有云："起了个大早，赶了个晚集"，但能在学校限定的最后一刻完成书稿，自我感觉也算"实为可贵"了。

　　时至今日，社会治理已成为人们所熟知的学术领域和日常用语，但若问"何为社会治理"仍得不到一个确切的规范性回答，其知识体系更是模糊不清。本书认为，社会治理是多元主体为达成特定社会领域的良性运行目标而进行的协同性制度安排及其合作方式。以此为基础，社会治理的知识体系可划分为三大领域：一是对应于"大社会"的宏观内容，指人类社会的整体性管理逻辑、制度安排和实践方式；二是对应于"小社会"的中观内容，指某个具体社会领域的管理逻辑、制度安排和实践方式；三是对应于技术和项目的"软科学"工艺，指的是针对那些因交互化技术平台或组织化社会技术而形成的具体社会群落的管理逻辑、组织形态和实践方式。事实上，对社会治理的理解本就是多重而可辩的，本书所持的观点和体例只是其中的"一家之言"。

　　目前，社会治理相关课程已被列入社会学、社会工作、公共管理等专业的本科教学计划，更有不少院校将其列为研究生课程，本书可以满足这一教学之需。随着我国社会治理问题的逐渐凸显，本书还将逐渐显露出其应用价值。

　　本书由华东政法大学社会管理系教学团队共同编写，何明升教授担任主编并负责框架设计和组织协调，瞿小敏、唐雨参与了教材立项和作者沟通工作。各章节的分工是：

何明升：第一章　社会与社会治理
　　　　第二章　社会治理的基本模式
　　　　第十一章　网络与智慧社会治理
唐　雨：第三章　中国社会治理的历史沿革
瞿小敏：第四章　再分配与社会保障体系
　　　　第六章　人口与人居环境治理
李秀玫：第五章　社会服务体系
刘永根：第七章　公共安全治理
　　　　第十章　社会项目治理
杨义凤：第八章　社会组织治理
　　　　第九章　社区治理

何明升
2023 年 3 月 1 日
上海松江大学城